"十三五"国家重点图书出版规划项目
中共中央党校（国家行政学院）2018年科研创新成果（著作类）二等奖

甲午战争与台湾百年命运

张仕荣　著

九州出版社　全国百佳图书出版单位

图书在版编目（CIP）数据

甲午战争与台湾百年命运 / 张仕荣著. -- 2版. -- 北京：九州出版社，2023.5
ISBN 978-7-5225-1801-5

Ⅰ．①甲… Ⅱ．①张… Ⅲ．①中日甲午战争－研究②台湾－地方史－近现代 Ⅳ．①K256.307②K295.8

中国国家版本馆CIP数据核字(2023)第087484号

甲午战争与台湾百年命运

作　　者	张仕荣　著
责任编辑	邓金艳
出版发行	九州出版社
地　　址	北京市西城区阜外大街甲35号（100037）
发行电话	(010)68992190/3/5/6
网　　址	www.jiuzhoupress.com
印　　刷	鑫艺佳利（天津）印刷有限公司
开　　本	710毫米×1000毫米　16开
印　　张	19.75
字　　数	334千字
版　　次	2023年6月第2版
印　　次	2023年6月第1次印刷
书　　号	ISBN 978-7-5225-1801-5
定　　价	88.00元

★版权所有　侵权必究★

认识台湾问题需要有大历史视野（代序）

随着台湾政局变化和两岸关系趋冷，台湾问题又成为国际政治和中国安全中的高热度话题，无论是谈到中美关系、中日关系，还是论及中国周边安全、海洋安全、军事安全等安全问题，都绕不开台湾问题和两岸关系。可以说，台湾问题长期以来一直是中国统筹国内国际两个大局不得不面对但又需要高超政治智慧的难题，在未来相当长时间内依然如此。

大陆早已明确了对台战略方针，这就是力争以"一国两制"的方式实现和平统一，但决不承诺放弃使用武力。祖国统一是坚定不移的目标，和平统一只是首选的路径，而"一国两制"则是和平统一的最佳方式。统一、和平、两制之间的逻辑关系是十分清晰的。

为了给和平统一创造条件，大陆又确立了两岸关系和平发展的方针，意在通过加强两岸的交往、交流、合作来促进两岸共同发展，扩大、深化两岸的共同利益，同时也为两岸增进互信、促进和平积累资源。实践表明，两岸关系和平发展取得了显著成效。

然而，我们也要看到，和平统一的道路是曲折的。在现行台湾政治体制下，实现和平统一的一个重要条件就是台湾民众对一个中国的认同。出于各种原因，台湾民众对一个中国的认同感还有待增强。给人们的印象是，许多台湾民众只想分享两岸关系和平发展的红利，却不愿回归中国大家庭怀抱。也就是说，台湾民众对大陆的疏离感并未随着两岸关系的发展而减弱。按理说，两岸人民同文同种，在血缘、文缘上是一家；经过几十年的和平相处，两岸经济高度融合，已经结成事实上的经济共同体；两岸人民都渴求和平，两岸领导人也都认知和平符合两岸的根本利益，两岸也是安全共同体。可是，许多台湾民众对大陆就是缺乏亲近感。其中固然有"台独"势力影响的因素，也有两岸意识形态和社会制度差异的因素，但是这些并不是全部，我们还需要从大历史的视野来看待这个问题。有一个不可忽视的事实是：近120多年来，台湾同大陆只有4年时间是真正统一在一起的，而且这4年间，国民党政府也未对台湾进行善治，"二·二八事件"至今仍给许多台湾民众心中留有阴影。

从法理上说，台湾问题是国共内战和美国干涉中国内政的产物。正因为如此，许多人研究台湾问题和两岸关系都是从1949年开始。但是如果从台湾民众对中国认同感的角度来考察，那么就应当以1894年甲午中日战争为起点。正是这场战争导致台湾从中国分离出去并被日本殖民50年。在这50年，日本在台湾进行的"皇民化"教育所造成的影响不可低估。从某种意义上说，"皇民化"教育就是一种"去中国化"的教育。此外，台湾被清朝作为"散地"割让给日本这一事实，也使台湾民众产生一种悲情意识。在许多台湾民众看来，台湾当初是中国的"弃儿"，如今这个"弃儿"历经磨难已经长大成人了，而且还有了自己的"家业"，那么它为什么非要回归"大家庭"，将自己的家业和命运交与"大家长"掌管呢？这种悲情意识与"去中国化"教育相互作用，最终导致台湾民众对大陆的疏离感。所以，对甲午战争对台湾问题及两岸关系的影响进行深入研究很有必要。

张仕荣博士的新著《甲午战争与台湾百年命运》正是从大历史的视角来考察台湾问题和两岸关系的力作。作者长期研究台湾问题和两岸关系，尤其长于将台湾问题纳入中美日三方关系的框架下来研究，确有其独到之处。如果只是将两岸关系与中美关系相结合，那么从1949年开始是合理的，但是如果将两岸关系与中日关系结合起来，那么甲午战争就是回避不了的。实际上，日台关系在社会层面要比美台关系密切得多。日本的"台湾情结"要比美国的"台湾情结"更为根深蒂固。其原因就在于日本影响台湾的历史要比美国久远得多。从这个角度说，台湾问题与两岸关系中的日本因素需要引起我们的特别重视。张仕荣博士的研究在这方面是领先的，他的新作也向我们展现了他的研究成果。期待这部书的出版能够促进国人形成认识台湾问题的大历史视野，也能够推动学界的相关研究。

刘建飞

2016年10月14日

前　言

　　台湾自古以来就是中国的一部分。台湾在第二次世界大战之后，不仅在法律上而且在事实上已归还中国。之所以又出现台湾问题，与随后中国国民党发动的反人民内战有关，但更重要的是外国势力的介入。

　　1894年，中日爆发甲午战争。次年，清政府被迫签订丧权辱国的《马关条约》，将"台湾全岛及所有附属各岛屿"以及"澎湖列岛"，并该地方"所有堡垒、军器工厂及一切属公物件，永远让与日本"。清政府的割台之举给台湾民众造成了巨大的心理创伤，从而在岛内形成了"悲情意识""亚细亚孤儿情结"。1895年至今，在长达120多年的时间里，台湾与大陆联系相对密切时期仅有1945年至1949年的短短几年而已。由于与大陆分离的时间太久，同时日据台湾时期日本对台"皇民化"改造遗毒极深，部分台湾民众对1895年亡台之痛至今难以释怀，对大陆充满着复杂纠结的感情，依恋之中夹杂着怨恨。

　　台湾被割让后的50年里，无数爱国仁人志士在魂牵梦萦中一直心系国家的统一。著名爱国诗人闻一多就在《七子之歌》第三首中放声慨叹：

台湾

我们是东海捧出的珍珠一串，
琉球是我的群弟，我就是台湾。
我胸中还氤氲着郑氏的英魂，
精忠的赤血点染了我的家传。
母亲，酷炎的夏日要晒死我了；
赐我个号令，我还能背城一战。
母亲！我要回来，母亲！

近百年来，台湾与大陆人民经历了不同的历史进程，塑造了有差异性的国家观与世界观，影响了两岸人民对国家认同的不同理念，对此要给予理解和诠释。近年来，两岸关系和平发展的成果来之不易，但是两岸的进一步融合乃至国家统一还要持之以恒、久久为功，总体而言，国家统一目标与中华民族的伟大复兴是一个不可分割的有机整体。本书主要从历史角度来阐述台湾百年风云，讲述两岸关系演变及面临的错综复杂的国际环境，进而展望国家统一的美好前景。

1997年本科毕业后，我留在内蒙古师范大学工作，从彼时起一直喜欢关注中国近现代史和中国对外关系等领域。2000—2003年，我在内蒙古师范大学读硕期间，受导师刘丽华教授的影响和引导，开始关注中美关系及台湾问题。2003—2006年在中共中央党校读博期间主要研究中美日关系中的台湾问题，2010年出版专著《21世纪初期中美日关系中的台湾问题》。2007—2010年在清华大学开展博士后研究阶段，虽然转到研究复杂性科学视角下的中国能源安全问题，但同时仍继续关注台海局势，并作为第二作者协助刘丽华教授完成《美国台海政策的演变分析（1945—2007）》一书，由内蒙古大学出版社于2007年12月出版。2008年10月，该成果获得"内蒙古自治区学术成果政府二等奖"。

2010年从清华大学人文学院博士后流动站出站后，我有幸到中共中央党校国际战略研究所国际关系与台港澳研究室（2015年末更名为"中共中央党校国际战略研究院国际关系与国家统一研究室"）工作，由此研究台湾问题成为本职工作的一部分。我为中央党校学员和研究生开设了"'一国两制'与祖国统一大业""台湾问题研究"等课程。2010年后，我认为两岸关系和平发展框架是一个值得关注的领域，归因于博士后工作的研究经历，我一直希望将复杂性科学的研究方法引入台湾问题研究领域，借以深入解析台湾问题。经思考与研究实践，我选定了其中一个学术流派——自组织理论为理论工具，对2008年之后一直被热议的两岸关系和平发展框架进行全面研究，精心完成了"基于自组织理论构建台湾海峡两岸关系和平发展框架研究"的课题设计，并于同年申报了国家社科基金，最终作为青年项目中标。基于全国哲学社会科学规划办公室的资助与支持，我在个人学术生涯中得以第一次独立主持国家级课题，2014年该课题结项同时成果出版。

简单回溯自己台湾领域的研究经历，基本脉络应该是这样的：21世纪前十年重点关注台湾问题的国际因素，主要是中美和中美日关系中的台湾问题，个人著作《21世纪初期中美日安全关系中的台湾问题》为本课题的完成奠定了学术基础，特别是为本课题研究台海两岸所处的外部环境做了重要的前期铺垫；2010年后，重点关注台湾问题的内生因素，主要是研究两岸关系和平发展框架问题，2013年出版的《基于自组织理论构建台湾海峡两岸关系和平发展框架研究》则对两岸关系和平发展的内生动力做了一些有益的探索。

2015年后，台海局势又起波澜，两岸关系再次到了一个新的十字路口。作为一个研究者，我曾为此担忧过，甚至一度感觉很困惑，但是通过系统回顾中国及台湾近代史，又觉得豁然开朗，与祖国和两岸同胞百年来所受的苦难和波折相比，近期台海面临的一些新问题在国家统一与两岸关系和平发展的大势前将会很快消弭于无形，历史越久远越清晰。因此，我自己一直想写一部书稿，拉开纵深的镜头和视角描述两岸关系波澜壮阔的历史画卷。然虽长期搜集资料和酝酿写作计划，却一直未能付诸实施，这期间多次为此向九州出版社王守兵老师汇报讨教，得到了大力支持和赞许，但2015年总是以一些说得过去的理由使写作计划一再延迟。2016年初，王守兵老师来电问询是否有意接下九州出版社2016年度重点出版选题"甲午战争与台湾百年命运"这样一项写作任务，自己当时感觉福至心灵、醍醐灌顶，1894年甲午战争本来就是研究台湾问题和两岸关系的最佳历史切入点，100多年来两岸关系的风云激荡仿佛就在眼前一幕又一幕地浮现。接到任务顿觉压力随即而来，于是大量搜集资料，并且结合自己既往的研究出成果开始奋笔疾书，其间虽然劳累和琐事缠身，仍感觉无比兴奋与充实。但是，在写作过程中的确也碰到了诸多自身未知和空白的领域，写作之路并不平顺，好在可以借鉴众多前辈和先进的研究成果，也算是站在巨人的肩头前行吧。

通过多年的深入研究，我深深为中华民族百年苦难和海峡两岸的巨大变化所震撼，更加深信国家的统一和民族的富强是不可遏抑的历史潮流！我个人学术水平有限，但是一直珍惜自己的拳拳报国之心，坚信祖国的统一是大势所趋，坚信分裂势力的挑衅是蚍蜉撼树，坚信中国共产党是实现国家统一和民族复兴的中流砥柱。因此虽然本人在书稿中大量引用了众多学者公开出版的研究成果，但是遴选和汲取的原则完全是本着以上三个"坚信"，着力剔除糟粕和不实言论，努力还原事物的本来面貌。

台湾问题既具有学术性，同时又是一个十分严肃的政治问题，因此我对研究资料的选取十分慎重，本书稿中所引大部分资料来自国务院台湾事务办公室等正式发布的统计数据和讲话稿等，以保证研究工作的严谨性和一致性。

2022年，本书再版，又补充了近五年来相关资料。

目 录

第一章 1895年前台湾的历史沿革 ……………………………………… 1
    第一节 台湾自古以来是中国不可分割的一部分 ………………… 1
    第二节 台湾岛内各民族是中华民族的有机组成部分 …………… 7
    第三节 两岸的文化同祖同源 ……………………………………… 11

第二章 1894年甲午中日战争与《马关条约》…………………………… 20
    第一节 甲午战争与中国朝贡体系的瓦解 ………………………… 20
    第二节 《马关条约》签署与日本现代化的原点 ………………… 30
    第三节 "以散地换要地"与乙未反割台战争 …………………… 40

第三章 1895—1945年日据台湾与"皇民化" …………………………… 47
    第一节 日据台湾与对台经济掠夺 ………………………………… 47
    第二节 日据台湾时期的殖民统治 ………………………………… 52
    第三节 日据台湾时期的文化侵略与"皇民化改造" …………… 58

第四章 1945—1949年台湾回归祖国 …………………………………… 65
    第一节 1945年抗战胜利与台湾光复 …………………………… 65
    第二节 国民党统治台湾与"二·二八事件" …………………… 71
    第三节 第三次国内革命战争期间国民党败退台湾 ……………… 76

第五章 1949—1979年两岸军事对峙 …………………………………… 84
    第一节 1949年国民党残余势力退踞台湾 ……………………… 84
    第二节 朝鲜战争与美国介入台湾 ………………………………… 93
    第三节 冷战后中美苏关系与台湾问题 …………………………… 99

第六章 1979—1995年两岸逐步解冻 …………………………………… 118
    第一节 "一国两制"的形成与逐步完善 ………………………… 118
    第二节 中美建交与美台官方关系的终结 ………………………… 125

  第三节　两岸关系的解冻及蒋经国"治台"……………………135

第七章　1995—2008年遏制"台独"……………………………142
  第一节　岛内"台独"势力一度猖獗………………………………142
  第二节　两岸关系在曲折中前行……………………………………151
  第三节　大陆全方位坚决遏制"台独"………………………………161
  第四节　中美关系与台海危机………………………………………170

第八章　2008—2016年两岸关系和平发展新时期……………182
  第一节　2008年以来两岸关系和平发展成就斐然…………………182
  第二节　2008年后马英九执政述评…………………………………207
  第三节　两岸关系和平发展的框架逐步确立………………………218

第九章　2016—2021年台海形势重现复杂严峻………………240
  第一节　蔡英文"台独"路线图已现…………………………………240
  第二节　中国国民党走向与洪秀柱、韩国瑜现象…………………250

结束语　国家统一与民族复兴的历史思考……………………257
  一、国家统一是时代潮流指向和大国兴衰关键……………………257
  二、中国国家统一的历史逻辑寓于"大一统"的政治文化之中……261
  三、认清国家统一与民族复兴的辩证关系…………………………265
  四、正确处理国家统一进程中的外部干扰因素……………………267
  五、制订好中国国家统一总体战略及应急预案……………………272

参考文献……………………………………………………………285
后　记………………………………………………………………305

第一章　1895年前台湾的历史沿革

回顾1895年前台湾的历史，可以向世人证明在日本通过甲午战争掳走台湾之前，台湾就是中国不可分割的一部分，台湾岛内的民族、文化乃至情感早已与海峡对面的大陆紧密融合为一体。

第一节　台湾自古以来是中国不可分割的一部分

回溯台湾人文地理和行政管辖的沿革，包括台湾近代现代化进程，都可以印证台湾自古以来就是中国不可分割的一部分，两岸人民是骨肉相连的同胞。

一、台湾的人文地理概况

台湾地处大陆的东南缘，是中国第一大岛，同祖国大陆隔台湾海峡相望。台湾省包括台湾本岛及兰屿、绿岛、钓鱼岛等21个附属岛屿，澎湖列岛等64个岛屿，目前所称的"台湾地区"还包括台湾当局控制的福建省的金门、马祖等岛屿，总面积为36006平方公里。[①]

台湾自古即属于中国，古称夷洲、流求。大量史书和文献记载了中国人民早期开发台湾的情景。距今1700多年以前，三国时吴人沈莹的《临海水土志》等对此就有所著述，是世界上记述台湾最早的文字。康熙三十三年（1694年）高拱乾主修的《台湾府志》中即记载着夏商时期的扬州包括台湾。据此，日本学者尾崎秀真也认为"岛夷"就是台湾最早的名称。当时台湾的先住民是西拉雅人平埔社，他们称这一形似鲲鲟的海岛为Tayovan或Tayouan，闽南人根据这个读音译成汉字，读音由于闽南不同地方的方言差异，有大员、

[①] 中共中央台湾工作办公室、国务院台湾事务办公室编：《中国台湾问题》，北京：九洲图书出版社，1998年版，第2页。

台湾、台窝湾、大湾等。其中大员和台湾最常见,且闽南语读音相同。①台湾政治名人连战的祖父、著名历史学家连横的代表作《台湾通史》记载:"台湾原名'埋冤',为漳泉人所号。明代漳、泉人入台者,每为天气所虐,居者辄病死,不得归,故以'埋冤'名之,志惨也。其后以'埋冤'为不祥,乃改今名,是亦有说。"②而闽南话"埋冤"又与"台湾"同音,所以易名为"台湾"。

台湾地区物产富饶,因之被誉为中国的"宝岛",清代高拱乾主持编修的《台湾府志》中写道:"备见野沃土膏,物产利溥;耕桑并耦,渔盐滋生。满山皆属茂树,遍处俱植修竹;硫磺、水籐、糖蔗、鹿皮以及一切日用之需,无所不有。"③

但台湾的重要性不仅在于其自然特产的丰富,更主要的在于其所处的战略地理位置。自明清以来,台湾就已有"七省藩篱""东南门户"之称,是中国东南沿海地区的天然海上屏障。台湾"因其天然资源及地理位置的关系,在近世初期重商主义时代,曾经一度卷入各殖民国竞相攫取殖民地的旋涡"④。16世纪末,荷兰继葡萄牙、西班牙之后开拓东方航路,力图在关键的海上位置建立军事和贸易据点,控制东南亚地区的香料贸易,台湾成为连接荷兰占据的巴达维亚殖民地与大陆的重要中间站。对荷兰而言,台湾是大陆的海上屏障,亦是东亚地区海上运输的重要咽喉,地处大陆与菲律宾贸易航道的中间,控制它可以直接干预西班牙人与中国的贸易往来,对中国东南沿海商船也形成一种威慑效应。⑤因此,"晚明的台湾海峡是东亚最为重要的国际通道,谁控制了台湾海峡,便拥有了东亚贸易的主动权"。⑥

清康熙朝统一台湾后,大臣施琅就针对朝廷中关于弃留台湾的争论,上《恭陈台湾弃留疏》,敏锐地指出:"台湾地方,北连吴会,南接粤峤,延袤数

---

① 陈名实:《地名"台湾"的产生与确立》,《福建省社会主义学院学报》,2009年第2期,第63页。
② 连横:《台湾通史》,北京:九州出版社,2008年版,第15页。
③ 高拱乾:《台湾府志》,见周宪文等编:《台湾文献史料丛刊》,北京:人民日报出版社,2009年版,第232页。
④ [日]矢内原忠雄:《日本帝国主义下之台湾》,周宪文译,台湾:帕米尔书店,1985年版,第3页。
⑤ 汪曙申:《试论17世纪荷兰海权的崛起与对台湾的侵占》,《台湾研究》,2011年第5期,第62页。
⑥ 徐晓望:《论17世纪荷兰殖民者与福建商人关于台湾海峡控制权的争夺》,《福建论坛·人文社会科学版》,2003年第2期,第33页。

千里，山川峻峭，港道迂回，乃江、浙、闽、粤四省之要害""东南数省之藩篱"；并一针见血地指出"此地原为红毛住处，（红毛）无时不在涎贪，呓必乘隙以图""弃守台湾，不仅金瓯破缺""沿海数省，断难晏然无虑"，"弃之必酿成大祸！"[①] 施琅的论述说明当时的有识之士已经充分认识到了台湾的重要地缘战略价值。

二、台湾地区行政管辖变迁

台湾自古以来就是中国神圣领土不可分割的一部分。中国历代政府在台湾先后建立了行政机构，行使管辖权。早在公元12世纪中叶，宋朝政府即已派兵驻守澎湖，将澎湖地区划归福建泉州晋江县管辖。1335年，元朝正式在澎湖设立"巡检司"，是为中央政府派驻台澎地区的第一个行政执法机构。自此以后，历代中央王朝开始派员管理台澎地区。

明朝在东南沿海实行海禁政策，导致海盗盛行。为保卫沿海地区不受海盗侵扰，防御外敌侵犯，明朝政府于16世纪中后期，恢复了一度废止的"巡检司"，增兵澎湖。在基隆、淡水二港派驻军队，防止海盗利用台澎地区作为骚扰东南沿海的基地，这是中央政府第一次在岛内驻扎军队，保卫海防。台湾高雄凤山出有特产"三宝姜"，即为明代郑和下西洋的行程中到达台湾时留下的，因此以郑和原名命名此物，以示纪念，这也是中原到达台湾的第一支大规模的商队。

17世纪初期，由于明末农民起义和东北满族势力逐渐兴起、强大，明廷疲于应付，御外之心略有松懈，这就为西方殖民主义势力提供了侵入台湾的可乘之机。西班牙、荷兰等西方殖民势力借机进入中国台湾。1622年（明天启二年）7月，荷兰人侵占澎湖，并积极为其侵台行动作准备。1624年（明天启四年），荷兰殖民者武装船队侵占台湾南部。1626年（明天启六年），西班牙殖民者入侵台湾北部。在此后至1642年（明崇祯十五年）为止的殖民争夺战中，荷兰人最终打败了西班牙人并占领台湾北部，台湾沦为荷兰的殖民地。

明亡清兴之际，烽火遍地，抗清斗争极其活跃，及至清初依然如此。随着形势的发展变化，长期从事抗清斗争的志士郑成功决心收复为荷兰殖民者所盘踞的台湾，将之开辟为抗清根据地。清顺治十八年（1661年）4月21日

---

① 施能泉：《为统一，施琅立奇功》，《两岸关系》，2004年第1期，第64页。

中午,郑成功大军于金门料罗湾誓师出发,在出发前的《祭海表文》等文告中郑重宣告:收复台湾,上报国家,下拯苍生,建立万世不拔基业。

此后,郑成功军与荷兰殖民者的军队进行了艰苦激烈的斗争,1662年2月最终打败荷兰殖民者。荷兰总督揆一向郑成功投降,热兰遮城内降下已经飘扬了38年的荷兰国旗。荷兰在台湾的殖民统治彻底结束,郑成功一举收复台湾,这也是中国人第一次把占领自己领土的外国侵略者驱赶出去。

1662年(清康熙元年),郑成功在台湾设"承天府"。1683年(清康熙二十二年),清政府从郑氏家族手中接收台湾后,在台湾地区逐步建立起完整的统治机构、制度,实施有效管理。

1684年(清康熙二十三年)设"分巡台厦兵备道"及"台湾府",下设"台湾"(今台南)、"凤山"(今高雄)、"诸罗"(今嘉义)3个县,隶属福建省管辖。后又改为2府8县4厅。1714年(清康熙五十三年),清政府派员测绘台湾地图,勘丈全境里数。1721年(清康熙六十年),增设"巡视台湾监察御史",改"分巡台厦兵备道"为"分巡台厦道"。尔后又增设"彰化县"和"淡水厅"。1727年(清雍正五年),复改"分巡台厦道"为"分巡台湾道"(后又改为"分巡台湾兵备道"),增"澎湖厅",定"台湾"为其官方统一的名称。1874年日本入侵台湾之后,清政府采纳了沈葆桢的建议,从1875年11月起定为福建巡抚冬春驻台,夏秋驻福州,这一制度的设立有极为重要的意义。1875年(清光绪元年),清政府为进一步经营和治理台湾,再增设"台北府"及"淡水""新竹""宜兰"3个县和"基隆厅"。1885年(清光绪十一年),清政府正式划台湾为单一行省,任命刘铭传为首任巡抚,行政区扩为3府1州,领11县5厅。

三、沈葆桢、刘铭传与台湾地区的现代化进程

清朝统一台湾以后,在中央政府的大力支持及大陆移民的辛勤拓垦下,台湾渐次得到开发,逐渐由一个大部分尚未开发的岛屿,成长为一个经济相当繁荣的区域,尤其是土地开垦面积不断扩大。雍正年间,"北至淡水、鸡笼,南尽沙马矶头皆欣然乐郊,连内山山后野番不到之境,皆将为良田美宅"。①

---

① 蓝鼎元:《平台纪略,经理台湾第二疏》,清雍正十年刻本,转引自曾润梅:《日据时期台湾经济发展自议》,《台湾研究》,2000年第4期,第79页。

至19世纪60年代台湾开港以前,"每年台湾都有一二千艘帆船,载着米、糖等货物开往福建、秦皇岛、广州、香港等地。而后载回天津的棉花,宁波、福州、泉州的布,江浙的绸缎以供衣用;泉州的砖瓦、福州的杉木以供住用;龙岩的纸、厦门的瓷器以供日用;盖州、锦州的豆饼以供农作施肥用"。开港之后,虽然台湾的贸易对象遍及全球,但台湾与大陆的经济往来仍非常密切,"每年仍有2800艘左右的中国式帆船进出台湾与大陆之间"。[①]

1874年,日本以琉球船民漂流到台湾,被高山族人误杀为借口,发动侵台战争。清廷派沈葆桢为钦差大臣,赴台办理海防,兼理各国事务大臣,筹划海防事宜,办理日本撤兵交涉。由此,沈葆桢开始了他在台湾的近代化倡导之路。沈葆桢(1820—1879年),原名沈振宗,字幼丹,又字翰宇,汉族,福建侯官人,晚清时期的重要大臣,政治家、军事家、外交家、民族英雄,中国近代造船、航运、海军建设事业的奠基人之一。1875年1月,沈葆桢就治台上奏折提出三项改革:第一,废除严禁内地人民渡台的旧例;第二,废除严禁台民私入"番界"的旧例;第三,废除严格限制"铸户"、严禁私开私贩铁斤及严禁竹竿出口的旧例。这些改革的实质含义是:使大陆人民得以向台岛自由迁徙;打破台岛西部滨海平原所谓"山前"与东部"山后"间的人为壁垒,使汉族居民与少数民族之间得到往来交流的自由;打破台岛内经济生活中的若干桎梏,使人民的物质生产与物资流通得到自由,变防民为便民。沈葆桢提出的这些改革,主要是为了推动台湾土地的开发特别是后山的耕垦。而鼓励后山的垦殖,又与所谓"抚番"即加强对台湾少数民族的治理密切相关。"抚番"与"开山""开路"并行,既可以安抚内部,又可以加强海防,体现了其治台的战略眼光。此外,他奏准建设闽台水陆电线;用西法在安平、旗后等处建设新式炮台;购买洋炮及军火机械,并建军装局、火药局;调闽厂现造扬武、飞云等一批兵轮供台防之用,并大力倡购铁甲船。1875年,沈葆桢上奏朝廷获准使用机器开采基隆煤矿,翌年开始动工凿井,建立起第一个近代民用工业。同时,实行开山、抚垦,在香港、厦门、汕头等处设招垦局,招工赴台开垦荒地,以促进内山的开发。各方学者认为,台湾的近代化就是从沈葆桢治台开始的。

在台湾地区百年的现代化进程中,首任台湾巡抚刘铭传也功不可没。刘

---

① 林满红:《四百年来的两岸分合》,台北:自立晚报社文化出版部,1994年版,第26页。

铭传（1836—1896年），字省三，清朝名臣，洋务派重要人物，台湾省首任巡抚。刘铭传在1883—1885年的中法战争中抗法保台，威名远扬。中法战争的硝烟散去，清政府认识到台湾战略地位的重要性，于1885年10月12日宣布台湾建省，以战功卓著的刘铭传为首任巡抚。刘铭传在台任职期间，大力实施洋务改革，开煤矿、修铁路、兴学堂、办电讯、促贸易、固海防，为台湾近现代化建设做出卓越贡献，他大刀阔斧地在台湾进行了各项建设和改革事业，使得台湾社会经济文化的发展迅速向前推进。

刘铭传出任台湾巡抚后，立即提议修建台湾铁路，指出修铁路不仅对加强海防有重大意义，而且"非造铁路不足以繁兴商务，鼓舞新机"。1886年10月，他委令派驻新加坡招商局的官员拟修台湾铁路，招股集资。这期间，他拒绝了英国旗昌洋行愿意承办铁路的要求。他认为铁路是国家"血脉"，断不能听任外人垄断。由于南洋华侨的踊跃支持，两个月就集资白银70万两。1887年，刘铭传又一次奏请在台湾修建铁路，终于获得清廷的允准，正式在台北设立铁路总局，兴筑铁路的计划正式启动。台湾铁路于是开始兴筑，分为南北两路：北路由基隆至台北，全长32公里，刘铭传任命林维源为督办，杨宗瀚为商务总办，并聘用外国技术人员担任设计、测量工作。1887年动工后，穿山渡水，工程十分艰巨，中间需开凿一条长达573.08米的狮球岭隧道，刘铭传更是亲自在工地督阵。经过将近4年的艰苦施工，此段铁路于1891年竣工通车，为此刘铭传亲题"旷宇天开"四字刻于隧道洞口上方。南路原计划由台北至台南，1888年开始勘测，1893年当铁路修至新竹时，因资金及技术等原因停工，未能直下台南，全长约99公里。台湾铁路是中国自行集资、自行兴建、自行控制的第一条铁路，除了成功开凿狮球岭隧道，还在光绪十五年（1889年）五月完成了淡水铁路大桥建设，全长448.06米，这是由中国营造商张家德承包设计并建造的当时亚洲最长的铁路桥。台湾铁路的建设，对于促进中国近代铁路建设和台湾近代工商业的发展，都有着重要的影响。①

1887年9月，沪尾至福州川石山海底电缆敷设成功，12月上旬，安平至澎湖妈宫港海底电缆也敷设成功。从此，台湾与大陆电讯畅通。刘铭传在此基础上设立了电报总局。同时，还率先对旧的铺递驿站传送法进行了改革，仿效外国邮政通信的先进办法，于1888年在台北设立邮政总局，下辖43个分局（站），发行邮票，办理官府和民间邮递业务。并专门制订了《邮政条目

---

① 翁飞：《刘铭传一生最光彩的亮点在台湾》，《两岸关系》，2015年第11期，第62页。

十二条》和《台湾邮政票章程》，促使台湾的邮政事业很快发展起来。这也是近代中国最早的具有开创性的邮政事业。刘铭传因此被岛内学者尊为台湾洋务运动之父和台湾近代化之父。

2015年9月24日，海峡两岸纪念刘铭传首任台湾巡抚130周年大会在安徽省肥西县铭传乡刘铭传故居隆重举行，中共中央台办、国务院台办主任张志军指出，刘铭传的历史功绩和他爱国、创新、自强的民族情怀，是两岸同胞共同的历史记忆，也是两岸同胞宝贵的精神财富。台湾海基会原董事长江丙坤在纪念大会上指出：刘铭传是台湾首任巡抚，他创造了许多丰功伟绩，为台湾发展做了许多基础工程。尤其是他以官办民营方式建设铁路，以清理田赋等措施整顿财政，都对台湾建设和发展产生了深远影响。20世纪80年代，台湾经济腾飞，成为"亚洲四小龙"之一，与刘铭传奠定的基础密不可分。

第二节　台湾岛内各民族是中华民族的有机组成部分

长期以来，台湾岛内各民族和在台拓荒的汉族人民融为一体，成为中华民族的有机组成部分。

一、数代炎黄子孙成为台湾的拓荒者

2014年2月18日下午，中共中央总书记习近平在钓鱼台国宾馆会见中国国民党荣誉主席连战及随访的台湾各界人士时指出，"不论是几百年前跨越'黑水沟'到台湾'讨生活'，还是几十年前迁徙到台湾，广大台湾同胞都是我们的骨肉天亲。大家同根同源、同文同宗，心之相系、情之相融，本是血脉相连的一家人"。[①]

"黑水沟"即指台湾海峡。台湾海峡水流湍急，特别是黑潮汹涌，海难频生，在农耕时代强渡台湾海峡更是极为艰险，因此被称为"黑水沟"。历史上由大陆到台湾开基创业的移民活动，被称为"唐山过台湾"。清代《台湾志略》记载："台湾人称内地为唐山，内地人曰唐人。"由此可见，"唐山"就是台湾同胞对大陆的称呼。很多台湾同胞的族谱上都记载，称自己的祖先来自"唐山"。这里的"唐山"是指"大唐江山"。明成化朝（1465—1487年）后

[①]《习近平：两岸同胞要携手同心共圆中国梦》，新华网，http://news.xinhuanet.com/politics/2014-02/18/c_119393683.htm。

的四五百年间，因福建地区人多地少及海禁、战乱等原因，闽南人开始漂洋过海，向澎湖、台湾等地移民，形成"唐山过台湾"的高潮。在河洛与客家均有民谣《渡台悲歌》，称"六死三留一回头"，意即十人当中，有六人死于"黑水沟"，三人留台，一人因受不了台湾的荒蛮而重返大陆。

　　大陆沿海地区居民迁徙到台湾定居和繁衍，这是台湾岛内民族构成的主要来源。公元 3 世纪和 7 世纪，三国孙吴政权和隋朝政府都曾先后派万余人去台。唐代和宋代，大陆人民开始移居台湾，特别是宋王朝开始在台湾正式设官建制。宋元以后，随着东南沿海海上贸易的发展，闽南人移居台湾、澎湖者日渐增多，到元朝末年，已有相当数量的福建人定居台湾、澎湖列岛。明代，台湾一度被荷兰侵略者窃据。明朝后期，郑芝龙（郑成功之父）等率部抵台，在台湾北港设寨屯田，并不断招募漳州、泉州、兴化沿海人民到台湾拓荒垦殖。崇祯年间，福建大旱，郑芝龙在福建巡抚熊文灿的支持下，招募沿海灾民入台垦殖，据说每人"给银三两、三人给牛一头"，当时有数万灾民来到台湾，开始了对台湾有组织的大规模开发。1662 年，郑成功为了建立反清复明基地，率领将士 2.5 万人，从荷兰殖民者手中收复了台湾，其中随郑成功入台湾的将士有相当一部分是中原移民的后裔。郑成功去世后，他的儿子郑经继承父业，采取各种措施招徕大陆沿海百姓入台开荒，鼓励民间私垦。这一时期漳州、泉州、兴化一带赴台百姓达 15 万人之多。明、清时期，由闽、粤向台湾岛多次形成移民高潮，人民移居台湾的主要原因是从军、垦殖、经商等。清康熙二十二年（1683 年）清政府统一台湾之后，在台湾设 1 府 3 县，隶属福建省，到嘉庆十六年（1811 年），台湾人口由之前的不足 10 万，猛增到 190 万。到了康熙朝中期，清廷放宽海禁，福建、广东沿海百姓成群结队前往台湾垦荒，先后达几十万人，形成了又一次由大陆向台湾移民的高潮。至乾隆五十一年（1786 年），台湾居民已达 200 余万。至清光绪十九年（1893 年）时，台湾岛内居民总数达到 50.7 万余户、254 万余人，200 年间增长 25 倍。大陆移民为台湾社会提供了大批劳动力，更为台湾的开发提供了条件。他们带去先进的生产方式，由南到北，由西及东，筚路蓝缕，披荆斩棘，大大加速了台湾整体开发的进程。这一史实说明，台湾和中国其他省区一样，同为中国各族人民所开拓、所定居。台湾社会的发展始终延续着中华文化的传统，即使在日本侵占的 50 年间，这一基本情况也没有改变。台湾的开拓发展史，凝聚了包括当地少数民族在内的中国人民的血汗和智慧。①

早期台湾的少数民族农业生产技术十分落后，甚至仍然处于刀耕火种的原始农业时期。宋元以后特别是明清时代，大量汉族移民移居台湾的同时把大陆较为先进的农业生产技术移植过去。自汉族移民进入台湾起，就注重农田水利的建设，修建了各种潭、陂、井等水利设施，最多的是挖掘水井进行灌溉。清代是兴修水利的高潮时期，当时的水利工程各种各样，台湾农民尽显智慧、利用各种办法来保证农业用水。米、糖是台湾农业社会主要产品。随着耕地面积的扩大与水利设施的修建，到乾嘉年间，台湾粮食生产已达到鼎盛时期，除满足本岛居民的正常消费外，每年还可输往大陆几十万石粮食；甘蔗也是台湾的主要经济作物之一，每年可出蔗糖约60多万篓，每篓一百七八十斤左右，足见台湾的甘蔗种植与单位面积产量都达到了较高的水平。②总而言之，庞大的人口数量、丰富的土地资源以及先进的农业生产技术促使汉民族文化在台湾社会逐步站稳脚跟并一度发展为主流文化。

二、台湾岛内各民族是中华民族多民族共同体之中的一分子

"中华民族"这一名称是直至近代才出现的。1902年，梁启超在《论中国学术思想变迁之大势》一文中正式提出了"中华民族"一词。三年后，随着他对这一词义理解上的进一步科学化和明晰化，梁启超又撰写了《历史上中国民族之观察》一文，系统阐述了"中华民族自始本非一族，实由多民族混合而成"的观点。梁启超在民族思想上的创见，受到了当时学术界人士以及中国进步人士的高度重视，赢得了积极响应和广泛认可。至中华民国创立，孙中山先生提倡"五族共和"的理论，这使得"中华民族"作为多民族共同体的理念逐步深入人心。

20世纪80年代末，著名的人类学与民族学家费孝通先生在香港中文大学泰纳（Tanner）讲座发表题为"中华民族多元一体格局"的演讲。这篇讲稿凝聚了他数十年的深邃思考，是其长期研究的成果体现，更是一个崭新的民族理论体系诞生的重要标志。在这一学术成就的影响下，专家学者围绕中华民族的多元一体基本形成共识——"'多元'：指各兄弟民族各有其起源、

---

① 《台湾问题与中国的统一》白皮书，1993年9月1日，国台办网站，http://www.gwytb.gov.cn/zt/baipishu/201101/t20110118_1700018.htm。

② 郗玲芝：《论光复前台湾多元文化的形成与发展》，《民族论坛》，2013年第5期，第38—39页。

形成、发展的历史，文化、社会也各具特点，从而区别于其他民族；'一体'：指各民族的发展相互关联，相互补充，相互依存，与整体有不可分割的内在联系和共同的民族利益。"①

台湾岛内各民族正是中华民族多民族共同体之中的一分子，它们既具有自身的历史发展轨迹和特定的社会、文化内涵，又与中华民族体系内的其他民族之间存在着紧密相连的关系。台湾少数民族是指"祖国大陆汉民在明清时期大规模渡海来台之前就已居住于台湾的土著民族，包括现今台湾地区的山地高山族和主要分布在西部平原高度汉化的平埔族人"。民族考古学的新进展表明，台湾少数民族和"南岛语族"及其文化主要起源于华南大陆。②清代在台湾正式设立府县等行政区划后，进一步明确了中央王朝对该地区的统治管理。雍正年间，台湾少数民族的"熟番"就曾经赴闽贺寿，开启了清代台湾少数民族通过官方渠道赴大陆参访的先声，成为清廷与台湾少数民族在皇朝仪轨范畴互动的开端。历史上台湾当地少数民族被称作"番民"。在明清两朝，农业生产是统治者给台湾当地少数民族上的第一堂课，台湾少数民族也从原来的刀箭狩猎到"耕种如牛车、犁、耙与汉人同"。随着民族教育的发展和汉文化的传播，台湾少数民族发展了自身的经济，这对调和民族关系有积极作用。

乾隆时期，台湾"生番"于乾隆五十三年（1788年）和五十五年（1790年）两次进京朝觐贺寿，可谓清廷在台湾"理番"过程中施恩有加的高峰。③上述史实表明了当时台湾少数民族的向化之心，他们对中央政权有着很强的认同感和归属感。而通过乾隆末年的台湾"生番"赴大陆朝觐贺寿，可以看到清廷在台"理番"事务中一定程度的开明、远见和身体力行的政策变革，及其成效在后世的影响。这种影响的其中之一即为平埔之地的番社加速了民番杂处的融合过程，"平埔番"日趋汉化，台湾"番多民少"的格局发生根本性变化。④因此，无论从源头上追溯还是从后来的历史发展来看，台湾少数民族都应是属于中华民族体系之内的。

由于过去封建统治者对少数民族采取歧视和隔离政策，致使少数民族和

---

① 邸永君：《"中华民族多元一体"理论的创立、内涵及其影响》，《中国社会科学院院报》，2003年4月17日，第3版。

② 郭志超、吴春明：《台湾原住民"南来论"辨析——兼论"南岛语族"起源》，《厦门大学学报（哲学社会科学版）》，2002年第2期。

③ 郝时远：《清代台湾原住民赴大陆贺寿朝觐事迹考》，《明清史》，2008年第4期。

④ 郝时远：《清代台湾原住民赴大陆贺寿朝觐事迹考》，《明清史》，2008年第4期。

汉族民众之间矛盾尖锐。刘铭传任巡抚期间总结了前人"理番"的经验教训，采取了"以抚为主，以德服番"的方针。1885年秋，彰化、新竹交界的罩兰庄一带地方及淡水屈尺庄拳山堡大溪一带，发生未经招抚的"生番"杀害垦民事件。刚任巡抚的刘铭传决定派兵前往。他"先令译人入社劝导，如肯就抚，即无需用兵"。于是屈尺等各番社头目纷纷就抚。到1886年5月，"半岁之间招抚四百余社，剃发归化逾七万人"。刘铭传在奏折中写道："民番皆朝廷赤子"，朝廷理应"一视同仁"。同年设立抚垦总局，他兼任抚垦大臣，命令地方官府对于番民"教之耕耘，使饶衣食"，发展番地生产。设置"番学堂"，并亲自制订章程，编写歌谣，招收番童入学，提高番人知识水平。通过这些工作，刘铭传深得人心，"抚番"工作收效甚巨。在以后的两年多时间内，共招抚番民880多社，15.8万多人。到1889年3月，终于取得"全台生番一律归化"的成就。这项工作促进了台湾内部统一和民族团结，也有利于岛内经济和文化的发展。[①]

除了少数民族外，如前所述，历代以来还有很多大陆人口迁移到台湾岛内居住生活。这些外来迁移人口以汉族为主，大部分来自福建、广东两地。1949年国民党退踞台湾后，又随之迁移来了大批人口，他们来自大陆的各个地区，其中也包含了一些少数民族人士，由此使得台湾岛内民族成分日益呈现出多样化的趋势。毋庸置疑，这些后来的迁移人口同样也是中华民族的一部分，向来与中华民族有着不能割裂的、千丝万缕的密切联系。因此，无论是台湾岛内的少数民族还是后来迁移入台的汉族及其他民族，都属于中华民族的一部分，它们与中华民族具有源流上的深刻的一致性。

第三节　两岸的文化同祖同源

两岸文化同祖同源，明清两代在台湾岛内实行的传统教育对维系两岸同胞情感发挥了主要作用，特别是以儒家文化和民俗宗教文化为代表的文化传承则成为连接两岸的时空桥梁。

一、台湾文化属于中华文化的范畴

1968年，台湾大学考古队在台东县长溪乡八仙洞海滨发掘了长滨文化遗

---

① 翁飞：《刘铭传一生最光彩的亮点在台湾》，《两岸关系》，2015年第11期，第62页。

址，其生活年代距今已有 3 万年历史。台湾学者认为，长滨文化最早的主人很可能就是左镇人，他们生活在洞穴之中，以狩猎和采集为生，属于旧石器时代和"先农业阶段"。考古学界通过比较认定，这里出土的石器与湖北冶石龙头和广西百色上宋村出土的砾石砍砸器非常相似，由此推之台湾的旧时器时代与大陆有着非常密切的亲缘关系。①

台湾是一个移民社会，台湾同胞是中华民族的成员，汉族向来占最大比重。台湾和闽粤两省在衣着、饮食、居住、民间工艺等风格上十分一致，两地有着共同的风俗习惯、民间信仰，诸如敬天思想、祖先祭祀、神祇崇拜、婚丧礼俗、岁时习俗、长期盛行的养子之风，以及两地民众身上共同的朴实、健康、吃苦耐劳的个性心理和生活方式。随着移民数量的增加和台湾的开拓，大陆的政治制度、经济制度、伦理制度、家族制度、教育制度以及价值观念、道德观念等意识形态也逐渐传入台湾，甚至所谓的"精英文化"诸如儒家思想以及其他传统文化也对台湾"上层社会"发生影响。②

长期以来，台湾汉人社会使用的语言是和闽、粤两省一样的闽南话和客家话，直到现在台湾所流行的还是和大陆一样的普通话（台湾称为"国语"）、闽南话和客家话。叶石涛早年也说过："台湾一直是汉民族文化圈子内不可缺少的一环；因为台湾从来没有创造出独特的语言和文字。"③

台湾文化是中华文化的一个分支，是和中华文化具有广泛一致性的一种亚文化，但它又具有较大的特殊性。这种特殊性主要来自两方面，一方面是台湾特殊的历史背景和社会经济条件；另一方面是由于两岸的文化与外来文化、世界文化的接触、联系的不同而产生的。

台湾的文化异彩纷呈，具有浓郁的地方特色，但其本质上与大陆各个地方的文化一样，同属于中华文化的范畴，它们所植根的土壤是相同的，都源自古老的中华文明。轩辕黄帝一统天下，奠定中华，肇造文明，惜物爱民，被后人尊为中华人文始祖。近些年来，在河南省新郑和陕西省黄陵县多次举行了黄帝故里拜祖大典和黄帝陵公祭典礼。2007 年，中国国民党荣誉主席连战参加新郑的黄帝故里拜祖大典，向黄帝像敬献花篮，点火上香，并为大典

---

① 陶德宗：《论台湾文化的中华血统》，《社会科学战线》，2006 年第 4 期，第 161 页。
② 陈孔立、吴志德：《台湾文化与中华文化关系的历史探讨》，《台湾研究集刊》，1992 年第 1 期，第 66 页。
③ 叶石涛：《台湾乡土文学史导论》，转引自包恒新：《闽台古文化、两岸一脉连》，《福建省社会主义学院学报》，2002 年第 2 期，第 34 页。

题字。2009年，亲民党主席宋楚瑜在黄帝故里祠前写下"河洛原乡追远，黄帝故里归宗"的题词。时隔两年，亲民党副主席张昭雄在参加拜祖大典时亦写下"河洛拜祖，华夏一统"的题词，并郑重将写有"两岸和平，国泰民安"心愿的祈福牌挂在祈福树上。

多年来，两岸传统文化的联系密不可分。在台湾众多的英雄传奇中，流传最广的是关于民族英雄郑成功的故事。如"剑井""剑潭"和"国姓鱼"等诸多传说，都是缅怀和歌颂郑成功的动人故事。台湾关于郑成功的众多传说，从不同角度塑造了一位爱国为民、正气凛然、刚毅威武、人格高尚的民族英雄形象。

台湾的文化也受到西方文化的影响。17世纪初期，台湾居民主要是少数民族，并有少数汉人与少数民族共同生活。荷兰东印度公司据台后，公司员工和眷属等来自欧洲、印度及东南亚的外国人的加入，在殖民地构成一个多元种族、宗教和文化的社会。

明清之际，郑成功收复台湾。在管理台湾的过程中，深受传统文化熏陶的郑成功非常重视发展教育，兴办学校，甚至用读书就免除徭役的办法鼓励当地少数民族子弟学习中华传统文化。郑成功病逝后，咨议参军陈永华倡议仿照大陆在台修建孔庙，台南孔庙由此诞生。这座孔庙是台湾的第一座孔庙，号称"全台首学"。清政府从郑氏家族手中收复台湾后，又在凡是设有府治和县治的地方都陆续兴建了孔庙和儒学。台湾孔庙除官修外，还有一些是民间修建的。目前台湾孔庙大大小小有几十所之多，遍布全台。自古以来，大陆各地孔庙每年举行祭孔活动。台湾各地每年也都会举行祭孔仪式。2006年12月24日上午，台北市文化部门就曾在孔庙举办过"祭文祖仓颉"的仪式。时任台北市长的马英九和台北县长的周锡玮担任献祭官，焚香进酒，感念汉字文化源远流长。自马英九就任台湾地区领导人以来，已经4次亲自祭孔，一次在台北市孔庙，一次在台南市孔庙，一次在台中市孔庙，开台湾地区领导人祭孔先河。

寻根问祖是中华民族的传统，在两岸渊源方面，族谱对接是连接两岸血缘关系的最直接证据。广泛保存在两岸民间的大量民间族谱保存着丰富的中华姓氏文化资料，以一种血缘文化的特殊形式清晰记录了中华民族的形成和发展。在清代，许多人在台湾定居后，又返回大陆寻根问祖，接续谱系，出现了许多两岸族人共修族谱的事例。在当今台湾社会中，以同姓人组成的宗亲会为数众多，影响力也很大。促进两岸族谱对接，有助于发挥血缘文化纽带在增强民族意识、推动两岸交流、促进两岸关系和平发展中的独特作用。福建省有关人士指出：闽台族谱对接是福建做好对台工作的重要环节，也是促进两岸关系和平统一的重要纽带。不论闽南人或者客家人，都有一个移民和再移民的过程，由中原到闽粤再渡海迁台，作为宗族历史的忠实文本，族谱的编修、修补与保存工作，是形成对祖上认同的凭证，是两岸亲情关系的见证。1987年中秋节前夕，一个客家人徐姓青年回到祖籍故土广东梅县，凭借族谱的记载，通过挨家挨户探访，终于在一位87岁的徐氏父老处找到一本家谱，认真核对后，最终接续了台湾、大陆两地的血脉。2009开始，两岸城市青少年创意族谱联展在榕台两地轮流举办，影响面越来越广。该联展促进了两地青少年对两岸渊源的认同，增进了彼此间的交流、互动与情谊。2012年，两岸姓氏族谱展示与对接活动上，中国国民党前中常委何庆纹与福建省云霄县政协主席王彩云互赠了两岸姓氏族谱，实现了两岸族谱的无缝对接。

2002年9月，举办了"海峡两岸'中华文化多元一体架构'研讨会"。与会的海峡两岸学者就"中华文化多元一体架构"的历史轨迹、发展趋势、国家认同、民族整合等诸多方面进行了认真探讨。时为中国社会科学院副院长的王洛林研究员指出，大陆和台湾的居民都是中华民族多元一体格局中的组成部分，大陆和台湾的文化都是中华文化多元一体架构的组成部分。中华文化的这种多元性与一体性，共同创造和丰富了绚丽灿烂的中华文化，也使中华文化成为维系全体中国人的精神纽带。台湾学者桂宏诚、叶锦栋则进一步提出："我们应该深切体认中华民族文化的包容性与凝聚性，更应该在这中华文化多元一体的大架构上，在两岸关系上先从文化上紧密联系而凝成一体。"①

台湾文化的主流源于中华文化，当然基于台湾社会独特的历史际遇，多元文化在台湾社会中的地位与影响力随着政权更替而此起彼伏，文化间的冲突与融合共存，塑造了台湾社会明显的开放与包容特性，为现今台湾多元文化的进一步发展奠定了基础。②

总之，海峡两岸在文化上的渊源关系非常深厚，不是"一湾浅浅的海峡"就能隔绝和阻断的。

---

① 邱永君：《"中华民族多元一体"理论再探索》，中国社会科学网，http://www.cssn.cn/news/381863.htm。

② 郗玲芝：《论光复前台湾多元文化的形成与发展》，《民族论坛》，2013年第5期，第38—39页。

二、明清时期台湾教育铸就了两岸文化的同源性

教育作为文化的播种机,使中华文化在台湾得以传播,并且铸就两岸文化的同源性。荷兰人据台期间,在台湾进行了传播基督教为核心的布教,最终是为了培养治下的"顺民",正如文献记载所云:"台湾为海上荒岛,靡有先王之制也。荷兰得之,始教土番,教以为隶而已。"①

而在台湾地区教育史中,明清两朝是台湾岛内民众民族意识和国家情怀培养的关键阶段。明末清初,大量汉族移民进入台湾,汉族移民与台湾少数民族的接触也日渐增多。郑成功收复台湾之后,岛内形势总体上相对安定,学校教育才得以发展和修复。其中"番社学"就创始于郑氏治台时,郑成功"命各社设学校,延中土通儒以教子弟。凡民八岁入小学,课以经史文章"。②

清统一台湾后,相当重视台湾的教育,历任巡台长官均负责掌管全岛的文教。

清代台湾的教育至割台前大致可分为两个阶段,前期为旧式教育,学校有儒学、书院、义学、社学、民学等;后期是以刘铭传在台湾创办的一些新式学堂为代表的近现代教育。

清代台湾教育核心还是以"忠君崇上"思想为主。台湾学校重视祭祀,早在郑氏经营台湾时,郑经就接受陈永华的建议,择地宁南坊,面魁斗山,旁建明伦堂作为圣庙。建成后,每年春秋季节,学政率领众生员举行大规模的祭祀活动。台湾学校教材以四书五经为主,各级各类学校(除台湾少数民族学校)几乎都是为科举考试打基础,如民学的教材有简单的《三字经》、四书以至经书、《左传》《礼记》等;义学的教材内容是"圣谕广训"、政令宣导及儒家经典的诵读、八股文的写作等。台湾学校的教师大多都是从大陆请去的有些名望的儒士。还有另外一些教师是台湾本地出身的秀才、举人等,如丘逢甲在中进士后,看到清廷的腐败,不愿为官;回到家乡以推广教育为要职,为台湾文教事业做出了重要贡献。学校教育在台湾的普遍推广,使台湾在被日割占之前基本上完成了与大陆文化的整合。如清初台湾民俗弊端甚多,赌博、婚娶论财及奢靡浪费之习等非常普遍。通过学校教育的"默化潜移",其情况有所改观,"风俗蒸蒸日上"。同治二年(1863年)林氏兄弟倡建大观义学,主讲庄正所撰义学碑记中说:"余内渡十年,再游斯土,深幸士气、民

---

① 连横:《台湾通史》,北京:九州出版社,2008年版,第166页。
② 连横:《台湾通史》,北京:九州出版社,2008年版,第167页。

风骎骎日盛。"①

通过正规的学校教育，一个具有爱国主义情怀的台湾社会士绅阶层逐步兴起，在维护台湾社会的正常运转、增进民族认同上发挥了重要作用。大凡通过科举考取功名的台籍人士，回乡之后都能取得一定社会地位，成为当地社会上层人物，也是构成士绅阶层的主要来源。他们影响力的发挥，尤其体现在乙未拒日保台运动上。"盖乙未以前，多抱前朝之思，思'忠君'旧德。是以朱一贵以明遗裔号召，林爽文亦以复明为言，现代民族思想尚未被完全体会，渗透心脾也。及乙未割台，现代民族思想，勃然以兴。"②这些台湾官绅，具有明确的忠君报国、维护国家领土完整的意识。甲午战后，台湾被割让，岛内仁人义士起义反抗，唐嵩、刘永福、徐骧、姜绍祖等人都是被忠义思想所激励，不惜身家性命与敌周旋，这是清代学校教育潜移默化的影响。

此外，中央政府长期在台湾推行民族教育，是为了给台湾少数民族子弟提供受教育的机会，使其学习儒家经典和朝廷律令，从而能够"导民向善"和"移风易俗"。清朝为了推动"扶番"教化、吏治安定，在统一台湾后重视当地的少数民族教育。初时，台湾少数民族"荒古以来，不通人世"，"不耕而饱，不织而温，以花开草长验岁时，以日入日出辨昼夜"，"千百成群，裸体束腰，射飞逐走，犹是游牧之代"③。随着民族教育的不断推行，越来越多的台湾少数民族掌握了汉文化，民族之间因语言不通和文化差异而衍生的矛盾大为减少，台湾社会日趋稳定，民族关系日趋融洽。康熙二十五年（1686年），诸罗县知县樊维屏设社学4所，在其带动之下，台湾府4县1厅的"土番社学"增加至41所，台湾的少数民族教育迅速普及。至乾隆年间，社学增至51所，其中台湾县5所、凤山县8所、诸罗县11所、彰化县21所、淡水厅6所。④

清代，台湾少数民族教育仿照大陆的教育制度，以儒学经典为教材，课程包括经学、艺文两类，课以试帖作文。为了完善教学秩序，雍正十二年(1734年)正式设"社师"，"各置社师一人，以教番童，令各县学训导按季考察"。县学训导严格执行，亲临社学实施按季巡查的规定。"岁、科与童子试，

---

① 魏章柱：《同根同源 台湾文化 中华情结》，《百年潮》，2002年6期，第78页。
② 魏章柱：《同根同源 台湾文化 中华情结》，《百年潮》，2002年6期，第78页。
③ 连横：《台湾通史》，北京：九州出版社，2008年版，第1页。
④ 吴小沛：《从"番社学"到"番学堂"——明清时期台湾少数民族教育与民族关系的发展》，《中国民族报》，2012年6月8日，第7版。

亦知文理；作字颇有楷法。番童皆薙发冠履，衣布帛如汉人。"

到清朝晚期，清政府江河日下的颓弱局势促发了社会领域的变革，传统教育开始转变为新式教育，新式学堂陆续在各地兴起。在这一变革潮流中，台湾概莫能外，设立了"番学堂"。"番学堂"系台湾首任巡抚刘铭传所创，其宗旨是为了培养新式少数民族人才。光绪十六年（1890年），清政府在台北城内成立"台北番学堂"，学制3年，教育对象是台湾少数民族各部落头人子弟，课程包括汉语文、算术、官话、闽南语等，聘请有新思想的汉族知识分子任教，"起居礼仪，悉仿汉制"。从创始于明末、兴盛于清代的乡塾社学到光绪年间创办的"番学堂"，台湾少数民族教育最终被纳入封建教育制度的轨道。有清一代，随着土地开发，教育也接踵而至，许多"生番化熟番，熟番化人民"。少数民族倾心归化的记载不绝于史。很多台湾少数民族改汉姓、易服装，完全融入了汉族社会。通过教育，台湾少数民族不仅能够"习汉字""讲官话""背毛诗"，还有一些甚至能够深入学习儒家经典。随着台湾少数民族教育的系统化、制度化，台湾少数民族儿童参加科举考试人数大大增加，这不但促进了民族的团结，也有利于台湾的开发和经济的发展。

三、海峡两岸共同阐释了中华民间信仰文化的传统内涵

在两岸文化融合中，民间信仰文化是重要的组成部分。其中，妈祖文化为典型的代表，在两岸的和平与发展中不断获得新的内涵，在增进两岸民众的感情上起到越来越重要的作用。

妈祖，是以中国东南沿海为中心，包括东亚在内的广大地区信仰的海神，是居住于海边、航行于海上的人们共同信奉的神祇。相传妈祖的真名为林默，又称默娘，生于宋建隆元年（960年）农历三月二十三日，逝于宋太宗雍熙四年（987年）九月初九日。因林默娘救世济人，泽被一方，被朝廷赐封，沿海人民便尊其为海神，立庙祭祀。1000多年来，妈祖信仰由民间信仰发展成为道教信仰，成为历代祭祀的对象。妈祖被称为全球华人华侨海上航行的"保护神"，也是海峡两岸及全球华人华侨信奉的神灵。据统计，在大陆，妈祖庙分布在22个省市的450个县，海南一省就有200多座。妈祖信仰是台湾最普遍的汉族民间信仰之一。由于早期汉人移民多自大陆的福建渡海而来，且台湾四面环海，海上活动频繁，因此妈祖成为台湾民众信仰最普遍的神明之一。无论是大小街庄、山海聚落，还是通都大邑，都可看到妈祖庙。仅台湾一地就有妈祖庙数百座，其中有庙史可考者40座（建于明代的3座，建于

清代的37座）。

海协会前会长陈云林指出：妈祖文化在发展中不断被赋予新的内涵，与其说是人们对海神的敬畏，不如说是对她真、善、美高贵品德的肯定，这是中华民族文化的内涵，正因为这种深厚的文化底蕴，妈祖文化在增进两岸民众的感情上起到了越来越重要的作用。

妈祖信仰衍生出严谨的祭礼规仪、民间传说、艺术成就与节日习俗等文化实践，是台湾重要的汉民族文化资产。1997年1月，湄洲妈祖金身首度跨海赴台，100天的时间里，受到台湾1000多万人次的顶礼膜拜，成为海峡两岸规模最大、影响最深远的民俗交流活动。2000年7月，大甲镇澜宫组织2000多名妈祖信众赴湄洲谒祖进香；2002年5月，湄洲妈祖金身首次海上直航金门，为民众祈雨，实现了第一次湄洲与金门的客运通航。近年随着两岸交流活动越来越多，与妈祖信仰相关的活动更是举不胜举。

2013年4月4日晚，"妈祖之光·祈福"大型电视晚会在台中上演，上万名台湾民众冒雨观看晚会。由福建对外文化交流协会、福建广播影视集团发起的"妈祖之光"晚会，从2006年以来，先后在台北、台南、南投、彰化等地上演了11场，到场观看的台湾民众累计数十万。2013年8月1日，"两岸妈祖佑南疆2013祈福活动"以"牵手耕海，圆梦中华"为主题，吸引了两岸各界代表约3000多人参与，其中台湾妈祖宫庙、妈祖信众、渔会等代表达600多人。来自台湾妈祖宫庙的22座妈祖神明像，与福建莆田湄洲妈祖祖庙的妈祖金身、海南妈祖神明像等，一起参加了妈祖巡游及祈福祭典仪式，并共同参与了当年的开捕仪式，数百艘渔船在祭海仪式后共赴南海捕鱼。就海岛文化而言，台湾和海南具有很多共性，两地都是海岛，渔民众多，来自两岛的妈祖信徒和渔民能共同开启新的捕鱼季，共同祈福祝愿所有渔民在海上能够开大船、走深海、捕大鱼、平安捕鱼，也表达了海峡两岸的亲情。

倡导济世、大爱的妈祖信仰，也让两岸人民的感情更紧密。2008年汶川大地震发生后，台湾24家妈祖信众组织通过中华妈祖文化交流协会捐出了560万新台币。2013年，四川芦山发生地震的次日，鹿港天后宫管委会发动妈祖信众捐助善款，随后150万新台币（约合人民币30多万元）便汇到了湄洲中华妈祖文化交流协会，请他们转交灾区。

除妈祖文化外，两岸近年来多次联合举办佛教文化、道教文化、观音文化、西王母文化、关帝文化、游氏仙姑信仰、鬼谷文化、神农文化等祭奠和研讨活动，这些活动充分体现了两岸炎黄子孙隔不断的亲缘和情义，体现了两岸同胞同为中华儿女、同是一家人的客观事实。

就宗教的地缘性而言，台湾的宗教信仰大多来自或源于福建。闽台宗教不仅同根同源，一脉相承，法乳一体，而且信众的宗教观念、宗教仪轨、信仰方式、信仰体系如出一辙。

第二章　1894年甲午中日战争与《马关条约》

1894年甲午战争，中、日的国际地位和国运都发生逆转；而1895年的《马关条约》则使台湾沦为日本的战利品，岛内的悲情意识由此激发。

第一节　甲午战争与中国朝贡体系的瓦解

甲午战争前，中国仍然维持作为东亚朝贡体系中心国的地位；甲午一战，中国溃败，朝贡体系随之瓦解，日本取代了中国在东亚国际格局中的主导地位。

一、甲午战争前东亚格局与朝贡体系

甲午战争前，东亚地区的国际秩序是以中国为中心的朝贡体系，日本一直希望成为次中心，或者与中国齐头并进成为双中心之一，但长久以来中国作为东亚中心的地位始终不可动摇。朝贡体系是自公元前3世纪开始，直到19世纪末期，存在于东亚、东南亚和中亚地区的，以中国中原帝国为主要核心的等级制网状政治秩序体系，常与条约体系、殖民体系并称，是世界主要国际关系模式之一。朝贡体系到中国的明清时期已经十分成熟。1368年，明朝建立，1371年明太祖朱元璋明确规定了安南、占城、高丽、暹罗、琉球、苏门答腊、爪哇、湓亨、白花、三弗齐、渤泥以及其他西洋、南洋等国为"不征之国"，实际上确立了中国的实际控制范围，并且确定了"厚往薄来"的朝贡原则，由此最后确立了朝贡体系成为东方世界的通行国际关系体制。在该体制中，中国中原政权成为一元的中心，各朝贡国承认其中心地位，构成中央政权的外藩。这15个"不征之国"的宣布，标志着明朝和平外交政策的确立，也象征明朝政府承认了上述国家的主权独立。在此后给各国的诏谕中，明朝也一再表明"共享太平之福"的立场。后来，清朝基本沿用和发展了这种基于"怀柔立场"的朝贡体系。明初统治集团致力于建立以大明帝国为中

心的"万国朝宗"的朝贡体系，主要靠朝贡贸易维系，朝贡贸易事实上成为明朝"怀柔远人"的一种战略体系。

公元413年，统一后的日本大和国主动和中国交往，被纳入朝贡体系；直到公元502年，先后13次向东晋、南朝宋与梁遣使朝贡，请求册封。从8世纪以后日本的数度派遣遣唐使情况来看，日本仍然置身于唐朝的册封体制之下。宋元时期，日本游离于朝贡体制之外。到了室町幕府时期，又开始向明帝国治下的东亚册封朝贡国际体制回归和靠拢。丰臣秀吉时代，发动了朝鲜战争，此时日本实际上已被大明朝排斥在了大中华帝国圈之外。这种对日本的全面封杀，一方面是因为日本诸岛孤悬海外，对中华帝国无足轻重；另一方面也由于日本民族出尔反尔、变化无常、时进时出于中华体系，且又言而无信，让人无所适从；最后也最重要的原因是，倭寇横行海上，对明朝政府造成了巨大的威胁，因此杜绝与其往来就成了明朝政府的无奈选择。[①] 实际上，明朝为抑制倭寇而实行对日的羁縻政策，付出了巨大的经济代价。在"厚往薄来"的朝贡贸易中，日本期待的是经济利益，明朝期待的是政治利益。每次朝贡都伴随着一次大宗贸易，明朝对日本的进贡物要以高于几倍的价值予以赏赐，贡使进京沿途往返的车、船、食宿均由官府供给。如当时允澎一行入贡人员多达千余名，供给的粮食总量估计应在六百石以上。[②]

西方工业革命之后，"闭关锁国"后的清王朝则逐步落后于世界发展潮流。1840年6月，英军舰船47艘、陆军4000人陆续抵达广东珠江口外，封锁海口，鸦片战争开始。战争以中国失败并赔款割地告终，签订了中国历史上第一个不平等条约——《南京条约》。以此为起点，中国开始向外国割地、赔款、商定关税。鸦片战争使中国开始沦为半殖民地半封建社会，丧失独立自主的地位，东亚国际关系体系由此开始解体。1894年爆发甲午中日战争，这场战争以中国战败、北洋水师全军覆没告终，清朝政府迫于日本军国主义的军事压力，签订了丧权辱国的不平等条约——《马关条约》。至此，中国主导的东方国际关系体系完全瓦解，近代的国际政治格局开始完全由西方列强主导。

综上可见，东亚国际体系经历了从传统宗藩朝贡体系向近代殖民条约体系的转型过程，毋庸置疑，甲午战争在其中发挥了重要作用。甲午战争前东亚国际关系虽然在"西势东渐"的国际大潮下开始走上了瓦解的道路，但是

---

① 武心波：《日本与东亚"朝贡体系"》，《国际观察》，2003年第6期，第63页。
② 夏灿：《明朝与日本的朝贡贸易》，《中国市场》，2011年第1期，第165页。

总体上依然还保留着封建性质的宗藩朝贡体系。在这一体系中，中国作为传统的宗主国，一直处于主导地位。后来由于中国在甲午战争中战败，东亚地区以"宗藩朝贡体系"为核心的传统国家关系彻底被打破，逐渐为近代西方的帝国主义的殖民条约体系所取代，东亚国际体系的性质发生了根本性变化。

二、甲午战争的进程

甲午中日战争即19世纪末日本侵略中国和朝鲜的战争，以1894年（清光绪二十年）7月25日丰岛海战的爆发为开端，至1895年4月17日《马关条约》签字结束。战争爆发的1894年为甲午年，故称甲午战争（日本称为日清战争，西方国家称为第一次中日战争）。2014年是甲午战争120周年，对此国内外的纪念文章很多，纷纷从各方面探讨启示和教训。需要指出的是，中国在甲午战争中是完败于日本，从陆战到海战，从战役到战术，从战略到细节，中国败于日本不是拾取任何偶发与片面因素可以诠释的。

早在1887年，日本参谋本部就制定了所谓"清国征讨策略"，逐渐演化为以侵略中国为中心的"大陆政策"。其第一步是攻占台湾，第二步是吞并朝鲜，第三步是进军满蒙，第四步是灭亡中国，第五步是征服亚洲、称霸世界，实现所谓的"八纮一宇"。[①]

1890年，日本爆发经济危机，对开战的要求更加迫切，就在这一年，时任日本首相山县有朋在第一次帝国议会的"施政演说"中抛出了所谓"主权线"和"利益线"的理论，将日本本土作为主权线，将中国和朝鲜半岛视为日本的"利益线"，声称日本"人口不足"，必须武力"保卫"利益线，加紧扩军备战。1894年，朝鲜爆发起义，朝鲜政府请求清政府出兵协助镇压，日本借中国出兵之际同时派兵进驻汉城（即现在的首尔），意图挑起中日战争。1894年7月，日本发动战争的阴谋愈发明显，中国国内舆论和清军驻朝将领纷纷请求清廷增兵备战，朝廷里也形成了以光绪帝载湉、户部尚书翁同龢为首的主战派，然而慈禧太后、李鸿章等人形成了清廷中的主和派。到7月中旬中日谈判破裂以后，一直按兵不动的李鸿章才应光绪帝的要求，开始派兵

[①] "八纮一宇"是当时日军宣扬大东亚战争正当性的用语，意为"天下一家"。为树立天皇的宗教权威，日本统治者神武天皇下达"八纮一宇"诏书，即完成"征服世间的四面八方，置诸于一个屋顶之下"的使命，也就是说，因为"日本是神国"，"日本民族是世界上最优秀的民族"，所以全世界要合并成一个大民族，成立一个大国家，即世界一家，"日本天皇是世界的最高君主"。

增援朝鲜。而随着中日、日朝谈判相继破裂,西方列强调停宣告失败,1894年7月17日,日本大本营做出对中国开战决定;7月20日,日本编成了以伊东祐亨为司令的联合舰队。

1894年7月23日凌晨,侵朝日军突袭汉城王宫,击溃朝鲜守军,挟持朝鲜国王李熙,解散朝鲜亲华政府,扶植国王生父兴宣大院君李昰应上台摄政。日本唆使朝鲜亲日政府断绝与清朝的关系,并"委托"日军驱逐驻朝清军。控制了朝鲜政府后,1894年7月25日,日本不宣而战,在朝鲜丰岛海面袭击了增援朝鲜的清军运兵船"济远""广乙"号,丰岛海战爆发。在海战中,日本联合舰队第一游击队的"浪速"舰悍然击沉了清军借来运兵的英国商轮"高升"号,制造了"高升号事件"。至此,日本终于引爆了甲午中日战争。

1894年8月1日,中日双方正式宣战。清朝在其宣战诏书中指出朝鲜历来是清朝的附属国,清朝是应朝鲜政府的要求出兵的;相反,日本"不遵条约,不守公法,任意鸱张,专行诡计,衅开自彼,公理昭然",令清朝忍无可忍,因此"着李鸿章严饬派出各军,迅速进剿,厚集雄师,陆续进发,以拯韩民于涂炭"。[①] 整个甲午战争分为三个阶段,主要表现为三场大规模战役:平壤战役、黄海海战、威海卫保卫战。

第一阶段:1894年7月25日至9月17日。

在此阶段中,战争是在中国境外的朝鲜半岛及黄海北部进行,陆战主要是平壤战役,海战主要是黄海海战。1894年7月下旬,中日两军在朝鲜境内开战。清军在丰岛海面被日军偷袭之后,很快被驻在陆上的成欢驿的日军偷袭。由于朝鲜政府已被日本控制,叶志超、聂士成等部驻牙山的清军被迫绕道汉城,北撤到朝鲜北部重镇、平安道首府——平壤。

平壤之战是双方陆军首次大规模作战。当时驻守平壤的清军共35营,1.5万人;进攻平壤的日军有1.6万多人,双方兵力旗鼓相当。平壤城的地势也非常险要,易守难攻。而且清军还得到朝鲜人民的支持。但是清军并未充分利用这些优势,由于其主帅叶志超指挥失误和临阵脱逃,导致清军失败,以至于影响了整个战局。

日军顺利完成了对平壤的包围后,1894年9月15日,战斗在三个战场

[①] 《上谕》,见《清光绪朝中日交涉史料》第16卷,北京:故宫博物院文献馆编印,1932年版,第2—3页。

同时展开：大同江南岸（船桥里）战场、玄武门外战场、平壤城西南战场。在大同江南岸战场，凌晨3时，日军第九混成旅团在大岛义昌少将的指挥下，首先向大同江南岸清军发起进攻。清军分兵抗拒，重创日军第九旅团。日军中、右两队司令官武田秀山中佐和西岛助义中佐拼命督战，攻陷了左右两翼的堡垒。但随即遭到清军的步炮协同夹击，再遭重创，这一仗日军遭受了重大伤亡，中队长级大尉军官被击毙4名，少尉军官被击毙2名。第九混成旅团长大岛义昌少将、第二十一联队长西岛助义中佐、炮兵第五联队第三大队长永田龟少佐均被击伤。

玄武门为日军的主攻方向，因此集中了优势兵力，由立见尚文少将的第十旅团（又称朔宁支队）和佐藤正大佐的第十八联队（又称元山支队）担任主攻。高州镇总兵左宝贵登上玄武门指挥，激战中，左宝贵中炮牺牲，其部下3位营官也先后阵亡，午后2时玄武门被日军攻陷。日军向城内推进，遭到清军的奋力抵抗，只得退守玄武门。

在城西南战场，野津道贯亲率日本第五师团本队，于早晨7时从平壤西南用炮火掩护步兵冲锋，清军进行了反击。至中午，野津道贯见难以得手，下令暂停攻击，退回驻地。此时，清军总指挥叶志超贪生怕死，在战局胶着的情况下，竟于午后4时树白旗停止抵抗，并下令全军撤退。日军在清兵的退路上设下埋伏，清军中伏，死亡约2000人，被俘500余人。平壤之战以清军大败告终。以后6天中，清军狂奔500里，一路逃至鸭绿江边，于21日渡鸭绿江回国。日军一路高歌猛进，占领朝鲜全境。

1894年9月17日，即平壤陷落的第三天，日本联合舰队在鸭绿江口大东沟附近的黄海海面挑起一场激烈的海战，即黄海海战，这是中日双方海军一次主力决战。9月15日上午，北洋水师护送4000余名入朝援军到朝鲜。返航后在大东沟遭遇日军阻截，战斗由此爆发。日本海军在大同江外海面投入战斗军舰有12艘，包括其全部精锐，几乎可以说是倾巢出动。中午开战后，北洋舰队重创日本"比睿""赤城""西京丸"号诸舰，但北洋舰队中"扬威""超勇"二舰亦受重创。海战十分惨烈，其中"致远"舰在邓世昌带领下决意与日"吉野"舰冲撞以期同归于尽，后被炮火击中沉没，全舰官兵除7名遇救外，其余自邓世昌以下全部壮烈殉国。后"经远"舰继续迎战"吉野"舰，遭"吉野""浪速""秋津洲""高千秋"4舰围攻，中弹起火，全舰奋勇抗御，全舰官兵200余人，除16人获救外，其余全部阵亡。最终海战的结果是：北洋舰队损失"致远""经远""超勇""扬威""广甲"（"广甲"

逃离战场后触礁，几天后自毁）5艘军舰，死伤官兵千余人；日本舰队"松岛""吉野""比睿""赤城""西京丸"5舰受重创，死伤官兵600余人。此役北洋水师虽损失较大，但并未完全战败。然而李鸿章为了保存实力，命令北洋舰队躲入威海港内，不准巡海迎敌。黄海海战历时5个多小时，其规模之大、时间之长，为世界近代海战史上远东战区所罕见。由此，日本夺取了黄海的制海权。

第二阶段：1894年9月17日到11月22日。

在此阶段中，战争在辽东半岛进行，有鸭绿江江防之战和金旅之战。

鸭绿江江防之战开始于1894年10月24日，是清军面对日军攻击的首次保卫战。当时部署在鸭绿江北岸的清军共约2.8万人。清朝任命宋庆为诸军总统，节制各军。日军进攻部队是山县有朋大将统率的第一军，包括桂太郎中将的第三师团和野津道贯中将的第五师团，共3万人。日军先于九连城上游的安平河口泅水过江成功。当夜，日军又在虎山附近的鸭绿江中流架起浮桥。10月25日晨，日军越过浮桥，向虎山清军阵地发起进攻。清军守将马金叙、聂士成率部坚持抵抗，因势单力孤，伤亡重大，被迫撤出阵地。日军遂占领虎山。其他清军各部听闻虎山失陷，不战而逃。26日，日军不费一枪一弹占领了九连城和安东县（今丹东）。在不到3天的时间里，清朝重兵近3万人驻守的鸭绿江防线竟全线崩溃。

金旅之战也开战于10月24日，至11月22日旅顺口陷落为止，这也是甲午战争期间中日双方的关键一战。日本第一军进攻鸭绿江清军防线的同一天，大山岩大将指挥的第二军2.5万人在日舰掩护下开始在旅顺后路上的花园口登陆。日军的登陆活动历时12天，只有当地的农民自发抗击日军，暂时拖住了其行动。11月6日，日军击溃清军连顺、徐邦道等部，进占金州。7日，日军分三路向大连湾进攻，大连守将赵怀业闻风溃逃，日军不战而得大连湾。日军在大连湾休整10天后，开始向旅顺进逼。1894年11月21日，日军向旅顺口发起总攻，次日，号称"东亚第一要塞"的旅顺陷于日军手中。日军攻陷旅顺后，即制造了旅顺大屠杀惨案，连续屠杀中国居民达2万余人。旅顺口失陷后，日本海军在渤海湾获得重要的根据地，从此北洋门户洞开。

第三阶段：1894年11月22日至1895年4月17日。

这一阶段是保卫北洋海军根据地的防御战，即威海卫之战，也是北洋舰队的最后一战。其时，威海卫港内尚有北洋海军各种舰艇26艘。1895年1月20日，大山岩大将指挥的日本第二军，包括佐久间左马太中将的第二师团和黑木为桢中将的第六师团，共2.5万人，在日舰掩护下开始在荣成龙须岛登陆，23日全部登陆完毕。30日，日军集中兵力进攻威海卫南帮炮台。驻守南帮炮台的清军仅6营3000人。由于兵力悬殊，南帮炮台终被日军攻占。2月3日，日军占领威海卫城。威海陆地悉数被日军占据，丁汝昌坐镇指挥的刘公岛成为孤岛。丁汝昌拒降自杀。1895年3月17日，日军在刘公岛登陆，威海卫海军基地陷落，北洋舰队全军覆没。

辽东之战持续的时间较长。自日军突破清军鸭绿江防线后，连占凤凰城、岫岩、海城等地。从1895年1月17日开始，清军先后4次发动收复海城之战，由于指挥不力，皆被日军击退。2月28日，日军乘胜追击，从海城分路进攻。仅10天时间，清朝百余营6万多大军便从辽河东岸全线溃退。因为通过海战的胜利和陆上的突破，日军牢牢掌握了战场主动权，已经威胁到北京和沈阳的安全，所以清政府急于求和，很快派李鸿章签下《马关条约》，通过割地赔款得以苟安。

三、甲午战争中国战败的全面思考

120多年前的甲午中日战争，给我们留下许多重要的历史经验和教训，值得深入思考与总结，对于我们捍卫国家领土主权和权益有许多启示。对于甲午战败必须全面系统地解读，许多人只是一味剖析黄海海战失利和北洋舰队的劣势，其实从甲午战争全程来看，即使黄海海战能够取得胜利或者平局，中国仍然不能摆脱失败的命运，何况6场主要战役全部失败。这必须从宏观层面解读问题的实质。

第一，国家羸弱。早在甲午战前，中国与日本在国力对比方面已经处于下风。从中法战争结束到甲午战争爆发的9年，是中国在19世纪下半叶一段最好的时期。经过太平天国、第二次鸦片战争的磨难，中国迎来了皇权专制王朝的最后一个"中兴"时代——"同光中兴"，历史书上也称为"封建社会的最后一次回光返照"。英国权威人士评论说："亚洲现在是在三大强国的手中——俄国、英国和中国。"19世纪下半叶清朝共进行了5次对外战争，签订了多个不平等条约，1885年《中法新约》是唯一一个没有割地赔款的和约。李鸿章在《筹议海防折》中，形容大清帝国面临着"三千年未有之变局，三千年未有之强敌"。在此期间，国内无大乱，远东的国际环境缓和，中国与西方各国都处于和平状态。以"富国强兵"为目标的洋务运动，历经30年休养生息，效果明显，由此同治、光绪两朝的经济得到恢复，并且逐步引入了西方的生产技术。甲午战争前，中国号称拥有百万大军，尤其经过清政府的军事变革，建立了号称"亚洲第一"的北洋水师和具有一定规模的近代军事工业，北洋舰队在1888年成军时，确实是樯橹如云、旌旗当空，其中"定远""镇远"号铁甲舰，排水量达7335吨，各装12英寸大炮4门，即使放在今日也是大吨位的舰船，日方叹其为"东洋巨擘"，并被国外军事年鉴排为"世界前八"。同时，清朝陆军也逐步走向近代化。

但是战争是国家综合国力的较量。甲午战争前，中国与日本相比，在经济、科学技术、军事国防等方面都存在较大的差距。甲午战前的中国，仍处于半殖民地和半封建社会；经济上还是农业社会的底子；政治上，腐朽的清廷严重缺乏战争动员能力与机制。国家虽大、人口虽多、资源虽丰富，但根本应付不了这样一场大规模的近代战争。军事科学院肖裕声少将指出：清朝统治集团内部腐朽不堪。慈禧太后为个人享乐，竟置国家于不顾，为生日庆典挪用海军军费修建颐和园。李鸿章的外甥张士珩任天津军械局总办，负责军需供应，他"偷盗抵换"，供给海军的炮弹量少质差，致使黄海之战舰队炮弹缺少。军队腐败导致军队训练荒废、纪律败坏，毫无战斗精神，即使再好的武器也无法发挥应有作用。1886年，北洋舰队访问日本长崎，官兵上岸在妓馆闹事，引起事端，致数十人伤亡。事后李鸿章不但不处理，还开脱说"武人好淫，自古而然"。[1]

1890年时，北洋海军2000吨位以上的战舰有7艘，总吨位2.7万多吨；而日本海军2000吨位以上的战舰仅有5艘，总吨位约1.7万多吨。表面上看，清廷在甲午前的30年保持了相对和平与稳定，经济有所发展，年财政收入也恢复至8000万两左右，但值得警惕的是，人口与国土面积远少于中国的日本，其甲午前的财政收入也已接近清廷，而其投向军事的开支远高于中国。1890年后，日本加速制订扩充海军计划，以国家财政收入的60%来发展海军、陆军，明治天皇决定每年从自己的宫廷经费中拨出30万元，再从文武百官的薪金中抽出十分之一，补充造船费用。举国上下士气高昂，以赶超中国为奋斗目标，准备进行一场以"国运相赌"的战争。1892年，日本提前完成了自1885年起的"十年扩军计划"，到了甲午战争前夕，日本已经建立了一支拥有6.3万名常备兵和23万预备兵的陆军，包括6个野战师和1个近卫师。

---

[1] 肖裕声：《甲午战争的历史教训》，中国文明网，http://www.wenming.cn/wmzh_pd/ws/shgc/201407/t20140723_2077131.shtml。

战前日本海军拥有军舰32艘、鱼雷艇24艘,总排水量7.2吨,超过了北洋海军。另据英国海军年鉴统计,当时日本战舰上速射炮的发射速度是原后装炮的6倍,由此计算,日本舰队的火力实际上相当于北洋舰队的3倍。日本还出动乐善堂、玄洋社等间谍组织和人员潜入中国,加紧对中国各方面的情报搜集和渗透。与日本精心而充分的战争准备相比,本就在综合国力诸方面居劣势的清政府则过于粗疏,缺乏应对措施,这就使得弱者愈弱,为其甲午惨败埋下了伏笔。

第二,战略匮乏。中国在经过数十年的洋务运动后,面貌有所改观,清政府因此沾沾自喜,自认为国力亚洲第一,日本不敢轻启战事。在与西方各国打交道的过程中,又认为当时的列强完全可以调停中日矛盾,所以更加热衷于争取英、俄、德、法、美等国家的调停,以达到求和目的;但显然其对外国干预成功的可能性期望太高,过分依赖外交斡旋而放松了军事努力。正因为如此,清政府的对日作战意识和军备意识都十分松懈,奉行的是长期防御性战略。北洋海军自1888年正式建军后,就再没有增添任何舰只,舰龄渐渐老化,与日本新添的战舰相比之下,火力弱,射速慢,航速迟缓。当时北洋水师有舰艇25艘,官兵4000人。到甲午战争前,北洋舰队的大沽口、威海卫和旅顺三大基地建成,但清朝军事变革基本停留在改良武器装备的低级阶段,在治军方面关注甚少,陆海军总兵力虽多达80余万人,但编制落后,管理混乱,训练废弛,战斗力低下。1891年以后,北洋水师连枪炮弹药都停止购买了。甲午开战时,清陆军总兵力达96万人,而日军总兵力为24万人,清军与日军的兵力之比达到4∶1。然而,清军一线战场实际参战部队主要以淮军为主,只有10多万人,日军实际参战兵力则有17万人。

侵华本是日本的既定战略,具体方案早在甲午战前7年就已拿出,日本间谍小川又次受日本参谋本部长山县有朋派遣,两次到中国进行间谍活动,早于1887年2月就完成了《征讨清国策案》。《征讨清国策案》分"旨趣书"和"攻击策案"两部分。对于中国的内外形势和侵华方案都十分详细地进行了阐释。比如,在"彼我形势"中,分析清军的兵力布置,认为主要是用于镇压人民而不是防备外敌入侵的,所以军备实际上相当薄弱。甲午战前,沈葆桢、刘铭传等看出"倭人不可轻视",但朝廷和大部分政要对日本的认识还停留在"蕞尔小邦"的阶段,李鸿章也认为"倭人为远患而非近忧"。在黄遵宪撰成《日本国志》之前,清朝野对于日本的认识,仅停留在一些浮光掠影的游记上。而《日本国志》是一个百科全书式的介绍,很难说对日本的认识有多深刻。但即便如此，此书在甲午战前还是没能出版，直到甲午战后才得到重视。戴季陶曾经讲过："中国这个题目，日本不知放在解剖台上，解剖了几千百次，装在试验管里化验了几千百次。我们中国人却只是一味地排斥反对，再不肯做研究功夫，几乎连日本字都不愿意看，日本话都不愿意听，日本人都不愿意见，这真叫思想上的闭关自守，智识上的义和团。"① 时至今日，这个论断仍然有借鉴意义。

第三，思维僵化。中国已经沦为半殖民地半封建社会，清政府却依然沉浸在朝贡体系的思维里面，将朝鲜看为自己的属国，最终自身难保。当然，朝鲜半岛扼住了北京的咽喉，在许多中国人看来，丢掉了朝鲜，就意味着国门洞开，意味着外敌可以通过朝鲜半岛长驱直入。因此，当日本对朝鲜心怀不轨时，中国不得不出手，所谓唇亡齿寒，这种认识有其道理所在。但有必要指出的是，中国全面的国家安全战略并没有建立起来，整体上基于近代化的工业、军事思维体系也没有成型，强敌环伺之下，自顾尚且不暇，力量显然有所不及。

尤为典型的是，北洋舰队的巨舰观念落后于近代军事革命理念。罗援指出：进入19世纪90年代，"巨舰重炮"之观念已经被"快船快炮"之观念所替代，海上作战的首要目标，由以往之击毁战船转为注重杀伤舰上有生力量。所以，当时新型舰船趋向于减少大口径主炮数量，而以众多中口径速射炮代之。在黄海海战中，日本舰队装备大型速射炮71门，小型速射炮154门；而北洋舰队仅有大型速射炮2门，小型速射炮130门。与敌相比，大型速射炮远逊于敌。若论在10分钟内发射弹药，中日之比是33:185。由此可见，虽然在战舰的总吨位上，北洋舰队并不比日军差，但由于作战理念落后，导致优劣转换，北洋舰队在战力上处于下风，这也注定了清廷失败的命运。②

第四，军民素质低下。甲午战争中，固然涌现出一批优秀的爱国志士，北洋水师11名管带中就有7名殉国，近3000名官兵血洒海疆。但是，当时中国的国民素质与日本相比有很大的差距。很多日本学者在总结甲午战争经验时都认为，国民意识是战争胜利的最大法宝。国民国家是近代日本的基本国家模式。反观大清帝国，当日本在不顾一切地调动和激发全民族的创造力的时候，清廷则不顾一切地将民间思想火花扑灭于萌芽之中，统治者认为战

---

① 转引自朱崇开：《怎样对待日本，是个问题》，《世界知识》，2005年第2期，第5页。
② 罗援：《甲午战争惨败十大教训》，参考消息网，http://china.cankaoxiaoxi.com/2014/0308/357367_2.shtml。

争从来就不是老百姓的事,甚至不是军人的事。威海卫陷落后,南洋舰队曾派人向日本海军请求,归还被俘去的南洋舰队的两艘舰只,因为这两艘舰是北上参加北洋水师会操的,而非参战,理应归还。此事成了海战史上的笑柄。在当时的中国可谓:"国不知有民,民不知有国",黄遵宪在甲午战争中悲愤地说:"噫吁哉!海陆军!人力合,我力分。如蠖屈,不得申;如斗鸡,不能群。"[①] 国防大学政委刘亚洲指出:甲午战争10年后,日本又打赢了日俄战争。日本天皇说,赢了这场战争,他最应当感谢的是日本的小学教师,因为日本士兵绝大多数都受过小学教育,而沙俄士兵则大多数是文盲。日本《日清战争实记》写道:"支那大将身形高大,力气超群,貌似可指挥三军,然一旦开战就变成弱虫一条,尚未听到枪声就逃之夭夭,甚至披上妇女衣装,企图蒙混过关。"以至于战后在日本儿童游戏时,还会辱骂失败者是"支那"。两国老百姓的精神状态对比也非常强烈。中国老百姓送亲人上前线,哭哭啼啼。日本人出征的情形,梁启超写过了:"亲友宗族把送迎兵卒出入营房当作莫大光荣。那光荣的程度,中国人中举人进士不过如此。"他还说,日本人欢送亲朋子弟入伍都以"祈战死"三字相赠。报刊所载赠人从军诗,都以"勿生还"相祝贺。旅顺大屠杀时,中国百姓几乎未有任何抵抗,绝大多数神情麻木,如待宰羔羊。李鸿章幕僚罗丰禄描述:"倭人常谓中国人如死猪卧地,任人宰割,实是现在景象。"福泽谕吉说:"支那人民怯懦卑屈实在是无有其类。"[②] 显然,当时中日不同的国民素质发挥了各自不同的作用,双方成败迥异的战争结果也在一定程度上说明了问题。

第二节 《马关条约》签署与日本现代化的原点

《马关条约》签署后,日本不但将觊觎已久的台湾收入囊中,同时通过获得战争赔款等快速实现了国家现代化。

一、日本觊觎台湾已久

日本为中国一衣带水的邻邦,但是在历史上日本对中国领土的觊觎之心可谓由来已久,夺取台湾是其处心积虑的阴谋。

[①] 阿英:《甲午中日战争文学集》,中华书局,1958年版,第2—3页。
[②] 《刘亚洲谈甲午战争:是民族之哀 同时还是民族之幸》,凤凰网,http://news.ifeng.com/a/20140414/40002322_0.shtml。

早在明代后半叶，来自日本的倭寇就不断侵扰中国东南沿海地区，对当地的贸易、民生造成了极大破坏。明代著名将领戚继光等率军痛击，倭寇被驱逐出东南沿海一带地区，不敢继续兴风作浪。但残余倭寇贼心不死，一路逃窜进澎湖、台湾，妄图将之作为日后重新进犯东南沿海的据点。倭寇在澎湖、台湾地区无恶不作，为患几近50年。直至1601年，福建都司沈有容派兵剿杀，才尽行歼灭，彻底平息倭患。①

16世纪末，日本在侵朝的同时亦派遣官员到台湾，命令台湾居民向其纳贡，并派战船200艘，企图进犯、占据台湾。明廷及时得到奏报，在沿海警戒，并于澎湖地区设兵防范。日本方面见无可乘之机，暂且退兵作罢。②

17世纪的德川幕府时期，日本政府继承了前代对台湾的野心，曾于1609年和1616年两次试图以武力占据台湾，但都因受到中国军民的顽强抵抗而遭遇失败。③

德川幕府统治期间对外主要推行"锁国"政策，其嚣张气焰有所平息。尽管如此，主张侵略、扩张的思想潮流依旧在日本国内暗潮涌动，从未中断。这种思想的主要代表人物之一吉田松阴更在其《幽囚录》中明确提出他所构想的日本进取计划，其中"南则掠取台湾"即为重要一步。④对台湾的侵略图谋，已经变成赤裸裸的文字形诸笔端。

第一次鸦片战争后，西方侵略者入侵中国，中国面临着前所未有的危机。19世纪60、70年代，英国、法国、俄国等列强纷纷入侵中国边疆，造成普遍的边疆危机，而恰于此时发生了"牡丹社事件"。

1871年12月，两艘琉球船在海上遇到飓风，漂流至台湾海岸，其中一艘遇救，被安全送到台湾府；另一艘在台南琅峤北瑶湾触礁沉没，逃生船员上岸后，与当地牡丹社等居民发生冲突，结果54名琉球人被误杀，史称"牡丹社事件"。

其时正在进行"明治维新"的日本，对外扩张欲望很强，琉球、台湾成为其向南扩张的目标。"牡丹社事件"为日本提供了入侵台湾的借口，其诡称琉球人为日本属民，于1874年5月出动军队，进军台湾，并于6月初占领牡

---

① 王芸生：《台湾史话》，北京：中国青年出版社，1978年版，第51页。
② 王芸生：《台湾史话》，北京：中国青年出版社，1978年版，第51—52页。
③ 王芸生：《台湾史话》，北京：中国青年出版社，1978年版，第52页。
④ [日]古川万太郎：《近代日本的大陆政策》，东京书籍，1991年版，第49页。转引自张耀武：《中日关系中的台湾问题》，北京：新华出版社，2004年版，第3页。

丹社,在台湾节节推进。得知日本出兵,清政府迅速就日军入侵台湾提出交涉,随后命福建船政大臣沈葆桢全权处理。由于浩罕阿古柏入侵新疆,以及沙俄乘机出兵强占伊犁,中国西北边疆危机不断,陆防、海防难以兼顾。日益衰微的清政府为"息事宁人",避免冲突扩大,在列强的压力下,被迫做出让步,签订了是非颠倒的《北京专条》,向侵略者赔偿军费50万两,以换取日本军队全部撤出台湾。此后,日本对清藩属国——琉球的侵占更加有恃无恐,1879年吞并琉球,改为冲绳县。而台湾一直以来就是被日本看成是南下控制东南亚的咽喉通道,一贯以主张对外必须强硬而著称的日本资深政客德富苏峰在他的《占领台湾的意见书》中,毫不掩饰地指出:"毫无争议,(台湾)对于我国来说,就如同位置极为关键的南大门,如欲向南扩张大日本帝国的版图,首先就必须要控制此门。"① 另一位曾任日本海军教官的中村纯一郎在向海军军令部长桦山资纪提交的《关于占领台湾岛的建议》中,更为露骨地强调:"台湾是南中国海的咽喉,日本必须将其收入自己的版图。"②

二、甲午战败后中方被迫签订《马关条约》

甲午战争接近尾声,中国战败已成定局。1895年1月,日本外相陆奥宗光和首相伊藤博文在广岛举行的大本营御前会议上,提出缔约应包括中国承认"朝鲜独立""割让土地""赔偿军费""通商航海之利益"等要点,"连同其他次要各款共为十条",大本营御前会议予以认可。③

1895年3月,清廷急于停战,任命李鸿章为"头等全权大臣",携带赋予其"便宜行事,订立和约条款,予以署名画押之全权"④的敕书,率团来到日本马关,与伊藤博文在马关春帆楼举行停战谈判。在第二次谈判时,伊藤博文开列了停战的三个条件:日军"占守大沽、天津、山海关的所有城池堡垒",收缴驻守以上各处的清军军械;日军接管"天津山海关区间铁路";中国支付"停战限期之内军需军费"等。李鸿章及清朝政府对日本的蛮横要求难以满足,虽然表示停战期内可认给军费,但不同意交出榆关津沽关防及铁路等项。日本坚持漫天要价。3月24日,李鸿章在结束第三次谈判返回住所

---

① [日]《近代日本和殖民地》(2),日本:岩波书店,1992年版,第149页。
② [日]伊藤潔:《台湾》,日本:中央公论社,1993年版,第66页。转引自赵铁锁:《日本对台湾的殖民统治简论》,《南开学报》,1998年第2期,第68页。
③ [日]陆奥宗光:《蹇蹇录》,伊舍石译,北京:商务印书馆,1963年版,第118、119页。
④ 故宫博物院文献馆编印:《清光绪朝中日交涉史料》卷33,第51页。

途中，遇日本暴徒袭击，身受重伤，日本在国际舆论压力下同意停战议和。在双方恢复谈判后，争论的焦点主要集中于割地与赔款两项。最终，清廷谕旨准许向日本割让辽东半岛和台湾、澎湖，赔偿军费库平银2亿两。解除了朝鲜对中国的朝贡关系。1895年4月17日，李鸿章与伊藤博文订立《马关条约》，甲午战争结束。清廷对某一战胜国的割地赔款之巨，空前绝后。①

中日《马关条约》（又称《春帆楼条约》）共11款，并附有"另约"和"议订专条"。特录条约的原文如下：

大清帝国大皇帝陛下及大日本帝国大皇帝陛下为订定和约，俾两国及其臣民重修平和，共享幸福，且杜绝将来纷纭之端。大清帝国大皇帝陛下特简大清帝国钦差头等全权大臣太子太傅文华殿大学士北洋通商大臣直隶总督一等肃毅伯爵李鸿章、大清帝国钦差全权大臣二品顶戴前出使大臣李经方、大日本帝国大皇帝陛下特简大日本帝国全权办理大臣内阁总理大臣从二位勋一等伯爵伊藤博文、大日本帝国全权办理大臣外务大臣从二位勋一等子爵陆奥宗光为全权大臣，彼此校阅所奉谕旨，认明均属妥实无阙，会同议定各条款，开列于左：

第一款

中国认明朝鲜国确为完全无缺之独立自主国。故凡有亏损其独立自主体制，即如该国向中国所修贡献典礼等，嗣后全行废绝。

第二款

中国将管理下开地方之权并将该地方所有堡垒、军器、工厂及一切属公物件，永远让与日本。

一、下开划界以内之奉天省南边地方。从鸭绿江口溯该江抵安平河口，又从该河口划至凤凰城、海城及营口而止，画成折线以南地方；所有前开各城市邑，皆包括在划界线内。该线抵营口之辽河后，即顺流至海口止，彼此以河中心为分界。辽东湾东岸及黄海北岸在奉天所属诸岛屿，亦一并在所让界内。

二、台湾全岛及所有附属各岛屿。

三、澎湖列岛。即英国格林尼次东经百十九度起至百二十度止，及北纬二十三度起至二十四度之间诸岛屿。

第三款

---

① 宋成有：《甲午中日战争：日本历史的拐点与东亚国际格局》，《日本学刊》，2014年第5期，第18页。

前款所载及粘附本约之地图所划疆界，俟本约批准互换之后，两国应各选派官员二名以上，为公同划定疆界委员，就地踏勘，确定划界。若遇本约所订疆界，于地形或地理所关有碍难不便等情，各该委员等当妥为参酌更定。

各该委员等当从速办理界务，以期奉委之后，限一年竣事。但遇各该委员等有所更定划界，两国政府未经认准以前，应据本约所定划界为正。

第四款

中国约将库平银贰万万两交与日本，作为赔偿军费。该款分作八次交完：第一次伍千万两，应在本约批准互换六个月内交清；第二次伍千万两，应于本约批准互换后十二个月内交清；余款平分六次，递年交纳；其法列下：第一次平分递年之款于两年内交清，第二次于三年内交清，第三次于四年内交清，第四次于五年内交清，第五次于六年内交清，第六次于七年内交清；其年分均以本约批准互换之后起算。又第一次赔款交清后，未经交完之款应按年加每百抽五之息；但无论何时将应赔之款或全数或几分先期交清，均听中国之便。如从条约批准互换之日起三年之内能全数清还，除将已付利息或两年半或不及两年半于应付本银扣还外，余仍全数免息。

第五款

本约批准互换之后，限二年之内，日本准中国让与地方人民愿迁居让与地方之外者，任便变卖所有产业，退去界外。但限满之后尚未迁徙者，酌宜视为日本臣民。

又，台湾一省应于本约批准互换后，两国立即各派大员至台湾，限于本约批准后两个月内交接清楚。

第六款

中日两国所有约章，因此次失和，自属废绝。中国约俟本约批准互换之后，速派全权大臣与日本所派全权大臣会同订立通商行船条约及陆路通商章程。其两国新订约章，应以中国与泰西各国见行约章为本。又，本约批准互换之日起、新订约章未经实行之前，所有日本政府官吏臣民及商业工艺、行船船只、陆路通商等，与中国最为优待之国礼遇护视一律无异。

中国约将下开让与各款，从两国全权大臣画押盖印日起，六个月后方可照办。

第一，现今中国已开通商口岸以外，应准添设下开各处，立为通商口岸，以便日本臣民往来侨寓、从事商业工艺制作。所有添设口岸，均照向开通商海口或向开内地镇市章程一体办理；应得优例及利益等，亦当一律享受：

一、湖北省荆州府沙市。

二、四川省重庆府。

三、江苏省苏州府。

四、浙江省杭州府。

日本政府得派遣领事官于前开各口驻扎。

第二，日本轮船得驶入下开各口，附搭行客、装运货物：

一、从湖北省宜昌溯长江以至四川省重庆府。

二、从上海驶进吴淞江及运河以至苏州府、杭州府。

中日两国未经商定行船章程以前，上开各口行船务依外国船只驶入中国内地水路见行章程照行。

第三，日本臣民在中国内地购买经工货件，若自生之物，或将进口商货运往内地之时，欲暂行存栈，除勿庸输纳税钞、派征一切诸费外，得暂租栈房存货。

第四，日本臣民得在中国通商口岸、城邑任便从事各项工艺制造；又得将各项机器任便装运进口，只交所订进口税。

日本臣民在中国制造一切货物，其于内地运送税、内地税钞课杂派以及中国内地沾及寄存栈房之益，即照日本臣民运入中国之货物一体办理；至应享优例豁除，亦莫不相同。

嗣后如有因以上加让之事应增章程规条，即载入本款所称之行船通商条约内。

第七款

日本军队见驻中国境内者，应于本约批准互换之后三个月内撤回；但须照次款所定办理。

第八款

中国为保明认真实行约内所订条款，听允日本军队暂占守山东省威海卫。又，于中国将本约所订第一、第二两次赔款交清，通商行船约章亦经批准互换之后，中国政府与日本政府确定周全妥善办法，将通商口岸关税作为剩款并息之抵押，日本可允撤回军队。倘中国政府不即确定抵押办法，则未经交清末次赔款之前，日本应不允撤回军队；但通商行船约章未经批准互换以前，虽交清赔款，日本仍不撤回军队。

第九款

本约批准互换之后，两国应将是时所有俘虏尽数交还。中国约将由日本所还俘虏并不加以虐待，若或置于罪戾。

中国约将认为军事间谍或被嫌逮系之日本臣民，即行释放。并约此次交仗之间所有关涉日本军队之中国臣民，概予宽贷；并饬有司，不得擅为逮系。

第十款

本约批准互换日起，应按兵息战。

第十一款

本约奉大清帝国大皇帝陛下及大日本帝国大皇帝陛下批准之后，定于光绪二十一年四月十四日，即明治二十八年五月初八日在烟台互换。

为此，两国全权大臣署名盖印，以昭信守。

大清帝国钦差全权大臣太子太傅文华殿大学士北洋通商大臣直隶总督一等肃毅伯爵李鸿章（押印）

大清帝国钦差全权大臣二品顶戴前出使大臣李经方（押印）

大日本帝国全权办理大臣内阁总理大臣从二位勋一等伯爵伊藤博文（押印）

大日本帝国全权办理大臣外务大臣从二位勋一等子爵陆奥宗光（押印）

光绪二十一年三月二十三日

明治二十八年四月十七日

订于下之关，缮写两分

另约

第一款

遵和约第八款所订暂为驻守威海卫之日本国军队，应不越一旅团之多，所有暂行驻守需费，中国自本约批准互换之日起，每一周年届满，贴交四分之一，库平银五十万两。

第二款

在威海卫应将刘公岛及威海卫口湾沿岸，照日本国里法五里以内地方，约合中国四十里以内，为日本国军队驻守之区。

在距上开划界，照日本国里法五里以内地方，无论其为何处，中国军队不宜逼近或驻扎，以杜生衅之端。

第三款

日本国军队所驻地方治理之务，仍归中国官员管理。但遇有日本国军队司令官为军队卫养、安宁、军纪及分布、管理等事必须施行之处，一经出示颁行，则于中国官员亦当责守。

在日本国军队驻守之地，凡有犯关涉军务之罪，均归日本国军务官审断办理。

此另约所定条款，与载入和约其效悉为相同。为此两国全权大臣署名盖印，以昭信守。

光绪二十一年三月二十三日
明治二十八年四月十七日①
订于下之关，缮写两分

《马关条约》签订6天后，沙皇俄国因日本占领辽东半岛，阻碍它向中国东北伸张势力，便联合法、德两国进行干涉，结果是日本于同年5月4日宣布放弃辽东半岛，但要中国以白银3000万两将其"赎回"。然而，三国干涉还辽使日本借甲午中日战争获胜之机侵占满洲（中国东北）的企图未能得逞，也使俄国增强其在远东的势力，遏制了日本在朝鲜的扩张。为了实现日本"大陆政策"的第二步（吞并朝鲜）和第三步（进军满蒙），日本重新整军备战，决定于10年后发动对沙俄的战争。《马关条约》是继《南京条约》以来最严重的不平等条约。各帝国主义国家援引片面最惠国待遇，获得了《马关条约》中除割地赔款以外中国给予日本的所有特权。它给近代中国社会带来严重危害，大大加速了中国半殖民地化进程，加深了民族危机。

甲午战争前，远东地区基本是俄、英争霸，中国和日本的情况虽有不同，但都受到不平等条约的制约。甲午战争的胜利，使日本一跃成为亚洲强国，完全摆脱了半殖民地的地位。而中国的国际地位则一落千丈，财富大量流出，国势江河日下。甲午战争的失败，对中国社会的震动之大，前所未有。一向被中国看不起的"倭寇"竟全歼北洋水师，索得巨款，割走国土，朝野上下的自信心由此丧失殆尽。清朝的独立财政至此破产，靠向西方大国举债度日。清王朝之后很快覆亡。

① 王芸生：《六十年来中国与日本》第2卷，北京：生活·读书·新知三联书店，1980年版，第305—311页；《日本外交文书》卷28，第2册，第363—367页。

三、甲午战争后日本迅速完成现代化

1868年，日本通过明治维新，"脱亚入欧"，国力日渐强盛。当时的日本，正交叉进行两次工业革命。1888年，日本产业革命出现高潮，因此急需对外的商品输出和资本输出。但日本作为一个岛国，本身就资源匮乏、市场狭小，加之封建残余势力根基浓厚及社会转型期产生出各种尖锐的社会矛盾，以天皇为首的日本统治集团急于从对外扩张中寻求出路。

正如日本著名历史学家远山茂树所论述的那样："以甲午战争为契机，日本走向帝国主义早熟的步伐加速了。以赔款为杠杆，和天皇制军国主义紧密结合的日本资本主义确立起来了。"可以说甲午战争"在完成帝国主义世界体系和作为日本军国主义形成过程的开端上，都是划时代的"。[1]

明治维新后，日本模仿欧美的近代产业，推行"殖产兴业"措施，在军事、矿山、铁路、通信等方面实行官营，并设立缫丝、纺织等官营模范工厂，略具工业化的雏形，但因资金缺乏，成效十分有限。而具有规模的"殖产兴业"其实是在甲午战争后才开始的。19世纪80年代中期至甲午战前，日本的经济增长较慢，甚至在1892年还出现了负增长，而甲午战争后的10年间，日本经济平均增长率则达6.5%。

国内的学者认为，甲午战争是日本经济发展的转折点，是甲午战争的利润造就了日本的工业现代化。在成为工业化强国的路径方面，日本完全不同于西方工业强国的原始积累道路，既没有经过自由经济发展，也没有殖民地，而是依靠国家主导和对外战争来积累巨额资本，日本经济的起飞很大程度上得益于利用中国的甲午战争赔款所完成的资本原始积累。中国为《马关条约》支付的巨额赔款，中国市场的"门户开放"，以及日本对台湾省、朝鲜等殖民地的榨取，为日本现代经济发展提供了必要的前提条件。[2]

《马关条约》条款非常苛刻，就清政府而言，财力损失是极大的。赔偿的军费达2亿两，加上赎辽费3000万两和威海卫日本驻守费150万两，共计2亿3150万两，相当于清政府3年的财政收入。另外，日军还从中国掠夺了大量的船只、兵器、机器、粮食等，也价值1亿两。甲午一战，日本成为亚洲的暴发户。而当时日本政府的年度财政收入只有8000万日元。当时的日本外

---

[1] [日] 远山茂树：《日本近现代史》第1卷，北京：商务印书馆，1983年版，第126—127页。

[2] 李鹏军：《甲午战争利润与日本现代化》，《西南大学学报》（社会科学版），2010年第4期，第5页。

务大臣陆奥宗光高兴地说:"在这笔赔款以前,根本没有料到会有好几亿元,全部收入只有8000万日元。所以,一想到现在有3亿5000万元滚滚而来,无论政府还是私人都顿觉无比的富裕。"日本占领朝鲜、台湾后,在战略上对东北、华东构成了直接威胁,成为进攻大陆的跳板。日本第一次尝到了侵略的甜头,极大地刺激了其扩大侵略的欲望。

1895年年底,日本政府第九届议会通过了伊藤博文提出的战后"十年计划",其主要财政源就来自于"清国的赔款",除1000万日元作为教育经费、1000万日元作为救灾准备金外,有2000万日元拨充天皇的财产,其余大部分用于日本扩充军备、发展军事工业和其他相关工业。[①]

近代工业化的重要标志是工厂大规模地使用先进动力机械。日本在1903年使用发动机的工厂比甲午战争前一年增长了五六倍,在全部工厂中所占比率由18%激增到45%。战争赔款也使日本一向落后的重工业大跃一步。日本把90%以上的赔款用于发展军需工业,大办工厂和银行,确立了以大机器工业为主导的产业资本体系。因侵略战争和发展工业需要大量钢铁,1891年松方内阁即提出兴建大型钢铁厂,但因财力不足而作罢。1897年日本耗资1920万元开始创办有名的八幡制铁所,资金即来自甲午战争赔款。[②]甲午战后,日本的造船业发展迅速,提高了舰船制造的自给率,建造战列舰、巡洋舰的规划逐步落实,武力扩张的实力进一步增强。

战前的日本国内市场狭小、内需不足、资源匮乏、没有殖民地,缺乏原料来源和商品倾销地,是日本作为后进的资本主义国家的痼疾,制约着工业化的发展。然而通过甲午战争,这一状况有了相当程度的改善。根据《马关条约》的规定,中国开放沙市、重庆、苏州、杭州等4个港口,日本将其势力扩充至长江流域,随后,日本又把福建纳入自己的势力范围,中国遂成为日本的主要市场。仅以棉纱为例,甲午战前,日本棉纱在中国的市场占有率为2.5%,甲午战后的1898年升至18.7%,1900年达到33.1%。[③]

[①] [日]井上清《日本军国主义》(第二册),尚永清译,北京:商务印书馆,1985年版,第161页。

[②] 李鹏军:《甲午战争对日本工业近代化的影响》,《重庆教育学院学报》,2011年1期,第59页。

[③] 吴廷璆:《日本史》,天津:南开大学出版社,1994年版,第475页。

第三节 "以散地换要地"与乙未反割台战争

清政府的腐败和"以散地换要地"的决策对中华民族特别是对台湾同胞伤害极深，在台湾岛内形成了浓重的"悲情意识"，而两岸特别是台湾人民自发的反割台斗争是中华民族近代史上浓墨重彩的一笔。

一、清政府的"以散地换要地"

1895年4月1日，当时日本首相伊藤博文交给李鸿章一份限4天答复的条约底稿，仅要求中国割地一项已经震惊世人：割让辽东半岛的广大地区并辽东湾东岸，黄海北岸诸岛屿以及台湾和澎湖列岛。李鸿章在与伊藤博文进行《马关条约》谈判时曾声明："拟请所让之地，如果勒令中国照办，两国子子孙孙永成仇敌，传至无穷矣。"[①]

然而，懦弱的清政府最终还是批准了这一不平等条约。对此，光绪帝亦深感上愧祖宗，下歉国人，于其后发布朱谕，详述自开战以来，尽管"征兵调饷，不遗余力，而将少宿选，兵非素练，纷纭召集，不殊乌合，以致水陆交绥，战无一胜。至今日而关内外情事更迫，北则竟逼辽、沈，南则直犯京畿，皆现前意中之事"。声称"陪都为灵寝重地，京师则宗社攸关"，"加以天心示警，海啸成灾，沿海防营多被冲没，战守更难措手"，"将一和一战，两害熟权，而后幡然定计。此中万分为难情事，乃言者章奏所未详，而天下臣民皆应共谅者也"。[②] 时局风雨飘摇，煌煌天子当此深重国难之际除了万般无奈的兴叹却无计救民救国于水火之中。台湾各界纷纷上书朝廷反对割台，得到总理衙门的回答却是"台湾虽重，比之京师则台湾为轻……又台湾孤悬海外，终究不能据守"。腐朽的清政府一味退让，以割让台湾来保全其京师重地和东北的"龙兴"要地，所付出的沉重代价不仅仅是丧权辱国，而且还深深地伤害了国人尤其是台湾人民的心。台湾人民认为清政府这种以"散地换要地"的做法是彻底弃之于不顾，使之蒙受侵略者的凌辱，由此在广大爱国台胞心底形成了一种极为浓重的悲情意识。

《马关条约》的屈辱内容传入京师，"廷臣交章论奏，谓地不可弃，费不

[①]《日本外交文书》卷28，第1081号文件。转引自杨惠萍：《李鸿章与甲午中日议和新探》，《中南民族学院学报》（哲学社会科学版），1994年第3期，第62页。

[②]《清实录·德宗实录》卷366，光绪二十一年四月戊午。北京：中华书局，1987年版。

可偿，仍应废约决战，以期维系人心，支撑危局"。①此时正逢乙未科会试完毕，等待发榜之际。惊闻《马关条约》签订，应试举人群情激愤，奔走相告。台籍举人更是痛心疾首，垂泪请命，他们会同在京台籍官员多方奔走，并在台湾会馆集会，上书都察院，表明台湾民众心迹：只要清政府不舍弃台岛，"台地军民必能舍生忘死，为国家效命"，强烈反对割让台湾。②4月22日，应试的18省1300多名举人响应联名上书的主张，推举康有为起草。康有为慷慨陈词，写成1.8万字的《上今上皇帝书》，强烈反对清政府割地求和，尖锐指出割台湾给日本是"弃台民""散天下"，会造成"民心先离"，中国将有土崩瓦解之患。③这就是著名的"公车上书"。"公车上书"把反对割让台湾与救亡图存、维新变法结合起来，赋予反割台、维护国家统一的斗争以新的内容，将其推进到一个新的高度。

二、乙未反割台战争波澜壮阔

"乙未战争"又称乙未之役，指甲午中日战争后，清朝于1895年（农历乙未年）将台湾割让给日本时，所发生的一系列台湾人民自发反抗日本殖民侵略的大小战役之总称。从1895年5月29日日军登陆至同年11月底火烧庄战役，持续了约6个月，共造成台湾1.4万名士兵及台湾义勇军战死沙场，同时大量台湾人民惨遭屠杀。

《马关条约》割让台湾的消息传入台湾岛内后，激愤的民众并未丧失爱国保台的愿望。台北市民鸣锣罢市，宣布："抗缴厘金，谓台归中国则缴；并禁各盐馆售盐；饷银不准运出，制造局不准停工，皆称应留为军民抗倭之用。"④台湾人民发誓"愿人人战死而失台，决不愿拱手而让台"。士绅富商联名致电清政府，表达誓死抗日卫国的决心。爱国乡绅丘逢甲血书"守土抗倭"四字，率领台民通电清政府要誓死守御。⑤

负责防守台南的清军总兵刘永福、台东知州胡传等也先后表明守土决心，

---

① 《清实录·德宗实录》卷366，光绪二十一年四月戊午，北京：中华书局，1987年版。
② 中国史学会：中国近代史资料丛刊《中日战争》（四），户部主事叶题雁等呈文，第28页。
③ 中国史学会：中国近代史资料丛刊《戊戌变法》（二），康有为《上清帝第二书》，第131—133页。
④ 中国史学会：中国近代史资料丛刊《中日战争》（一），俞明震《台湾八日记》附《台湾唐维卿中丞电奏稿》，第387页。
⑤ 戚其章：中国近代史资料丛刊续编《中日战争》，第3册，北京：中华书局，1991年版，第74页。

誓与台北城共进退。台湾岛内开始了波澜壮阔的反割台武装斗争，台湾人民和留下的清军官兵也在艰难的条件下浴血奋战，日本侵略者为实现真正意义上对台湾的占领付出了极其惨重的代价。

1895年5月10日，日海军中将桦山资纪被擢升为大将，并受命为台湾首任总督。5月24日，桦山自广岛宇品港启程，准备前往台湾与清朝处理"交接台湾"事宜。从伊藤博文亲拟的《该岛接收事宜》训令信件显示，日本原本的接收台湾计划为：令清朝兵员尽速离台并于撤离之前全数缴械，同时要求清朝官员和平移交公务文件。不过于启程前的5月21日，桦山得知台湾部分官民积极备战后，意识到和平接收台湾已不可能，随即派常备舰队赴冲绳监视台湾情况。另一方面，他指派驻于旅顺大连，本预计攻击北京的近卫军团转进台湾，自北向南侵占整个台湾全岛。

1895年6月17日，台湾总督桦山资纪在设于原清朝"布政使衙门"的台北总督府举行台湾"始政式"。始政式后，6月19日近卫师团派出拥有数千名士兵的"混成支队"南攻桃园、新竹，本以为会如之前一样战况顺利，但是在6月22日前锋部队占领新竹城前后，却意外遭到当地客家人的游击式激烈反抗。6月24日至6月26日，以胡嘉猷、吴汤兴、姜绍祖、徐骧为首的客籍义勇军首先在平镇、湖口、龙潭间伏击日军。随后于7月9日，在新竹城制高点十八尖山与近卫师团展开激战。因为兵力装备与日军差距悬殊，在姜绍祖战死后，吴汤兴领导的客籍义勇军于7月23日退居苗栗。8月8日，日本近卫师团以猛烈炮火打击苗栗尖笔山，随即于14日进占苗栗。

8月23日，日军的近卫师团进占台中南部的大肚市街。另一方面，吴汤兴、徐骧、黎景嵩会合吴彭年、严云龙率领的"黑旗军"共数千名兵士据守彰化城。此外，另有400名兵士利用彰化八卦山炮台，首度使用重武器的大炮炮击进驻于大肚溪对岸的近卫师团。8月27日，日军开始零星炮击八卦山，后又于29日凌晨发动进攻，历经8小时，29日上午8时日军宣告胜利。这是乙未战争最大的正面会战，史称八卦山之役。此战役"台湾民主国"[①]统领

---

① "台湾民主国"是以反抗日本殖民侵略为主旨的临时性政体，存在时间为1895年5月25日到10月19日。其起因是甲午战争战败，清廷被迫签订《马关条约》，将台湾和澎湖割让给日本。为免于被割让，在台湾人民的反割台斗争中，丘逢甲倡议建立"台湾民主国"，并奉清为正朔。后推举台湾巡抚唐景崧为总统，丘逢甲为副总统，刘永福为大将军，林维源任议长，改元"永清"。铸印"民主国之宝印"，制蓝地黄虎旗。后为形势所迫，唐景崧、丘逢甲先后内渡回大陆。6月下旬，"民主国"余众又在台南拥立大将军刘永福为第二任总统。10月19日，刘永福兵败内渡；两日后台南陷落，"台湾民主国"因而灭亡，存在时间仅150天。

吴汤兴，将领徐骧、吴彭年、严云龙皆力战阵亡。

10月3日，日军分别从三个方向进攻台湾南部各城。然而，其进攻并不顺利。其中。近卫师团在浊水溪遭到简义率领的民兵攻击，混成第四旅团在布袋、盐水遭到义勇军的袭击。另外，第二师团进攻南部据点打狗、凤山时，也在茄苳脚及该两城巷战中，遇到抗拒且造成百名兵士伤亡。

乙未战争诸多战事中，除八卦山之役之外，以台湾南部六堆地区的客家义勇军抗日活动最具规模，他们与日军之间发生过两次大规模战役，其中之一即为火烧庄战役。11月26日，日本第二师团第三旅团凤山守备队在火烧庄（现今屏东县长治乡长兴村）遭遇到大规模抵抗，六堆客家义勇军与日本第二师团激战，爆发台湾南部第二次大规模反割台战役，也是乙未战争中客家人抗日的最后一场战役。六堆大总理邱凤扬亲率义勇军3000余人与10万日军奋勇血战直至翌日午时，六堆客家义勇军终因不敌日军火烧攻势及强大武力而战败，此役全庄被日军火烧殆尽，死伤惨重。

从日军登陆澳底开始，到1895年10月完全占领台南城止，共出动了近卫师团与第二师团两大师团合计3.7万余人，马7000匹，其中还不包括军夫与后勤预备部队。另一方面，"台湾民主国"正规军也前后出动约3.3万人，民间乡勇与反抗军数量无计。战争结果，日军（不含军夫）战死160名，病死达4600人。而台湾方面，在这场战争中不但折损诸多将领，许多平民也被日军以"无差别扫荡"方式波及，伤亡的民与兵难以精确估算，但至少在1.4万人以上。

台湾军民用鲜血和生命谱写了中国近代史上的一曲慷慨悲歌，他们捍卫祖国领土完整的坚定决心和不屈斗争在中国人民的反侵略斗争史上留下了光辉的一页。日本通过《马关条约》强迫清政府割让台湾，在包括台湾人民在内的全体中国人民中引起了强烈反对，并引发了不同形式的反割台斗争，这足以说明台湾与大陆的血脉始终相连，中国对台湾拥有无可争议的合法主权，因此才会在日本侵略者侵略、攫取台湾之时，在中国人心中有如此锥心刺骨的、"四万万人齐下泪"的伤痛。

三、岛内"悲情意识"的源起

清政府割台是台湾"悲情意识"的源流之一，而之后日本殖民台湾、国民党在台白色统治都加深这一情结，意指台湾人民感叹自身命运的多舛，在中国历史上的各个转折点不能掌控自己的命运，从而产生的一种愤懑情绪。

2005年，连战在北大演讲时，也希望大陆民众了解台湾民众的这种情绪，并将它与"台独"意识区别对待。

悲情意识不同于"台独"意识。马关割台，在北京，"台湾举子会试北京者，闻耗，上书都察院力争"。而岛内人民"万众不服"，"如赤子之失父母，悲惨曷极！"在台湾，民怨沸腾，人们奔走相告，聚哭于市中，夜以继日，哭声达于四野。爱国民众义愤填膺，纷纷冲进台湾巡抚衙门示威抗议。他们发表檄文，质问大清国皇帝"为何弃吾台民"，指斥签订《马关条约》的李鸿章等人，是十足的"贼臣""无廉耻"。台湾绅民也电奏清廷，请求誓死保卫台湾，"亦无负列圣深仁厚泽。二百余年之养人心，正士气，正为我皇上今日之用……愿与抚臣担死守御"。虽然清廷下诏台湾文武官员限期内渡，但在台湾绅民的推动下，建立了"台湾民主国"。①

1895年5月25日，台湾成立了以"永清"为年号的"台湾民主国"，成立文告中谈道："屡次恳求代奏免割……而中国欲昭大信，未允换约，全岛士民，不胜悲愤。当此无天可吁，无主可依，台民公议自立为民主之国"。其后，以唐景崧、刘永福、丘逢甲、徐骧等为领导，台湾民众开展了为期149天的武装保台斗争。刘永福大将在《盟约》中写道："变出非常，改省为国，民为自主，仍隶清朝。"这些都表明建立"台湾民主国"并非分裂祖国的行为，而是清廷割让台湾与台湾人民反割台，日本霸占台湾与台湾人民反霸占两个尖锐矛盾斗争的产物，是丘逢甲等爱国志士在特殊的历史条件下采取的特殊的反侵略、反卖国的举措，矛头主要是对外而不是对内，是应该予以肯定的爱国行为，是丘逢甲等人在政治上对祖国做出的一个特殊贡献。如果囿于"民主国"三个字，把它与今天甚嚣尘上的"台独"运动相附会，那就成了不顾历史事实的生拉硬扯，不是历史唯物主义的态度了。②

乙未反割台斗争后，昔年抗日保台志士丘逢甲曾写下诗句"四百万人同一哭，去年今日割台湾"，深入描刻台湾同胞对于割让宝岛的锥心之痛。丘逢甲是台湾苗栗人，祖籍在广东镇平，光绪十五年（1889年）进士，授工部主事，无意仕途，回台讲学、游幕。甲午战争爆发后，他深以国事为忧，奔走呼号，动员台民自主抗战。《马关条约》签订后，他刺血上书，恳求朝廷废约抗战。未果，乃举义师以抗日，失败后离台内渡，定居镇平。丘逢甲所著《岭

---

① 魏章柱：《同根同源 台湾文化 中华情结》，《百年潮》，2002年第6期，第78页。
② 崔运喜：《亦文亦武 亦政亦教——丘逢甲的多面人生及其内涵》，《龙岩师专学报》，2004年第2期，第59页。

云海日楼诗钞》多有怀念故土的情思和收复河山的壮志，其仓促内渡时曾作有《离台诗》，诗云：

  宰相有权能割地，孤臣无力可回天。
  扁舟去作鸱夷子，回首河山意黯然。

  虎韬豹略且收藏，休说承明执戟郎。
  至竟虬髯成底事，宫中一炬类咸阳。

  卷土重来未可知，江山亦要伟人持。
  成名竖子知多少，海上谁来建义旗？

  从此中原恐陆沉，东周积弱又于今。
  入山冷眼观时局，荆棘铜驼感慨深。

  英雄退步即神仙，火气消除道德编。
  我不神仙聊剑侠，仇头斩尽再升天。

  乱世团圆骨肉难，弟兄离别正心酸。
  奉亲且作渔樵隐，到处名山可挂单。[①]

  在台湾，反割台军事斗争的主要力量是徐骧、吴汤兴、姜绍祖、胡嘉猷等领导的义军、民团。其中台中反割台斗争极为悲壮激烈，充分体现了人民群众是反割台斗争的主力。尽管群情激奋，并积极参与保卫领土的抗争，台中抗战终因饷尽弹绝而告失败。可以说，台湾各地民众反割台斗争的难以持久与腐朽懦弱的清政府有直接联系。割台后，清廷则明令张之洞等断绝对台援助，致使台湾民众陷入外援断绝、粮饷告罄的艰难境地。赴厦门商借兵械的易顺鼎在《盾墨拾余》一文中记载："时南洋义款仅拨万余两济刘，尚存十余万两在南洋。南洋欲先进兵、后付饷，刘意欲先付饷、后进兵。余调停其间，正苦无策……而湘帅急电迭来……望余速离厦门，万勿再管台事，以免

---

① 丘逢甲：《岭云海日楼诗钞》，上海：上海古籍出版社，1982年版，第415页。

烦言。知必不肯速行,惟有奏明请旨,访令回籍。一日之间,连来三电,不舍十二金牌;而南洋义款之十余万金,丝毫不肯发矣……不意天之断送台湾如此其酷!全台亿万生灵从此遂无生路,冤哉!"①清政府的割台,已让广大台湾民众痛彻肺腑,而再断其维继反抗斗争的援助,无异于雪上加霜,使之悲更胜焉。

针对台湾民众的悲情意识,必须要弥合两岸多年来留下的历史的伤痕,以全面、历史的眼光看待台湾和理解岛内民众的所思所想,同时将附着其上的"台独"意识予以剥离。李家泉在《"台独"乃历史"悲情意识"之异化》一文中分析了台湾民众"悲情意识"的形成,他指出:"台湾商界过去常常提及岛内民众由于历史原因而产生的一种'悲情意识'。这指的似还是比较原始、朴素,并且是自然产生的那种感情,本是可以理解,也颇值得同情,是无可非议的。溯自鸦片战争以后的一百多年,我中华民族一直成为外国侵略者欺凌、压迫和奴役的对象,几乎世界上所有帝国主义国家都侵略过中国,台湾历史上所遭受的不幸,不过是我整个中华民族所遭受的不幸的一个特殊部分。如果说,中华民族所遭受的这种不幸是'大悲情',那么台湾所遭受的不幸则是这个'大悲情'中的一个局部,它是隶属于整个'大悲情'中的'小悲情'。当然,这个'小悲情',实际上也是这整个'大悲情'中受害最惨烈的局部。"②

炎黄子孙,华夏儿女,一直以来都是同呼吸、共命运,近代史上积贫积弱的中国所经历的磨难对所有中国人都是一个沉重而深刻的警醒,让我们在铭记历史悲情的同时愈加奋发图强,同心同德维护我们共有的祖国。

此外,甲午战争对中日两国的关系产生了深远的影响。时至今日,中日之间诸多矛盾的症结还是与历史认识问题紧密相关。正如1895年3月21日李鸿章对伊藤博文所言:"中日系切近邻邦,岂能长此相争,久后必须和好。但欲和好,须为中国预留体面地步;否则,我国上下伤心,即和亦难持久。"③

---

① 易顺鼎:《盾墨拾余》,中国近代史资料丛刊(一),《中日战争》。转引自季云飞:《1895年台湾军民反割台军事斗争失败原因探析》,《江海学刊》,1998年第1期,第124页。

② 李家泉:《"台独"乃历史"悲情意识"之异化》,《统一论坛》,2003年第3期,第12页。

③ 王芸生编著:《六十年来中国与日本》第二卷,北京:生活·读书·新知三联书店,1980年版,第231页。

第三章 1895—1945年日据台湾与"皇民化"

根据《马关条约》的规定，清政府割让台湾岛及澎湖列岛等给日本，台湾与日本的关系成为殖民地与宗主国的关系，从此台湾开始了日据时期。从1895年条约签订到1945年第二次世界大战结束，日本对台湾的殖民统治长达50年之久，从而形成了其特有的"台湾情结"。

第一节 日据台湾与对台经济掠夺

日本在台湾50年殖民统治的经济掠夺政策可以分为两个时期：第一时期(1895—1931年)是殖民地经济的形成阶段，这一时期可称为"日台经济一体化"时期；第二时期(1931—1945年)是日本在发动全面侵华战争后将台湾作为南进基地，使台湾经济走上军事工业化的时期，这一时期可称为台湾"基地化"时期。

一、"日台经济一体化"时期

日本占领台湾后，根据台湾的经济地理条件首先进行在经济上的殖民化，最为核心的是"米糖"政策，即将台湾建成供应日本本土的米、糖等原料和初级产品的基地。1895年至1911年，日本殖民当局通过一系列措施，引进日本度量衡制度、货币制度，使日台度量衡、货币统一，从而为日本对台湾投资与出口商品、收购原材料开辟了渠道。1898年，殖民当局先后公布《台湾地籍规则》《台湾土地调查规则》，在土地、人口、林野调查基础上，通过改租、增税、收买等各种政策，完成了"土地整理"和"林野整理"。在1898年至1904年间，殖民当局对全台进行多次土地调查。此前，全台湾土地约有36.7万甲(一甲约为16亩)，地税每年86万余元；经调查后，确定应课税土地77.7万甲，一年征税298万余元，暴增3.5倍。殖民当局从调查中巧取豪夺台湾人民的土地，到1942年，占台湾人口5%的30万日本人，拥有全台湾 72% 的耕地；而 600 万台湾本地人只能保住全台湾 28% 的土地。

之后，日本以台湾总督府为代表，组织对台湾进行掠夺性开发，推行"米糖中心"政策，对台湾农业进行掠夺。一方面，对农业大量投资，改善米、糖生产条件；另一方面，大肆掠夺台湾米、糖，并运往日本。1900 年台湾制糖株式会社成立后，日本资本通过耕作制度改革、原料供应、制糖技术改进等各种措施，促使台湾砂糖产量迅速增加。推行"米糖中心"政策的结果是，台湾成为日本单纯的农业附庸。[①] 日据时期 (1937 年以前) 台湾除了制糖，几乎没有什么工业发展可言，而日本帝国主义发展台湾制糖业是为了本国的需要（日本不产糖），而非为了台湾人。日据时期，台湾所产的糖绝大部分都输出到日本去了。同时，日据时期，仅仅经过一二十年的发展、集中过程，台湾制糖业中的老式、新式制糖企业都被日资企业所并吞，最后形成由台湾制糖株式会社、大日本制糖株式会社、盐水港制糖株式会社、帝国制糖株式会社等少数几家日资企业垄断台湾制糖业的局面。[②]

日据台湾时期，日本掌控台湾的经济命脉，而"米糖相克"是日据时期台湾社会经济中的一个重大研究课题，日资在台湾设置了许多制糖厂，这些制糖厂 80% 的原料甘蔗要靠农民提供，稻米种植面积过多，就要影响到甘蔗的种植和产量，因此，稻米和甘蔗两种作物的种植之间就存在摩擦和冲突。该时期，台湾制糖业成为日本资本的一个有利的投资场所，但日本又同时需要殖民地的两种初级产品——稻米和粗糖，正如列宁所说的：要从一头牛身上剥下两张皮。而正是资本输出和初级产品的需求同样旺盛时，米糖相克的问题就发生了。[③]

1897 年台湾对外贸易中，米、糖占其出口额的 30.7%，1907 年为 49.7%，1917 年为 66.6%，1925 年为 69.8%，1932 年为 78.1%，1940 年为 54.8%，1944 年为 51.5%；同时，台湾对日本的贸易额占台湾贸易总额的比重：1897 年为 18.7%，1907 年为 64.1%，1917 年为 73.9%，1925 年为 76.8%，1932 年为 87.9%，1937 年更高达 90.3%，1944 年为 70.8%。[④]

---

① 沈美华：《日本对台湾的殖民统治政策及其影响》，《广西社会科学》，2007 年第 8 期，第 122 页。
② 周宪文：《日据时期台湾企业之资本构成》。转引自周翔鹤：《日据时期台湾经济总体评价》，《台湾研究》，1994 年第 2 期，第 22 页。
③ 周翔鹤：《宗主国中小资本在殖民地——以日据时期台湾"米糖相克"问题为例的研究》，《台湾历史研究》，2015 年第三辑，第 190 页。
④ [日] 刘进庆：《战后台湾经济分析》，厦门：厦门大学出版社，1990 年版，第 21 页。

此外，日本通过专卖制度将岛内的樟脑、鸦片等贸易大权收归日本资本家独占。台湾盛产樟脑，全世界所需樟脑的4/5出自台湾。日据之初，总督府就颁布《樟脑制造取缔规则》，1886年又颁布《樟脑税则》，1899年实施樟脑专卖，樟脑贸易权逐渐收归总督府。从1907年起，殖民当局将它交给三井物产会社专利销售，一年牟取358万余元暴利。三井物产与野泽组自1907年开始从事西方商人垄断的茶叶贸易，后联合日本茶业资本家，改进台湾茶园经营方式，采取大规模茶叶出口生产措施，与英美茶商激烈竞争，最终迫使其退出台湾。1896年起，殖民当局将人民必需的食盐列为政府专卖，利用行政权力让日商独霸台湾盐业。1914年，全台湾盐业集中在10家日商手上，他们通过买卖专利攫取了达经营成本10多倍的暴利。

近年，台湾岛内少数"台独"分子为了给"台独"理论寻找历史依据，或为了其他政治目的，对日本的殖民统治歌功颂德，声称"日本给台湾带来了现代化"，并为台湾今天的发展"打下了基础"，这些全部是为了美化殖民历史。日据时期(1937年以前)台湾的国民经济由两部分所构成，一是制糖业占绝大部分的工业企业，其由日本垄断资本所拥有和控制；二是农业占绝大部分的传统产业部门，为台湾人所拥有。日本帝国主义根本就无意推动台湾传统经济资本主义化，虽然这个传统经济的发展水平已高于明治维新后的日本资本主义工业起步时的水平。根据国民经济部门结构和资金构成来判断，日据时期台湾的社会经济是典型的殖民地经济。[①]

日本殖民当局规定，蔗农生产的甘蔗只能卖给当地日本控制的制糖会社，台湾蔗农成为日本糖业资本家的奴隶，每斤糖的价格从1921年的11.6钱，下降到1937年3.2钱；每年90%以上的台湾糖输入日本。因此人们说："一部台湾糖业史，就是一部日本殖民史。"

日本侵占台湾后，不久即修建了基隆港和高雄港；1899年起修建纵贯南北的铁路，1909年全线通车；此外，又修建了几个机场，为台湾的海陆空交通基本建设奠定了基础。这些硬件一直沿用至今，媚日派以此为根据，感谢日本殖民主义者。可是，这些铁路、公路及机场的建设资金，日本政府完全靠在台湾发行公债筹集。从1899年至1904年，台湾总督府发行第一期公债3145万元，平均每位台湾人负担10元以上。1908年发行第二期公债3899

[①] 周宪文:《日据时期台湾企业之资本构成》。转引自周翔鹤:《日据时期台湾经济总体评价》，《台湾研究》，1994年第2期，第22页。

万元，平均每位台湾人增加了913元负担。

二、日本全面侵华与台湾"基地化"时期

20世纪30年代，受1929年世界经济危机的影响，日本通过发动侵华战争以转嫁其经济危机。在日本侵占中国东北三省和华北后，首先通过对煤炭等战略性能源及资源的掠夺性开采来满足本国的军需工业，这种不顾大批劳工死活的开采被称为"人肉开采"。以东北抚顺煤矿为例，日本从抚顺煤矿开采优质煤炭共计2亿多吨；1936年以前，每年从东北向日本输出的煤炭达400万吨，其中抚顺煤约占半数以上。这是因为抚顺煤的煤质好，被日本人称为"东洋标准煤"，所以日本各工厂都争相使用。特别是要确保军事工业，如日本最大的海军工厂——吴工厂几乎全部使用抚顺煤。[①] 在本溪，从"九一八事变"到日本战败时为止，日本在本溪掠夺的煤炭为1045万吨，焦炭316万吨，生铁260万吨（其中低磷铁为167万吨），特殊钢11841吨，钢材5796吨，本溪所产的煤68.4%被作为炼铁的燃料用于日本所控制的制铁工业。[②] 当前，中国东北地区的大型煤矿、铁矿如阜新、抚顺、鹤岗、北票、本溪纷纷进入矿产资源枯竭期，这与当年日本对中国煤炭资源的掠夺性开采有着相当大的关系。据不完全统计，从1931年"九一八事变"到1945年8月日本投降的14年里，按1937年的币值计算，日本侵略给中国造成的直接经济损失达1000多亿美元，间接经济损失达5000多亿美元，掠夺煤炭5.86亿吨，木材1亿立方米。

日本割占台湾后，将它当作向中国华南地区以及东南亚进一步扩张的基地，从台湾赚到的钱、制造的商品、掠夺的原料、雇用的廉价劳工，直接用于对东南亚的侵略。二战期间，不少台湾人成为日本侵略者的炮灰，葬身于菲律宾、印尼、马来西亚等地的战场。台湾当然也被纳入其战时经济体系，日本全面侵华后开始在台湾发展一些军需工业，随着日本武力扩张的发展，台湾军需工业的发展也呈现出阶段性的变化。为了因应战争需要，日本殖民当局逐步将台湾建成其军事后勤基地，一是调整农作物的种植结构，大力推进和奖励棉花、大麻、黄麻、亚麻、咖啡等作物的种植，为军需工业准备原

---

① 史丁：《日本关东军侵华罪恶史》，第十一章　关东军与伪满经济，北京：社会科学文献出版社，2005年版。
② 关捷主编：《日本对华侵略与殖民统治》（上），北京：社会科学文献出版社，2006年版，第581页。

材料；二是建设日月潭水电工程，为军需工业准备动力，在此基础上，才有制铝、金属、肥料制造和制盐等军需工业的发展；三是开发与军事战略物资有关的煤、石油、金矿等能源。

从1931年起，日本将台湾的工业化与其本身的军事扩张联系在一起，加快了台湾工业化的步伐。殖民当局开始对电力等资源进行调查，为台湾发展工业做准备。先是成立"临时产业调整会"，从事岛内资源调查；1935年又设立"热带产业调查会"等，多与军事战略有关。1931年至1934年间，建成日月潭发电工程，1935年建成基隆电化冶炼厂、高雄铝合金厂、无水酒精厂，1937年在北部建成第一座煤炭火力发电厂。1939年，台湾工农业产值分别达5.7亿日元和5.5亿日元，分别占各产业产值的45.94%和44.49%，工业首次超过了农业。①

1937—1940年，发展军需工业成为台湾经济活动的首要任务。1937年"七七事变"后，日本殖民统治者在台湾推行"三化政策"，即"皇军化""工业化""南进基地化"。在日本军国主义者编织的"大东亚共荣圈"内，经济分工体系逐渐被规划和建立，即由台湾供给米、糖、电力，朝鲜供应米、电力、金属，伪满洲国提供铁矿、煤炭、大豆，华北提供原料炭、黏土、棉花、盐，南洋群岛提供磷矿、磷酸盐，荷属印尼提供石油、铁矾土，马来西亚提供橡胶等。②按照日本国内"生产力扩充计划"制定了台湾工业化计划——"生产力扩充五年计划"，推进台湾军事工业化。1938年实施的"第一次生产力扩充五年计划"重点投资开发与军事有关的有色金属、煤炭、石油、天然气、硫酸铵、铝、苎麻布、黄麻布、琼麻制品、香蕉纸浆、蔗渣纸浆、天然香料、棉籽油、米糠油、蓖麻子油、猪皮、牛皮、火柴、洋纸、火石、硝酸钙、苦汁、碱和机械类工业，计划使这些工矿业产量在5年内增长两到三倍以上。

1941年，日本提出台湾工业"战场化"口号，殖民当局于该年10月召开"临时台湾经济审议会"，制定振兴台湾工业的方针。③会上提出"工业振兴方案"和"交通设施整备与扩充方案"，要求台湾加大电力及煤炭等能源开

---

① 刘天纯等：《日本对华政策与中日关系》，北京：人民出版社，2004年版，第336页。
② 林继文：《日本据台末期（1930—1945）战争动员体系之研究》，台北：稻乡出版社，1996年版，第41—42页。
③ 沈美华：《日本对台湾的殖民统治政策及其影响》，《广西社会科学》，2007年第8期，第123页。

发,规划工业区和资金供给,重点发展国防工业和与南方原料相衔接的工业;交通方面,统一管制台湾交通,重要统制物资优先运输,加强陆海运输能力,改善台湾与日本内地的交通,建设以台湾为中心的南方交通圈。在这次会议的基础上,制定了"第二次生产力扩充计划"。1941年12月8日,日本偷袭珍珠港并占领东南亚地区,"太平洋战争"终于爆发,日本的主战场逐渐由大陆转移到太平洋地区,而其战略目标逐渐由占领地区变为突破英美的海上封锁线,台湾在日本战略计划中的地位也由"后勤基地"逐渐转变为"前进据点"。当时的台湾总督长谷川清就曾这样表示:"当前本岛已由以往的补给基地一跃而成为第一线之防卫、战斗基地。"[①]因而,确保台湾能提供充足的军需品、强化台湾经济的自给能力就显得特别重要。1943年随着日本在太平洋战争中受到盟军的打击,前线吃紧,对后方补给要求大大加强了,台湾也在此背景下实施"台湾决战态势强化要纲",强调急速增强军需生产、粮食生产,实行国民动员,提供应急劳动力。随后颁布的"台湾决战非常措置实施要纲",针对台湾被盟军潜艇封锁这一现实,在工业方面更注重利用台湾本地资源,如制糖业的副产品酒精可供飞机燃料,以及对台湾木材的利用等。

不可否认的是,在日本殖民统治时期,台湾的工业有了一定程度的发展,但日本完全是为了在台湾建立殖民地经济。台湾的大工业都为日本资本家独占,台湾工业是替日本工业制造初级产品和半成品,台湾工业只是日本淘汰设备、技术的集结地,台湾的进出口贸易完全处于日本人的控制之下。

日本侵占台湾的50年中,正是日本疯狂对外扩张、发动侵略战争时期,因此台湾成为直接为日本军国主义服务的原料、加工基地。

第二节 日据台湾时期的殖民统治

甲午战争之后,日本侵占台湾并建立起总督专制独裁、警察恐怖统治和"保甲连坐"制度三位一体的殖民统治体系。

一、日据台湾时期统治秩序的核心是台湾总督

台湾总督是日本任命的对台湾实施殖民统治的最高行政和军事长官,也是日据台湾时期统治的核心。日本占领台湾50年,派出19任总督。在1895

[①] 林继文:《日本据台末期(1930—1945)战争动员体系之研究》,台北:稻乡出版社,1996年版,第204页。

年6月至1919年10月间，日寇为建立"殖民地体制"，用武力镇压和控制台湾人民的反抗，主要采取军人专政，派出的军人总督有桦山资纪、桂太郎、乃木希典、儿玉源太郎、佐久间左马太、安乐贞美、明石元共7届；1919年10月至1936年9月，日本殖民当局以为殖民统治已经稳定，为把台湾建成"理想的殖民地"，实行军政分立制，派出了田健治郎、内田嘉吉、伊泽多喜男、上山满之进、川村竹治、石塚英藏、太田政弘、南弘、中川健藏等9届文职总督；1936年以后，为配合全面侵华战争的需要，恢复军人总督，派出小林跻造、长谷川清、安藤利吉等3任军人总督。不论文官武将，19名总督集立法、行政、军事大权于一身，掌握了对当地中国人的生杀予夺大权，个个都是杀人魔王，手上都沾满了中国人民的鲜血。①

1895年5月，在任命海军大将桦山资纪为台湾总督兼台湾陆海军军务司令官的同时，日本内阁总理大臣伊藤博文还颁布了《关于赴任之际的政治大纲的训令》（以下简称《政治大纲》），授予台湾总督实行高度专制独裁统治的特权。声称：台湾是日本帝国依据有"名誉"的战争，并经签署正式条约后而获得的"新版图"，是亟待"沐浴皇化"的地方。因此，台湾总督辖治台湾的根本原则必须是"恩威并施"，务必使得台湾民众不敢萌发"押侮之心"。其中最重要的手段就是动用武力来镇压那些"不逞之徒"。如果一旦遇有"顽民"的抵抗或意外的变故，就必须果断而迅速地予以攻击膺惩，决不姑息。《政治大纲》还对台湾总督应该实施的政务做了明确的规定。特别强调：如果遇有不可预先得知的紧急情况，在来不及请示帝国内阁政府时，台湾总督享有临时进行独断处置的权力；即使是做出不合于本《政治大纲》规定的决策亦是允许的。②

为不断强化对台湾的殖民统治，日本政府殖民统治台湾50年间的19任台湾总督，先后颁布了《匪徒惩罚令》《台湾监狱令》《犯罪即决令》《台湾刑事令》等共466件律令。总督府于1896年发布了《关于施行台湾之法律》，这一文件编号为第63号法律，所以称为"六三法"，"六三法"总共6条，它成为日本统治台湾的基本法，此法确定台湾特殊化，以法律形式确立了总督

---

① 《日本在台湾的殖民统治》，中国国际广播电台网，http://gb.cri.cn/3821/2005/08/29/1245@677477.htm；汪幸福、方兴：《50年的血·泪·仇——日本血腥殖民台湾》，《科学大观园》，2006年第19期，第66—67页。

② [日] 外务省编：《日本外交文书》，第28卷，第二册，日本国际联合会，1981年版，第553页。

的独裁权力；主要内容是镇压抗日义军和剥夺台湾人民的基本权利。在所有的律令中，内容最为残暴苛酷的当属1898年的第24号律令，即《匪徒惩罚令》。在4条规定中，明令要处以死刑的"罪状"就多达40余种，对凡不甘忍受日本殖民统治而勇于反抗或表示不满者，一律被视为匪徒而处以死刑或极为苛酷的刑罚。

1904年，后藤新平向日本政府递交了一份包括宪法修正案在内的台湾统治法案，提出应明确地、名副其实地使台湾成为日本的殖民地。这份法案写道："台湾与清国相邻，远离我帝都，从民族至制度文化人情风俗，均与我本土迥异其趣。"因此，他建议应采取殖民主义的方针，[①]不能将台湾与日本内地等同看待，特别是台湾居民不能享受到日本居民的"宪法权利"。

1917年12月，台湾殖民当局颁布第2号律令《台湾新闻纸令》，规定办报刊要缴巨额保证金，还要重新申请许可证，如不遵守，有关人等会被起诉受重罚。在这条严厉的法令下，华文报刊纷纷关闭，日文报刊相继出现。日本统治者还引用在日本实行的《新闻纸条例》以及《谗谤律八条》，对媒体实行言论管制，规定对天皇、皇族、官吏有不敬、侮辱、损害名誉者，将处以罚金，甚至判处徒刑。

作为日本统治台湾最高行政长官和军事长官的台湾总督，凭借着日本政府所给予的立法权和军事统率权，滥施其专制独裁的淫威，对台湾人民实行残酷的高压殖民政策。

二、日据台湾时期的警察与保甲制度

"警察万能"是日本政府在台湾进行殖民统治的重要特点。台湾是当时日本统治的所有地区中，警察配置人数密度最大的地区。[②] 日本占领台湾后，很快就建立、健全了全台的警察统治机构，而且其规模不断扩大。随着中国人民抗日情绪的不断增长，台湾警察的权势也越来越大，其触角逐渐延伸到台湾社会生活的每一个角落，台湾成为名副其实的警察社会。在中国抗日战争全面爆发前，按地域面积计算，日本统治下的朝鲜，平均每平方公里配置警察的人数仅为2.4人，而在台湾地区平均每平方公里配置警察的人数则为6.2人。[③] 以1902年为例，全台设有10个厅警察课、97个支厅、992个派出所，

[①] 春山哲明：《台湾旧俗调查和立法构想》，载《台湾近现代史研究》第六号，1988年。
[②] 赵铁锁：《日本对台湾的殖民统治简论》，《南开学报》，1998年第2期，第67页。
[③] 赵铁锁：《日本对台湾的殖民统治简论》，《南开学报》，1998年第2期，第70页。

以后最多时各类警察机构达到1500余处，警察1.8万余人。在台湾的经济发达地区，每隔两三公里就有一个警察机构；每300人就配有一名警察。日本在台湾的警察机关为强化其殖民统治秩序而采取的恐怖手段主要有以下几种形式：武装镇压抗日义军，拘捕、监禁台湾各界民主人士，加强思想监控、实行新闻和出版物的严格管制，等等。

此外，为大力"强化"台湾的地方统治秩序，日本殖民统治者还强迫居民"依土地状况或家族关系"互相结为保甲，实行"保甲""连坐"制度，作为对台湾民众实行殖民统治的重要手段。日本殖民当局的《保甲条例》，确立保甲作为警察军事统治的辅助组织，规定10户一甲，10甲一保，全保全甲内部"连坐"，保甲另外组织壮丁团，接受警察当局指挥、监督。到1943年，全台共设保6074个，设甲58378个，控制户数达50余万户；壮丁团团丁最高时达到134613人，实质是用"以台制台"的方式控制和奴役当地中国人，成为法西斯统治的基础。《保甲条例》规定：各保、甲的所有居民都要订立保甲规约，互相监视、保证遵守执行；如有一家一户出现"犯罪"行为，其所在的"保、甲内的人民负有连坐的责任，对其连坐者要处以罚金"，或视其"犯罪"行为的轻重而予以其他的惩治。①

日本政府将台湾总督的军事集权独裁专制、特殊警察的恐怖统治、严密的保甲制度和"连坐法"，视为在台湾进行殖民统治的三大支柱。

三、日据台湾时期台湾人民的奋勇反抗

为了维持殖民统治，日本殖民当局随意屠杀当地中国人。仅据日本自己发表的数据，自1898年至1902年，台胞被捕时因抵抗被杀及被处死刑的就达11950人。另外，1896年殖民者在镇压大坪顶起义中就屠杀了3万余中国人；②在1901年"后壁林惨案"中，屠杀中国人3473人；在1902年"噍吧年事件"中，屠杀中国人3万余人；在1913年12月间的"苗栗事件"中，屠杀中国人1200余人；在1915年镇压西来庵起义中，屠杀中国人数万人。据有的学者统计，在日本殖民统治台湾期间，被日寇残杀的中国人达60万人。这对当时最多只有500余万人的台湾来说，可以说是空前绝后的大灾难，日本军国主义欠下了中国人民无数永远也无法偿还的血债。

---

① ［日］台湾总督府编：《台湾统治概要》（一），台北：成文出版社，1985年版，第84页。

② 王晓波：《台湾史论集》，北京：中国友谊出版公司，1992年版，第20页。

日本殖民统治台湾约半个世纪，初期汉族人武装抗日非常激烈，如刘永福的黑旗军、台湾民主国与义勇军的抗日等，但是，当时在台湾内部山岳地带生活的台湾少数民族——日方称为"番人"或"蕃人"并没有参与，采取观望的态度。随后，台湾总督府模仿清代"抚垦局"的模式新设"抚垦署"，并以绥抚、提供布匹、酒肉等企图拉拢台湾少数民族。但是当泰雅人发现日本人要掠夺山地资源，且破坏清代原有的"山工银"赔偿机制，又未经过族人同意，即随意入侵而在森林里设置脑寮制造樟脑油时，提出严厉的抗议，却反而遭殖民当局的武力讨伐。特别是台湾北部樟树密生地带与泰雅人的生活空间重叠，在整个日本殖民统治时期，泰雅人因此成为主要的武力抗争者而被列为"凶蕃"，就日本殖民当局的理论与立场来看这是进化论中最"野蛮"、最底层者，是可对之任意杀戮、掠夺，而不会有罪恶感的。[①]

1930年10月7日，位于台湾中南部的南投县仁爱乡雾社地方马赫坡社的族人痛打了窜入村庄寻衅闹事、调戏妇女的日警。日警怀恨在心，伺机报复，他们无视森林巨木是高山族崇拜的圣物，逼迫雾社高山族同胞进森林伐树为其修运动场，还殴打民工致死，激起民愤。当年，马赫坡社的首领莫那·鲁道联合雾社附近的博亚伦、罗德夫、大鲁宛、苏可、鹤歌等六社的高山族人，在汉族人民的支持下组织了一支300余人的青壮年武装，以大刀、木枪、农具为武器，进行训练，不久扩充至500多人。10月27日是"台湾神社祭日"，他们趁日本官吏参加在雾社公学校举办运动会之时发动起义，队伍迅速壮大发展到1500多人。10月29日，日本殖民当局征调各地军警数千人，围剿起义军。莫那·鲁道率众奋力抵抗，因力量悬殊，被迫退守深山密林。日军以高官劝降遭拒，遂修筑长堤，将雾社山区严密封锁，调集山炮滥轰，出动飞机投掷毒气弹，1200多名高山族起义将士惨遭杀害。12月初，起义失败，莫那·鲁道自尽。5个月后，日军又调集精锐部队，血洗雾社村庄、山林，杀害众多青壮年，将800名老弱妇孺驱赶出雾社，制造了"第二次雾社事件"。

1937年7月7日，"卢沟桥事变"爆发，日本发动全面侵华战争。自此，大陆处于艰苦的抗日战争时期。日本对台湾的控制变本加厉，强制推行所谓"皇民化运动"，企图借此进一步同化台湾人民。对于日本侵略者而言，

---

① 傅琪贻：《日本统治时期台湾原住民抗日历史研究——以北台湾泰雅族抗日运动为例》，北京：团结出版社，2015年版，第2页。

台湾在其对华南以及东南亚扩张战略中发挥着日益重要的作用，因此在台湾的经济和军事方面，日本采用极端强硬的暴力手段，妄图使台湾成为配合其侵略计划的基地，为其推行的侵略活动提供相应保障。然而这一切都不能彻底平息台湾民众的反抗斗争，更不能阻断台湾人民的日夜思归之心。这一时期的台湾诗人就用真情的诗句传达出台湾人民的泣血心声："未曾见过的祖国，隔着海似近似远，梦见的，在书上看见的祖国，流过几千年在我的血液里，住在胸脯里的影子，在我心里反响，呵！是祖国呼唤我呢？或是我呼唤祖国？……还给我们祖国呀！向海叫喊，还我们祖国呀！"[1]也正是由于这种深藏于台湾人民心中的、血浓于水的爱国情感，抗战时期很多台湾同胞设法回到大陆积极参加抗战，为抗战的胜利做出了贡献。

心系祖国的台湾同胞还进一步在岛内采取各种形式开展斗争，用实际行动支援大陆同胞抗战。1938年3月，台湾工党领袖高斐反对征调台胞到大陆为日军作战，领导数千名矿工在宜兰暴动，进攻日军司令部，焚毁日军弹药库，夺取武器，最后进入阿里山与高山族同胞联合起来，坚持抗日斗争。同年夏，台湾同胞将日军的储油库炸毁，使可供日军使用6年的汽油全被烧掉，并炸死炸伤日军70多人。1939年3月，高雄地区1000多名农民壮丁为抵制日军征兵举行起义，夺取日军的枪支并与之激战，失败后600多人被害。同年10月，基隆被强征入伍的300多名壮丁在领得枪械后举行反战暴动，将现场的30名日军杀死，其后又击毙145名日军援兵，后退入丛林坚持斗争。[2]

1965年9月出生的高金素梅是泰雅人的后代，作为台湾少数民族的民意代表，从2000年到2004年高金素梅除了组织少数民族进行游行活动争取权益外，还搜集整理了日本在台湾殖民时期杀戮少数民族的大量照片，并将它们编辑成书公布于众。在1941年太平洋战争爆发时，日军曾强征台湾少数民族成立"高砂义勇队"共2万多人远赴南洋作战。高金素梅找到了这些少数民族的后代并带着他们来到日本，抗议日本首相参拜靖国神社，并要求将少数民族死亡者的灵位撤出靖国神社。高金素梅指出，根据日本殖民当局公布的记录，仅1896年至1920年日本殖民当局共对台湾少数民族进行了138次武力征伐，杀死7080人，伤4123人，死伤人数相当于1920年台湾少数民族

---

[1] 中国社会科学院台研所编：《台湾研究文集》，北京：时事出版社，1988年版，第200—201页。
[2] 《姜廷玉：台湾光复70周年的回顾和思考》，央广网，http://military.cnr.cn/jsls/xwdd/20151027/t20151027_520299021.html。

人口的十二分之一。日本殖民者对台湾少数民族实施残酷的"三光"政策——"杀光勇士、抢光财产、烧光部落",还推行"以蕃治蕃",强迫或诱使台湾少数民族部落互相攻击,又强迫散居,以便分化控制。①

第三节　日据台湾时期的文化侵略与"皇民化改造"

从侵占台湾的第一天起,日本殖民当局就开始准备永久霸占台湾,并为达到目的强制推行殖民同化政策,其中抗战爆发后的"皇民化改造"在岛内至今流毒甚深。

一、日据台湾时期的民族改造和文化侵略

为了殖民统治的需要,日本政府促使大批日本人移民到台湾。1931年在台湾的日本人达24.38万人,日本战败时增加到47万人(含军队)。②

日本占据台湾之初,重点考虑对台湾岛内的民族以及文化、教育进行改造。1895年日本称台湾少数民族为"蕃族",实行"蕃政"。1923年日本裕仁亲王(后来的昭和天皇)抵台巡视,将"蕃人"之称改为"高砂族"。日本帝国主义殖民势力的"蕃政"是典型的民族压迫政策,如围困杀戮、迫使归顺、镇压反抗、部落逼迁、集中管制、强制推行"皇民化"教育、更改姓名为日本名,甚至在太平洋战争中组建"高砂义勇军",开赴菲律宾充当"炮灰"等。在此期间,日本的考古学、民族学、人类学、语言学等学科对台湾少数民族的研究,也随着1903年"蕃地事务调查委员会"的成立而全面展开,这种主要服务于殖民统治的调查研究也从学术意义上对台湾少数民族进行了分类。就族称而言,日本学者在清代"生番""熟番"基础上划分出"高砂族"和"平埔族"两大类,并分别在这两大类中根据语言、习俗、经济生活、婚姻家庭、部落组织结构等文化因素将"高砂族"分为多个族群,如泰雅、布农、曹、排湾、卑南、阿美、雅美、鲁凯、赛夏等;"平埔族"则分为西拉雅、马卡道、巴布拉、巴则海、道卡斯、凯达格兰、噶玛兰、洪雅、邵、

---

① 《宝岛抗日记忆:台湾世居少数民族的苦难与反抗》,华夏经纬网,http://www.huaxia.com/thjq/jsgoucheng/2015/10/4594214_2.html。

② 冯昭奎:《三个层次剖析日本的台湾情结》,《中国周刊》,http://news.21cn.com/kanwu/zgzk/2009/05/22/6395972.shtml。

猫雾楝等。由此，为台湾少数民族的分类及其称谓奠定了基础。①

日据台湾时期，日本殖民者为了把台湾改变为日本的一个组成部分，在不断强化和巩固对台湾政治统治的基础上，还强制推行文化上的同化政策。日本侵占台湾之初，主要是着眼于对台湾同胞的文化、教育改造。1896年2月，台湾总督府第一任学务部长伊泽修二在"国家教育社"进行的演说中提出，教育台湾人的目的，就是"真正将台湾视为日本的一部分"，"在台湾人的心灵深处实现日本化"。为此，他提出了关于"同化"台湾民众的具体构想及建议。和"所谓日本国民，就是大和民族"这一陈旧的解释不同，伊泽修二提出，"对新的领土上的居民，我们也应一视同仁并予以惠顾"的天皇敕语表明，台湾人也在"应一视同仁并予以惠顾"的范围之内。因此，必须将台湾置于文化整合的范围之内。为了达到文化整合，他认为"作为台湾人，必须了解四书五经"，了解《三字经》。这不仅因为在台湾儒教的传统，特别是作为一种民间信仰对孔子和孟子的崇拜，是根深蒂固的，更因为只有这样才能贯彻由中村敬宇起草、由井上毅修订融入儒教思想的《教育敕语》，对台湾人进行"忠君爱国"教育。同时他提出，台湾是一块与日本"同文同种"的土地，"汉字是沟通东亚五亿乃至六亿生灵的利器"，因此必须重视汉字所具有的功能。按照伊泽修二的观点，为了达到同化的目的，应努力使日本语、日本文化和当地传统文化沟通，以此"在台湾人的心灵深处实现日本化"。②

为了构筑"协力体制"，日本在台湾强化了日语普及教育。日本统治者之所以要进行这种强化，如后藤新平在《日本殖民政策一斑》中所透露的，主要是出于以下考虑："日本人和支那人，在文明程度上并没有非常大的差异。日本人和朝鲜人亦同样如此。对这一点我们不能不予以注意。吾等母国人若不求文字的统一，则将无统治殖民地的力量，将缺乏统治殖民地的威信。"③

1898年7月，总督府发布《台湾公学校令》，决定设立6年制的公学校取代日语传习所，规定"公学校系对台人子弟施行德教，教授实学，以养成日本的国民性格，同时使之精通国语（日语）为本旨"。④根据"公学校规则"，公学校的修业年限为6年，学龄为7岁以上16岁以下，其课程以日语、日本礼

---

① 郝时远：《当代台湾的"原住民"与民族问题》，《民族研究》，2003年第3期，第28页。
② 冯玮：《日本在台湾推行殖民统治的本质特征》，《抗日战争研究》，2000年第3期，第7页。
③ [日]后藤新平：《日本殖民政策一斑》，第18页。
④ 陈在正：《台湾海疆史研究》，厦门：厦门大学出版社，2001年版，第208页。

仪、台湾人必须遵守的重要制度,以及日常生活基本实用知识技能为主。由此,公学校以对台湾本岛儿童和青少年实施日语教育为核心,开展同化活动。

同时,在初级教育阶段,对学生加以区别对待:重视日本籍学童,就读的是"小学校";轻视中国儿童,就读的是"公学校"和"国(日)语传习所",高山地区的少数民族儿童则进"教育所"。各类学校相差很大,但无论在什么学校,都把日语当作基本语言。在殖民当局咄咄逼人的强势推广下,闽南语(时称为"台语")日渐式微,连横在《台湾语典》的序文中,无奈地描述道:"今之学童,七岁受书,天真未漓,咿唔初诵,而乡校已禁其台语矣!今之青年,负笈东土,期求学问,十载勤劳而归来,已忘其台语矣!今之缙绅上士乃至里胥小吏,遨游官府,附势趋权,趾高气扬,自命时彦,而交际之间,已不屑复语台语矣!"①

日本殖民者还从中等教育开始,限制中国学生所学专业;高等教育则更是明显,主要由日本人独占,而且除了医学专门学校及台南高等商业学校外,其他一切高等学校都在日本国内举行考试。在1928年成立的帝国大学(现台湾大学)内,在20世纪40年代日籍学生占81.8%,中国学生仅有18.9%。教学内容更是以传播殖民主义文化为主,有关中国的历史、思想、文化均在排挤之列,以从根源上切除中华民族文化的影响。

《台湾近代民族运动史》记载:"在人口比例上,在台湾的日本人不及台湾人的1/10,但是,大中学校学生数量,台湾生不及日本生的一半。日本人在台湾享有种种特权,税金多数由台人负担,但教育文化等设施,则大部分由日人享受,这是帝国主义榨取殖民地之典型。"②

二、为配合日本全面侵华的"皇民化改造"

为配合发动全面侵华战争,日本1937年开始推行"皇民化运动",其内容包括:取消汉文教育,禁用汉字汉语,强迫台湾人民使用日式姓名、日本语言、日本文字,强逼台湾人民加入"皇民化"组织等。其目的在于消灭台湾人民的汉族意识、抗日意识。

1936年9月,日本第17任台湾总督小林跻造到任不久,就主张对台湾

---

① 连横:《台湾语典》,台北:台湾省文献委员会,1992年版,第3页。转引自张红梅:《日据时期台湾的语言教育》,《长江大学学报(社会科学版)》,第4期,第82页。

② 《日本殖民统治台湾真相》,搜狐网,http://mil.sohu.com/20150704/n416174107.shtml。

展开全方位的文化侵略,他说:"台湾无论在政治、经济和国防上都与我国有重大关系,倘若此地居住的日本人(指台湾人)没有作为日本人应有的精神思想,惜力谋私,仅披着日本人的假面具,政治、经济方面暂且不论,国防上便如坐在火山口上"。因此,必须尽力使台湾人成为"真正的日本人"。①

1937年9月30日,日本殖民当局在台北市公会堂召开"(日本)国民精神总动员讲演会",臭名昭著的"皇民化运动"就此开始。主要内容是,进行亲日思想宣传和精神动员,极力消除台湾民众的祖国观念,灌输大日本臣民思想。1941年太平洋战争爆发前后,"皇民化运动"进入第二阶段,即"皇民奉公运动"。1941年4月9日,殖民当局成立了"皇民奉公会"。奉公会由时任总督的长谷川清兼任总裁,自总督府到街庄都设有分会,并且均由当地的行政长官负责。此外,还成立了奉公团、青年学生报国会、青年奉公会、女青年奉公会、产业奉公会、核心俱乐部、模国挺身队等名目繁多的外围组织,作为推行"皇民化"的社会基础和基本力量。

"皇民化运动"包括强制普及日语、强制日本化的生活方式、灌输日本帝国主义的所谓"价值理念"等等。为进一步斩断台湾人民对汉文化的眷恋,殖民当局还着重加强其皇民化语言政策,明令全面废除公学校汉文科,禁用汉语汉字;同时,进一步扩建公学校,推进日语教育,扼杀台湾私人办的书塾,强力查禁汉文书房。1941年太平洋战争爆发后,殖民当局为了加速实行同化政策,把公学校、小学校一律改称"国民学校",但教学内容仍维持不变,日本儿童教学使用课程第一表,台湾儿童用第二表,少数民族儿童用第三表,程度悬殊。所有初等学校教学全部使用日语,禁读汉语,并通过教授日本历史等课程向学生灌输日本国体、效忠天皇观念。

到日本投降前夕,各地奉公班均开设夜间学习日语所,各类学生超过100万人,这意味着当时每5名台湾民众中就有1人在学习日语。1936年全台强制设有日语讲习所3832处,被迫参加的学生为205214人。1940年增加到15833处,学生763263人。

对居住在山区的少数民族,日本人也不放过,强行推行日语,仅1939年就设立日语讲习所265处,设立日语普及会11处。据有关资料显示,台湾的日语普及程度有所提高,1936年为32.9%,1940年为51%,1944年则为71%。②

---

① 陈孔立:《台湾历史纲要》,北京:九洲图书出版社,1997年版,第412页。
② 邱敏捷:《论"日治"时期台湾语言政策》,《台湾风物》,1998年3期。

"皇民化运动"虽然从总体上讲是失败的,然而它也确实造就出一批心甘情愿充当"皇民"的人,其中有在日本卵翼下成长的大工商业主和大地主,也有一些卖身投靠的知识分子,他们的共同特点是以"皇民"自居,并以此为荣。对日本感恩戴德的亲日情绪使他们心中有一个永难解开的"日本结",从而造成他们与普通台湾民众之间存在一条难以填平的沟壑。① 这批"皇民世家"在日据时期殖民当局的庇护下,办工厂、设银行、做生意、收地租、享受种种特权。光复后,他们仍然念念不忘日据时期日本主子给予的恩宠,深恐昔日风光不再。于是,日本"主战派"军人就策动他们散布亲日言论,密谋成立"台湾独立"地下组织。在中国政府接收台湾以后,这批人也都被逮捕羁押,这就是光复后的"台湾独立案"。

如上所述,尽管广大台湾人民从未停止过反对日本侵略的斗争,但一批日本的"皇民""顺民"却甘愿以"二等日本人"身份充当日本的打手,最为典型的当属李登辉。李登辉,1923年1月15日出生在台北县淡水镇三芝乡一个小地主家庭,他父亲李金龙原是日据时期的日本台籍警察,李登辉本人从小接受日本教育,在日本殖民统治推行"皇民化"时期,李登辉和家人都改了日本名字。当时殖民当局规定每个中国学生必须有一个偏名,就是在名字的第二字之后加上班级数,然后再加一个"郎"字。因此,李登辉就有"李登三郎""李登五郎"等不伦不类的名字,后来李登辉起了个正式的日文名字"岩里政男",而他的哥哥李登钦则更名为"岩里武则"。② 中学毕业后,李登辉进入日本京都帝国大学学习。日本发动太平洋战争后,他与其兄长先后被日本征去当兵,他哥哥战死在菲律宾马尼拉,至今在日本靖国神社立有牌位。经历了日本文化的洗脑,李登辉有着难解的"皇民化"情结,曾公开扬言在他22岁之前是日本人。所以,李登辉主政台湾后在政治上实行一条"拉美国、亲日本"的"台独"路线,在文化领域实行的是李登辉所倡导的带有浓厚的亲日色彩的"新台湾文化"。正如台湾有些学者所言:"目前台湾人的普遍看法是,身为元首的李登辉与日本存在千丝万缕的联系则是人所共知的事实。"③

---

① 蔡放波:《略论日据时期台湾的"皇民化运动"及其影响》,《台湾研究》,1997年第4期,第53页。

② 秦兴洪:《日本的侵华战争与"台独"势力》,《广东工业大学学报(社会科学版)》,2006年第1期,第45页。

③ 李晓、张觉明:《揭李登辉底牌》,台北:光华出版事业有限公司,1995年版。

"皇民化运动"不仅是从语言、文字上做文章，宣扬所谓"日式文明"，还强迫中国人从生活习俗、宗教信仰、文化艺术、时令节气等方面向日本方式看齐。为使台湾民众生活日本化，严禁信仰民间的各种传统宗教、神灵，烧毁台湾民间的诸神灵，专设日本的天照大神，并且强令在10月27日这一天各行各业都要祭祀；中小学则规定每月1、8、15日都要按时参拜神社。每逢10月27日，在台湾各地就能看到这种情况，在日本警察、官员的监督下，台湾民众被迫前往设在各地的神社参拜。

在社会习俗方面，日本殖民当局下令撤销春节等传统节日；台湾家庭必须使用日本的风吕（澡盆）、便所、榻榻米，妇女必须穿和服；吃饭要吃日本料理；行礼要行日本90度的弯腰礼；结婚要在日本花嫁神前结婚；葬礼要采用大和安葬式。为减少中华民族的色彩，日本殖民当局下令禁演传统的布袋戏、歌仔戏、歌谣，禁止汉文文学作品，组织演唱戏剧、青年剧、日本军歌等，"灌注大和魂"，宣扬日本精神、日本军威、国体明证、大义名分等。不仅如此，还极力宣扬"臣道实践"和"奉仕"，提出"全岛无一人不为圣战而劳动"，在产业领域组织起形形色色的"挺身队""奉公队"，榨取工人、农民的劳动成果；强迫开展"金报国运动"，发行"奉公债券""报国债券"，挨家挨户搜刮民间藏金。

日本把台湾作为侵略大陆前进基地的另一个重要内容，是对台湾人民洗脑后征集他们加入日军侵略阵营。在"皇民化运动"后期，日本殖民当局把征集台湾当地青年参加侵略战争当作主要任务。1943年实施陆海军特别志愿兵制，1945年实施征兵制，由日本侵略者强征入伍、为日本卖命而战死的台湾同胞达3万余人。

日据时期，日本人虽然在台严密实行殖民化政策，实施差别教育，但台胞在强烈的民族意识支配下，坚持汉学教育，以各种方式保持中华文化命脉于不坠。第二任总督乃木在1896年训示方针中也表示："自本岛岛民祖先以来所遵守之旧习俗，已深印在脑海中，几乎成为不成文法律。"这从一个侧面证明，台湾的中华文化传统是根深蒂固的，即便再强力的压制也无法将其彻底摧毁，她始终在爱国台胞的精神深处，鼓舞他们斗争不息，最终台湾人民"五十年间，前仆后继，终不为威武所屈，以迎民国己酉光复"。①

日本前外相麻生太郎说，台湾一名重要人物告诉他，感谢日本殖民统治

---

① 魏章柱：《同根同源 台湾文化 中华情结》，《百年潮》，2002年第6期，第78页。

台湾做了好事，今天台湾才会成为"教育水平十分高并且与时代俱进的国家"，这些将惨痛的日本在台侵略史美化成侵略者造福于民的汉奸言论毫无廉耻地颠倒黑白，无非是为妄图分裂中国的阴谋造势。

第四章 1945—1949年台湾回归祖国

1945年抗战胜利后，台湾光复。国民政府接收台湾后虽然着手肃清日据时期的流毒，但是"二·二八事件"的爆发暴露了其统治的腐败无能；1949年前后，国民党当局已经开始筹划将台湾建设成为其"反共救国"的基地。

第一节 1945年抗战胜利与台湾光复

抗战胜利后，《开罗宣言》等一系列法律文件规定了台湾在主权上从属于中国的法律地位。

一、抗战胜利与《开罗宣言》

《马关条约》的签署，使日本长期以来占有台湾的贪欲得以实现，此后其在台湾进行了长达50年的殖民统治。日本殖民者以残暴的高压政策治理台湾，妄图使台湾人民屈从。但台湾人民始终进行着不屈不挠的斗争，抵制日本的殖民统治。

1941年12月，日本偷袭美国海军基地珍珠港，太平洋战争爆发。美国、英国、中国相继对日宣战。12月9日，中国政府正式发布对日《宣战布告》，明确宣布："兹特正式对日宣战，昭告中外，所有一切条约、协定、合同有涉及中日间关系者，一律废止。特此布告。"[①] 根据国际法的一般原则，中国对日宣战就意味着《马关条约》等中日之间一切条约协定的自然废止，因此日本借以侵占台湾的法理依据也就不复存在。

1943年，苏联红军在欧洲战场上取得了斯大林格勒保卫战的伟大胜利，美军也逐渐取得了太平洋战场上的主动权，世界反法西斯战争朝着有利于同盟国的形势发展。11月下旬，中、英、美三国首脑在开罗举行会议。会议三

---

① 苏格：《美国对华政策与台湾问题》，北京：世界知识出版社，1998年版，第17页。

方最终达成共识,并于12月初发表了由三国政府签署的《开罗宣言》。《开罗宣言》明确规定:"三国之宗旨在剥夺日本自1914年第一次世界大战开始以后在太平洋所夺得或占领之一切岛屿,在使日本所窃取于中国之领土,例如满洲、台湾、澎湖列岛等,归还中华民国。"①《开罗宣言》的实质精神是要瓦解所谓的日本帝国,亦体现着尊重中国领土完整的原则。宣言明确向国际社会宣告,中国对包括台湾在内的一系列被日侵占领土拥有神圣不可侵犯的主权,日本对中国领土的窃取是非正义的侵略,中、英、美三国将联合起来对日本的侵略行为采取必要的行动。

随着战事的发展,1945年5月8日,陷于内外交困境地的德国不得不宣布无条件投降。这是第二次世界大战又一个重要转折点。自此,战争发展局势更加清晰明朗,同盟国的打击目标直接集中指向仍在负隅顽抗的日本。1945年7月26日,中、英、美三国共同签署《促令日本投降之波茨坦公告》,后苏联亦加入此公告。《波茨坦公告》再次重申"开罗宣言之条件必将实施,而日本之主权必将限于本州、北海道、九州、四国及吾人所决定之其他小岛之内"②。《波茨坦公告》敦促日本终止其逾越自身领土范围的非法侵略活动,进一步明确了中国对台湾等领土无可争议的主权,肯定了台湾作为中国领土一部分的法律地位。

1945年8月15日,日本宣布无条件投降。9月2日,美、英、中、法等9国代表在停泊于东京湾的美国海军战舰"密苏里"号上接受日本投降。日本签署了《无条件投降书》,表示接受"中、美、英共同签署的、后又有苏联参加的一九四五年七月二十六日的《波茨坦公告》中的条款。"③战败的日本亦对《波茨坦公告》的内容予以认同并加以确认,这就表明当时的国际社会对中国拥有台湾等地区的领土主权是不存在任何争议的。

国际反法西斯战争期间的《中国对日宣战布告》《开罗宣言》《波茨坦公告》以及日本《无条件投降书》等,组成了环环相扣的国际法律链条,确定了台湾的法律地位,即台湾为中国的神圣领土,是中国领土不可分割的一部分。

---

① 关捷、谭汝谦、李家巍:《中日关系全书》,沈阳:辽海出版社,1999年版,第1417—1418页。
② 关捷、谭汝谦、李家巍:《中日关系全书》,沈阳:辽海出版社,1999年版,第1419页。
③ 国务院台湾事务办公室研究局编:《台湾问题文献资料选编》,北京:人民出版社,1994年版,第852页。

《开罗宣言》《波茨坦公告》等国际文件,是同盟国与日本之间结束战争状态、规范战后国际秩序特别是亚太地区秩序的法律基础。当然,也是中日两国解决战后领土归属问题的法律基础。对于中国而言,这些重要文件从国际法上确认了台湾及包括钓鱼岛在内的附属岛屿是中国神圣领土,是我国维护台湾和钓鱼岛等主权的国际法依据。然而,长期以来,日本右翼势力总是煞费苦心地质疑《开罗宣言》的法理效力与存在的真实性,试图用片面媾和的"旧金山和约"抵消或取代《开罗宣言》的法律效力,并挑战《开罗宣言》等确立的战后国际秩序。

《开罗宣言》的法律拘束力分为两个阶段:第一阶段是从该宣言公布之日开始至1945年9月2日日本投降书签字之前,这一时期该宣言所拘束的对象仅仅是中美英三大国。第二阶段是日本一经书面明示接受《波兹坦公告》,该公告以及《开罗宣言》对日本就产生法律拘束力。从另一个角度来看,中美英苏四大国向日本提出了包含《开罗宣言》诸条件必须实施的《波兹坦公告》,其行为本身就可看作法律上的邀约,而日本的投降书则是承诺。[①]

1945年10月24日生效的《联合国宪章》指出,日本是"第二次世界大战中本宪章任何签字国之敌国",第107条指出:"本宪章并不取消或禁止负行动责任之政府对于在第二次世界大战中本宪章任何签字国之敌国因该次战争而采取或受权执行之行动"。[②]

1946年1月29日,同盟国最高司令官总司令部向日本政府发出题为"某些远离日本本土领域的政治和行政的分离"的"第677号指令"。该指令的目的是明确剥夺日本对其本土以外地域的支配管辖权,明确界定日本的领土,根据该指令,不仅台湾必须归还中国,钓鱼岛更不可能属于日本。而且,北纬30度以南的琉球(南西)诸岛、伊豆、南方、小笠原、硫黄群岛以及包含大东群岛、冲之鸟岛、南鸟岛、中之鸟岛在内的所有其他边远的太平洋岛屿均不属于日本;同时,目前与日本有争议的竹岛(韩国称"独岛")、千岛列岛、齿舞群岛(包含水晶、勇留、秋勇留、志发、多乐岛)、色丹岛也不属于日本。[③]

[①] 管建强:《论"开罗宣言"在当代国际法律秩序中的地位》,《国际观察》,2014年第1期,第27页。

[②] 联合国主页(中文网址)之《联合国宪章》,http://www.un.org/chinese/aboutun/charter/contents.htm。

[③] 管建强:《论"开罗宣言"在当代国际法律秩序中的地位》,《国际观察》,2014年第1期,第33—34页。

二、台湾光复回到祖国怀抱

为接收台湾,中国政府成立台湾省警备总司令部和台湾省行政长官公署前往接收。1945 年 9 月 1 日,台湾省警备总司令部暂借重庆国府路第 140 号为临时办公处正式成立并开始办公。台湾省警备总司令部与台湾省行政长官公署鉴于实际需要,在重庆筹组前进指挥所,于 1945 年 9 月 28 日派台湾省行政长官公署葛敬恩秘书长兼任指挥所主任。

陈仪上将于 1945 年 10 月 13 日给台湾日本第十方面军司令官安藤利吉的备忘录称:(一)我军将于台北地区登陆,限现驻台北地区之日军各部队于 1945 年 10 月 15 日以前全部由大园庄、桃园街、莺歌庄、土城庄、新店庄、平溪庄、贡寮庄、三貂角相连之线以北地区撤出,20 日以前由中港、头分庄、北埔庄、内湾角、板山、阿王山、员山庄、二结、三结相连之线(含线上各地)以北地区撤出。(二)现驻前项地区日军各部队撤出后之进驻地区应避开人口繁华市镇及交通要点,其进驻地点及撤退实施情形须随时附详图具报。(三)基隆、台北市、淡水铁路沿线须于 10 月 15 日以前完成供给及所要屋舍等准备。(四)基隆港限 10 月 15 日以前准备好可供约 3 万人迅速登陆之码头及所要器材设备,并在基隆铁路车站集中能够迅速输送人员和物资的车辆、机车及其燃料等。[①]

1945 年 10 月 13 日,台北地区指挥官、第 70 军军长陈孔达中将率主力由宁波乘船出发,17 日 11 时在基隆港登陆;台南地区指挥官第 62 军军长黄涛中将率领主力于 11 月 18 日 14 时在左营军港登陆,另一部于 11 月 26 日在高雄港登陆,逐次向屏东、台南、嘉义、台中等附近地区推进,并对日军进行监视、警戒。空军第 22 地区、第 23 地区司令部则早于 9 月 14 日及 26 日由司令张延孟率领各级人员飞赴台湾,并分驻台北、台南两地区。

1947 年张琴在《台湾真相》中,真实地记录了台湾民众欢迎国民党军政人员莅台受降的动人场面:"得胜后,人民天天盼望祖国来接收。大家自动的商量,如祖国军政人员莅台、军队莅台,应如何表示才对得起祖国?才足以安慰莅台人员?""人们像潮水一样拥到机场,千万民众鼓掌、欢呼,有的直把喉咙都喊破了",人们含着喜悦的泪水,"像孤儿等待温暖母亲般心情等待祖国军队的来临"。[②]

[①] 《中国战区台湾省警备总司令部备忘录台军字第三号》,中国第二历史档案馆馆藏档案。
[②] 中国第二历史档案馆编:《台湾"二·二八"事件档案史料》(上),北京:档案出版社,1991 年版。

第四章　1945—1949年台湾回归祖国 ·69·

1945年10月25日上午10时，在台北市中山堂（之前称公会堂）举行中国战区台湾省受降典礼。上午9时，参加人员陆续入场，礼堂布置十分庄严。中方代表有：中国战区台湾省警备总司令兼台湾省行政长官陈仪上将、台湾省行政长官公署秘书长兼前进指挥所主任葛敬恩、警备总司令部参谋长柯远芬、第70军军长陈孔达、海军第二舰队司令李世甲、空军第22地区司令张柏寿、警备总司令部副参谋长兼前进指挥所副主任范诵尧、第62军军长黄涛、台湾省党部主任委员李翼中以及中央各部特派员、行政长官公署及警备总司令部各处处长等。盟军代表有顾德里上校、柏克上校、和礼上校等19人以及台湾人民代表林献堂等30余人，新闻记者10余人。日方代表由台湾总督兼第十方面军司令官安藤利吉等5人参加。参加受降典礼人员约180人。

国民政府台湾省行政长官兼警备总司令陈仪在台北市主持对日受降仪式，接受安藤吉利的投降。陈仪庄严宣告："从今天起，台湾及澎湖列岛已正式重入中国版图。所有一切土地、人民、政事皆已置于中国主权之下。此一极有历史意义之事实，本人特向中国同胞及全世界报告周知。"①至此，自《马关条约》签订后被日本窃取了50余年的台湾主权终于又回归中国。

半个多世纪以来，台湾民众饱受日本殖民统治的欺凌和压迫，历尽坎坷艰辛，终于以不屈的抗争迎来了胜利的解放，台湾人民"终以纯洁的中华血统归还给祖国，以纯洁的爱国心奉献给祖国"。②受降典礼结束的当天，"台北40余万市民……老幼俱易新装，家家遍悬灯彩，相逢道贺，如迎新岁，鞭炮锣鼓之声，响彻云霄，狮龙遍舞于市，途为之塞"。"家家户户，欢欣无比，家家户户，祭祖谢神，向先民冥中告知台湾已归回祖国。"③台北乃至整个台湾都沉浸在重归祖国母亲怀抱的无比喜悦之中。创刊于当日的《台湾新生报》发表社论指出："回忆50年的往事，像一场噩梦。一旦醒来，说兴奋不是，说安慰也不是。应清算的历史被清算了，我们只觉得幸福与感谢……说到光复，我们的心里，自有压抑不住的欢乐。'否极泰来'，台湾所以有今天，实乃祖国无数灾难换来的果实。台湾同胞所受的痛苦，尤其深重……台胞们！前日我们是奴隶，今天我们是主人，做了主人责任加重了！"为了纪念这个

---

① 高贤治：《台湾三百年史》，第465—468页；王芸生：《台湾史话》，第94页。
② 杨肇嘉：《杨肇嘉回忆录》，台北：三民书局，1977年版，第4页。
③ 崔之清：《台湾是中国领土不可分割的一部分》，北京：人民出版社，2001年版，第116—117页。

具有重大历史意义的事件,台湾人民把 10 月 25 日定为"光复日"。[①]

中国人民以无畏的勇气和坚强的决心驱逐了日本侵略者,收回了被日本侵略者占据和践踏的领土。台湾的光复,从此洗却了甲午战争留给中华民族的 50 年的耻辱烙印,也表明中国抗战为世界反法西斯战争做出的伟大贡献赢得了国际社会的普遍承认,这无疑进一步加固了日后两岸统一的历史依据和国际认同。中国政府收回了台湾并对其进行了有效的管辖。因此,第二次世界大战结束之后,台湾领土及主权不仅在法律上而且在事实上已经归还中国。

南沙群岛和西沙群岛先后被法国、日本侵占了几十年,日本投降后,根据《波茨坦公告》和 1945 年 9 月 2 日日本签署的《无条件投降书》的有关条款,由中国政府派遣海军舰队与行政长官前往接收。10 月 26 日,舰队在上海集中,29 日由吴淞口起航,经舟山群岛、珠江口直驶虎门。11 月 6 日,由虎门驶进海南岛的榆林港,然后分两路前进,一路由林遵总指挥率领进驻南沙群岛;另一路由舰队副总指挥姚汝钰率领进驻西沙群岛。时值南中国海东北风季节风狂浪大,第一次不能登岛,第二次与风浪搏斗后才在南沙群岛的一个较大岛上登陆。林遵等人拔掉岛上日本人原竖着的石碑,换上"太平岛"的中国主权碑,同时举行升国旗典礼。在南沙群岛同样被命名的还有"中业岛"。姚汝钰在西沙群岛也同样竖起主权碑,命名两大岛屿为"永兴岛"和"中建岛"。由此,南沙群岛和西沙群岛永远回到祖国的怀抱。

台湾虽然光复,但是日本仍然保留了浓厚的"台湾情结"。日本在文化上培植了台湾部分民众的"皇民化情结",反映在政治上则为暗中扶持"台独"。从历史上说,日本军国主义是"台独"的始作俑者。日本在二战后初期曾酝酿"台独"。1945 年 8 月,日本天皇宣布无条件投降后,日驻台湾总督安藤利吉即策动一些日军中的军国主义分子和汉奸分子,在台湾建立起"台独"组织;同时,驻台日本右翼军人发动"台湾独立"事件,即为"台独"活动的发端。但是,台湾重归中国已不可逆转,日本军国主义势力进行的"台独"活动遭到失败。由于 20 世纪 50 年代后,蒋介石在台湾采取镇压"台独"的措施,"台独"分子只能在海外活动。1951 年、1956 年"台独"分子先后分别在日本、美国建立组织。1952 年 4 月 28 日,日本政府与国民党当局签订了"日台条约",这为日本政府之后大搞"两个中国"埋下了伏笔,以至于在 1972 年中日两国进行邦交正常化的谈判时,日本政府仍然拒绝承认 1952 年

[①] 中国军网——《解放军报》,2005 年 10 月 24 日。

"日台条约"的签订是非法和无效的,只是同意在中日正式建交时予以废止。

第二节 国民党统治台湾与"二·二八事件"

国民党接收台湾后开始重建统治秩序,其中在肃清日本统治流毒方面做了大量工作,但是"二·二八事件"暴露了其统治的腐败与无能,同时其消极影响多年来一直在蔓延。

一、国民党接收台湾后重建统治秩序

经过日本殖民者的长期统治和经营,台湾形成了和大陆各省截然不同的特殊环境,因此光复后必须建立异于各省的行政长官公署。根据国民政府公布的《台湾省行政长官公署组织条例》,长官公署的权力如下:"依据法令,综理台湾全省政务;在其职权范围内,得发布署令,并得制订台湾省单行规章;受中央之委任,得办理中央行政;对于在台湾省之中央各机关,有指挥监督之权"。[1]

经国民政府批准后,台湾实行独立的银行货币体系,第一任台湾地区行政长官陈仪主要从以下几个方面入手:第一,调整改组金融机构。1945年10月31日,财政部门开始着手接收、改组日据时期设立的金融机构,包括台湾银行、台湾土地银行、合作金库、第一商业银行、华南商业银行、彰化商业银行和台湾中小企业银行等7家银行,将这些银行改组为公营银行。同一时期,中央信托局于1949年迁址台湾。第二,由台湾银行发行新台币掉换旧台币。限止法币在台湾流通。台湾光复初期,市面上流通的通货除"台湾银行券"外,还包括日本银行发行的"日本银行券",通货膨胀严重。1949年6月15日,台湾以蒋介石集团带去的80万两黄金和拨借的1000万美元外汇为基础,公告"新台币发行办法",进行币制改革。[2]

同时,陈仪主台初期对粮食和重要战略物资实施管制。1945年10月至1948年12月间,台湾省署(府)施行了严格的粮食管制政策。在光复初期台湾岛内生产萎缩、物资匮乏的背景下,这一管制政策对于调剂民生,稳定物

---

[1] 台湾省行政长官公署秘书处编辑室编:《台湾省行政各机关组织规程》,1946年4月,第1页。

[2] 刘云:《台湾金融体系的自由化进程》,《中国金融》,2004年第4期,http://www.cnfinance.cn/magzi/2010-01/19-5324.html。

价,防止囤积居奇等方面都起到了一定的积极作用。1946年12月台湾省行政长官公署粮食局编拟的《台湾光复后之粮政措施》进行总结:"本省光复以后……在粮食方面,一方是要把以前日人高压下已经萎缩的农村复苏过来,配合有关机关,促进粮食生产,除使本省人民能自足自给外,并有余粮出售,争取贸易的出超,一方运用有效的管理办法,防止奸商操纵居奇,使本省民食安定。这就是我们在粮政上所应该握住的中心原则。"① 此外,通过专卖局和贸易局两机构,对台生活必需品实行专卖制度和控制全部进出口贸易。全省工矿企业也基本上由省政府经营。

在文化教育领域,日本的"皇民化"改造流毒甚深。国民政府接收了原教育行政机构、各级学校、各种社会教育机关和教育社团,并进行调整改组。但是日本自甲午战争后侵占台湾,长期施行殖民教育,课本废除汉文,采用日文,教学一律用日语,以致20岁以下台胞不仅不懂中国话,彼此交谈亦多用日语。在日据台湾的强制奴化教育下,台湾有420万人使用日语,占全台总人口的70%。甚至在台湾光复将近一年之后,时论仍然认为:"中国政府只'收复'了台湾的形体,而没有'收复'实质。"

因此,要铲除日人在台的奴化教育,重建台湾的文化教育,恢复中国固有的精神生活和传统文化,不是一件容易的事情。国民政府特别是陈仪主要采取了多种办法和措施。首先,加强台湾人民对祖国文化、史地的认识和了解。针对现实状况,省长官公署教育处主要从推行国语教育、编辑教材、甄选教育和培养师资等方面入手。尽力肃清日本在文化思想方面的遗毒。同时自1946年10月25日起,"撤除省内所有新闻报纸杂志附刊之日文版",命令日据时期各县市街道或地市名称为日本名称的,"迅即改正";被迫改用日本姓名者,一律恢复原有姓名;并禁止民间新建房屋沿用日本式。其次,政府积极推行"国语(即普通话)教育运动",也就是"国语学习运动"。陈仪在到台后不久发表的"施政要点"中说,希望台胞三四年内能说国语。"国语运动"的推进方式,一是在正规学校内实施国语教程,如天主教教会开办的台北"静修女校",在日本投降后很快就停止日文课程,延请来自大陆的老师讲授国语课。另一方式,是由政府出资,举办群众性的业余学习,特别是举办夜校,方便各界人士前来参加,广大台胞对"国语运动"响应热烈。

---

① 台湾省行政长官公署粮食局:《台湾光复后之粮政措施》,1946年12月,台湾银行金融研究室编:《台湾银行季刊》,创刊号,台湾银行发行,1947年6月出版,第210页。转引自白纯:《光复初期台湾的粮食管制政策(1945—1948)》,《南京社会科学》2008年2期,第62页。

国民党在台湾的统治虽然有力地祛除了日本人统治的余毒,但是自身腐败却日益暴露出来,使台湾人民对国民党及国民政府逐渐失望。在1946年1月16日,国民党中执会秘书处为行政院抄送了一份《台湾现状报告书》,说道:"自日寇投降台湾得以收复后,台湾欢喜情绪特别深刻,感谢祖国再造之恩,尤为热切,故拥护政府无微不至。最近热情渐转冷淡,由热烈欢迎而冷眼旁观,此间变化,值得祖国注意,设法补救,以免贻患将来。"此时离光复不逾3个月,台湾民众对莅临不久的国民党及其政府的态度可谓是大转变,民众对政府何以"热情渐转冷淡,由热烈欢迎而冷眼旁观"?[①]

老百姓的希望其实也平淡近于人情,可以说是没有奢望,"他们希望生活安定,物价不要太波动,政治上轨道,社会秩序安宁。可是事实都违反了他们的心愿,由于工厂不能开工,接管工厂的小职员,以及技术人员,多用国内人,失业人民增多,生活不能安定。物价波动厉害,生活日趋困难。政治腐败,日益显著,没有上轨道的希望"。"等中央,盼中央,中央来了更遭殃",这一切都深深刺激着台胞们。[②]

大陆去台的官员,利用职权接收日伪财产,贪污成风,如专卖局局长任维钧,贸易局局长于百溪,台省纸业印刷公司总经理、长官公署秘书长葛敬思的女婿李卓芝等,贪污数字之大,手段之恶劣,证据之确凿,轰动全台乃至全国,但陈仪"皆不肯办"。这些都引起人民极大的反感。

原日本人独占的大小企业、工厂770余处,由国民党接管为官营,但开工的据称不足10%。仅此一项,失业工人当在十余万之众。实施统制措施,使生产者和消费者均受盘剥,并使某些产业受到损害,甚至遭到严重打击。由于上述治台措施的种种弊端,招致民怨深积。[③]

1945—1949年,台湾经济停滞不前,为避免受大陆恶性通货膨胀的影响,台湾于1946年实行独立的币制,发行与大陆不同的货币——台币(称旧台币),不准大陆通货在台湾流通。但到了1949年6月15日新台币发行日止,旧台币发行数额比1945年增加约227倍,由此演变成恶性通货膨胀,再加上1948年后国民党节节败退南撤,有100多万的城市居民和大陆士兵涌入台湾,

---

① 中国第二历史档案馆编:《台湾"二·二八"事件档案史料》,北京:档案出版社,1991年版,第49—50页。
② 欧燕飞:《碰不得的"台湾心情"——浅析台湾光复到"二·二八"期间的台胞心态》,《考试周刊》,2011年,第39期,第40页。
③ 孙彩霞:《陈仪与台湾》,《台湾研究集刊》,1996年第2期,第62—71页。

其中仅 1949 年迁台人数就高达 72 万,到 1950 年后人口增加率才开始下降。此期间也是通货膨胀最严重的时期。当时台湾物资本来已十分紧张,人口激增加剧了物资供应的缺口,造成物价日趋上涨。

二、"二·二八事件"及后续影响

1947 年 2 月 28 日上午,台北市大批市民涌到台湾省专卖局大门前,抗议 27 日傍晚专卖局查缉员因缉查私烟而殴打妇女的事件。市民们冲入专卖局台湾分局,将该分局局长及 3 名职员打伤。大批的案卷、器具被掷在马路上点火焚烧。下午,市民们汇集到台湾省行政长官公署前的广场,准备派代表向行政长官要求改革政治。突然,部署在公署楼顶的宪兵用机枪向广场人群开火,致使数十人死伤。事发后,全城一片混乱,各商店关门,工厂停工。激动的市民们占领了台北广播电台,向全岛广播台北的流血事件。骚乱随即向台湾省各大城市蔓延。至 3 月 8 日,市民们控制了台湾的大部分地区。国民政府一面组织处理委员会压制舆论,一面调集两个师的军队在美军飞机、军舰护送下于基隆登陆,在全省范围内对起义人民进行大规模血腥镇压。3 月 13 日,事件被平息。"二·二八事件"是台湾同胞反对当时国民党当局专制统治的爱国、民主、自治运动,是中国人民解放斗争的一部分。

国民党官方将事件定性为"奸党煽动"、分裂国土、追求独立的"叛乱"事件。以陈仪为长官的台湾省行政长官公署和警备总司令部,在事件发生之初即认定事件是"奸匪勾结流氓,乘专卖局查禁私烟机会,聚众暴动,伤害外省籍人员",[①] 这一定性严重背离了事件的真相。

20 世纪 70 年代以后,以美国为中心的海外"台独"势力,为宣传"台独"的历史传统,索性利用国民党方面对该事件的错误定性,宣传"二·二八事件"是"台湾人反抗大陆人统治"的省籍冲突,是"台湾民族反抗中国民族"的一场民族冲突。这种把"二·二八事件"爆发的根源歪曲为追求"台湾独立"的反动宣传鼓动,与在岛内兴起的反抗国民党独裁统治、并争取西方式民主政治的党外运动逐步合流。

20 世纪 80 年代,台湾统派学者为反驳"台独"势力对"二·二八事件"性质的歪曲以及国民党当局的错误定性,掀起了搞清历史真相的"二·二八"

[①] 台湾"总统府"档案:《战乱时期重要文件分案辑编》,第 38 册,《台湾"二·二八"事件"》(上)》,第 46 页。

研究的热潮。在 2004 年 2 月 1 日出刊的台湾《海峡评论》总第 158 期，王晓波在首页的社论中发表了《论台湾人民的"二·二八"精神——抗议"皇民化"余孽对台湾爱国主义的历史强暴》一文。该社论指出："'二·二八'是台湾人民的爱国主义，绝不是什么'本省人打外省人'的省籍冲突，也不是什么'中国人欺负台湾人'的族群冲突，而是要民主、自治、要和国内同胞精诚团结，打倒恶劣腐败政治的'官民冲突'。""真正政治上的省籍矛盾当自 1949 年中央政府迁台时始。国民党把一个全国的统治架构搬到台湾来，为了安顿这些背井离乡的'军人同胞'，只能将彼等大量的安插到政权机构，……而造成了外省人统治台湾人的现象，但与'二·二八事件'无关。"

近年来，民进党为在选举中打压国民党，一再重提"二·二八事件"，试图将之打造为台湾民众反对国民党"外来政权"及威权统治的一次民主抗争，刻意夸大省籍冲突与族群矛盾。以至于台湾学者杨渡，2006 年在《联合报》撰文批评："今天台湾研究'二·二八'的人，仿佛只有一种声音，却忘记了台湾人也曾是暴动的发动者、加害者。在'二·二八'的历史里，本省人外省人都有受害者。如果事情只有一种面向，历史怎么会有真实？和解，应该是一种互相倾听、互相了解的过程，而不是单向的。"①

丘念台是反割台抗日先贤丘逢甲之子，1895 年斗争失败，随其父到大陆。抗战时期，丘念台在第七战区任少将参议，并组织青年进行抗日救亡工作。台湾光复后，一度出任国民党台湾省党部主委。"二·二八事件"发生时，他正在广东，3 月 27 日应白崇禧之邀赶赴台湾参加以白崇禧为团长的中央宣抚团。他在《岭海微飙》中说："另一项不可靠的传说就是地方当局透露：外省籍同胞被暴民杀死几千人，而民间却说事变期中，台民死伤近万。根据我的调查访问，双方实际伤亡数字，不及上列传说的十分之一，乃至不及百分之几。他们为什么要夸说死亡数字呢？难道死多了人就成为有理的一方？这种故作夸大的做法，大概是乱世变态心理的表现吧。"②

"二·二八事件"是台湾人民为了反专制、反独裁、争民主的群众运动，而国民党当局的镇压无疑在台湾民众之中形成了一道心理阴影，因此正确史观下的检讨和反思都是必要的，但是如果被岛内外"台独"势力所利用，通过大肆挑唆岛内族群矛盾进而煽动"台独"分裂活动，则两岸民间乃至学界

---

① 杨渡：《二二八的六个最基本问题》，《联合报》，2006 年 2 月 28 日。
② 才家瑞：《台湾的"二二八"研究述评》，《台湾研究集刊》，2004 年第 4 期，第 83 页。

都应该审慎应对,共同反击"台独"分裂势力将"二·二八事件"引发的正常悲情意识嫁接为岛内分裂主义思想的基本源头。

第三节　第三次国内革命战争期间国民党败退台湾

第三次国内革命战争期间,国民党看到在大陆败局已定,逐步把台湾作为其最后的"反共救国"基地。

一、革命战争的基本进程

1945年8月,日本投降,抗日战争宣告结束。中国国内的形势发生了变化,中日之间的民族矛盾不再是支配中国局势的主要矛盾,国内民族矛盾上升为主要矛盾,中国未来的政局走向仍旧扑朔迷离。

然而,在纷飞的战火中艰难生存的中国人民渴望安宁、和平。中国共产党以人民利益和大局为重,为避免内战,尽快实现全国人民和平建国的愿望,派出毛泽东、周恩来、王若飞组成的代表团前往重庆同国民党统治集团进行和平谈判。经过43天的激烈争论,1945年10月10日,国共双方正式签订《政府与中共代表会谈纪要》,即《双十协定》,在避免内战以及和平建国基本方针等方面达成共识。1946年1月10日,在中国共产党代表团的坚持和斗争下,国共两党签订了《停战协定》。

根据《双十协定》的规定,1946年1月10日至31日,在重庆召开了政治协商会议,国民党、共产党、民盟、青年党和无党派人士38名代表与会。经过激烈斗争,会议最终通过政府组织案、国民大会案、和平建国纲领、军事问题案、宪法草案等五项协议。政治协商会议协议反映了人民和民主党派的意愿,在一定程度上有利于冲破国民党独裁统治和实行民主政治,有利于和平建国,符合最广大人民的利益。

从表面看,形势似乎在向着好的方面发展,中国国内和平的实现指日可待,但真实的情况是错综复杂的。以蒋介石为首的国民党统治集团与中国共产党进行和平谈判,只是迫于国内外舆论的压力,事实上国民党方面对这次具有重要意义的谈判毫无诚意,他们在举行和平谈判的同时正积极进行内战的准备。尽管《停战协定》业已签订,国民党却暗中密令其军队迅速"抢占战略要点",屡次调动军队攻击解放区,不断进行挑衅。

而在世界反法西斯战争结束后,美国的经济和军事力量都获得空前膨胀,开始推行全球扩张政策,控制中国为其全球战略的重要组成部分。美国担心一个共产党统治的中国将在政治、经济、军事上与苏联结成紧密的联盟,出于"遏制苏联"的总体战略考虑,美国企图推动中国建立一个统一的亲美政府,以在亚洲赢得一个主要支持者,借以稳定其亚洲战线。美国认为长久以来奉行亲美外交路线的蒋介石可以作为其长期控制中国的工具,因此确定了其战后的对华基本政策——扶蒋反共,对国民党蒋介石提供大力援助就是这一政策的重要内容。因此,日本一宣布投降,美国就迅速出动飞机、舰艇运送蒋军约54万人到达发动内战的前线和战略要地,帮助国民党抢夺抗战的胜利果实。美军还在中国塘沽、青岛、秦皇岛等地登陆,进驻北平、天津等战略要地以及华北的铁路和公路交通线。120万驻华日军的绝大部分军械装备落入了国民党手中。至1945年11月底,驻华美军已达9万余人。美国的扶植令国民党蒋介石集团更加有恃无恐。在完成了内战的相关准备后,国民党蒋介石集团置广大中国人民的和平愿望于不顾,单方面撕毁了《停战协定》和政协协议。1946年6月26日,国民党30万军队围攻中原解放区,悍然向解放区发起全面进攻。国民党蒋介石集团无情地粉碎了人民对和平建国的憧憬,挑起了反共、反人民的内战,再次将人民置于水深火热之中。

面对国民党蒋介石集团的背信弃义,中国共产党领导解放区军民进行了不屈不挠的斗争,人民解放战争自此揭开帷幕。

在战争期间,美国继续对蒋介石集团予以大力支持。美国总统杜鲁门就曾经承认,美国在抗战胜利后给予蒋介石政府的物资援助,是抗战胜利前美国援华物资的两倍。除了物质上的投入,在技术和装备方面美国也不遗余力,陆续为国民党军队训练了各种技术军官15万人,重新装备了45个陆军师(旅),为空军配备了各类飞机936架(其中大部分是抗战胜利后移交给国民党军队的)。全面内战爆发后,美国政府又向国民党军移交了舰艇131艘。[①]1948年,美国国务院正式向国会提出援华法案,随即国会磋商后通过,蒋介石政权共计得到2.75亿美元的援助和1.25亿美元的赠款。美国走上了出钱、出枪、出顾问帮助蒋介石打内战的道路。

1946年6月,全面内战成为事实后,中国共产党领导解放区军民开始了自卫战争。从1946年6月至1947年6月,战争主要在解放区进行,得到美国军事和经济援助的国民党军队装备相对精良,处于优势地位;中国人民解

---

① 姚夫等编:《解放战争纪事》,北京:解放军出版社,1987年版,第123—124页。

放军则装备落后，人数少并分散于各个根据地，处于劣势。双方力量相差悬殊，中国人民解放军只能进行战略防御。但是，在中国共产党正确方针的指导下，人民解放军粉碎了国民党的全面进攻，并努力打破其重点进攻。同时，国统区人民还在中国共产党的领导下掀起了反饥饿、反内战、反迫害的民主爱国运动，形成了反对国民党蒋介石集团反动统治的第二条战线。1947年7月起，人民解放军开始由战略防御转入战略进攻，迅速改变了敌我力量的对比。尽管有美国的大力支持，国民党军队却战绩不佳，节节败退。1948年9月至1949年1月，人民解放军先后进行了著名的三大战役——辽沈战役、淮海战役、平津战役，基本上歼灭了国民党军主力，解放了长江中下游以北地区。为早日结束战争，实现国内和平，1949年4月以周恩来为首席代表的中国共产党代表团同以张治中为首席代表的国民党政府代表团在北平举行谈判，但南京的国民党政府拒绝接受谈判达成的《国内和平协定最后修正案》，谈判宣告破裂。1949年4月，中国人民解放军打响了渡江战役，摧毁国民党军的"长江防线"，并于23日占领南京，延续22年的国民党反动统治覆灭。随后，人民解放军各路大军继续向全国进军，1949年9月底，大陆绝大部分地区获得解放。经过三年的艰苦奋斗，中国共产党领导人民取得了解放战争的伟大胜利。1949年10月1日，中华人民共和国宣告成立。

二、台湾被定位为蒋介石"反共复国基地"

1949年，国民党在人民解放军势如破竹的猛烈攻势下不断失利，败局已成定势。蒋介石只得带领部分军政追随者及大批军队败逃台湾，企图盘踞该地以待"反攻大陆"的时机。

蒋介石把台湾作为国民党的最后存身之地的想法并非一时兴起的草率决定，而是经过严密论证的，且在国民党中有广泛的支持基础，有人在此之前就曾直接向蒋介石提出过这一建议。如国民党将领祝绍周在1949年1月4日密呈蒋介石的一封信中，就提出了"以台湾为核心，建立为军事及政治之基地"的建议。

1949年，国民党政府摇摇欲坠，蒋介石困兽犹斗，一方面沿长江布防，要与共产党决一死战，一方面加紧谋划后退之路。张其昀①的出现，改变了国民党的命运，也改变了中国历史。②

国民党当时退守之地只有三个——西南、海南与台湾。三者之中，以蜀地为中心的西南，在军事地理上易守难攻，其北有秦岭，东有长江三峡，南有横断山脉等，地形凶险，屏障繁多。四川又是抗战的发祥地，自是一个好去处，广州失守后，当局就是将其全部中枢机构迁至重庆和成都。但是此地最大的不足是与内地紧密相连，难以让人安心。另外，本土地方武装的举棋不定也不能让人心定。海南岛也存在着同样的情况，虽然有一条琼州海峡，但是相对于台湾海峡，琼州海峡过于狭窄，难以对共产党日益强大的武装构成障碍。

张其昀分析认为：以长江天险分割天下，不过是国民党一厢情愿的主张，势如破竹的共产党绝不会同意。因此，退守西南、海南也只是不切实际的想法，唯有台湾才可成为国民党最后的庇护之所。台湾是块"风水宝地"，与大陆隔着一条海峡，凭借海峡天险，退可守，进可攻。凭着国民党海军和空军的力量，完全可以抗衡当时尚无海军和空军的共产党。起码可以争取时间，积聚力量，待国际形势发生于己有利的变化时，再"反攻大陆"。

实际上，当时蒋介石的大部分幕僚凭着习惯性的经验主义，主张撤向大西北或大西南，其依据就是在抗战期间当首都南京被日军攻克后，国民党便移师西南重庆作为反抗日军的基地，最终赶走了日本帝国主义，赢得了抗战的胜利。当在解放战争中败局已定时，他们依然幻想利用西高东低的地理优势，取居高临下的防守之势，负隅顽抗，还可以据此偷袭中原。这一点也深得蒋介石赞同，所以他一直是西撤川康（即"西撤论"）的支持者。

而张其昀不同寻常的"东撤论"最终亦深深打动了蒋介石。一番深入比较和论证下来，张其昀认定台湾是国民党最后的庇护所。他指出：台湾作为"反共救国的复兴基地"，有着大陆其他地区无法比拟的优越之处：

---

① 张其昀（1900年9月29日—1985年8月26日），字晓峰，浙江宁波鄞县人，中国地理学家、历史学家。1923年毕业于南京高等师范学校，从1927年起，在国立中央大学（1949年更名为南京大学）地理学系任教，是中国人文地理学的主要代表人物。1935年，他当选为第一届中央研究院中央评议会聘任评议员。1949年，张其昀到台湾，曾任国民党中央宣传部部长、"教育部部长"等职。他在台湾创办了"中国新闻出版公司""中华文化出版事业委员会"，发起创办《学术季刊》等多种学术期刊以及"中国历史学会"等组织，对台湾地区的文化教育事业做出了重要贡献。

② 《张其昀：他将蒋介石引向台湾》，《东西南北》，2015年第20期，第74—75页。

一、台湾地处中国东南部，北回归线从台岛穿过，热带和亚热带的气候适合动植物生长，物产丰富。全岛土地利用率高，植被茂密，粮食等农产品基本可满足军民所需。

二、台湾交通便利，工业有日据时代留下的基础，若善于经营，经济可望起飞。

三、在军事上，台岛有海峡与大陆相隔，易于防守。且台湾位于太平洋西缘，扼太平洋西航道之中，与美国的远东防线衔接，战略地位极为重要，美国不会弃之不顾，若得美援，台湾防守将万无一失。

四、台湾居民在日本殖民统治下生活了半个世纪，回到祖国怀抱后对国民党政权有一种回归感，这种心理正可利用来稳定社会秩序。

五、台湾岛长期与大陆相隔，中共组织与人员活动较少，没有渗透，又经1947年"二·二八事件"的整肃，干扰更少。未来即使社会稍有动荡，台湾岛四面环海，呈封闭状态，境内铁路、公路四通八达，农村都已开发，当局极易镇压不稳定因素以稳定社会。

蒋介石对张其昀此论述深以为然。随着解放军的攻势越来越猛烈，蒋介石最后拍板决定放弃大陆，迁往台湾。蒋介石后来说："张其昀是个不可多得的人才，我没有看错他。只要是他的提议，我不会表示反对。"[①]

三、美国在台湾问题上一度"等待尘埃落定"

早在1948年，随着中国人民解放军在战场上以摧枯拉朽之势对国民党军队予以沉重打击，国民党在大陆的失败已见端倪，美国不得不重新审视其在中国的政策，开始考虑是否该从中国内战的泥潭中抽身而退。美国参谋长联席会议从战略角度得出的结论是：台湾对美国在西太平洋的安全有重要战略地位，一旦为在苏联影响下的力量所控制，对美极不利。因此，要尽量保证其不落入共产党之手，而要保留在对美友好的政府手中；美国在全世界战线已拉得很长，无力对台承担任何军事义务。根据这一分析，美国政府于1949年3月，由总统正式批准了一项对台政策，规定目标是"不让台湾、澎湖列岛落入共产党手中"，为此要将该岛屿与大陆隔开。同时规定只能通过外交和经济手段实现此目标，美国无意承诺以任何武装力量"保卫"该岛。这是此

---

① 《张其昀：他将蒋介石引向台湾》，《东西南北》，2015年第20期，第74—75页。

后的一年里，美国实施其对台政策的基本原则。①

配合其对台政策，美国对台湾为中国领土这一点也不断予以强化确认。1949年8月，美国务院发表《美国与中国的关系》白皮书，其中说："台湾人民受异族管辖五十年，因之欢迎中国解放，于日本占领期中，台湾人民最大希望为重归祖国。""1945年9月，根据日本投降书……中国军队从日本手里接收了该岛行政权"。12月23日，美国务院内部又发出了《关于台湾政策的宣传指示》，指出"台湾在政治上、地理上和战略上都是中国的一部分"，"在政治上和军事上，它是一种严格的中国的责任"。②1950年1月5日，杜鲁门发表声明说："过去四年来，美国及其盟国亦承认中国对该岛行使主权。""美国对台湾或中国其他领土从无掠夺的野心。现在美国无意在台湾获取特别权利或建立军事基地。美国亦不拟使用武装部队干预其现在的局势。美国政府不拟遵循任何足以把美国卷入中国内战的途径。"③同年2月9日，美国务院就台湾问题向众议院外交委员会作公开答复说："自从驻在台湾的日军向中国投降后，台湾即由中国管理，它已包括在中国之内，成为一省。……参加对日作战的各盟国对这些步骤并未质疑，美国政府对这些步骤也未质疑。因为这些步骤，明显地符合于开罗所做的并在波茨坦重予确认的诺言。换句话说，包括美国在内的各盟国在过去四年中，已认为福摩萨是中国的一部分。"④美国关于台湾的系列阐述有这样两层含义：一是台湾为中国领土的一部分是国际公认的事实；二是中国拥有对台湾主权并在二战后恢复对台湾行使主权都是毋庸置疑的。其中特别需要指出的是杜鲁门总统的声明，它是公开表示美国已经准备遵守有关台湾问题的国际协议的信号，透露出美国实行一项不介入台湾问题、放弃分离台湾的政策的信息。质言之，美国政府所做的上述阐述均是在为其日后可能采取的"放弃台湾"做舆论准备。

由于国民党大势已去，美国早已更加着意于美中特别是与台湾关系的探讨研究，以图制定出更符合自身利益的相关政策。1949年10月，美国务院据美中央情报局分析估计，中国人民解放军不久将对台湾进行军事攻击，台

---

① 苏格：《美国对华政策与台湾问题》，北京：世界知识出版社，1998年版，第88—89页。
② 国务院台湾事务办公室研究局编：《台湾问题资料选编》，北京：人民出版社，1994年版，第855—858页。
③ 《中美关系文件和资料选编》，北京：人民出版社，1971年版，第231页。
④ 贾亦斌编：《论"台独"》，第三章第四节驳台湾"托管"论，北京：团结出版社，1993年版。

湾的国民党政权无抵抗这种进攻的能力，如无美国的军事占领或控制，台湾大约将于1950年底处于中共控制之下。[①] 根据这种未来发展趋势，美国面临着两种选择：或者放弃台湾；或者强力支持国民党政权，甚至以武力"保卫"台湾。对于这一问题，在美国政府内部产生了严重分歧，双方展开了激烈的辩论。以国务院为代表的一方主张放弃台湾，认为不应"被牢牢地钉在一个名誉扫地的政府的桅杆上，去参加一场早已注定失败的斗争"。以军事部门为代表的另一方主张仍用少量军事援助帮助、支持蒋介石，尽量延长国民党在台湾的统治时间。最后，由杜鲁门总统裁决，支持了国务院的意见。[②] 1949年10月26—27日，在国务院做出的八条决定中讲道："我们不应试图把福摩萨（台湾）和共产党控制的大陆分离开来。"[③] 12月29日，艾奇逊在会见参谋长联席会议主席布莱德雷等人时指出，"共产党事实上已控制中国"，"我们必须面对这个现实"，如果再继续援蒋，台湾只是推迟一年"陷落"，美国的代价甚大，根本问题在于没有理由说明"台湾会真正危及我们的防务"，"除非说明台湾战略的重要性"。[④] 1950年1月12日，艾奇逊又在"新闻俱乐部"发表了有关亚洲政策的讲话，把台湾划在了美国远东防线之外。可见，此时的美国对台政策的立场是不介入，甚至准备接受中共可能接管台湾的现实，已经在积极准备"脱身"。

在国际政治的大洪流中，这一时期的美国尽管在内部于对华政策处于争论之中，但就其外部而言，已开始有意识地逐步拉开与蒋介石政权的距离并暂时放弃分离台湾的计划，其所推行的对华政策表现为较为冷静的观望态度，一直在等待"尘埃落定"。美国此举完全是出于其自身利益的需求。对于美国来说，无论中国的当权者是谁，其长远目标都是试图发展起一个对己友好的国家。尤其是美国政府内的一些决策者认为，中共"不一定是传统正宗的马克思主义者，也不一定受苏联的控制"，"如果美国的目的是防止中国成为苏联的附庸，美国则应该及时改变策略，离间中共和苏联的关系，将中国的民

[①] 沈骏：《中共三代领导集体与祖国和平统一》，武汉：华中师范大学出版社，2002年版，第62页。

[②] 沈骏：《中共三代领导集体与祖国和平统一》，武汉：华中师范大学出版社，2002年版，第65页。

[③] 朱成虎：《中美关系的发展变化及其趋势》，南京：江苏人民出版社，1998年版，第161页。

[④] 《中美关系文件和资料选编》，北京：人民出版社，1971年版，第231页。

族主义情绪引向俄国人"。[1] 这种观点也更加促使美国适当调整其策略，希望可以改善与中共的关系，使中华人民共和国成立后能够在对外政策中把发展和提升中美关系摆在重要位置上，同时也阻止中国继续向苏联靠拢并成为其"附庸"，力图防止形成对美国不利的局面。美国的这一对华政策突出地反映了其现实主义的外交思想。

---

[1] 郝雨凡：《美国对华政策内幕》，北京：台海出版社，1998年版，第19—26页。

第五章　1949—1979年两岸军事对峙

1949年新中国成立后，国民党残余退踞台湾，两岸开始长达30多年的军事对峙；其中，美国因素在台湾问题中的权重在上升，中美关系的演变决定了两岸关系的走势，而从20世纪70年代开始，中美关系开始走向缓和，两岸关系也曙光初现。

第一节　1949年国民党残余势力退踞台湾

1949年，国民党残余势力退踞台湾，这期间进行土改和币制改革，加上美国援助，台湾经济得以发展，同时蒋介石本人也坚决打击"台独"。

一、蒋介石在台"戡乱复国"并准备"反攻大陆"

蒋介石，1887年生，名中正，字介石，浙江奉化人。国民党当政时期的党、政、军主要领导人。1908年留学日本并加入同盟会，1924年回国后任黄埔军校校长，后兼任国民革命军第1军军长。1927年发动"四·一二反革命政变"，导致第一次国共合作破裂。西安事变后接受抗日主张。1948年召开国民大会当选"总统"，1949年1月21日宣布"引退"，同年败退台湾后，历任"总统"及国民党总裁，1975年4月5日于台北逝世。

西安事变后，蒋介石被迫结束十年内战，与共产党实行第二次合作，最终建立起抗日民族统一战线。抗日战争胜利后，蒋介石在美帝国主义支持下，一面派出军队抢占胜利果实，一面与中国共产党中央委员会主席毛泽东在重庆进行会谈。1945年，毛泽东赴重庆谈判。送毛泽东回延安的当晚，蒋介石遂下定决心进行内战，随即指挥80万军队进攻解放区，对1946年1月政治协商会议达成的各项决议拒不履行，顽固坚持"军令政令统一"的独裁专政，并悍然于同年6月全面发动内战，计划利用3—6个月的时间彻底消灭共产党和人民武装。然而，情况并未如其所愿，他速战速决的愿望很快就化为泡影。

中国共产党领导下的人民军队不但没有被歼灭，反而在炮火的洗礼和艰苦环境中日益发展壮大，并最终扭转不利战局。经过1948年秋冬辽沈、淮海、平津三大战役的战略决战，中国人民解放军基本消灭国民党主力部队。

1949年1月，蒋介石发表元旦声明建议和平谈判，但提出了保存"宪法""法统"和军队的条件，受到中国共产党的批驳。1月21日蒋被迫宣告"引退"，回到奉化，但仍幕后操纵党政军大权，破坏和平谈判。1949年，国内政治、军事形势急转直下，迫使蒋介石做出最后选择，把台湾建成"反共基地"的想法愈发坚定。他说："当时我下野还有一个重要的考虑，就是台湾地位的重要。在俄帝集团侵略下，宁可失了整个大陆，而台湾是不能不保的。如果我不下野，死守南京，那台湾就不能兼顾，亦就不能成为反共抗俄的坚强堡垒。三十六年我到台湾看了以后，在日记上曾经记着这样的一句话，只要有了台湾，共产党就无奈我何，就算是整个大陆被共产党拿去了，只要保着台湾，我就可以用来恢复大陆，因此，我就不顾一切，毅然决然的下野。"[①]

1949年10月1日，中华人民共和国宣告成立，蒋介石的独裁统治和政治生命至此终结。国民党战败后，蒋介石撤至台湾，收集残部，在孤岛负隅顽抗，准备把台湾作为国民党的统治中心。为确保这个"反共基地"的稳固，制订了"建设台湾、闽粤，控制两广，开辟川滇"的计划，并设想建立一个"北连青岛、长山列岛，中段为舟山群岛，南到台湾、海南岛"的海上锁链，使其成为封锁、包围以至"反攻大陆"的基地。

1950年3月，蒋介石"复职"重任"总统"，此后一再连任四届，并连续当选国民党总裁。他以"三民主义建设台湾""反共复国"为口号，集结号召涣散的人心，维系其在台湾的统治。

1950年8月14日，他在国民党中央改造委员会联合扩大纪念周上演讲，指示今后要把建设台湾当成"反共抗俄"的基本任务，使台湾不但成为"反攻"的基地，也要使其成为"收复大陆以后建国的楷模"，提出了将台湾建成"三民主义模范省"的目标。1952年，国民党在台湾进行"反共抗俄总动员"。1956年1月，蒋介石在"革命实践研究院"详细阐述了其建设台湾为"三民主义模范省"的理论，要求一定要在未来6年之内，将台湾建设为"三民主义模范省"，"以建设台湾的实际经验和有效方法，作为反攻胜利之后，重建

[①] 《革命文献》，第77辑，《中国国民党历次全国代表大会重要决议案汇编》（下），第110页。转引自李晓明：《蒋介石退保台湾的方针与政策措施简析》，《湖北师范学院学报》，1990年第1期，第37页。

大陆的蓝本"。

1949年5月中旬，陈诚以台湾省警备司令的名义发布了"戒严令"，在台湾全省实行"戒严"，从此开始了长达38年之久的"戒严"时期。"戒严令"规定："戒严"时期禁止罢工，严格出入境管理，实行宵禁，禁止张贴标语，散布非法言论。禁止携带、藏匿武器弹药，外出时必须携带身份证等，违者将以军法惩处。

同时，利用朝鲜战争难得的喘息时机，蒋介石在台湾进行了党务整顿和土地改革。1950年成立"国民党改造委员会"，进行党纪整顿，重建党的组织体系；开始重视农民和农村问题，推行和平的、渐进的土地改革方案，使农民获得了土地，农业生产得到迅速恢复与发展。土改政策的实施，奠定了国民党在台湾后来发展的重要社会经济基础。

蒋介石在台期间全面推动土地改革，固然有痛定思痛、亡羊补牢的因素，也有更深层的考虑：一是扩大统治基础，争取农民的支持；二是希望促进农业发展，克服经济困难；三是当时中共在大陆领导的土地改革运动正如火如荼地进行，蒋介石要与之抗衡。而国民党此时此地能大刀阔斧地推行土改，是因为它具备了大陆时期没有的便利：国民党政权及官员与台湾地主没有多少政治经济联系，把他们的土地分给农民，有点"借花献佛"的味道。早在1949年4月，陈诚就公布了《台湾省私有土地租佃管理条例》及实施细则，开始实行"三七五减租"。在台湾省政府的强力推行下，这项工作到当年7月就基本完成。减租措施使台湾广大承租土地的农民获得了一定的好处，减轻了农民的负担。第二阶段为"公地放领"，把从日本人手中接收过来的"公地"出售给农民，地价为耕地主要农作物正产品全年收获量的2.5倍，由承领农民分10年20期平均摊还，不必负担利息。第三阶段是"耕者有其田"，地主可以保留法定田地数额，超过部分一律由当局征购转卖给尚未获得土地的农民，地价按耕地上产品的2.5倍计算，以实物土地债券（占70%）和公营企业股票（30%）作为补偿。实物土地债券由台湾当局委托台湾土地银行发放，年利率为4%，在10年内分20期偿清本息；公营企业股票是从日本人手中接收过来的四大公司（水泥、造纸、农林、工矿）的股票。

为了稳定台湾的金融货币体系，陈诚以黄金80万两作为基本金，于1949年6月中旬，在台湾实行第三次币制改革，颁布了"台湾省币制改革方案"及"新台币发行办法"。

此外，控制了军队的数额及编制。1948年底至1949年，台湾在短短几个月的时间,涌进近 200 万军民,约为当时台湾总人口的 1/3,此时的粮食及物资供应可谓捉襟见肘。

这一时期,大批来自全国各地的人们随着国民党政权抵达台湾并相聚而居。当时为了方便薪资米粮等生活物资的分配,开始兴建集合式的居民区——"眷村",由军、公、教、"中央民意代表"按职等不同抽签取得依不同坪数、不同等级划分的无产权宿舍。由于其生活方式、建筑景观及人际关系与具有闽南与客家特色的台湾本土社会存在着一定的差异,眷村形成了相对独立的社会环境和文化环境。在这样封闭的环境中,在眷村居住的外省人发展出一套仿佛置身于台湾社会之外的性格与情结,而台湾本省籍民众也将眷村看作是一个特殊的外来的社会。国民党文传会主委杨渡认为:"为了国防与安置,国民政府在台湾各地设立营区与眷村,这就形成总体的文化影响与冲突。"[①]

在蒋介石主政台湾期间,尽管在台湾岛内实行戒严、镇压民众等高压政策,对外勾结美国等西方国家"反攻大陆",与美国签订"共同防御条约"。但是蒋介石始终坚持一个中国原则,坚决反对"两个中国"或者"一中一台"。

在 20 世纪 50 年代,蒋介石反对"台湾地位未定论"和美国企图制造"两个中国"的"划峡而治",严厉打击"台独"分裂势力。1950 年 9 月,国民党针对美国提出的"福摩萨问题案",声明"这是对中国内政的干涉","联合国无权讨论台湾问题"。

1955 年,针对新西兰在安理会提出的讨论台湾海峡"停火问题",国民党当局明确提出"大陆、台湾皆为我中华民族领土,不容割裂"。1955 年 2 月 8 日,蒋介石在台北孙中山先生纪念日大会上发表讲话,斥责新西兰提案,是"不守正义,不讲公理,乘人之危,落井下石","所谓'两个中国'的奇论,尤其荒谬绝伦"。[②]2 月 14 日,蒋介石再次在中外记者招待会上说:"'两个中国'的说法,真是荒谬绝伦。在四千余年的中国历史上,虽间有卖国贼勾结乱寇叛乱之事,但中华民族不久终归于一统。"后来,蒋介石又进一步说:"台湾和大陆本属一体,骨肉相关,休戚与共。"[③]

1958 年,针对美国提出的"划峡而治"分裂中国的图谋,国民党当局明

---

① 张文生:《眷村文化与台湾省籍矛盾》,《重庆社会主义学院学报》,2007 年第 4 期,第 58 页。

② 秦孝仪主编、中国国民党中央委员会党史委员会编印:《先"总统"蒋公思想言论总集》,台北:"中央文物供应社",1984 年版,第 26 卷,第 257—264 页。

③ 《蒋介石斥新西兰提案鼓吹"台独"》(新华澳报),来源于华夏经纬网,2003 年 10 月 24 日。

确表示"没有任何义务来遵守","只要一息尚存,决不接受两个中国"。因此,国民党和蒋介石在"一个中国"问题上的立场与大陆方面是一致的。

除蒋介石外,追随其赴台的国民党人士也一直对大陆未曾相忘,他们将之视为身所源出的故乡,寄予了一腔深情。国民党元老于右任就曾写下著名的《望大陆》(又名《望故乡》《国殇》):

> 葬我于高山之上兮,
> 望我故乡;
> 故乡不可见兮,
> 永不能忘。
> 葬我于高山之上兮,
> 望我大陆;
> 大陆不可见兮,
> 只有痛哭。
> 天苍苍,
> 野茫茫,
> 山之上,
> 国有殇。

这首诗是充满了对大陆家乡眷恋之情的哀歌,表达出深刻的怀乡思国的隐痛。诗句中抒发的不仅仅是家国之情,更是对祖国统一的殷切期盼。在作者心中,中国只有一个,那就是他毕生热爱的包括台湾在内的中国。

二、大陆黄金运台与台湾的经济起飞

蒋介石败退台湾,将大陆海量的文物和黄金运台,其中所运黄金、白银等硬通货支持了国民党继续内战和台湾的经济社会发展。

1948年,国民党政府行政院院长孙科签发了批准文物迁台的文件,文物分三批始由南京迁往台湾。首批由"中鼎号"军舰运载,都是顶级国宝,包括故宫博物院的皇家收藏、中央研究院历史语言研究所的安阳殷墟出土文物、中央图书馆的宋元古籍以及中央博物院筹备处的大批珍贵文物。其中60箱重要的外交档案和国际条约文本也随"中鼎号"前往台湾,内有著名的《南京条约》。

1949年元旦过后，国民党政府加快了文物迁台的步伐，包租了招商局的"海沪号"用以抢运第二批文物，共有3502箱，是迁台文物中最多的一批。这批文物中包括为数众多的善本书。这些书原本都是摆在书架上，参与人员钉木箱、建目录，忙了两个月才把它们整理好。这其中包括著名的文渊阁《四库全书》。1949年1月29日，"昆仑号"又满载第三批文物从下关起航，1248箱国宝中包括蜚声海内外的王羲之《快雪时晴帖》。三批文物总体数量上虽然只有存放南京文物的1/4，但多是精品中的精品。

1948年至1949年，节节败退的蒋介石一直秘密在做着迁移台湾的准备，而其中重要的一项就是转移大陆黄金。在蒋介石的幕后指挥下，国民党政府先后将百万两黄金分四批秘密运往台湾。当年蒋介石的"总账房"吴嵩庆是亲历大陆黄金运台的重要人物，其子吴兴镛历经多年研究披露了诸多内幕。

1948—1949年，国民党政府总共"收入"黄金465万至487万两，蒋介石把其中约160万两命财务署掌管，作秘密黄金军费，以避免立法院及代总统李宗仁的监督与追讨。如以全部480万两黄金来算，1949年用于大陆军政费用是155万两（其中24.9万又运返台湾），其余近330万两在1949年和1950年转存于台湾，其中军费为110万两，政费为90万两，其余为新台币准备金，至今尚有约100万两上海黄金储存在台湾文园"国库"里。①

运台黄金最开始的用途，是台湾的币制改革。币制改革的法令于1949年6月15日颁布，此改革最重要之处，即中央拨给台湾省政府黄金80万市两作为改币基金。当时大陆的解放战争处于尾声，新台币仍系地区性货币，并未完全脱离中央金融系统，故由中央拨借黄金，借此巩固台币信用。②此次台币改革最重要的部分，在于以足够的黄金作为货币支撑，80万两黄金的价值相当于新币发行总额的110%，以此建立民众对新台币的信心。此外，当时台湾除了自身的经济困境，还须供养大陆若干尚能掌握的城市，可以说其财政负担相当沉重。在最主要的台湾基地，还有约70万军人需要供养，都需要巨额经费。因此，军政费用也是黄金花费量最大的部分。1949年下半年，正值大陆局势最混乱的时刻，军政机构、公营事业及大量军民陆续到达台湾，混乱之际，6月15日发行的"新台币"正好在此时收到效果，暂时止住了来自大陆的涨潮，将经济控制在崩溃边缘，使其得以于兵荒马乱中稍稍喘一口

---

① 吴兴镛：《1949年大陆黄金运台始末》，《晚霞》，2010年第16期，第44—49页。
② 潘振球主编：《台湾省币制改革方案》，《中华民国史事纪要——中华民国三十八年（一九四九）一至六月份》，台北："国史馆"，1996年版，第704页。

气。1949年下半年至1950年，短短一年多的时间，黄金消耗便超过300万两，几乎将运台黄金花费殆尽。虽然币制改革及相关经济政策消耗黄金甚巨，但从长远来看也收到一定的成效，在军队、公教人员及民众的恐慌心理获得平息后，政策的推行便事半功倍。在长达一年多的努力后，恶性通货膨胀于1950年的年底开始缓和，1951年、1952年，物价得到控制，社会经济逐渐稳定，台湾最终得以安然度过这段风雨飘摇的时期。黄金的运用深刻影响了1949年至20世纪50年代初期的台湾社会，对于台湾的经济稳定功不可没，并为日后的经济发展打下了坚实的基础。①

1954年12月2日，美蒋双方在华盛顿签署了"共同防御条约"，蒋家朝廷终于获得了美国的保护伞。在经济上，美国的援助稳定了台湾濒临崩溃的经济，首先是提供了大量的消费品和各种物资，弥补了台湾供给的严重不足，使台湾的通货膨胀率从1950年的400%降到1954年的2.4%。②其次是大量资金的输入，成为台湾经济恢复发展的强心剂和重要资金来源，对台湾经济起着输血的作用。据统计，1952年至1960年，在台湾全部固定资本形成中，美国的援助占26.7%；在1951年至1963年间，美国资本援助占了台湾建设投资总额的75%。此外，美国的援助还在一定程度上弥补了台湾的财政赤字，等等。总之，"美国的援助使台湾生产总值翻了两番，使达到1964年的生活水平所需的时间缩短了30年"。③"美援"不仅稳定了台湾的经济，为台湾在20世纪60—70年代的高速发展打下了基础，而且更重要的是，"美援"使得台湾的经济对美国的依赖性大大增强，从而淡化了台湾与大陆的经济联系以及对大陆的经济依赖性。

三、美蒋"共同防御条约"的签订与中国政府收回沿海岛屿

随着朝鲜战争的结束，台湾当局意识到大陆的战略部署势必做出相应调整，大陆针对台湾的军事力量注定会得到增强，形势的变化令其恐慌不安，对人民解放军控制的沿海岛屿的担心与日俱增，感受到了极大威胁。因此蒋介石迫切希望同美国缔结"共同防御条约"，使美台之间的关系以条约的形式

---

① 冯健伦：《国民政府运台黄金对台湾经济的影响》，《台湾历史研究》，2015年第三辑，第221页、230、231页。

② 李小满等：《"四小龙"经济发展启示录》，上海：上海人民出版社，1993年版，第56页。

③ 文衍编著：《超越对抗——中美三次大冲突》（下），北京：金城出版社，1998年版，第1580页、第1581页。

固定下来。

关于双方的签约问题,美国却有自己的考虑,艾森豪威尔政府不愿因此被绑在蒋介石"反攻大陆"的战车上而被拖下水,卷入与大陆的战争,所以迟迟未对蒋介石的要求给予积极回应,与台湾方面的迫切之情形成鲜明对比。1953 年 10 月,美国与韩国签署了《共同防卫条约》。台湾当局得知这一消息后,再次急切敦促美国,希望能够借机签订类似的"防御条约"。1954 年 11 月间,双方在华盛顿为此进行了多次谈判,虽最终达成协议,但双方始终存在着一定分歧。后又经过几次交涉,最后于 12 月 2 日签订"美台共同防御条约"。该条约第五条称:"每一缔约国承认对在西太平洋区域内任一缔约国领土上之武装攻击,即将危及其本身之和平与安全,兹并宣告将依其宪法程序采取行动,以对付此共同危险。"美台之间的战略伙伴关系基本形成。"美台共同防御条约"基本上贯彻了美国的意图,没有使美国承担为台湾保卫沿海岛屿的义务,相反还规定台湾要对大陆方面动用武力还必须得到美国同意,这就有效防止了蒋介石贸然对大陆动武从而使美国深陷战争危机的危险。对于台湾而言,也获得了美国的保障,进入了美国的安全防御体系。但恰恰因为如此,使得美国一直以来的、使台湾与大陆分离的图谋可以更加顺利地推行。

尽管国民党当局公开地为这个"条约"的签订表示欢欣鼓舞,蒋介石甚至称之加强了"反攻大陆"的堡垒之战斗力,[①] 但私下里双方对于"条约"的解释存在明显的差异。尤其是其中第六条中规定的所谓共同防御的"领土",就台湾方面而言,应指台湾与澎湖,显然将仍被蒋军占领的金门和马祖等沿海岛屿排除在外,因此美国是否会对这些地区施以保护就缺乏明确依据,这对于台湾方面和蒋介石而言,始终存有悬念,是一块心病。台湾当局和蒋介石的这种担心是不无道理的,这一点在第二次台海危机中就得到了充分印证。

对于"美台共同防御条约",中国政府表示了强烈反对和坚决抵制。12 月 5 日,《人民日报》刊登了题为《中国人民不解放台湾决不罢休》的社论予以谴责。12 月 8 日,周恩来外长代表中国政府发表郑重声明,对该"条约"进行了批驳,严正谴责其为"一个露骨的侵略条约","根本是非法的,无效的",指出中国人民一定要对干涉者和挑衅者给予坚决回击,只有反抗侵略,

---

[①] 《纽约时报》,1955 年 1 月 1 日,第 4 版。转引自苏格:《美国对华政策与台湾问题》,北京:世界知识出版社,1998 年版,第 250 页。

才能保卫和平。[①]

　　针对美国同台湾当局策划、签订"共同防御条约"的挑衅活动，中国政府决定采取措施打击美台的嚣张气焰，准备通过军事行动收复浙江沿海国民党控制下的岛屿，以显示维护祖国统一的坚强决心。在"美台共同防御条约"签订前后，浙东前线中国人民解放军从1954年12月中旬到1955年1月上旬，进行了三军联合演习，加紧为解放一江山岛做着积极的准备工作。1月10日，浙东前线解放军空军和海军航空兵共出动飞机130架次，投弹709枚，对大陈岛上的国民党军进行轰炸，令其遭受重大损失。浙东前线解放军的行动迫使国民党海军舰艇白天不敢在大陈锚地停泊，飞机不敢飞抵大陈上空，成功地将大陈地区制空、制海权控制在中国人民解放军手中。18日，浙东前线解放军出动1个步兵师、137艘舰艇、22个航空兵大队，陆海空三军互相配合，对作为台湾门户的一江山岛发起了猛烈攻击。参战部队经过数小时的激烈战斗，于翌日迅速攻克了一江山岛。取得了这一重大胜利后，解放军将目标迅即指向大陈岛。

　　大陈岛离大陆海岸很近，而离台湾本岛很远，岛上岩石遍布，易攻难守。美国对这种状况心知肚明，因此主张台湾方面放弃大陈岛，将军队撤出。但台湾当局并不肯轻易就执行美国主张，而是借此时机向美国讨价还价，想趁机换取美国保证协助其保卫金门、马祖的承诺，以解决自"美台共同防御条约"签订以来自己非常关心却又始终悬而未决的遗留问题。然而，台湾方面没有很快得到期望中的美方许诺，大陈岛形势的发展又不容其继续迟延，再加上当时"美台共同防御条约"虽已签订，却尚未得到美国国会的正式批准，蒋介石集团对此也难免心存顾忌，因此台湾当局最终还是遵从了美国让其从大陈岛撤军的主张。美国政府命令第七舰队和其他部队帮助国民党军队从大陈岛撤退。2月8日至12日，美军派出大量舰只到大陈，并以大量飞机护航，接运守岛的国民党军并裹胁岛上居民去台湾。解放军顺利占领了上下大陈岛。至2月底，浙东海面的岛屿全部获得解放。

　　解放军的此次军事行动有效打击了国民党军对沿海地区的骚扰活动，也打破了台湾当局利用沿海岛屿封锁大陆实现其"反攻"计划的美梦。

　　[①] 《周恩来政论选》（下册），北京：中央文献出版社、人民日报出版社，1993年版，第733—734、739—740页。

第二节　朝鲜战争与美国介入台湾

1949年，中共中央就准备军事解放台湾，但是朝鲜战争爆发后，美国介入台湾问题，阻挠中国实现统一，解放台湾计划被搁置。

一、解放台湾的部署

随着人民解放军的胜利进军，为实现对全中国的解放，彻底完成新民主主义革命任务，中国共产党早已做出了解放台湾的战略部署。1949年3月15日，新华社就曾发表题为《中国人民一定要解放台湾》的社论，第一次提出"解放台湾"的口号。[①]

据开国将军张震回忆："1949年6月，正当解放军以横扫千军如卷席之势追击国民党军残余力量之际，我（即张震将军，时任第三野战军参谋长）却突发急病，躺在了病床上。就在这时，粟裕将军突然来访。不等我问情况，他就说，毛主席6月14日和21日两次给我们发来电报，提出要'开始注意研究夺取台湾的问题'，让我们研究'台湾是否有可能在较快的时间内夺取？用什么方法夺取？有何办法分化台湾敌军'，并要求我们向他做出报告。毛主席希望我们能于1949年夏秋两季完成各项准备，冬季攻占台湾。10月下旬重返工作岗位后，我把主要精力放在调查研究上，查阅东南沿海的水文气象资料，研究金门和登步岛的全面情况，并听取司令部各业务部门的详细汇报。我感到，解放台湾，可以说是全国解放战争的最后一役，也是最困难的一仗。于是，我向粟裕同志建议，召开了一次参谋长会议，或者叫军事教育会议，研究渡海登陆作战的具体问题，做好学术上的准备。我还专门请原国民党陆军大学的赵秉衡教授讲两栖作战的基本原则等，提高司令部人员两栖作战的理论水平。""中央研究确定，攻打台湾所需的海空军系统由中央负责准备，陆军系统由我们三野负责准备，攻台作战的时机，也要依我们的准备情况来定。1950年3月上旬，粟裕同志赴京开会。他从北京写信回来，讲了中央的考虑：鉴于准备工作需要的时间相当长，各种作战装备及物资需要量也很大，所以将攻台作战时间推迟到1951年。尽管国家经济情况还很困难，但为了解放台湾，准备拿出60亿至70亿斤粮食充作战费，另以1亿美元作军事借款，来购置装备。因渡海登陆作战迫切需要有空、海军的配合，军委已

[①] 《中共党史上的80句口号》（30），《"一定要解放台湾"》，人民网，2001年6月8日。

决定，这笔款项以购买飞机为主。4月10日，粟裕同志从北京开会回来，向我们传达了中央政治局会议的精神。他说，中央已经决定，对（攻打）台湾要继续抓紧准备。党中央、毛主席下了最大的决心，以国家年产600亿斤粮食的十分之一来作攻台的战费，特别对购置武器装备的款项作了大幅度追加，达到3亿美元。另外，为攻台登陆作战之用，还决定组建伞兵部队，计划从每个军调一个连队，以战斗骨干组成。4月下旬，我们发出了《陆海空军两栖作战训练纲要》，部署了第7、9、10兵团、军区军兵种部队和指挥机关的渡海登陆作战训练。纲要规定，从1950年7月开始到1951年5月，训练期为11个月。同时，我们加紧军区海军的整编，组建新的舰队，组织部队抢修福建、浙江境内的公路，还拟制了空军机场修建与使用的方案，修订了攻台作战海运计划等。3月下旬，我们召开了陆海空军联合作战座谈会，进一步研究攻台作战问题。司令部汇总了前段的准备情况，拟订了初步计划，编制了预算，呈报中央军委和华东局。不久，军委批准了这一预算。在座谈会上，我们还请专家汇报飞螺推进器、火箭炮的试制、无线电遥控爆破船只试验等情况，着重研究了军事技术上存在的具体问题，以能尽快定型制造。"①

1949年7月上旬，中国人民解放军入闽作战，主力为第三野战军第十兵团。第十兵团在司令员叶飞的率领下以排山倒海的态势向南推进，先后发动了福州、平潭岛等战役，不断取得胜利。1949年10月1日，中华人民共和国正式宣告成立，人民解放军的士气更加锐不可当，所向披靡。10月17日，福建战场的解放军一举解放了厦门。在这种情势下，位于厦门东部约七八海里处的大金门岛迅即成为解放军的下一个首要军事目标。大金门岛作为连接台湾与大陆的重要枢纽，其地理位置及战略意义至关重要。攻克该岛，台湾就失去了一道天然屏障，解放军也就成功控制了台湾海峡的交通线，下一步解放台湾岛就会变得轻而易举。因此，福建战场的解放军为尽快实现"解放台湾"的口号，决心乘胜攻打大金门岛，进而进军台湾。叶飞将军最后确定以28军作为进攻金门的主力。为便于海战，又命令集中有限的船只，将32军所属船只分发给28军。尽管对船只进行了这样的必要集中，解放军的船只数量仍未充足敷用，鉴于此，确切的进攻日期被迫向后推延，并未立即确定。延至10月24日，人民解放军最终于当天夜间打响了金门战役，28军下属3个团共9000余人渡海进攻大金门。是役，打得极其艰苦而又惨烈，解放

---

① 张震：《1950年攻占台湾为何搁浅？》，《时代人物》，2015年第1期，第113页。

军遭遇了自成立以来唯一一次彻底的失利。进攻部队在岛上与国民党守军苦战三昼夜，终因船只缺乏，后援不继，全军覆没。此次金门战役的严重失利，根本原因在于在作战准备不足的情况下轻率发动进攻，犯了兵家轻敌的大忌，而战中相应的组织指挥又不力，故而未能成功。

尽管建国之初"解放台湾"的尝试遭遇了重大挫折，中国共产党"解放台湾"、实现真正意义上祖国统一的坚强决心并未动摇。1949年12月31日，中共中央发表《告前线将士和全国同胞书》，其中再次明确将"解放台湾"以及全歼蒋介石集团的最后残余势力作为人民解放军1950年的任务之一。[①] 然而，国际形势是不断变化的，此后不久的严峻国际状况为中国实现"解放台湾"的既定目标设置了重重障碍。

二、朝鲜战争爆发后美国军事介入台湾事务

1950年，美国内部形形色色的"保台"方案又相继提出，不断冲击美国当时所持的观望并等待"尘埃落定"的对华政策。这些"保台"方案中最具代表性的有两个：一是麦克阿瑟于1950年5月和6月两次提出的内容相似的备忘录；二是杜勒斯和远东事务助理国务卿腊斯克正式提出的台湾中立化备忘录。麦克阿瑟在其备忘录中提出，台湾如掌握在"一个敌对的强国手里，可以比作一艘不沉的航空母舰和潜水艇供应舰，处于完成攻势战略的理想的地位"。[②] 这里，麦克阿瑟所说的"航空母舰"是指台湾可能成为苏联的航空母舰，其前提是如中共占有台湾，必然会提供给苏联使用。麦克阿瑟认为，若听凭台湾为敌视美国的力量所统治，美国的战略利益将受到严重破坏。因此，美国应把西部战略边界沿阿留申群岛经菲律宾向南伸展，台湾处于这条防线的中段，与大陆遥遥相望，战略意义重大。可见，麦克阿瑟的备忘录已把台湾的战略地位大大提升，而且与美国政府不介入的政策相左。同样，在杜勒斯和远东事务助理国务卿腊斯克台湾中立化备忘录中亦指出，美国在世界的地位目前处于一个新的关键时刻。中国之沦入共产党之手，标志着局势起了有利于苏联而不利于美国的变化。"美国必须在远东采取激烈而强硬的立场，不应在世界处于一个新的关键时刻的形势下畏缩不前，全世界的目光都

---

① 《中共党史上的80句口号》（30），《"一定要解放台湾"》，人民网，2001年6月8日。
② 《中美关系文件和资料选编》，北京：人民出版社，1971年版，第239页。

注视着福摩萨"。① 这句话意味深长，暗示了美国应该在台湾问题上采取更加强硬立场的态度，为此甚至不惜增加战争风险。该备忘录还提出，派第七舰队驻扎台湾水域，防止海峡双方动武。事实证明，此备忘录提出的对台政策产生了极为重要的影响，对美国后来的军事介入台湾海峡奠定了舆论基础。

1950年6月，朝鲜战争爆发。战争爆发两天后的6月27日，美国政府公开抛出了其"台湾地位未定"论。杜鲁门宣称："我已命令第七舰队阻止对台湾的任何攻击……台湾未来地位的决定，必须等待太平洋安全的恢复，对日和约的签订，或经由联合国的考虑。"同时，美国派遣其第七舰队封锁台湾海峡，公然以武力干涉中国内部事务，阻挠大陆与台湾统一。由于美军早有准备，第七舰队的舰只在6月27日晚间便驶抵台湾基隆港，受到国民党当局的热烈欢迎。7月间，美国空军第13航空队进入台湾岛内机场，其强大的海空力量完全控制了海峡。自此，美国在台湾问题上所持的不介入政策被彻底抛弃，它竭力将台湾纳入其亚洲战略的轨道，转而采取嚣张的军事手段介入，这是美国军事干涉中国内政的新起点。

国防大学徐焰教授指出：冷战结束后，大量尘封的朝鲜战争历史档案解密，国内思潮出现多元化又使讨论历史问题的自由度增大，于是，一些人提出了所谓"中国出兵抗美援朝影响了台湾问题解决"的论调。但了解朝鲜战争进程的人都知道，此种论调是一种颠倒了历史因果和顺序的臆断。因为，美国出兵台湾是在1950年6月，中国出兵朝鲜是在同年10月（朝鲜战争和抗美援朝战争是两个不同概念的军事行动）。在美军控制台海的形势下，中国因缺乏海空力量，已没有希望解决台湾问题，只有选择在朝鲜对美军实施反击。由此可见，美国出兵台湾，并不是国民党当局所说的"协防"，而是充当台湾的占领者和保护人。想有效打击美国的侵略，在朝鲜、台湾和越南这三个方向，必须选择有利于中国的战场。周恩来后来在志愿军干部大会上曾总结说："我们和美帝国主义较量是不可避免的，问题就是看选择在什么地方。""现在我们想一想三个战场，大家会懂，不论从哪条来说，如果在越南作战，更不要说是在沿海岛屿作战了，那就比这里困难得多了。"麦克阿瑟恰恰希望，中国军队向台湾进攻。据美国军方后来公布的材料说："他发誓说，如果赤色中国愚蠢地去进攻那个岛屿，他将火速赶去指挥。"麦克阿瑟甚至

---

① 朱成虎：《中美关系的发展变化及其趋势》，南京：江苏人民出版社，1998年版，第162—163页。

说:"我每个夜晚都祈祷赤色中国能这样做——我常常是跪下来在那里祈祷。"美国拥有世界上最强大的海军和空军,此时还未完全形成作战能力的解放军海军、空军根本不可能突破台湾海峡,主要依靠木船航渡的解放军若是攻台,只能成为美国军舰、飞机的靶子。想建成超越美军的海空力量,则几十年都办不到。有丰富军事经验的人民军队,自然不会选择台湾海峡作为对美较量的战场。美国出兵台湾三天后,即6月30日,中共中央便决定将打台湾的日期无限期地推迟。[①]

三、美国片面对日媾和与"日台合约"的签订

在亚洲和太平洋地区,美国更是加速了其扩大冷战的步伐,视中国为苏联的"附庸",对中国采取了极端的全面遏制政策。美国通过发展与台湾地区、韩国、日本、东南亚及大洋洲等地的关系,签订一系列双边、多边条约,加强这些国家与地区的经济与军事实力,构筑起一道遏制中国的半月形防线,以图对中国实行封锁和遏制。

尤其随着日本在美国亚洲防卫体系中地位的日益凸显,美国不顾世界舆论的压力,处心积虑地准备与日本进行片面媾和。1951年9月4日,美国在排除中国参加的情况下召开"旧金山对日和会",片面通过"对日和约",在这一"条约"中美国别有用心地对台湾问题作了如下规定:"日本放弃对台湾及澎湖列岛的一切权利、根据与要求。"这种不明朗的表述正是当年讨论《开罗宣言》时中英双方争论的焦点问题。8年后,美国放弃签署《开罗宣言》时的立场,此举目的显然是在有意回避台湾的归属问题,为"台湾地位未定"论留下伏笔。周恩来总理兼外长代表中国于1951年9月18日发表声明,指出"对日和约"是"非法的""无效的"。

在准备"对日和约"的同时,《日美安全条约》的谈判亦在进行中。9月8日,美日签订《日美安全条约》,结成军事同盟。

1952年2月,日美两国又签订了《日美行政协定》,规定了美国在日驻军的具体实施办法。如此,日本虽在形式上恢复了主权与独立,但其长期处于美军半占领的状态,实际上已被纳入了美国阵营之内,成为美国在亚太地区最大的军事基地,是美国在亚洲遏制共产主义、遏制中国的重要一环。

[①] 徐焰:《抗美援朝影响了台湾问题的解决吗?》,《中国新闻周刊》,2013年第29期,第82—84页。

美国在顺利掌控日本的同时，为进一步遏制中国，又不断对日本施压，敦促其与台湾当局缔结"和约"，以尽量切断日本与大陆的经贸联系。面对美国的强力政策，日本向美国表示"日本政府无意与中国共产党政权缔结一个双边条约"，并保证"日本政府准备一俟法律允许就与中国国民政府缔结条约，以便按照多边条约中提出的原则，重建两国政府间的正常关系"。1952年2月，日台开始媾和谈判，4月底达成最后协议。双方私下达成的所谓"日台和约"受到了中国政府的强烈谴责。5月5日，周恩来外长发表声明，坚决反对"日蒋和约"。

在台湾当局与日本签订的"和约"中，美国又迫使台湾接受了"美日和约"中有关台湾归属的表述方式。[①] 显而易见，"美日和约"和"日台和约"都在力图回避、淡化《开罗宣言》和《波茨坦公告》中对台归属的原则立场，这绝非不约而同的巧合，纯属幕后操纵者美国有意为之。

美日片面媾和以及所谓"日台和约"的签订，均为美国按照其战略意图和规划实施的相关步骤。此后不久，美国还曾策动新西兰出面，企图通过联合国安排海峡两岸停火，使海峡两岸关系固定化，以达到使台湾问题国际化的目的。尽管美国的这一阴谋未能得逞，但自朝鲜战争开始，美国始终顽固地公开坚持"台湾地位未定""一中一台"甚至"两个中国"的错误立场，直到尼克松访华前，美国在台湾地位问题上的态度始终未变。

中华人民共和国建立后，本着"打扫干净房子再请客"的对外方针，不急于同美国等帝国主义国家建交，但对日本却采取了相对灵活的态度。毛泽东主席决定对日本采取"着眼于人民、寄希望于人民"的战略思想，周恩来总理提出"民间先行，以民促官"的对日方针，并亲自出面对日本各界人士做了大量的工作，这成为中国对日关系的一个重要特点。

1952年3月，日本帆足计等三位前国会议员不顾美国禁运和日本政府阻挠，绕道来到中国，双方签订了第一个中日民间贸易协定，打开了中日交往的大门。1953年起，中日工会、青年与妇女组织、友协、和平团体等民间交往蓬勃发展。中日之间缔结了民间渔业、文化交流等有关协议。

1955年8月17日，周总理向日本记者说明：中国虽坚决反对"旧金山对日和约"，但这并不妨害促进两国关系正常化直至缔结中日之间和约。1955

[①] 转引自田桓主编、纪朝钦、蒋立峰副主编：《战后中日关系文献集（1945—1970）》，北京：中国社会科学出版社，1996年版，第117页。

年10月,毛泽东主席在接见日本国会议员访华团时强调,"中日关系的历史是很长的","我们吵过架、打过仗,这一套可以忘记啦!""我们应该尽一切办法,让美国人的手从(日本)缩回去",中日应该"互相帮助,互通有无,和平友好,文化交流,建立正常的外交关系"。[①] 一直到1956年底,中国政府曾多次建议中日两国政府就促进关系正常化问题进行谈判。时任日本首相的鸠山也多次表示过访华的意愿。但是当时日本政府由于受到美国压力,不敢同中方进行官方谈判。

1957年2月,曾在战后被定为甲级战犯嫌疑人的岸信介在美国扶植下担任首相,在政治上进一步实行亲美、敌视中国、制造"两个中国"的政策,四次破坏中日贸易协定。中国决定对岸信介政府在政治上要孤立、打击,在经济上停止了1952年开始的中日民间贸易往来。

第三节 冷战后中美苏关系与台湾问题

20世纪50—60年代,中美两国陷入对抗的局面,中日关系从属于中美关系,这期间又伴随着中苏关系的恶化,台湾地区成为中国与美对峙的前沿。20世纪70年代后,中美关系因为中苏关系的恶化而得以解冻,美方在台湾问题上对中方有所让步。

一、美苏对峙与中美对抗

1946年3月5日,英国前首相丘吉尔由杜鲁门陪同在美国的富尔敦发表关于"铁幕"的演说,揭开了"冷战"序幕。1947年3月12日,杜鲁门在国会两院联席会议上宣读了一篇咨文,攻击苏联是"极权国家",要求国会批准向希腊和土耳其提供4亿美元的紧急援助,以抵制"极权政体"强加于它们的种种侵犯行动,杜鲁门提出的这项政策后来被称为"杜鲁门主义"。"杜鲁门主义"是美苏"冷战"正式开始的重要标志。美国为了持续推行遏制苏联的战略,1949年4月4日与加拿大、英国、法国、比利时、荷兰、卢森堡、丹麦、挪威、冰岛、葡萄牙、意大利共计12国在华盛顿签订了《北大西洋公约》,宣布成立北大西洋公约组织,公约于1949年8月24日生效。随着1955年联邦德国加入北约后,在苏联的发起下,欧洲社会主义阵营国家包

---

① 中华人民共和国外交部、中央文献研究室编:《毛泽东外交文选》,北京:中央文献出版社、世界知识出版社,1994年版,第226页。

括民主德国签署了《华沙公约》，形成了与北约对立的社会主义同盟。《华沙公约》由苏联领导人赫鲁晓夫起草，1955年5月14日于波兰首都华沙签署，东欧社会主义国家除南斯拉夫以外，全部加入了华约组织，条约规定："如果在欧洲发生了任何国家或国家集团对一个或几个缔约国的武装进攻，每一缔约国应……以一切她认为必要的方式，包括使用武装部队，立即对遭受这种进攻的某一个或几个国家给予援助"。华沙公约（华约）组织是作为对抗北大西洋公约(北约)组织而成立的政治军事同盟，从此以美苏为首的两大阵营展开了近半个世纪的对峙。

冷战开始后，美国对于中国的内战及其产生的台湾问题曾经持观望态度，直到1950年朝鲜战争爆发，美国政府才公开抛出了"台湾地位未定"论，并且入侵台湾海峡，阻挠中国实现国家统一。1953年1月，美国共和党上台，艾森豪威尔入主白宫。2月，艾森豪威尔即发表第一个国情咨文，其中宣布不保护一个在朝鲜对美作战的国家，取消台湾海峡"中立化"。[①]根据这个咨文，美国第七舰队随即中止在台湾海峡进行的所谓"中立巡逻"。艾森豪威尔咨文的内容不过是表面文章，只是美国对自己行为冠冕堂皇的粉饰，其潜在用心则是暗中怂恿台湾当局对大陆进行武装袭扰，这就是"放蒋出笼"的政策。这一政策的目的性极为明确，就是企图借此增加中国政府的心理压力，以此为标志，美国政府对中国的政策也逐步走向强硬。此外，朝鲜战场上的美军还向中朝前线投放大量炸弹，并扩大增强了对韩国的军援，艾森豪威尔更试图说服参加"联合国军"的16国支持对中国实行封锁。不仅如此，美国政府甚至还就使用原子弹的可能性进行了反复讨论。美国先后采取这一系列措施就是要增加对中朝方面的压力。

中国人民志愿军入朝作战后，同朝鲜人民军一道，连续进行了五次战役，把"联合国军"和韩军从鸭绿江边赶回到三八线附近，迫使对方转入战略防御和接受停战谈判。1951年7月，朝鲜战争进入了打打谈谈的新阶段。中朝方面在谈判中提出了原则上以三八线为军事分界线，双方军队各后撤10公里，脱离接触，建立非军事区的建议。但因不从朝鲜撤军是美国的既定方针，美方代表拒绝接受这一建议。谈判进展极其艰难。与此同时，在战场上中朝两国军队也进行着不屈不挠的艰苦斗争，不但粉碎对方多次局部进攻，而且成功进行了多次反击战役，使美军大受挫折。这些在战场上的较量有效地配

---

① *FRUS*，1952-1954，Vol.14，p.140.

合、推动着谈判的继续，促使美国不得不对朝鲜战争加以重新考虑。1953年7月，美国最终同中朝双方在板门店签署停战协定。

侵朝战争的失败使美国政府开始重新审视自身力量，意识到了局限性的存在，也进一步认识到要在世界各地维持庞大的地面部队显然在经济上力不从心。实际上1953年艾森豪威尔出任美国总统不久即已考虑改变这种战略，准备着手制定新的战略。1954年1月，美国国务卿杜勒斯发表演说，公开而详尽地阐述了一种新的战略。他宣称，美国目前的基本决定主要依靠一支庞大的报复力量，它能够用我们选择的武器与我们选择的地方马上进行报复。这种新的军事战略被称为"大规模报复战略"。杜勒斯的"大规模报复战略"得到了总统艾森豪威尔的批准，这一战略主要把赌注押在核武器上，主张削减常规兵力，重点扩充导弹核力量和战略空军，在外交上提出要执行比杜鲁门的遏制政策更有利、更主动的"解放"政策，即把社会主义国家从共产党的领导下"解放"出来。而该战略得以确立的根本基础就在于美国具有核垄断和核优势。

二、两次海峡危机与中美台海对峙

美国舰队进入台湾海峡，虽然提出了"中立"的政策，但主要意图在于保护台湾的蒋介石集团，至于台湾当局对大陆进行骚扰的军事袭击活动，美国不但没有控制甚至还予以纵容，因此美国的"中立"是带有明显偏袒性质的。美国的介入为中国人民的解放战争制造了障碍，从而形成了台湾问题，使之进一步复杂化。但其时正值朝鲜战争期间，由于形势的变化，中国的军事战略重心发生了转移，尚无暇集中精力解决台湾问题，因此延迟了解放台湾的时间。[①]

台湾问题的暂且搁置并非代表中国政府将忽略这一问题，中国共产党统一祖国的决心从未发生改变，解决台湾问题只是一个时间问题。朝鲜战争结束后，为打击国民党军在沿海地区的破坏活动，解放军从1954年3月起逐步加强了在浙江地区的军事行动，先后攻占了东矶列岛等岛屿，基本控制了浙江沿海地区的制海权和制空权。自7月开始，中国领导人就又把解放台湾和沿海岛屿放在了突出地位。

7月23日，《人民日报》发表题为《一定要解放台湾》的社论，指出解

[①] 萧劲光：《萧劲光回忆录（续集）》，北京：解放军出版社，1988年版，第26页。

放台湾是中国人民的神圣使命。8月1日，朱德在庆祝建军27周年的讲话中强调，不解放台湾，中国人民的解放事业就没有完成；解放台湾是中国的内政，中国人民不允许任何外国对此加以干涉。11日，周恩来在中央人民政府第33次会议上作外交报告，指出台湾是中国领土，不容外国侵略，不容联合国托管，解放台湾是中国内政，不容外国干涉；反对美台签约，只有实现台湾解放才能真正实现祖国统一。22日，中国人民政治协商会议全国委员会、中国共产党、中国国民党革命委员会、中国民主同盟等18个组织发表了《中华人民共和国各民主党派各人民团体为解放台湾联合宣言》，声明台湾是中国领土不可分割的一部分，决不容许美国侵占或者联合国托管；解放台湾为中国内政，决不容许外国干涉；解放台湾才能完成祖国的完全统一；宣告中国人民一定要解放台湾。①

对于台湾问题，中国领导人还认识到若长久拖延会在世界上形成中国政府接受既成事实的错误认识，使之误以为台湾海峡等同于又一条"三八线"，这将造成不利的国际影响。中国领导人始终警惕着美国使台湾与大陆分裂长期化的企图，认为决不能用维持现状的办法来解决台湾问题。

进入8月，中共中央在要求华东军区加紧准备攻打大陈岛的同时，积极准备通过炮击金门对国民党军实施惩罚性打击，以显示解放台湾的决心和力量。在掌握国民党军的状况后，打击行动于9月3日正式发起，中国人民解放军驻福建前线部队猛烈炮击金门，连续发炮5000余发，摧毁国民党军炮兵阵地7个，击沉炮艇、拖轮各1艘，击毁其水下活动码头1个。国民党军立即以炮火回击，并从9月6日起出动飞机连续轰炸厦门大嶝，9日出动舰只攻击梧屿白石炮台，第一次台海危机爆发。这一状况的发生，迫使美国国务卿杜勒斯紧急赶赴台湾。为向世界表明中国人民强烈反对美国干涉中国内政的立场，中国人民解放军驻福建前线部队向大小金门继续发动连续炮击。

中国人民解放军的行动对美台双方不啻为有力警示，表明了中国政府坚决反对将台湾问题固定化，反对美国制造"两个中国"的阴谋。

在冷战时期，美国把台湾作为"反共"的重要环节。中华人民共和国成立之后，美国一直等待"尘埃落定"，对于中国对美政策持观望态度，对于台湾并不想承担其安全上的义务。但是，朝鲜战争爆发后，美国总统杜鲁门大肆宣扬"台湾地位未定"论，派第七舰队进驻台湾，开始阻挠中国人民实施

---

① 《人民日报》，1954年7月23日、8月1日、14日、23日。

解放台湾的国家统一步骤。1954年12月,美国与台湾当局签订了所谓"共同防御条约",公然将台湾置于美国的"保护"之下,声称要同台湾当局采取"共同行动",反对中国解放台湾的正义斗争,这是美国政府干涉中国内政、插手台湾问题的重要军事部署。此后在20世纪50年代和60年代,台湾一直作为美国遏制社会主义中国的"不沉的航空母舰"而存在,其对美国而言既有地缘战略价值,又有意识形态利益。美国著名的中国问题专家鲍大可(A.Doak Barnett)1960年撰写的《共产党中国与亚洲:对美国政策的挑战》一文中明确了美国在台湾的战略利益,并至今为美国的当政者奉为圭臬,他指出:"目前,不容置疑,如果中共控制了台湾并将其确立为一个主要军事基地,美国在亚洲的现有安全体系将会受到严重损坏。在二战期间,日本曾将台湾作为一个从事广泛军事行动的基地,如果中共控制了台湾,一种现实的威胁将会展现在附近地区,如菲律宾、冲绳等地。"[1] 因此,冷战时期,台湾地区在美国的亚洲军事扩展机制中发挥着不可替代的作用。

随着形势的发展变化,美国国会于1955年1月底通过了"授权总统在台湾海峡使用武装部队的紧急决议",授权总统在认为"对确保和保护台湾和澎湖列岛不受武装进攻的具体目标是必要的事后,使用美国武装部队,这项权力包括确保和保护该地区中现在在友好国家手中的相关阵地和领土,以及包括采取他认为在确保台湾和澎湖列岛的防御方面是必要的和适宜的其他措施"。[2] 这一授权法案的通过,意味着美方甚至将把台湾方面最关注的金门和马祖也置于其保护之下,但从中也不难体会到美国之所以如此,其根本出发点完全是美国自身的战略安全。美国试图利用台湾海峡的局势变化之际明确其在台湾海峡地区的保护范围,发出可能以武力参与其中的战争预警信号,企图通过这样的威慑令中国政府妥协退让。然而美国并没有收到想象中的预期效果,中国政府对美国的行为进行了深刻揭露,谴责了其侵略性和干涉中国内政的实质,也更加坚定地表明了统一祖国的决心。

1955年初,中国政府的系列军事行动使蒋介石高度警觉,他开始重点关注金门岛。金门岛位于福建南部厦门以东,包括大小金门岛,距大陆约5.5海里,地理位置极其重要。从7月起,蒋介石开始向金门大量增派军队,加

---

[1] 转引自李增田:《从鲍大可的著述看美国在台湾问题上的利益需求》,《国际论坛》,2004年7月第6卷,第4期。

[2] 国务院台湾事务办公室研究局编:《台湾问题文献资料选编》,北京:人民出版社,1994年版,第928—929页。

强该地区军事力量。在台湾岛内，1955年下半年以后"反攻大陆"的论调亦甚嚣尘上。特别是在1956年，东欧发生了"波匈事件"（即波兰和匈牙利国内爆发的反对苏联干涉其内政的大规模群众运动），无形中使盘踞台湾的国民党统治集团深受鼓舞，"反攻大陆"的宣传和准备在1957年再度急剧升温。在美国艾森豪威尔政府的怂恿和包庇下，台湾方面不断出动飞机深入大陆腹地，在云南、贵州、青海、四川等地空投特务、散发传单，号召大陆人民起来造反，配合其反攻行动，甚至对福建沿海地区进行轰炸。不仅如此，蒋介石继续向金门方面增派军队，至1958年夏季，在金、马地区集结的军队已达10万人，其中绝大多数驻于金门，约占全部国民党军队的1/3，而且是国民党军队中较为精锐的部分。金门岛附近的大担、二担两个小岛，亦均被国民党军困守，他们以金门岛及其附近岛屿为据点不断对福建沿岸进行骚扰，对大陆造成了严重威胁。台湾海峡地区局势日益紧张。

　　1957年年底，美国还中断了中美大使级会谈，再次表明了与中华人民共和国对立的立场。除纵容甚至暗中鼓励台湾当局对中国沿海的骚扰破坏活动外，美国还在台湾建造了可供B52轰炸机起降的大型机场。更有甚者，3月6日，美台就在台湾部署中程导弹斗牛士导弹达成协定，5月6日双方就此发表联合声明。报刊文章透露，这种导弹既可以携带常规弹头，也可以携带核弹头，"而其实际效用主要在于可以携带核弹头"。文章没有披露，核弹头是否运到了台湾，但推测说，核弹头"或许已与美军一起驻在台湾，或许储存在附近的海军或空军基地，一旦开战，即可运往台湾"。① 中国政府对美国的这种做法予以强烈谴责，指出："美国在被它侵占的中国领土台湾、南朝鲜和日本设置发射核弹头的火箭的基地，加剧了远东的紧张局势，并且已经引起中国人民和亚洲各国人民的强烈反对"。②

　　1958年中东地区风云突变。7月，伊拉克人民举行了武装起义，推翻了费萨尔王朝，组建了革命政府，宣布退出由美英组织的巴格达条约组织，退出由英国一手炮制的伊拉克—约旦联邦。英国迅即出兵入侵约旦，威胁伊拉克人民的民族革命。美国亦调动第六舰队运送美军在黎巴嫩登陆，悍然入侵，扼杀黎巴嫩的人民起义。英美对他国内政的干涉引发了中东危机，中东局势

---

① Appu K. Soman: "'Who's Daddy' in the Taiwan Strait? The Offshore Island Crisis of 1958", *The Journal of American East Asian Relations*, Vol.3, No.4, pp.376-377; Thomas E. Stolper, China, Taiwan, and the Offshore Islangds, p.115.

② 《中美关系资料汇编》，第2辑（下），北京：世界知识出版社，1961年版，第2590页。

骤然紧张。中国政府敏锐地看到中东危机的深刻根源就在于美国，于是在7月16日发表声明，明确要求美军撤出黎巴嫩、英军撤出约旦，并宣布承认伊拉克共和国。

为进一步支持中东人民的解放斗争，同时抓住这一有利时机对美国支持的国民党残余势力在军事上给予打击，中共中央决定再次对金门实施大规模炮击。这一决定一方面旨在通过炮击金门牵制美国军事力量，支援中东地区的反侵略斗争；另一方面更主要的是为了反对美国使台湾与大陆分离成为固定化，以顺理成章地制造"两个中国"的阴险企图。

中国人民解放军进行了一系列周密准备，在各个战略要地部署驻扎了军队，并对侵犯大陆领空的国民党空军予以迎头痛击，夺取了福建上空的制空权。8月6日，台湾当局命令军队进入紧急戒备状态，并迅速增兵沿海诸岛。为增强蒋介石的力量，美国也提供了一定的军事援助。

8月23日，中国人民解放军福建前线部队对大小金门岛进行了大规模炮击，前线部队的36个地面炮兵营和6个海岸炮兵营一起向金门猛烈开炮，重创国民党军，极大地破坏了其相应军事设施，取得了此次炮击的重大胜利，实现了对大小金门和大担、二担等岛屿的严密封锁。此后，中国人民解放军继续实施对国民党军的军事打击，大小战役不断开响。台海地区的炮火硝烟令美国深觉不安，美国迅速增加第七舰队军事力量，短时间内在台湾海峡集结了7艘航空母舰、3艘重巡洋舰、40余艘驱逐舰。美国空军巡逻队和海军陆战队也进驻台湾地区和菲律宾。其中海军陆战队近4000人在台湾登陆。[①]

9月3日，毛泽东决定从次日起对金门暂停炮击三天。9月4日，中国政府发表声明，宣布中华人民共和国领海宽度为12海里，包括大小金门岛、大担、二担等岛屿，一切外国飞机和军用船舶，未经中国政府许可，不得进入中国领海及其上空。[②] 中国政府暂停炮击、明确领海，是有着深刻用意的，主要是为了探测美国的动向，搞清美国究竟要在台湾和金门、马祖问题上准备介入多深，其长远的战略意图是什么。[③] 这种酣战之中暂停作战的举措具有非同寻常的意义，唯有做到"知己知彼"，方可在这场复杂的军事、政治、外交斗争中应对自如，制定出最为恰切的对策。

---

① 资中筠：《战后美国外交史》，第303页。转引自苏格：《美国对华政策与台湾问题》，北京：世界知识出版社，1998年版，第300页。

② 《人民日报》，1958年9月5日。

③ 苏格：《美国对华政策与台湾问题》，北京：世界知识出版社，1998年版，第301页。

金门受到中国人民解放军的炮轰并被严密封锁，供给困难，岛上的国民党军陷入困境，台湾当局紧急向美国求援。9月7日，美国军舰公然为国民党军运输船和军舰护航。对此，毛泽东做出指示：一、照打不误；二、只打蒋舰，不打美舰。9月8日，福建前线实施了一次大规模炮击，炮击持续5个多小时。11日，人民解放军又炮击3个多小时。在这两次大规模炮击行动中，为国民党军护航的美国军舰均在蒋舰遭受炮击时仓皇逃离战场，至外海处观望，并未妄自采取军事行动。由此可见，美国出于自身利益和潜在目的（即制造"两个中国"）并不愿意卷入这场战争之中直接与中国政府对立冲突。

洞悉了美方的态度，中国人民解放军将火力集中于打击国民党军。9月11日后，又增调一些部队陆续入闽作战，使参加炮击的地面炮兵力量达到14个团又7个营又14个连；参战的海岸炮兵也增加至8个连。[①]对国民党军队实施军事压力。另一方面，中国政府积极准备和美国重新开始中断9个月之久的大使级会谈。9月6日，周恩来发表《关于台湾海峡地区局势的声明》，阐明中国政府在台湾问题上的立场和原则，反对任何外来干涉，尤其是反对美国的侵略和干涉，并建议"同美国政府坐下来谈判"，以利于缓和台海地区的紧张局势。[②]

面对国际舆论的巨大压力，美国政府立即同意恢复中美大使级会谈，9月15日在波兰首都华沙，中美双方的代表再次坐到了一起。尽管中方代表王炳南受命在会谈中采取委婉、策略的方式，但再次回到会谈桌上的美国依然坚持其在台湾问题上的错误政策，态度顽固，没有丝毫改变，缺乏诚意，因此会谈未取得任何突破性进展。

在复杂的台海形势中，毛泽东高瞻远瞩，认为金、马留在蒋介石手里，就保留了一个大陆与台湾对话的渠道；如果把金、马收回，美国就会把台湾孤立起来，造成"两个中国"的局面。因此中国政府在与美国继续会谈的同时，为粉碎美国制造"两个中国"的阴谋，决定对金门采取"打而不登，封而不死"的战术方针。接下来一段时期内，中国人民解放军断续对金门进行炮击，但是火力猛烈程度已经降低，且不以进占金门为目的，这也令蒋介石更加坚定了其驻守金、马的决心，不轻易听从美国从该地区撤军的动员。

配合军事行动的变化，中国政府的对台重心转移到了政治攻势方面。10

[①]《中国军队的军事工作》（上），北京：中国社会科学出版社，1989年版，第402—405页；《周恩来年谱（1949—1976）》（中卷），北京：中央文献出版社，1998年版，第169页。

[②]《人民日报》，1958年9月7日。

月6日，以国防部长彭德怀的名义发表了由毛泽东亲自起草的《告台湾同胞书》，文告首先强调说明"我们都是中国人，三十六计，和为上计"，并宣布"以没有美国人护航为条件"暂停炮击7天，以方便金门地区国民党军"充分地自由地输送供应品"。[①]10月13日，又宣布继续停止炮击两星期，以使金门军民同胞得到充分补给。

但是10月19日，美国军舰再次为国民党军护航侵入金门海域。此外，美国国务卿杜勒斯计划将于21日访台。中央军委立即做出决定，提前恢复炮击。10月20日，福建前线部队向金门实施了大规模炮击。10月25日，彭德怀又发表了由毛泽东起草的《再告台湾同胞书》。文告宣布"仍以不引进美国人护航为条件"，规定"逢双日不打金门的飞机场、料罗湾的码头、海滩和船只，使大金门、小金门、大担、二担大小岛屿上的军民同胞都得到充分的供应，包括粮食、蔬菜、食油、燃料和军事装备在内"，以利其长期固守，而且还宣布如有不足，只要开口，人民解放军可以供应。文告同时说明"逢单日，你们的船只、飞机不要来。逢单日我们也不一定打炮，但是你们不要来，以免受到可能的损失。这样，一个月中有半月可以运输，供应可以无缺"。[②]这就基本明确了对金门"单日打、双日不打"的方针。一般我方炮击都不以对方军队阵地和居民驻地为目标，逢年过节还要停炮三天，对金门的炮击进行到后期，炮弹已经不再是具有杀伤力的炸药，而改装宣传品。[③]这场战争也日益演变为象征性色彩浓厚的战争。对于这种双日不打单日打、事先向对方进行通告的做法，美国方面感到极其困惑不解。艾森豪威尔怀疑："我奇怪我们是不是在进行一场滑稽歌剧式的战争。"[④]然而在这场令艾森豪威尔也为之迷惑的"滑稽歌剧式的战争"中，中国政府始终掌握着主动权，一旦时机到来，就绝不含糊地真枪实弹。11月3日，为影响美国选举，反对美国政府的"战争边缘政策"和干涉中国内政的行径，毛泽东指示大打一天。1959年1月3日金门国民党军炮击大陆沿海村庄，为惩罚国民党军，福建前线炮兵奉命于1月7日对金门实施大规模炮击，发射炮弹2.6万余发。[⑤]1960年6月，艾森

[①] 《人民日报》，1958年10月6日。

[②] 《人民日报》，1958年10月26日。

[③] 叶飞：《毛主席指挥炮击金门》，《人民日报》，1993年12月24日。

[④] 《缔造和平》，第1册，北京：生活·读书·新知三联书店，1977年版，第340页。转引自陶文钊：《中美关系史（1949—1972）》（中卷），上海：上海人民出版社，1999年版，第四章《台海风云》第三节《第二次台海危机》。

[⑤] 杨贵华：《万炮轰金门》，人民网，2002年7月15日。

豪威尔公然出访台湾。中国人民解放军福建前线司令部发表《告台、澎、金、马军民同胞书》，宣布按例于17日、19日两天打炮，以特殊方式对艾森豪威尔进行"迎送"，并提醒当地同胞尽量避免炮火危险。①

这样"打打停停，半打半停"、只有少数几次真打的"炮战"，从1958年秋冬一直延续到1979年元旦，整整打了20年。从这个过程可以看出，最初的炮击是真正意义上的战斗，是对美国和台湾国民党军的武装骚扰、挑衅进行有效打击的必要步骤；后来的炮击则逐渐转变为一种策略，更主要的是为了粉碎美国企图实现"划峡而治"、制造"两个中国"的阴谋。

三、坚决反对美国的"划峡而治"企图

1954年9月，第一次台海危机发生后，美国企图借机实现台海状况的固定化，使"一中一台"成为既定事实，于是蠢蠢欲动。经过一番预先精心策划，美国决定将台海局势问题交由联合国安理会讨论决定。但此事需要由一个会员国提出，美国并不打算此时亲自出面，于是在其盟国英国的支持下暗地里授意、指使新西兰充当这一角色，新西兰遂领命于1955年1月28日向联合国安理会提出了关于台湾海峡两岸对立双方停火的提案。新西兰的这一提案把中国解放台湾和沿海岛屿的内政问题说成是"国际冲突"，要联合国出面"斡旋停火"，将本属中国内政的问题国际化，意图完全是要制造"两个中国"，以使海峡两岸关系从此固定化。对新西兰的提案，苏联清楚其幕后主使者为美国，因此针锋相对地提出了一个制止美国侵略中国的提案。1月31日，安理会通过决议，把两项提案都列入议程，但要先讨论新西兰提案，然后再讨论苏联提案，并决定邀请中华人民共和国代表与会，一起参加讨论新西兰提案。

对于来自联合国的这一邀请，中国政府深知其意在何处。2月3日，周恩来在致联合国秘书长哈马舍尔德的复电中坚决反对干涉中国内政、掩盖美国对中国侵略行为的新西兰提案，表示在蒋介石集团代表仍占据联合国的中国合法席位的情况下，中华人民共和国不能派代表参加安理会的讨论，在没有中华人民共和国代表参加的情况下安理会对有关中国问题的任何决议都是非法的、无效的。② 中国政府明确表明了对提案的态度。此后，周恩来分别在

---

① 《人民日报》，1960年6月18日。
② 《中美关系资料汇编》，第二辑（下），北京：世界知识出版社，1961年版，第2198—2200页。

同瑞典大使雨果·维斯特朗和印度大使赖嘉文的谈话中指出，新西兰提案包含着阴谋，企图把属于任何外国或联合国都无权干涉的中国内政的事情，放在国际舞台上，要在台湾地区造成"两个中国"的形势，要割裂中国领土，因此，中方不能同意新西兰的提案，也完全有理由拒绝参加此次讨论。[①]

对于新西兰的提案，台湾当局同样持强烈反对意见。蒋介石明确表示反对新西兰提案的态度，他认为新西兰的提案只会对共产党有利，但是他也指出沿海岛屿停火和中立只是第一步，下一步就是台湾"中立化"，再接下去就是"中共进入联合国"，形成"两个中国"，然后直至台湾被共产党接管。他向美国指出，如果台湾赞同这个议案，那么对国民党军队、生活在台湾的老百姓、海外华人和大陆的中国人将产生"毁灭性影响"。因此，他致电台湾驻华盛顿"大使"顾维钧，指示其"对新西兰在安理会的行动应予以极大保留，它将引起巨大的疑惑、忧虑和误解，并将鼓励和支持那些正在以'两个中国'为目标的人。"[②]虽然从狭隘的立场出发，国民党认为"停火"无异于要台湾放弃"反攻大陆"的计划，是有利于中国共产党的举措，但是台湾当局直至蒋介石本人坚决反对美国制造"两个中国"的阴谋是确定无疑的，也是值得肯定的。

由于海峡两岸都坚决反对新西兰提案，提案遇到的困难是美国始料未及的。2月15日，苏联代表在安理会谴责新西兰提案，并要求讨论苏联提案，但是遭到美英拒绝。双方僵持不下，安理会只得决定无限期搁置讨论。美国暗中操纵的新西兰提案最终破产，美国的如意算盘落空。

1958年8月23日，第二次台海危机爆发，台海局势再度紧张。还是早在1956年2月8日，台湾当局新任"驻美大使"叶公超在答复美国立法院有关外交的询问时就坚定地表示："我政府决心坚守外岛，任何国家不能迫我方放弃外岛。"[③]对于金、马等岛屿，台湾当局誓与占据，绝无退让之心。这与美方主张其放弃外岛，仅孤立驻守于台湾岛本身与大陆对峙，从而达到其制造"两个中国"的企图南辕北辙。而且美国公众舆论也不希望美国军队卷入台海地区的冲突，美国决策者不能不顾及国内公众的意愿。因此，在台湾当

---

① 《周恩来外交文选》，北京：中央文献出版社，1990年版，第106—107页；《周恩来外交活动大事记》，北京：世界知识出版社，1993年版，第100页。
② 《蒋介石斥新西兰提案鼓吹"台独"》（新华澳报），来源于华夏经纬网，2003年10月24日。
③ 陶文钊：《中美关系史（1949—1972）》（中卷），上海：上海人民出版社，1999年版，第四章《台海风云》第三节《第二次台海危机》。

局试图保障其外围岛屿的军事行动上,美国的支持是甚为有限的,历来不是很积极。

1958年8月的金门炮击来势十分凶猛,蒋介石据此断定目前的台海局势已经形成了金、马争夺战并关系台湾存亡的印象,而且可以借此战机使得这种印象进一步强化,最终迫使美国也参与进来,因此金门炮战伊始,蒋介石便拼命拉美国下水,要求美国共同袭击大陆福建沿海地区。美国从制造"两个中国"的阴谋出发,未同意蒋方要求,双方发生分歧、争执。

1958年10月21日,时值解放军继续停止炮击两星期之际,美国国务卿杜勒斯趁机访台。杜勒斯声称为此行目的是为完成所谓"和平使命",实则是借此停火之机压迫蒋介石将军队撤出沿海岛屿,放弃金、马,使美国"划峡而治"的要求顺理成章地得以实现。中共中央对美国的态度早已了然于胸,因此决定以特殊的方式——恢复对金门的炮击助台坚定占据金、马的决心,彻底粉碎美国的阴谋。

杜勒斯抵达台湾后一直试图说服蒋介石听从美国意见,并在会谈期间向蒋介石提交了一份书面文件。台湾"外交部长"黄少谷斥责杜勒斯书面文件的建议"几乎是动摇中华民国的基础。这等于让本政府自愿承认接受'两个中国'的概念",接受这样的建议是不可能的。"①此时,金门战火又重新燃起,根本不是美国期待中的风平浪静,美国也就失去了借以向台湾方面进行强势说服、施加政治压力的依据。因此在固有的分歧之上,美台双方经过一番激烈的讨价还价,于23日发表"联合公报"。在"公报"中,美国承认"金门、马祖与台湾、澎湖在防卫上有密切之关联","中华民国是自由中国的以及广大中国人民所抱的希望和愿望的真正发言人";台湾当局则在公报中宣布放弃军事"反攻大陆"口号,称"恢复大陆人民之自由的主要途径,为实行孙中山先生之三民主义,而非凭借武力"。②这一"公报",美台双方互有妥协,都做了某种程度的让步。但是蒋介石所代表的台湾当局始终坚守"一个中国"理念的底线,不肯以此做交易,再次打乱了美国推行"两个中国"的计划,让美国也感到无可奈何。

两次台海危机前后相继,从规模、影响和意义上讲,第二次台海危机要远远超过第一次台海危机。但在两次台海危机中,无论见解分歧存在多么大

---

① *FRUS*,1958-1960,Vol.19,pp.421-425,428-429.

② *FRUS*,1958-1960,Vol.19,pp.439-440,442-444.

的差距，国共双方领导者均有一致的共同点——反对"两个中国"。也正是基于这样的共同点，中国政府并没有打算真正拿下金门、马祖等地区，而是把金、马等保留在台湾当局手中，作为连接大陆与台湾的纽带，以此反对美国使台湾与大陆的分离永久化的企图，维护了"一个中国"的局面。

日本在东亚一直追随美国介入台湾问题。20世纪60年代中期，日本是"台独"势力的大本营。当时在日本的"台独"派别众多、组织复杂，其中以廖文毅为首的"台湾共和国临时政府"是最具代表性的"台独"组织。周恩来在中日复交前曾指出："要日本抛弃美国，抛弃台湾，这不仅短期内做不到，长期也困难。日本自民党虽然分许多派，但在台湾问题上都是一致地含糊其词，大多有野心。吉田茂、岸信介等人就是想把台湾分出去。在台湾和祖国统一之前，在这个问题上我们同日本的斗争是长期的。"[①]

四、中美《上海公报》的签署与美方承认"一个中国"

20世纪50年代中至60年代初是苏美争霸的第一阶段。此阶段双方关系既有缓和的一面，又有紧张的一面。其中1959年赫鲁晓夫访美，双方在戴维营举行会谈，表明美国实际上承认了苏美同是超级大国的事实。"柏林墙"的修筑和"古巴导弹危机"显示苏联已走上同美国进行全球争夺的道路，同时也表明当时的战略优势仍在美国方面。另一方面，由于苏联推行大国沙文主义和在国际共产主义阵营中的大党主义，50年代末中苏两党关系陷入停滞，而两国则从关系破裂发展到接近全面战争的边缘，所以60年代大部分时期中国面对的国际环境十分不利，处于两个超级大国的夹击之下，对外战略也是"两个拳头打人"。

60年代中至70年代末，是美苏争霸的第二阶段，此时转换为"苏攻美守"。苏联经济实力与美国的差距大为缩小，苏联的扩张野心不断膨胀。勃列日涅夫执政时期的主要战略目标，已是要与美国争夺世界霸权的积极进攻战略。1979年苏军出兵阿富汗，直接实行军事占领，标志着苏联霸权主义政策发展到了顶点。而这一阶段的美国，受经济危机的冲击，又因侵越战争的困扰和挫折，军事实力被苏联赶上，在争霸中处于守势。

20世纪60年代初期及中期，美国的肯尼迪和约翰逊两位总统执政，他

[①] 辛向阳：《百年恩仇——两个东亚大国现代化比较的丙子报告》，北京：中国社会出版社，1996年版，第644页。

们继续奉行"两个中国"的政策,加上中国于60年代中期发动了"文化大革命",中美关系一直僵持不下,唯一的沟通渠道是马拉松式的中美大使级会谈;当然,在约翰逊执政后期逐渐认识到了中国的重要性,表达了一定的改善中美关系的愿望。同期,台湾的蒋介石政权一直想着"反攻复国",但是没有得到美国政府的支持,因此国共双方的对峙一直在继续。

1969年尼克松入主白宫,在就职演说中,他再次含蓄地表达了缓和对华关系的主张:"我们谋求建立一个开放的世界","在这个世界里,大小国家的人民都不会怒气冲冲地处于与世隔绝的地位"。① 他就任美国总统后,对外战略从进攻转为防御。这种调整的基本倾向是收缩美国的海外态势,收缩的重点在亚洲,同时试图与中国结盟对抗苏联。1969年3月,在同法国总统戴高乐(Charles De Gaulle)的一次会谈中,尼克松提出希望与中国开展对话,并请求法国向中国转达他的这个意向。

1969年3月,中苏珍宝岛之战将已经恶化的中苏关系降到了冰点。面对严峻的国际形势。3月至10月,毛主席和周总理指定陈毅为召集人,与叶剑英、徐向前、聂荣臻三位老帅一起开了23次国际形势座谈会,就当时的国际形势,特别是国际战略格局和大三角关系的变化以及对我国外交政策的影响,就尼克松总统上台后美国对华政策的变化等战略问题进行了深入的研究和分析。四老帅先后向毛主席和周总理提交了《对战争形势的初步估计》和《对目前形势的看法》两个报告。老帅们认为:美苏的争夺和矛盾是第一位的,因此美苏单独或联合发动对华战争的可能性不大,美国的战略重点在西方,苏联对我安全构成的威胁比美国大,因此,我国应利用美苏之间的矛盾,尽早恢复中美大使级会谈,打破中美关系僵持局面。同年12月,中美恢复华沙大使级会谈。四老帅国际形势座谈会为毛主席和党中央做出对外战略调整以及改善中美关系的重大决策提供了正确的判断和科学的论证。

中美双方都积极把握住改善关系的契机。1971年4月3日,在第31届世乒赛即将结束的时候,中国外交部以及国家体委就是否邀请美国乒乓球队访华问题向中央请示。经过3天的反复考虑,4月6日毛泽东在比赛闭幕前夕决定邀请美国队访华。4月7日,美国白宫发言人在新闻发布会上说:"美国政府对美国乒乓球队计划中的北京之行表示欢迎。"他还指出:"总统在向国会提交的对外政策报告中清楚地表明,他欢迎中华人民共和国人民同美国

---

① 《人民日报》,1969年1月28日。

人民之间的接触。"4月10日，美国乒乓球代表团和一小批美国新闻记者抵达北京，成为自1949年以来第一批获准进入中华人民共和国境内的美国人。14日，周恩来在人民大会堂接见美国乒乓球队时说："你们在中美两国人民的关系上打开了一个新篇章。我相信，我们友谊的这一新开端必将受到我们两国多数人民的支持。"1972年4月11日，中国乒乓球队回访美国。由此，以毛泽东、周恩来为首的中国领导人成功地以"小球转动了大球"，成为中美外交史上一段脍炙人口的佳话。

"乒乓外交"之后，中美之间正式的官方沟通提上了议事日程。1971年4月27日，中国通过巴基斯坦渠道正式送交美国一份照会。照会说："中国政府重申它愿意在北京公开接待美国总统本人，以便直接进行会晤和讨论。"第二天，尼克松交给基辛格对中国秘密访问的任务。

7月8日，基辛格在访问巴基斯坦期间，秘密登上了巴基斯坦航空公司的波音707飞机飞抵北京。7月9日至11日，周恩来同基辛格进行了会谈。会谈时，双方着重讨论了台湾问题。周恩来坚持，美国必须承认台湾是中国的一个省，台湾问题是中国的内政，因而不容外人干涉；美国还必须确定撤走驻台美军的期限，并废除美蒋"共同防御条约"。

基辛格表示：(1)承认台湾属于中国。(2)美国不再与中国为敌，不再孤立中国，在联合国内将支持恢复中华人民共和国的席位，但不支持驱逐蒋介石集团的代表。(3)美国准备在印度支那战争结束后一个规定的短时期内撤走其驻台美军的三分之二，至于美蒋"共同防御条约"，美国认为历史可以解决这个问题。

1971年10月25日，第26届联大以59票反对、55票赞成、15票弃权否决了所谓"重要问题"案。接着以76票赞成、35票反对、17票弃权的压倒多数通过了阿尔巴尼亚、阿尔及利亚等23国的提案（即联合国历史上著名的联大2758号决议），决定恢复中华人民共和国在联合国的一切合法权利，并立即把国民党集团的代表从联合国及所属一切机构中驱逐出去。这个提案从政治上、法律上、程序上公正地、彻底地解决了中国在联合国的代表权问题。第26届联大恢复中华人民共和国在联合国的合法权利，这是中国外交工作的一次重大突破。同时，使中美关系的改善成为时代潮流，中美关系中台湾问题的边缘化趋势日益明显。

1972年2月21日至28日，美国总统尼克松正式访华。尼克松此次访华是20世纪国际外交史上最重大的事件之一。22日，周恩来总理同尼克松总统在北京人民大会堂举行会谈，就中美关系正常化及双方关心的其他问题进行了讨论。周恩来表示：台湾问题是阻碍两国关系正常化的关键。尼克松表示：美国承认世界上只有一个中国，台湾是中国的一部分。

2月28日，中美两国发表了指导两国关系的《中美联合公报》，中美交往的大门终于被打开。《中美联合公报》是中美两国签署的第一个指导双边关系的文件。它的发表，标志着中美隔绝状态的结束和关系正常化进程的开始。

《公报》列举了双方在重大国际问题上的不同观点和看法，承认"中美两国的社会制度和对外政策有着本质的区别"。但是《公报》强调指出，双方同意在和平共处五项原则的基础上处理国与国之间的关系和国际争端。

关于台湾问题，中国方面在《公报》中重申自己立场：

台湾是阻碍中美两国关系正常化的关键问题；中华人民共和国政府是中国的唯一合法政府；台湾是中国的一个省，早已归还祖国，解放台湾是中国内政，别国无权干涉；全部美国武装力量和军事设施必须从台湾撤走。中国政府坚决反对任何旨在制造"一中一台""一个中国、两个政府""两个中国""台湾独立"或鼓吹"台湾地位未定"的活动。[①]

在1972年的中美《上海公报》中，美国政府表示："美国认识到，在台湾海峡两边的所有中国人都认为只有一个中国，台湾是中国的一部分。美对这一立场不提出异议。它重申它对由中国人民自己和平解决台湾问题的关心。考虑到这一前景，它确认从台撤出全部美国武装力量和军事设施的最终目标。在此期间，它将随着这个地区紧张局势的缓和逐步减少它在台的武装力量和军事设施。"[②] 这是颇为耐人寻味的一段话，从中可以解读出许多美国对华、对台政策的内涵。

可以看出，美国政府在第一次与中华人民共和国打交道的正式文件中已正式承认只有一个中国，台湾是中国的一部分。尽管美国的立场与中国政府的要求还有相当大的差距，但与美国20多年坚持的"台湾地位未定"论，公开制造"一中一台""两个中国"的立场相比，不能说不是一次大的变动。它毕竟等于承诺今后不可能再明目张胆地鼓励和支持台湾搞"独立"。应该说此次对台政策的变动是向大陆立场的倾斜。然而，美国在《上海公报》对台问题的表述中，采用了海峡两岸可有不同的理解、双方均可接受的模棱两可的

---

① 《人民日报》，1972年2月28日。
② 《人民日报》，1972年2月28日。

措辞。即：美国只是认识到"只有一个中国"，是中华人民共和国，还是中华民国，可由大陆和台湾自行理解。在尼克松来访以及此前的基辛格秘密访华的会谈中，美方仍坚持三点：第一，还不能承认中华人民共和国是中国的唯一合法政府；第二，没有规定从台撤出军事力量的时间；第三，把和平方式解决台湾问题作为美国从台撤军的先决条件。这些充分证明美国在千方百计为日后与台保持实质性关系留下伏笔。美对台政策的第一次变动，并没有动摇其对台根深蒂固的立场，美台关系的稳定性并未轻易改变。①

事实上，美国并不打算放弃与台湾当局的军事关系，而是在保有"哪一个中国"的选择权的同时，长期保持其对台湾的军事控制，并成为限制中国走向统一的控制权。就在《上海公报》公布不到10天之际，1972年3月6日，尼克松总统会见了台湾当局驻美"大使"沈剑虹，并解释说：《上海公报》既不是条约也不是协议，只是一份共同声明而已。在我们两个国家之间，我们有《共同防御条约》，美国政府决心遵守它对中华民国的义务。据统计，仅在尼克松访华后的三年中，美国政府通过各种渠道向台湾做出过52次类似的保证。尽管根据新亚洲政策和《上海公报》的精神，美国从20世纪70年代初开始逐步减少对台军事援助和在台湾的军事人员及装备，然而同期美国却大幅度增加对台湾的军事装备的销售，1974年与1972年相比增加了1倍。台湾可用现款或贷款购买美国生产的军事装备。其中，1972年11月美国交付两艘先进潜艇。1973年4月，又送去3艘驱逐舰。同年，美国政府批准一项2.5亿美元的军事贷款协议。支持美国公司在台湾联合生产F-5E战斗机，其中一部分成品卖给台湾空军。

从《上海公报》及公报之后的美国对台政策可以看出：美国对华政策虽有较大的松动，但其一个中国原则只是名义上承认中国的领土完整应包括台湾在内，实际上对既存的美台官方关系没做任何事实上的改变，其实质依然是"两个中国"。②

五、中日建交及日本在台湾问题上的保留态度

1960年1月，日美签订了新日美安全保障条约，条约规定美国继续有权

---

① 刘丽华：《从中美三个联合公报看美国对华政策》，《内蒙古师大学报（哲学社会科学版）》，1996年第4期。

② 刘丽华：《从中美三个联合公报看美国对华政策》，《内蒙古师大学报（哲学社会科学版）》，1996年第4期，第29页。

在日本驻军并使用军事基地。日本社会党、共产党、工会组织、日本广大人民开展了声势浩大的反对新日美安全保障条约的爱国斗争。中国也举行大规模群众集会和示威。日本人民的抗议运动，迫使美国总统艾森豪威尔取消了原定对日本的访问，岸信介也不得不于1960年6月下台，让位给池田勇人。1964年11月，岸信介的弟弟佐藤荣作出任了近8年的首相。

60年代的中日关系一直处于低迷之中，而与中美关系不同之处在于"民间先行、以民促官"，中日民间外交活动在某种程度上取代了官方外交。1964年4月9日，中日双方就备忘录贸易互设办事处、互派常驻记者达成了协议，中方开设了廖承志办事处驻东京联络处，日方开设了高崎事务所驻北京联络事务所，在当时中日关系的境况下，这条半民半官的贸易渠道，为中日贸易和1972年中日邦交正常化做出了积极的贡献。

1965年8月至12月，应中国政府邀请，日本38个青年代表团共400余人分两批访华，参加首届中日青年大联欢活动，中国领导人毛泽东主席、周恩来总理等亲切会见，这是中日民间友好交往史上的首次盛会。

由于美日结成同盟，50—60年代日本在外交上一直追随美国，对中国采取敌对态度。但尼克松政府却在日方完全不知情的情况下，派基辛格在1971年7月秘密访问了北京。同年7月15日，中美两国同时发表了尼克松将在1972年访问中国的公报。而日本首相佐藤在公报发布前3分钟才得知相关消息。这一消息对日本确实是个冲击，被日本政界称之为"越顶外交"。因为就在1970年10月的美日首脑会谈中，尼克松还向佐藤保证，在对华关系上两国将进行紧密磋商。没想到，时间过去还不到一年，尼克松就背信弃义。于是，抢在美国之前与中国复交，就成了日本政要慎重思考的问题。

1971年10月2日，中方提出"中日复交三原则"：中华人民共和国是代表中国的唯一合法政府；台湾是中华人民共和国神圣不可分割的一部分；"日蒋和约"是非法的、无效的，必须废除。

1972年6月，佐藤荣作首相被迫提前辞职。7月7日，田中角荣出任首相，组成了自民党新内阁，田中首相在就任后第一次记者招待会上表示：日中邦交正常化的时机已经成熟。

1972年9月25日，田中角荣首相访华。在两国总理的会谈中，中方为了尽快恢复中日邦交，以便实现当时的共同对付苏联的战略目标，体现了在策略上的高度灵活性，例如，中方同意双方发表联合声明，而不采取签订和约的形式实现邦交正常化，缔结和平友好条约留待以后再谈判；又如，中方同意联合声明不触及日美安全条约；没有讨论钓鱼岛的问题，达成"以后再说"的谅解。

1972年9月29日，中日两国正式建交。周恩来总理和日本国总理大臣田中角荣在北京签署了《中日联合声明》，宣布自该声明公布之日起，中华人民共和国和日本国之间迄今为止的不正常状态宣告结束。条约签署之前，中日双方在历史问题上显现出了一些分歧，田中首相在欢迎宴会致辞中轻描淡写地说，"过去几十年日本给中国国民添了很大麻烦"，引起了中国人民的强烈反感。中方领导人对"添了很大麻烦"给予了严肃批评。因此，最后在联合声明中写上"日本方面痛思日本国过去由于战争给中国人民造成的重大损失的责任，表示深刻的反省"，同时"中国政府宣布，为了中日两国人民的友好，放弃对日本的战争赔偿要求"。

针对台湾问题，在《中日联合声明》前言中写上日方充分理解中方提出的"复交三原则"，但正文中不出现第三条原则即"日台条约是非法的、无效的，应予以废除"，而由大平外相在记者招待会上宣布。而在《中日联合声明》中，日本政府表示"充分理解和尊重""台湾是中国领土不可分割的一部分"这一中国政府的立场，没有使用"承认"一词，日方在台湾问题上的这一保留态度为其后日本右翼势力介入台湾问题并且阻挠中国实现国家统一提供了借口。

第六章 1979—1995年两岸逐步解冻

中美两国关系的发展决定了台湾海峡两岸关系的走向。1979年中美建交，两岸关系随即经历了16年的缓和期，而这期间"一国两制"逐步形成和完善，成为中国统一的理论基石。

第一节 "一国两制"的形成与逐步完善

从"一纲四目"到"一国两制"，中国国家统一理论的逐步形成、完善是中国共产党30年对台及对港、澳方略的成功总结，是中华民族政治智慧的伟大创造。

一、中国政府和中国共产党对台方略的形成

1949年10月1日，中华人民共和国诞生，中华人民共和国政府成为中国唯一合法政府。在此前后，蒋介石集团率部分国民党军政人员退踞台湾，并于同年5月19日颁布了"戒严令"，宣布台湾地区处于战时动员状况，事实上造成了海峡两岸的分裂局面。台湾问题的出现，是国民党发动反人民内战的结果，是由中国内战造成的地方与中央的分裂局面，其本质是中国的内政问题，完全不同于通过国际条约而形成的两德及朝鲜半岛的分裂局面。台湾问题之所以长期存在且迄今尚未解决的一个重要因素，是美国等西方反华势力插手，干涉中国内政，阻碍中国统一。

围绕台湾问题，中国政府及中国共产党为维护国家统一进行了长期坚持不懈的斗争。

第一阶段：从1949年初到20世纪50年代中期，是中国共产党为完成祖国的统一大业尝试武力解放台湾的阶段。1949年春，当中国人民解放战争在全国范围内的胜利已成定局时，中共中央就开始把解放台湾的问题提到议事日程上来，在3月15日发表的"新华社时评"中明确指出：中国人民包括台

湾人民"绝对不能容忍国民党反动派把台湾作为最后挣扎的根据地。中国人民解放斗争的任务就是解放全中国,直到解放台湾、海南岛和属于中国的最后一寸土地为止"。[①]1949 年 10 月 25 日,中国人民解放军发动了解放金门的战役,然而非常遗憾的是,由于判断失误和缺乏必要的渡海工具等原因,金门之战失利。随后,在中共中央的领导下,中国人民解放军一直积极进行武力解放台湾的各种准备。1950 年 6 月,美国在朝鲜战争爆发后,派第七舰队侵入台湾海峡,公然以军事干涉中国内政;1954 年 12 月 2 日,美蒋"共同防御条约"在华盛顿签字。因此,受当时国内外各种因素的影响,中国政府武力解放台湾的进程被迫中断。

第二阶段:从 20 世纪 50 年代中期到 70 年代末,是中国政府及中国共产党争取和平解放台湾的阶段。

1955 年 5 月 13 日,周恩来在全国人民代表大会常务委员会第十五次扩大会议上作关于亚非会议的报告时指出:中国人民解放台湾是中国的内政问题。解放台湾有两种可能的方式,即用战争的方式和和平的方式,中国人民愿意在可能的条件下,争取用和平的方式解放台湾。[②]

1956 年 9 月,中国共产党召开了第八次全国代表大会。早在"八大"召开之前,毛泽东就提出了"和为贵""爱国一家""爱国不分先后"等政策主张。这为"八大"确定解决台湾问题的正确决策奠定了思想基础。在中共"八大"的政治报告中,中共明确提出"解放台湾的问题完全是中国的内政。我们愿意用和平谈判的方式,使台湾重新回到祖国的怀抱,而避免使用武力"。"如果不得已而使用武力,那是在和平谈判丧失了可能性,或者是在和平谈判失败以后。"[③]这是在党的正式文件里首次提出和平解决台湾问题。这一重要决策是中国共产党根据国内外局势的变化而做出的。

1956 年的春天,毛泽东同志委托赴香港的章士钊先生转去一封中共中央致蒋介石的信。信中提出了和平解放台湾的具体办法:第一,除外交统一于中央外,其他台湾人事安排、军政大权,由蒋介石管理;第二,如果台湾经济建设资金不足,中央政府可以拨款予以补助;第三,台湾社会改革从缓,

---

① 《中国人民一定要解放台湾》,《人民日报》,1949 年 3 月 16 日,第 1 版。
② 杨洁勉等:《世界格局中的台湾问题:变化和挑战》,上海:上海人民出版社,2002 年版,第 284 页。
③ 《在中国共产党第八次全国代表大会上的政治报告》,《刘少奇选集》,下卷,北京:人民出版社,1985 年版,第 255 页。

待条件成熟，亦尊重蒋介石意见和台湾各界人民代表进行协商；第四，国共双方要保证不破坏对方之事，以利两党重新合作。

1963年，周恩来总理将中国共产党对台政策归纳为"一纲四目"。"一纲"即：台湾必须统一于中国。"四目"即：（一）台湾统一于祖国后，除外交必须统一于中央外，台湾之军政大权、人事安排等悉委于蒋介石；（二）台湾所有军政经济建设一切费用不足之数，悉由中央政府拨付（注：当时台湾每年赤字约8亿美元）；（三）台湾的社会改革可以从缓，必俟条件成熟并尊重蒋介石的意见，协商决定后进行；（四）双方互不派遣特务，不做破坏团结之举。毛泽东也一再表示，台湾当局只要一天守住台湾，不使台湾从中国分裂出去，大陆就不改变目前的对台关系。[①]"一纲四目"为之后"一国两制"的酝酿提供了初始思路。

1965年，毛泽东在接见外宾时谈到香港问题时指出：我们可以考虑在1997年以后让香港仍然实行资本主义制度。1969年4月，中国共产党第九次全国代表大会召开。这次大会没有再提和平谈判的方式，但表明了中国共产党统一中国的坚强决心和强烈愿望，明确表示："一定要解放自己的神圣领土台湾"。[②]

1973年8月，中国共产党第十次全国代表大会明确提出："台湾人民是我们的骨肉同胞。我们对台湾同胞寄予无限的关怀。台湾同胞热爱祖国，向往祖国。台湾同胞只有回到祖国的怀抱，才有光明前途。台湾一定要解放。我们伟大的祖国一定要统一。"[③] 这次大会重申了一定要解放台湾的坚定立场，最为重要的是表达了对台湾民众的关怀，突出了中国共产党在解决台湾问题实现国家统一问题上积极争取台湾民众的策略思想。

1977年8月，中国共产党第十一次全国代表大会再次强调："台湾省是我国的神圣领土，我们一定要解放台湾。"[④]

---

① 中共中央台湾工作办公室、国务院台湾事务办公室：《中国台湾问题》，北京：九洲图书出版社，1998年版，第65页。

② 《中国共产党第九次全国代表大会上的报告》，人民网，http：//www.people.com.cn/GB/shizheng/252/5089/5101/index.html。

③ 姜华宣主编：《山重水复：中国共产党第十次全国代表大会》，沈阳：万卷出版公司，2008年版，第87页。

④ 张静如主编：《新旧交织：中国共产党第十一次全国代表大会》，沈阳：万卷出版公司，2008年版，第84页。

二、"一国两制"形成的背景与过程

1978年12月，中国共产党召开具有重要历史意义的十一届三中全会，决定把党和国家的工作重点转移到现代化经济建设上来。与此同时，海峡两岸的中国人、港澳同胞以及海外华人华侨都期望两岸携手合作，共同振兴中华。这是解决台湾问题在方针策略上调整转变的重要内部条件。

（一）和平与发展成为时代的主题

20世纪后半期，世界形势开始发生重大变化，形成了有利于维护和平、促进发展的时代潮流，正是从这种世界格局的变化出发，80年代以来，以邓小平为首的中共中央第二代领导集体以实事求是的科学态度，对当代世界的矛盾和问题做了深刻的分析和研究，确认"和平力量的增长超过战争力量的增长"[1]，认为世界大战是可以避免的，纠正了80年代以前以"战争与革命"为时代主题的提法，提出"现在国际形势看来会有比较长时间的和平环境"，"和平与发展是当代世界的两大主题"[2]，形成了以经济建设为中心的指导思想。

1985年3月4日，邓小平指出："现在世界上真正大的问题，带有全球性的战略问题，一个是和平问题，一个是经济问题或者说发展问题。和平问题是东西问题，发展问题是南北问题。概括起来，就是东西南北四个字。南北问题是核心问题。"[3]其次，从总体上看，世界在向多极化的方向发展，维护世界和平的力量超过了战争力量，"日本人民不希望有战争。欧洲人民也不希望有战争。第三世界，包括中国，希望自己发展起来，而战争对他们毫无好处"，和平成为当今人类倡导的主要潮流。

同时，邓小平同志站在历史的高度，提出着眼于振兴中华民族是中国和平发展的长远奋斗目标。邓小平强调中国是和平地作为世界一极而存在，中国"将来发展富强起来，仍然属于第三世界"，"中国永远不会称霸，永远不会欺负别人，永远站在第三世界一边。"[4]"和平"在中国和平崛起的过程中有两层含义：一是过程的延续性，中国的崛起过程是一个争取和平、维护和平的过程，中国处于和平与发展的时代，这是中国能够和平崛起的前提；二是目标的指向性，中国的崛起将有利于本国乃至世界的和平。1984年邓小平会

---

[1] 《邓小平文选》，第三卷，北京：人民出版社，1993年版，第127页。
[2] 《邓小平文选》，第三卷，北京：人民出版社，1993年版，第270页。
[3] 《邓小平文选》，第三卷，北京：人民出版社，1993年版，第105页。
[4] 《邓小平文选》，第三卷，北京：人民出版社，1993年版，第56页。

见巴西总统菲格雷时说:"中国对外政策的目标是争取世界和平。在争取和平的前提下,一心一意搞现代化建设,发展自己的国家,建设具有中国特色的社会主义。"①就中国的国际地位而言,邓小平指出:"世界格局将来三极也好,四极也好,五极也好,所谓多级,中国算一极。中国不要自己贬低自己,怎么样也算一极。"②

中华人民共和国成立后,中国共产党人和中国政府以国家富强、民族统一为己任,国家逐步摆脱积贫积弱的落后状态。邓小平指出:"党的十一届三中全会以后,我们集中力量搞四个现代化,着眼于振兴中华民族。没有四个现代化,中国在世界上就没有应有的地位。"③他铭记作为中国人的历史责任感,经常以中国近代史上饱受屈辱的历史警醒国人,指出 90 年代初西方七国首脑会议制裁中国的行径令人联想起 1900 年八国联军侵略中国的历史。"哪怕拖一百年,中国人也不会乞求取消制裁。如果中国不尊重自己,中国就站不住,国格没有了,关系太大了。"④他认为只有懂得这些民族屈辱的历史,才能成为中国发展的动力。知耻而后勇,他殷殷期盼国人振作奋起,"中国人分散开来力量不大,集合起来力量就大了","我们要利用机遇,把中国发展起来,少管别人的事,也不怕别人制裁"⑤。面对复杂的国际形势,小平指出经过多年的发展,中国的实力已经增强了,中国不但垮不了,还要进一步加快发展。

邓小平把经济建设看成是中国的大局和解决一切国内国际问题的基础,他说:"先把经济搞上去,一切都好办。现在就是要硬着头皮把经济搞上去,就这么一个大局,一切都要服从这个大局。"⑥

邓小平对于全球和中国的和平发展给予极大的期望。他多次指出,中国一打内战,就会生产衰落,交通中断,难民将不是百万、千万而是上亿地往外跑,将酿成世界性的灾难。所以,"中国不能把自己搞乱,这当然是对中国自己负责,同时也是对全世界全人类负责"⑦。

紧紧把握国家利益原则,必须坚持实行不结盟的对外政策。20 世纪 80

---

① 《邓小平文选》,第三卷,北京:人民出版社,1993 年版,第 57 页。
② 《邓小平文选》,第三卷,北京:人民出版社,1993 年版,第 353 页。
③ 《邓小平文选》,第三卷,北京:人民出版社,1993 年版,第 357 页。
④ 《邓小平文选》,第三卷,北京:人民出版社,1993 年版,第 332 页。
⑤ 《邓小平文选》,第三卷,北京:人民出版社,1993 年版,第 358 页。
⑥ 《邓小平文选》,第三卷,北京:人民出版社,1993 年版,第 129 页。
⑦ 《邓小平文选》,第三卷,北京:人民出版社,1993 年版,第 361 页。

年代初，邓小平针对20世纪70年代中美两国结成"准同盟"关系对抗苏联的格局，强调"中国的对外政策是独立自主的，是真正的不结盟。中国不打美国牌，也不打苏联牌，中国也不允许别人打中国牌"[①]。中国不结盟的外交政策使中国在国际社会中树立了负责任的大国形象，中国根据国际事务自身的是非曲直，从中国人民和世界人民的根本利益出发，做出自己的判断和抉择。

(二)"一国两制"逐步酝酿成熟

1979年1月1日，中华人民共和国全国人民代表大会常务委员会发表了《告台湾同胞书》，郑重宣告中国政府和平解决台湾问题的大政方针，呼吁两岸就结束军事对峙状态进行商谈，提出在解决统一问题时，尊重台湾现状和台湾各界人士的意见，争取合情合理的政策和办法。明确提出，推进两岸自由往来，实现通航、通邮、通商，开展经济文化交流。为此，大陆采取了一系列实际措施，比如在军事方面，停止对金门等岛屿的炮击；政治方面调整有关政策，主动化解敌对情绪；经济方面敞开门户，提供优惠政策和法律保护。《告台湾同胞书》标志着我党解决台湾问题的理论和实践进入了一个新的历史时期。[②]《中华人民共和国全国人大常委会告台湾同胞书》成为中国政府处理台湾问题的重要指导性文件。

1980年，邓小平提出了20世纪80年代"我们要做的三件大事"。"第一件事，是在国际事务中反对霸权主义，维护世界和平。""第二件事，是台湾归回祖国，实现祖国统一。""第三件事，要加紧经济建设，就是加紧四个现代化建设。"[③]

1983年，邓小平会见美国新泽西州西东大学教授杨力宇时提出了大陆和台湾和平统一的设想，特别是对"一国两制"进行了详尽的阐述，指出"祖国统一后，台湾特别行政区可以有自己的独立性，可以实行同大陆不同的制度"。[④]

20世纪末，香港、澳门先后回归祖国，主要原因在于此时中国的国力已经今非昔比，"主要是我们这个国家这几年发展起来了，是个兴旺发达的国

---

① 《邓小平文选》，第三卷，北京：人民出版社，1993年版，第59页。
② 详见《叶剑英委员长进一步阐明台湾回归祖国实现和平统一的方针政策 建议举行两党对等谈判实行第三次合作》，《人民日报》，1981年10月1日，第1版。
③ 《邓小平文选》，第二卷，北京：人民出版社，1994年版，第239—240页。
④ 《邓小平文选》，第三卷，北京：人民出版社，1993年版，第30页。

家,有力量的国家"①。所以,邓小平在1982年会见英国首相撒切尔夫人时说:"主权问题,中国在这个问题上没有回旋余地。坦率地讲,主权问题不是一个可以讨论的问题",否则,"任何一个中国领导人和政府都不能向中国人民交代,甚至也不能向世界人民交代。如果不收回,就意味着中国政府是晚清政府,中国领导人是李鸿章"②! 所以,尽管英国、美国在1997年之前曾为归还香港给中国设立种种障碍,但是香港最终回归中国。进入新世纪后,中英关系得到了健康的发展,主要在于包括英国在内的西方国家看到中国的蓬勃发展给他们带来了巨大机遇。

同时,邓小平一直强调指出:"中国还有个台湾问题要解决。中国最终要统一。能否真正顺利地实现大陆和台湾的统一,一要看香港实现'一国两制'的结果,二要看我们的经济能不能真正发展。中国解决所有问题的关键是要靠自己的发展。"③因此,中国的发展质量则是解决台湾问题及构建稳定的中美日安全架构的前提和基础。19世纪中叶,中国在鸦片战争中败给英国时,中国的GDP总量仍然占世界的1/3,但是科研实力特别是军事实力已经远远地被抛在了后面。从历史教训来看,中国解决一切问题,包括台湾问题,最终要通过发展特别是增强综合国力从根本上加以解决,尤其是通过科学发展保证经济和社会发展的内在质量。

1982年9月,中国共产党召开第十二次全国代表大会,这次大会提出:"我们要同包括台湾同胞、港澳同胞和国外侨胞在内的全体爱国人民一道,努力促进祖国统一的大业。"④"我们希望台湾同胞、港澳同胞和国外侨胞督促国民党当局,审时度势,以国家前途、民族大义为重,不要执迷不悟,及早举行国共两党的谈判,共同促进祖国和平统一大业的实现。"⑤这里明确提出国共两党谈判,说明中国共产党在解决台湾问题的方式上有了新的突破。

1986年,邓小平再次谈及台湾问题,他认为台湾必须同大陆统一。"首先是个民族问题,民族的感情问题。凡是中华民族子孙,都希望中国能统一,分裂状况是违背民族意志的。其次,只要台湾不同大陆统一,台湾作为中国

---

① 《邓小平文选》,第三卷,北京:人民出版社,1993年版,第85页。
② 《邓小平文选》,第三卷,北京:人民出版社,1993年版,第12页。
③ 《邓小平文选》,第三卷,北京:人民出版社,1993年版,第265页。
④ 中共中央文献研究室编:《十一届三中全会以来党的历次全国代表大会中央全会重要文件选编》(上),北京:中央文献出版社,1997年版,第234页。
⑤ 中共中央文献研究室编:《十一届三中全会以来党的历次全国代表大会中央全会重要文件选编》(上),北京:中央文献出版社,1997年版,第279页。

领土的地位是没有保障的,不知道哪一天又被别人拿走了。"①

1987年10月,中国共产党第十三次全国代表大会召开。这次大会首次提出:"按照'一国两制'实现国家统一的原则,中英、中葡已就解决香港和澳门问题达成协议。我们还要按照这个原则努力争取和平解决台湾问题。历史将证明,按照'一国两制'实现国家统一的构想和实践,是中华民族政治智慧的伟大创造。"②这是中国共产党在解决台湾问题上首次提出"一国两制"构想,是解决台湾问题的创造性和历史性突破。由于中国共产党的率先倡导,主动提出新政策新主张,同时,台湾当局领导人积极顺应时势,加之两岸同胞的不懈努力,终于促使两岸关系发生重大变化。

第二节 中美建交与美台官方关系的终结

冷战前后,台湾在美国全球战略中的地位几起几伏。20世纪70年代,中国调整对外战略,恰逢美国实行战略收缩以对付苏联的军事扩张,由此中美两国接近并结成"一条线"用以对付苏联,而美国本着实用主义的态度在台湾问题上对中国有着一定的让步。

一、中美建交"三原则"与中美《建交公报》的签署

1972年尼克松访华时曾承诺,如果大选获胜他将在第二届总统任期内实现中美关系正常化。1973年尼克松连任总统。1974年8月8日晚9时,尼克松在白宫举行最后一次记者招待会,宣布因为"水门事件"辞去总统职务。1974年8月9日,杰拉尔德·福特继任总统。

1974年8月12日,福特在致国会的第一次内外政策报告中谈到对华政策时说:"对于中华人民共和国……我保证继续信守《上海公报》的原则。在这些原则上建立起来的新关系已经表明,它是符合双方的重要的、客观的利益的,而且已经成为世界局势的一个持久特征。"③

1974年11月下旬,福特总统派国务卿基辛格再次访华。由邓小平副总

---

① 《邓小平文选》,第三卷,北京:人民出版社,1993年版,第170页。
② 中共中央文献研究室编:《十一届三中全会以来党的历次全国代表大会中央全会重要文件选编》(上),北京:中央文献出版社,1997年版,第442页。
③ *Public Papers*, Ford, 1974, p.12. 转引自陶文钊主编:《中美关系史》下卷(1972—2000)之第一章:"停滞不前"。

理同基辛格进行了会谈,邓小平指出在建交问题上美方提出的"倒联络处"的方案,中国不能接受;中美关系正常化要以"三原则"为前提,即美国必须同台湾当局断绝"外交关系",废除"美台共同防御条约"和从台湾撤出一切军事力量;在美国同台湾"断交、废约、撤军"后,台湾问题应由中国人自己去解决,那是中国的内政,用什么方式解决也是中国人自己的事。①

尽管福特总统和基辛格国务卿都保证,促进中美关系正常化是他们的外交的首要工作,但实际上1974至1975年间中美关系正常化没有多大进展。福特总统于1975年12月1日至4日访问中国,访问虽然没有取得多少实质性的成果,但他通过做出新的承诺及确认《上海公报》的原则,基本上维持了中美关系的稳定,避免了在大选年中美关系的滑坡。1976年,福特在与吉米·卡特竞选美国第39任总统中失利,迅速淡出了美国和国际社会的政治大舞台。

1977年1月,吉米·卡特入主白宫,成为美国第39任总统。1976年年底,卡特当选美国总统后,虽然仍将美苏关系置于中美关系之上,但随着苏联在世界各地的积极扩张,而对苏联的看法发生了急剧的变化。加上此时中国正开始全力发展经济、扩大对外经济交往,卡特政府越来越感到早日实现中美关系正常化符合美国的战略需要和经济利益,于是开始实施联华抗苏的战略转移,积极推动中美关系正常化。

1977年8月22日,卡特总统委派万斯国务卿访华。次日,邓小平会见万斯时阐明中国的立场说,如果要中美建交,就是三条前提:废约、撤军、断交;为了照顾现实,中国还可以允许保持美台间非官方的民间往来;至于台湾同大陆统一的问题,还是让中国人自己来解决,中国人是有能力解决这个问题的,奉劝美国朋友不必为此替中国担忧。②

经过中美双方多轮接触后,1978年5月20日,力主中美关系正常化的美国国家安全事务助理布热津斯基一行10人访华。黄华外长与之举行了会谈。邓小平副总理与之进行了实质性谈话,布热津斯基开场就说:我一开始就想向你表示我们推进正常化进程的决心。我可以代表卡特总统说,美国在这个问题上已经下定决心。5月21日,邓小平与布热津斯基再次举行了小范

---

① 薛谋洪、裴坚章等编:《当代中国外交》,北京:中国社会科学出版社,1988年版,第226页。

② 薛谋洪、裴坚章等编:《当代中国外交》,北京:中国社会科学出版社,1988年版,第227—228页。

围的会见，布热津斯基再次重申美国接受中国提出的三个条件，并重申前任政府的五点声明，表示在建交之后，在台湾不会有美国的领事馆。他还说，在建交时，美国需要发表单方面的声明，希望台湾问题得到和平解决，希望不会明显遭到中国方面的批驳。邓小平表示接受美方的建议，他说，很高兴听到卡特总统的这个口信。在这个问题上，双方的观点都是明确的，问题就是下决心。如果卡特总统是下了这个决心，事情就好办。① 布热津斯基的访问给正常化进程注入了新的动力。

经过三年多紧张激烈的建交谈判，中美两国最终在搁置分歧、求同存异的基础上达成了协议。1979年元旦，中美两国正式建交。《中美建交公报》全称为《中华人民共和国和美利坚合众国关于建立外交关系的联合公报》，于1979年1月1日正式发布，宣布中华人民共和国与美国建立正式的大使级外交关系。联合公报的全文如下：

中华人民共和国和美利坚合众国商定自一九七九年一月一日起互相承认并建立外交关系。美利坚合众国承认中华人民共和国政府是中国的唯一合法政府。在此范围内，美国人民将同台湾人民保持文化、商务和其他非官方关系。中华人民共和国和美利坚合众国重申上海公报中双方一致同意的各项原则，并再次强调：

——双方都希望减少国际军事冲突的危险。

——任何一方都不应该在亚洲—太平洋地区以及世界上任何地区谋求霸权，每一方都反对任何国家或国家集团建立这种霸权的努力。

——任何一方都不准备代表任何第三方进行谈判，也不准备同对方达成针对其他国家的协议或谅解。

——美利坚合众国政府承认中国的立场，即只有一个中国，台湾是中国的一部分。

——双方认为，中美关系正常化不仅符合中国人民和美国人民的利益，而且有助于亚洲和世界的和平事业。

中华人民共和国和美利坚合众国将于一九七九年三月一日互派大使并建立大使馆。②

---

① 中共中央文献研究室编：《邓小平思想年谱（1975—1997）》，北京：中央文献出版社，1998年版，第65页。

② 《中美建交公报》，《人民日报》，1978年12月17日。

在《上海公报》中，美国只是认识到"只有一个中国"，从建交公报可以看出美对台政策有根本改变，一是从只承认台湾是中国的一部分变为承认中华人民共和国是中国的唯一合法政府；二是从对台"建交、缔约、驻军"转变为"断交、废约、撤军"；三是美台关系从"官方关系"转变为"文化、商务和其他非官方关系"。

20世纪70年代，美国对台政策的变动性强于稳定性。在理论上、文字上、法律上以及外交活动上，美台关系的变动是实质性的，是从"官方"关系到非官方关系；从双方遵守"共同防御条约"到"终止条约"执行；从美军驻扎台湾到被迫撤军的变动，此变动方向，基本上是逐步接近中国政府的立场。[①]

二、"与台湾关系法"的通过导致台湾问题的复杂化

1978年12月31日，台"驻美大使馆"降旗，其"外交部"宣布同美国"断交"，美国与台湾当局的官方关系由此正式结束。与此同时，美国政界内的亲台分子坚决反对断绝美台官方关系，尤其是美国国会内亲台政治势力反对卡特对华政策的活动最为猖獗。对卡特政府来说，比调整与台湾关系更难的是处理与国会的关系。

1978年5月，布热津斯基访华后，美国参议院预感到中美关系的发展势头加快，为了防止行政当局不与国会商议就在对华政策方面采取什么步骤，参议院于7月提出了《国际安全援助法》修正案，或曰《多尔—斯通修正案》。该修正案要求，"影响（美台）共同防御条约继续有效的任何政策改变都须事先经过参议院与行政当局的磋商"。该修正案以94票对0票获得通过，并于9月26日由卡特总统签署成为法律。此后不久，高华德与24名议员又提出一项议案，要求总统未经与参议院商量并征得参议院同意，不得单方面采取任何行动废止和影响美台和其他防御条约。[②]

事实上，1979年中美建交之后，在废除"美台共同防御条约"之后，卡特政府出于平衡国会内亲台势力的考虑，同时为了提醒和维护美国在台利益，

[①] 刘丽华：《论70年代以来美国对台湾政策的变动性与稳定性》，《内蒙古师大学报（哲学社会科学版）》，1999年第6期，第8页。

[②] Michael S. Frost, *Taiwan's Security and United States Policy: Executive and Congressional Strategy in 1978-1979* (School of Law, University of Maryland, 1982), p.25.

就美台关系作立法调整而提出了"台湾授权法案"。据了解,这个法案是提醒大陆重视美国在台安全利益。但是在国会讨论时,参众两院分别提出修正案,加进了所谓保证台湾安全的条款以及"向台湾提供防御性武器"和"维护并促进全体台湾人民的人权"等条款,并且实质上继续把台湾当作国家。因此,在一些重大问题上直接违反了中美建交公报。

1979年3月13日,美国国会参众两院分别通过了"与台湾关系法"。1979年4月10日经由卡特总统签署后成为法律。该法共有18条和数十款。18条中最关键的是关于美国对台湾安全的承诺和台湾的国际地位两条。该法第二条宣布:

——美国决定同中华人民共和国建立外交关系是基于台湾的前途将通过和平方式决定这样的期望;

——认为以非和平方式包括抵制或禁运来决定台湾前途的任何努力,是对西太平洋地区的和平和安全的威胁,并为美国严重关切之事;

——向台湾提供防御性武器;

——使美国保持抵御会危及台湾人民的安全或社会、经济制度的任何诉诸武力的行为或其他强制形式的能力。

该法第三条又规定:

——美国将向台湾提供使其能保持足够自卫能力所需数量的防御物资和防御服务;

——总统和国会完全根据他们对台湾的需要的判断并依照法律程序来决定这类防御物资和服务的性质和数量。对台湾防御需要做出的这类决定,应包括美国军事当局为了向总统和国会提出建议所做出的估计;

——总统将对台湾人民的安全或社会、经济制度的任何威胁,并由此而产生的对美国利益所造成的任何危险迅速通知国会。总统和国会应依照宪法程序决定美国应付任何这类危险的适当行动。[1]

---

[1] 梅孜主编:《美台关系重要资料选编》,北京:时事出版社,1997年版,第167—169页。

而且，"凡当美国法律提及或涉及外国和其他民族、国家、政府或类似实体时，上述各词含意中应包括台湾，此类法律亦适用于台湾"①。从上述引文可以看出"与台湾关系法"是对《中美建交公报》的否定，是用变相方式对终止的美台"共同防御条约"的恢复。其实质一是重申了美台稳定的"官方"关系。所谓"保持同台湾人民的商务、文化和其他关系"中的"其他"实际上已涵盖了美台"官方"关系；二是继续关切台湾安全，继续保持美台军事同盟关系；三是仍把台湾作为一个"独立的政治实体"对待，为美继续坚持"两个中国""一中一台"立场，继续干涉中国内政提供法律依据。

在美国一些政要看来，"与台湾关系法"效力优于中美三个联合公报（包括之后的《八一七公报》），特别是在中美三个联合公报同"与台湾关系法"相互抵触时，应优先适用"与台湾关系法"，因为联合公报是由美国政府与别国签订的，只是政府的一种具体行政行为，没有经过国会。"与台湾关系法"则是由美国国会参众两院通过并由总统签署的正式法律，而且是效力高于判例的制定法。

美国不顾中方一再表示的严正立场，通过了"与台湾关系法"，对此中方十分气愤。1979年4月19日，邓小平在会见以丘奇为首的参议院外委会访华团时指出："中美两国关系正常化的政治基础就是只有一个中国，现在这个基础受到了干扰；中国对美国国会通过的"与台湾关系法"是不满意的，这个法案最本质的一个问题，就是实际上不承认只有一个中国；卡特总统表示他在执行这个法案时要遵守中美建交协议，中国正在看美国以后所采取的行动。"②

三、《八一七公报》的签署与美对台军售的"尾大不掉"

1978年中美建交谈判时，美国对台湾出售武器的问题并没有得到根本解决。当时考虑到中美关系的大局，双方决定暂时搁置这一分歧，希望过一段时间后能够彻底解决这一问题。在《建交公报》公布的当天，中国方面还就美方在谈判中提到的在正常化后美方将继续有限度地向台湾地区出售防御性武器的问题阐明自己的立场——坚决不能同意。因为这不符合两国关系正常化的原则，不利于和平解决台湾问题，对亚太地区的安全和稳定也将产生不

---

① 冬梅编：《中美关系资料选编》，北京：时事出版社，1982年版，第163—164页。
② 田曾佩主编：《改革开放以来的中国外交》，北京：世界知识出版社，1993年版，第386页。

利影响。①

1980年是美国大选年。在中美正式建交，而美国又与台湾保持着非官方关系的情况下，美国对华政策特别是美国对台军售呈现出比以往更加复杂的情形。尤其是共和党总统候选人里根(Ronald Reagan)在竞选初期，比任何候选人更使劲攻击卡特的对华政策，并称："如果当选，我比世界上任何事情都更想发出的一个信息是，不会再有台湾，不会再有越南，美国政府不会再出卖朋友和盟友了。"他在几次讲话中都提到，如果他当选，他将支持重建与台湾的"官方"关系，他继续称台湾为"中华民国"。

中国政府密切注视着美国大选中出现的种种可能导致中美关系倒退的言论和行动。6月14日，针对里根的"反华亲台"言行，《人民日报》发表《倒车开不得》的社论，提出严厉批评。指出："如果按照里根声称的政策，美国和台湾建立'官方关系'，这就意味着中美两国关系正常化的原则基础被彻底破坏，中美关系将倒退到两国人民都不愿看到的状态。至于那种主张恢复在台湾驻军、恢复美台'共同防御条约'的荒谬言论，那更是对中国内政明目张胆的干涉。"②

1980年11月，里根在大选中获胜。次年1月4日，邓小平乘接见美国参议院共和党副领袖史蒂文斯和共和党少数民族委员会主席陈香梅的机会，就中美关系发表了重要谈话，邓小平指出："中美关系不但不要停滞，而且要发展。我们对竞选期间和总统就任以前的言论是注意的，但我们可以对这些言论做某种理解。我们重视的是美国新政府上任后采取的行动。"③

中国更关心的是美国向台湾地区出售武器的问题。1月中旬，荷兰政府不顾中国政府的多次警告，决定批准向台湾地区出售潜艇。中国政府决定将中荷外交关系降为代办级。《人民日报》评论员的文章指出，"我们决不容忍任何国家搞'两个中国'或'一中一台'的阴谋，也决不容忍任何同中国正式建交的国家向台湾出售武器。我国政府在台湾问题上的立场是坚定不移的，任何人以为中国政府和中国人民会拿原则作交易，那就大错特错了"④。

1981年6月14日至16日，力主发展中美关系的美国国务卿黑格访问中国。这是里根入主白宫以来中美两国之间的首次高层会晤。邓小平会见了黑

---

① 《人民日报》，1978年12月17日。
② 《新华月报》，1980年6月号，第173页。
③ 《邓小平文选》，第二卷，北京：人民出版社，1994年版，第375—378页。
④ 《人民日报》，1981年1月20日。

格,并就双边关系和共同关心的国际问题进行了深入的探讨。邓小平也着重与黑格谈了售台武器问题。他说,摆在我们面前最敏感的问题还是美国向台湾地区出售武器。现在台湾海峡形势很平静,有什么必要不断向台湾出售武器?这样的问题涉及中国最大的政策之一,就是要统一祖国,使台湾回归祖国。我们真心诚意地希望我们两国的关系不但不要停止在现阶段的水平上,而且要发展,这对全球战略有益。他表示,中国政府是有耐性的,但耐性是有限度的。如果美国走得太远,中美关系可能踏步不前,甚至可能倒退。[①]

1982年5月8日,邓小平会见在任的美国副总统布什,邓小平以其特有的坦率开门见山地说,中美之间的中心问题是美国向台湾地区出售武器问题,它是检验中美关系稳固性的准则。这个问题解决好了,才可建立相互信任的关系。他指出,如果美国政府无限期地、长期向台湾出售武器,实际上是给台湾提供保护伞。[②] 布什访华后,中美之间已经原则同意达成协议,但是拟订公报仍然是一个艰难的过程。

7月13日,美方向邓小平递交了里根的一封信以及美方的公报草案。里根在信中表示,美国不谋求、也不会无限期向台湾出售武器,美国预期在一段时间内逐步减少售台武器,以便导致这个问题的最终解决。[③]

1982年8月17日,中美共同签署并发表了与《上海公报》《建交公报》的原则立场相一致的,关于两国分步骤解决美国向台湾地区出售武器问题的中美联合公报,即《八一七公报》。

《八一七公报》的全称是《中华人民共和国和美利坚合众国联合公报》,全文如下:

一、在中华人民共和国政府和美利坚合众国政府发表的一九七九年一月一日建立外交关系的联合公报中,美利坚合众国承认中华人民共和国政府是中国的唯一合法政府,并承认中国的立场,即只有一个中国,台湾是中国的一部分。在此范围内,双方同意,美国人民将同台湾人民继续保持文化、商务和其他非官方关系。在此基础上,中美两国关系实现了正常化。

---

① 《邓小平思想年谱》,第191—192页。
② 《邓小平思想年谱》,第220—221页。
③ Negotiating Cooperation,p.195-196;Crossing the Divide,230-231.A Great Wall,pp.325. 转引自陶文钊主编:《中美关系史》下卷(1972—2000)之第三章:"八一七公报产生前后"。

二、美国向台湾出售武器的问题在两国谈判建交的过程中没有得到解决。双方的立场不一致，中方声明在正常化以后将再次提出这个问题。双方认识到这一问题将会严重妨碍中美关系的发展，因而在赵紫阳总理与罗纳德·里根总统以及黄华副总理兼外长与亚历山大·黑格国务卿于一九八一年十月会见时以及在此以后，双方进一步就此进行了讨论。

三、互相尊重主权和领土完整、互不干涉内政是指导中美关系的根本原则。一九七二年二月二十八的上海公报确认了这些原则。一九七九年一月一日生效的建交公报又重申了这些原则。双方强调声明，这些原则仍是指导双方关系所有方面的原则。

四、中国政府重申，台湾问题是中国的内政。一九七九年一月一日中国发表的《告台湾同胞书》宣布了争取和平统一祖国的大政方针。一九八一年九月三十日中国提出的九点方针是按照这一大政方针争取和平解决台湾问题的进一步重大努力。

五、美国政府非常重视它与中国的关系，并重申，它无意侵犯中国的主权和领土完整，无意干涉中国的内政，也无意执行"两个中国"或"一中一台"政策。美国政府理解并欣赏一九七九年一月一日中国发表的《告台湾同胞书》和一九八一年九月三十日中国提出的九点方针中所表明的中国争取和平解决台湾问题的政策。台湾问题上出现的新形势也为解决中美两国在美国售台武器问题上的分歧提供了有利的条件。

六、考虑到双方的上述声明，美国政府声明，它不寻求执行一项长期向台湾出售武器的政策，它向台湾出售的武器在性能和数量上将不超过中美建交后近几年供应的水平，它准备逐步减少它对台湾的武器出售，并经过一段时间导致最后的解决。在作这样的声明时，美国承认中国关于彻底解决这一问题的一贯立场。

七、为了使美国售台武器这个历史遗留的问题，经过一段时间最终得到解决，两国政府将尽一切努力，采取措施，创造条件，以利于彻底解决这个问题。

八、中美关系的发展不仅符合两国人民的利益，而且也有利于世界和平与稳定。双方决心本着平等互利的原则，加强经济、文化、教育、科技和其他方面的联系，为继续发展中美两国政府和人民之间的关系共同做出重大努力。①

---

① 《八·一七公报》，《人民日报》，1982年8月18日。

这一公报是中美三个联合公报中唯一专门针对台湾问题的公报，也是三个联合公报中争议最大的一个公报。公报本身是为了彻底解决美国对台武器出售的问题而签订的，但是该问题在《上海公报》和《建交公报》中都未获得有效解决，双方只是阐明了各自的立场，却都未达成共识。但是在公报中，除了美方首次强调将逐步减少对台武器销售之外，中国则重申"争取和平解决台湾问题"，而美国也对此表示"赞赏"。《八一七公报》的达成使当时紧张的中美关系得到缓解，使中国在国际上有了更大的回旋余地。中美间三个联合公报提出的中美关系的指导原则，对20世纪80年代中美关系得到较全面发展起到了积极作用。

《八一七公报》使中美双方在解决建交时遗留下来的美国售台武器问题方面，迈出了重要的一步，指明了前进的方向。如果美国方面切实遵照这个公报执行，后来中美两国间的许多摩擦本来是可以避免的。但后来的事实表明，美国并没有严格履行公报，甚至不时有严重违反公报的情况。中国方面为此不得不进行持续不断的交涉和严正的斗争。

里根从竞选到上任之初，对中国主张采取比较强硬的态度，但是在1982年出于现实考虑与中方签署了《八一七公报》，虽然公报内容是美国最终将停止对台出售武器，但后来又附加备忘录，表示只要大陆对台湾持续有军事威胁，美国就会继续对台军售，这也成为美国延续至今的台海政策。而1984年里根访问中国后得到一个结论，中国已准备好与美国合作，他也授权建立美中之间某种军事交流。他还鼓励从西北方共同防御苏联的战略武器计划。同时，里根也看到中国在经济方面有巨大的机会。[①]

华盛顿的有关中国问题专家指出，里根并不是对中国最友善的美国总统，但他在任内，开启了美中都以现实利益为基础的新关系，而他处理台海问题的方式，也成为之后历任美国总统依据的准则。

中美三个联合公报——《上海公报》《建交公报》《八一七公报》的签署使台湾问题在中美关系中暂时搁置，美国得以借助中国抗衡苏联。20世纪70年代后，在中美苏大三角的背景下，中美关系有了较大的改善，"冷战期间，美国对台湾政策以三个联合公报为标志，出现三次大的变动，尽管依然或明或暗保持与台稳定的关系，但出于借助中国这支无可替代的重要力量，抵御

---

① 《里根时期的中国政策》，凤凰网，http://news.phoenixtv.com/home/news/cankao/regantimes/200406/11/272502.html。

苏联威胁的战略考虑，三次大的变动，还是体现了向大陆倾斜的立场。其对台湾旧有关系的发展较为谨慎，较有限度"[1]，因此在20世纪70年代和80年代，台湾在美国整体对外战略中的地位呈下降趋势。

中日关系附随于中美关系。1978年8月12日，《中日和平友好条约》签订。条约签订后，1978年10月22日至29日，邓小平副总理为出席条约批准书交换仪式对日本进行了一周的访问，受到隆重、破格的接待，在日本又一次形成了"中国热"。关于钓鱼岛问题，双方约定不涉及这一问题。1984年10月，邓小平提出"把主权问题搁置起来，共同开发"。

在20世纪80年代，中日之间曾经发生了"教科书事件"、日本首相"参拜靖国神社"等事件的干扰，但是通过中日双方的妥善处理，中日关系基本处于健康发展的轨道。

第三节 两岸关系的解冻及蒋经国"治台"

蒋经国治台期间开放台湾老兵赴大陆探亲，两岸关系开始解冻，但是蒋经国的突然离世造成了台湾政局走向的不确定性。

一、1987年两岸关系开始解冻

1986年5月3日，台湾"中华航空公司"B198号波音747货机机长王锡爵驾机自泰国曼谷飞往香港途中，在广州白云机场降落，要求在大陆定居。为妥善处理这起事件，经过中国民航两次电邀，台湾当局终于同意"华航"代表与中国民航代表进行商谈。从5月17日至20日，双方通过4次商谈，达成了协议。这是1949年以来，海峡两岸有关方面就处理具体问题进行的第一次公开商谈。

1987年8月10日，台湾"行政院新闻局长"邵玉铭宣布，开放大陆出版品进口，并有限度开放介绍大陆风光文物的录像带。同年，台湾《自立晚报》就公布了一份民意调查，认为早就应该开放探亲的比例有64%。而台湾《中国时报》的社论指出估计已经有超过一万名老兵，循着各种管道前往大陆，有关机关无从禁止。广大台湾同胞认为，如果老兵们确有探亲、扫墓的需要，应规定时限，准许他们回大陆。9月16日，蒋经国主持的国民党中常

---

[1] 刘丽华：《论70年代以来美国对台湾政策的变动性与稳定性》，《内蒙古师大学报（哲学社会科学版）》，1999年第6期，第5页。

会通过开放民众赴大陆探亲,并指定李登辉、俞国华、倪文亚、吴伯雄、何宜武组成项目小组,研拟具体原则。1987年的10月14日,国民党中常会正式通过了探亲的决议案。1987年11月2日,台湾红十字组织开始受理台湾民众赴大陆探亲登记。据台湾《中央日报》报道:"这一天规定从上午9时开始受理,但从凌晨3点左右,就已经开始有人等候办理登记手续。待天亮时,四周已是一片人山人海。8点半左右,红十字组织的大门一开,苦候多时的民众就像潮水般一拥而入。受理登记的柜台还没有开门,办公室就已挤得水泄不通。红十字组织在第一天办妥登记手续的多达1334人。"[①]这种"探亲热"持续不断。据统计,开放探亲满6个月时,申请赴大陆探亲者达14万余人,有6万多人已前往大陆探亲。

1987年12月1日,《台湾地区民众赴大陆探亲办法》正式实施,禁锢38年的两岸之间的铁幕,就此被打破了。返乡的台湾老兵如同开闸之后的洪水涌向大陆。1992年以后,来大陆的台湾居民每年都超过100万人次。

1987年底长达30多年的两岸隔绝状态被打破后,两岸接触与商谈形势出现新的情况。一方面,两岸人员往来和经济、文化交流迅速扩大,同时也衍生出许多具体问题,包括涉及两岸人员的各种纠纷和犯罪活动等突发事件。这些问题直接影响到两岸同胞间的正常交往,亟待妥善解决,因而两岸事务性商谈不可避免。另一方面,随着两岸交流的不断扩大和深入,台湾民众要求台湾当局改变不合理政策与做法、解决两岸交往中衍生的具体问题的呼声日益高涨。面对各方压力,台湾当局实际上不得不调整"不接触、不谈判、不妥协"的"三不"政策。

1988年6月25日,国务院第十次常务会议通过《关于鼓励台湾同胞投资的规定》。提出"为促进大陆和台湾地区的经济技术交流,以利于祖国海峡两岸共同繁荣,鼓励台湾的公司、企业和个人(以下统称台湾投资者)在大陆投资"。这一行政法规得到了广大台湾同胞的拥护。大陆热烈欢迎台胞各项举措的实施,迎来了广大台胞探亲、旅游、投资、通商的热潮。在两岸民众相互交流的强大形势下,台湾当局被迫逐渐放宽探亲限制。"探亲潮"以及随之而来的"观光潮""通商潮",不仅有助于海峡两岸的相互了解,有助于消

---

① 《蒋经国:从"汉贼不两立"到"统一中国"》,大公网,http://news.takungpao.com/history/redu/2014-02/2281797_3.html。

除隔阂，减轻对立，更有助于增进台湾同胞对祖国大陆的认同感与向心力。①

为了争取和平统一，中国政府采取了一系列积极政策和措施，全面推动两岸关系发展。自1987年底两岸隔绝状态被打破后至1999年底，到大陆从事探亲、旅游、交流的台湾同胞已达1600万人次；两岸间接贸易总额超过1600亿美元，台商在大陆投资的协议金额及实际到位金额分别超过了440亿美元与240亿美元；两岸互通邮政、电信取得了很大进展；两岸海上、空中通航也取得了局部进展。②

1990年11月21日，台湾方面成立海峡交流基金会（简称"海基会"），并于1991年3月9日正式开始运作，规定以"中国的、善意的、服务的"为工作宗旨。海基会是台湾当局授权与大陆联系、协商、"处理涉及公权力的两岸事务的惟一机构"，是台湾当局推行大陆政策的重要工具，当时与"总统府国家统一委员会""行政院大陆委员会"构成一套对大陆工作的体系。

在海基会成立前夕，国务院台湾事务办公室发言人就海基会即将成立发表谈话，表示"对于台湾省的任何团体和个人，只要是真正推动两岸关系的发展，促进'三通'和交流，我们都愿意与之接触，进行讨论"。大陆有关方面还表示，在一个中国原则的基础上，作为两岸接触商谈的第一步，祖国大陆同意进行事务性、经济性商谈，在平等协商、求同存异的基础上，实事求是地解决两岸交往中的具体问题，促进两岸交流与合作，为实现两岸政治谈判逐步创造条件。

为推动两岸协商，发展两岸关系，大陆方面做出了筹建对台商谈授权民间团体的重要决策。1991年12月16日，海峡两岸关系协会（简称海协或海协会）在北京成立，与台湾海峡交流基金会建立联系，从此开启了两会协商谈判的历史进程。该会是以促进海峡两岸交往、发展两岸关系、实现祖国和平统一为宗旨的民间团体，可根据有关方面的授权，与台湾当局有关部门和其授权的团体、人士接触商谈，并签订协议性文件。海协的成立，正式确立了与台湾海基会进行制度化接触商谈的渠道。二十年来，海协会认真贯彻中央对台方针政策，秉持"促进海峡两岸交往、发展两岸关系、实现祖国和平统一"的建会宗旨，依据协会章程和职责，努力推进两会协商谈判，广泛联

---

① 邰言：《子承父业 蒋经国主政台湾 开放探亲 国民党艰难"转向"》，《黄埔》，2012年第6期，第80页。

② 国务院台湾事务办公室、国务院新闻办公室：《一个中国的原则与台湾问题》，2002年2月，http：//www.gwytb.gov.cn/zt/baipishu/201101/t20110118_1700148.htm。

系台湾各界人士，积极参与两岸经济文化交流，妥善处理两岸交往中遇到的具体问题，充分发挥了授权团体的独特作用，为改善和发展两岸关系做出了重要贡献。

二、蒋经国治理台湾

蒋经国，1910年4月27日出生于浙江奉化。在台湾曾历任国民党台湾省党部主任委员、台湾当局"国防部总政治部主任、国防部副部长、部长、行政院副院长、院长"等职。蒋介石病逝以后，1978年5月20日，蒋经国就任台湾地区领导人。

蒋经国曾在"行政院院长"任内推动"十大建设"，台湾经济发展迅速。1979年，台湾地区与香港地区、韩国、新加坡等被国际经济组织列入新兴工业化社会，即世人所称的亚洲"四小龙"。台湾能名列"四小龙"之一，表明了其经济发展已经达到了一个相当高度，这样的成绩也是国民党在台湾最为辉煌的一页。

在推行"十大建设"之前，蒋经国还在行政方面进行"十项革新"，使行政执行更为简捷有效，此外还颁布了"政治与社会革新"的八项要点，有人将这两次革新统称为"十八项革新"。蒋经国在其主政台湾期间较重视本土人才，大量启用台湾本省籍官员，积极推行"本土化政策"。在其执政晚期，逐步开始"民主改革"，即解除"戒严"、开放"党禁"和"报禁"，以及实行"民意机构改革"等，开启了所谓的"台湾政治民主化"之路。

蒋经国主政台湾以后，秉承蒋介石所坚持的一个中国立场，继续反对"两个中国"。面对大陆的和平攻势，蒋经国指示台湾行政部门发表声明，中国统一必须以台湾发展的自由富足的生活方式为基础，接着台湾方面也逐步放弃武力"反攻大陆"的政策，主张"以三民主义统一中国"，希望以拖待变。1981年3月29日，国民党十二大在台北召开。此次大会并没有适应新的形势，为台湾前途开创一条新的道路，而只是继续提出"以三民主义统一中国"。当然，也应看到在祖国统一问题上尽管国共两党有分歧，但在"中国必须统一""只有一个中国"等原则立场上，国共两党是有共同基础的。正是基于"一个中国"这样的出发点，蒋经国也开始重新考虑同大陆方面进行接触。

1982年7月，蒋经国在悼念父亲蒋介石的文章中写道，"切望父灵能回到家园与先人同在"，他还进一步说，"要把孝顺的心，扩大为民族感情，去敬爱民族，奉献于国家"，言辞之间流露出其对大陆故土的思念，以及对中华民族的深切情感。

很快，中共中央方面就做出了反应。1982年7月24日，全国人大常委会副委员长廖承志给昔日同窗好友蒋经国发出公开信，刊发在7月25日《人民日报》上。特录全文如下：

经国吾弟：

咫尺之隔，竟成海天之遥。南京匆匆一晤，瞬逾三十六载。幼时同袍，苏京把晤，往事历历在目。惟长年未通音问，此诚憾事。近闻政躬违和，深为悬念。人过七旬，多有病痛，至盼善自珍摄。

三年以来，我党一再倡议贵我两党举行谈判，同捐前嫌，共竟祖国统一大业。惟弟一再声言"不接触，不谈判，不妥协"，余期期以为不可。世交深情，于公于私，理当进言，敬希诠察。

祖国和平统一，乃千秋功业，台湾终必回归祖国，早日解决对各方有利。台湾同胞可安居乐业，两岸各族人民可解骨肉分离之痛，在台诸前辈及大陆去台人员亦可各得其所，且有利于亚太地区局势稳定和世界和平。吾弟尝以"计利当计天下利，求名应求万世名"自勉，倘能于吾弟手中成此伟业，必为举国尊敬，世人推崇，功在国家，名留青史。所谓"罪人"之说，实相悖谬。局促东隅，终非久计。明若吾弟，自当了然。如迁延不决，或委之异日，不仅徒生困扰，吾弟亦将难辞其咎。再者，和平统一纯属内政。外人巧言令色，意在图我台湾，此世人所共知者。当断不断，必受其乱。愿弟慎思。

孙先生手创之中国国民党，历尽艰辛，无数先烈前仆后继，终于推翻帝制，建立民国。光辉业迹，已成定论。国共两度合作，均对国家民族作出巨大贡献。首次合作，孙先生领导，吾辈虽幼，亦知一二。再次合作，老先生主其事，吾辈身在其中，应知梗概。事虽经纬万端，但纵观全局，合则对国家有利，分则必伤民族元气。今日吾弟在台主政，三次合作，大责难谢。双方领导，同窗挚友，彼此相知，谈之更易。所谓"投降""屈事""吃亏""上当"之说，实难苟同。评价历史，展望未来，应天下为公，以国家民族利益为最高准则，何发党私之论！至于"以三民主义统一中国"云云，识者皆以为太不现实，未免自欺欺人。三民主义之真谛，吾辈深知，毋须争辩。所谓台湾"经济繁荣，社会民主，民生乐利"等等，在台诸公，心中有数，亦毋庸赘言。试为贵党计，如能依时顺势，负起历史责任，毅然和谈，达成国家统一，则两党长期共存，互相监督，共图振兴中华之大业。否则，偏安之局，焉能自保。有识之士，虑已及此。事关国民党兴亡绝续,望弟再思。

近读大作,有"切望父灵能回到家园与先人同在"之语,不胜感慨系之。今老先生仍厝于慈湖,统一之后,即当迁安故土,或奉化,或南京,或庐山,以了吾弟孝心。吾弟近曾有言:"要把孝顺的心,扩大为民族感情,去敬爱民族,奉献于国家。"旨哉斯言,盍不实践于统一大业!就国家民族而论,蒋氏两代对历史有所交代;就吾弟个人而言,可谓忠孝两全。否则,吾弟身后事何以自了。尚望三思。

吾弟一生坎坷,决非命运安排,一切操之在己。千秋功罪,系于一念之间。当今国际风云变幻莫测,台湾上下众议纷纭,岁月不居,来日苦短,夜长梦多,时不我与。盼弟善为抉择,未雨绸缪。"寥廓海天,不归何待?"

人到高年,愈加怀旧,如弟方便,余当束装就道,前往台北探望,并面聆诸长辈教益。"度尽劫波兄弟在,相逢一笑泯恩仇"。遥望南天,不禁神驰,书不尽言,诸希珍重,伫候复音。

老夫人前请代为问安。方良、纬国及诸侄不一。

顺祝

近祺

廖承志

一九八二年七月二十四日

廖承志此信写得挚诚恳切,既饱含了个人私谊,又陈说了民族大义、利害关系,可谓情理交融,今日读之,依旧触动人心,令人感怀。

廖承志致蒋经国的公开信一经发表立即引起海内外瞩目,其中所引用的鲁迅诗句"渡尽劫波兄弟在,相逢一笑泯恩仇",一时间成为脍炙人口的名句,广为传诵。当时,蒋经国在两岸问题上还处于犹豫的阶段。廖承志的信是用电报发往台北的。蒋经国阅后的心中所想,无人能知。但他本人未直接对信件做出回应,台湾方面仅仅通过宋美龄发表声明重弹一番老调。

从 1985 年到 1986 年,蒋经国虽病痛缠身但已暗中派密使开展与大陆的联系,中共中央邓小平等领导人予以了热情接待。1987 年 3 月 25 日,蒋经国针对汇总后的联络情况,判断中国共产党是有诚意的,国共两党中央层次对等谈判是可行的。

然而,正当台湾方面即将迈出对大陆政策继续调整的步伐,两岸加强沟通、促进和平统一的事业刚刚露出希望曙光的关键时刻,出现了一个谁也无法预料的特殊情况，1988年1月13日下午3点50分，蒋经国因心脏衰竭在台北逝世。蒋经国的身体状况最终没能允许他顺利完成这一历史使命。1月14日，中共中央致电中国国民党中央委员会，对中国国民党主席蒋经国不幸病逝表示吊唁，并发表谈话说："蒋经国先生坚持一个中国，反对'台湾独立'，主张国家统一，表示要向历史作出交待，并为两岸关系的缓和作了一定的努力。"①

需要指出的是，在蒋介石、蒋经国主政台湾期间，尽管在台湾岛内实行戒严、镇压民众等高压政策，对外勾结美国等西方国家"反攻大陆"，但是蒋介石坚持一个中国原则，坚决反对"两个中国""一中一台"。如前面所述，在20世纪50年代，蒋介石反对"台湾地位未定"论和美国企图制造"两个中国"的"划峡而治"，严厉打击"台独"分裂势力。蒋经国主政台湾以后，继续坚持一个中国原则，反对"两个中国"的立场。

邓小平1982年4月会见英国前首相希思时说："我们和蒋经国都讲一个中国，他的一个中国是以三民主义来统一中国，但我们之间毕竟有共同的语言，那就是一个中国，不是两个中国"②。

蒋经国晚年在台湾岛内进行了政治改革，但是由于去世比较突然，导致之后台湾政局走势出现了众多的不确定性，包括支持"台独党纲"的民进党逐步合法化并且做大做强。1986年，国民党当局开始了所谓"政治革新"，目的是在新形势下以变求存，虽仍没有突破"动员戡乱体制"的范围，但台湾的政治体制由此发生了重大变化，开始由军事戒严和一党专制向标榜实行西方政治制度的方向过渡。开放"党禁"后，各种政治势力迅速发展，尤其是民进党的力量逐步发展。在20世纪90年代的一系列选举中，民进党等在野势力发展，不断给国民党执政造成严峻的挑战。"国民大会""立法院"等机构中，国民党一党独大的局面已经结束。在1994年底的省市长选举中，民进党获得了台北市长的席位。在1997年底的县市长选举中，民进党获得空前的胜利，得票率第一次超过国民党，赢得了23个县市长席位中的12个。之后2000年和2004年、2016年的台湾地区领导人的选举中，民进党击败国民党及"泛蓝"联盟三度成为执政党。

---

① 《中国共产党80年大事记·1988年》，人民网，http://www.people.com.cn/GB/shizheng/252/5580/5581/20010612/487255.html。

② 《邓小平会见英国前首相希思》，《人民日报》，1982年7月24日，第1版。

第七章　1995—2008年遏制"台独"

1995年李登辉挑起"台独"分裂活动后，反"台独"成为两岸关系的核心问题。民进党上台继续延续和升级"台独"活动，台海局势更是一度剑拔弩张。而中美两国在遏制"台独"问题上达成了基本共识。

第一节　岛内"台独"势力一度猖獗

李登辉、陈水扁在掌握岛内执政权后，鼓吹"两国论"和大搞"法理公投"，多次挑战大陆"一个中国"的战略底线，不断加剧台海局势的紧张动荡。

一、李登辉与"两国论"

蒋经国去世后，台湾岛内分裂势力开始蓄意破坏一个中国原则。1988年，李登辉继任为台湾当局的领导人。李登辉，祖籍福建永定，1923年出生于台湾台北一个世代务农的家庭。他早年留学日本，早年的研习内容均与农业经济相关。抗战胜利后他进入台湾大学农业经济系，1948年毕业留校任教。1953—1957年，先后任"台湾农林厅"经济分析股长、台湾合作金库研究员等职务，并执教于台大。1965年赴美，入康奈尔大学攻读博士学位。1969年归台，续任台大教授，兼"农业复兴委员会"农业经济组组长、顾问。

在此期间，李登辉深获蒋经国赏识，1972年被"行政院院长"蒋经国提名为"政务委员"，延揽"入阁"，自此正式投身政界，踏上从政的道路，成为国民党新生代台籍政客骨干人物。1978年蒋经国出任第六任"总统"，李登辉为蒋经国所器重，被委任为台北市市长。三年后，李登辉获得蒋经国的第二次提拔，出任"台湾省主席"。1984年5月，李登辉又被蒋经国提名为"副总统"，并进入中常会，因为看中其台湾"本土派"的身份，刻意培植其为接班人，逐渐成为炙手可热的政治人物。1986年任"十二人革新小组"成员，后接替严家淦任总召集人，研拟政治革新方案。1988年1月13日，蒋经国不幸去世。李登辉按"宪法"规定继承"总统"，旋即出任国民党代理主席，并在中国国民党"十三大"上正式当选主席，开始执掌台湾党政大权。当时李登辉根基未稳，多次公开表示，台湾当局的基本政策就是"只有一个中国而没有两个中国的政策"；"我们一贯主张中国应该统一，并坚持'一个中国'的原则"。但是，从90代初开始，李登辉逐步背离一个中国原则，相继鼓吹"两个政府""两个对等政治实体""台湾已经是个主权独立的国家""现阶段是'中华民国在台湾'与'中华人民共和国在大陆'"，而且自食其言，说他"始终没有讲过一个中国"。李登辉还纵容、扶持主张所谓"台湾独立"的分裂势力及其活动，使"台独"势力迅速发展、"台独"思潮蔓延。

在李登辉主导下，台湾当局采取了一系列实际的分裂步骤。在台湾政权体制方面，力图通过所谓的"宪政改革"将台湾改造成一个"独立的政治实体"，以适应制造"两个中国"的需要。李登辉在1990年5月宣布开始"宪政改革"，对旧"法统"进行改造。从1990年至2000年，台湾当局进行了六次"修宪"，包括终止"动员戡乱时期"，废除"临时条款"；"总统"由台湾地区人民直接选举产生；冻结台湾"省长""省议会"选举，虚化"台湾省政府"功能；改变"国民大会"职能等等。台湾的政治格局、国民党内部的权力结构以及台湾当局对大陆政策和对外政策都发生了重大的变化。

同时，自1988年李登辉在台湾岛内当政以后，海外公开的"台独"组织加强向岛内渗透，在美国最大的"台独"组织"台独联盟"迁回台湾，以后集体加入了民进党。1991年10月，民进党召开"五大"，公然将"建立主权独立自主的台湾共和国暨制定新宪法，应交由台湾人以'公民投票'方式选择决定"列入党纲。1992年5月，"立法院"修改"刑法"，废除"刑法第100条"和"国安法"，使鼓吹和从事非暴力的"台独"活动合法化。从此，台湾当局实际上已不禁止"台独"活动。

李登辉是"台独"分裂活动的主要支持者和幕后策划者。李登辉本人生长于台湾，祖籍福建，他不但刻意抹杀自己同大陆之间的乡土联系，还颠倒黑白地将曾生活在日本侵占台湾时期实行的"皇民化统治"之下作为一种荣耀，对这段整个中华民族都深感痛楚悲哀的历史津津乐道，不择手段地拉近同日本的关系。正是这种变态的日本情结使李登辉毫不掩饰其思想深处对日本的亲近，意图借此向日本靠拢，拉开台湾与大陆的距离。因此，在对外关系方面，李登辉不遗余力地进行以制造"两个中国"为目的的"拓展国际生存空间"活动。1993年以来，连续7年推动所谓"参与联合国"的活动。在军事方面，大量向外国购买先进武器，谋求加入战区导弹防御系统，企图变相地与美、日建立某种形式的军事同盟。在思想文化方面，图谋抹杀台湾同胞、特别是年轻一代的中国人意识和对祖国的认同，挑起台湾同胞对大陆的误解和疏离感，割断两岸同胞的思想和文化纽带。

从1995年开始，李登辉的分裂活动逐步升级。1995年5月22日，美国突然宣布：克林顿总统决定允许李登辉于当年6月的第一周到美进行所谓"非官方的、私人的访问"，参加康奈尔大学的毕业典礼。尽管在此前两天，美国总统国家安全事务助理莱克和副国务卿塔诺夫已正式约告中国驻美大使李道豫，但这一宣布仍令人震惊。而1995年4月中旬，李道豫去纽约出席《不扩散核武器条约》审议和延期大会。这期间，他应美方的要求，17日与美国国务卿克里斯托弗在华尔道夫饭店进行了会谈。在谈到李登辉图谋访美时，克里斯托弗曾明确承诺，美不会允许李访美，并说李访美不符合美台间的非官方关系的性质，美最多是考虑给李延长过境签证。李登辉第一次过境美国是在夏威夷。当时，美方规定他只能在机场停留。李登辉对此很生气，穿着睡衣，不下飞机。1995年6月7日至11日，李登辉赴美，往返途中经停洛杉矶、锡拉丘兹、安克雷奇三个城市。6月9日，李登辉在康奈尔大学发表了名为《民之所欲，长在我心》的政治性演说，宣扬所谓"台湾经验"，叫嚣要"突破外交孤立"，强化与美关系。针对李登辉访美国，中国政府果断地开展了反分裂、反"台独"的斗争，并对美国政府违背美国在中美三个联合公报中所做的承诺、严重损害中国主权的行为，提出了强烈的抗议，进行了严正的交涉。

1999年后，李登辉的分裂活动进一步发展。1999年5月，他出版《台湾的主张》一书，在该书中提出了"七块论"，即"摆脱大中华主义的束缚"，主张把中国分割成"台、藏、疆、蒙、东北"等七个享有"充分自主权"的相互独立的政治实体，实际上就是七个主权国家。李登辉上台后表态支持达赖以实现"藏独"为目的的所谓"五点和平计划"，不啻为表明"台独"势力和"藏独"分子已经勾结在了一起。而冷战后最为密切关注台湾问题的莫过于美国和日本，它们在该问题上的基本考量是将台湾作为演化、分化中国的多米尼诺骨牌中的第一块骨牌，通过台湾问题引发中国的其他不稳定因素。"台独"势力一旦得逞，将势必动摇国家的治国安邦之本，践踏国家宪法，破坏整个民族的向心力，"藏独""疆独"等分裂势力势必群起而效仿，中国将失去安全、稳定的国内、国际环境。李登辉撰写的《台湾的主张》一书恰恰迎合了这样的企图。

1999年7月9日,李登辉借接受"德国之声"电台专访之机,公然宣称台湾当局已将两岸关系定位在"国家与国家,至少是特殊的国与国的关系",这就是李登辉的"两国论",企图从根本上改变台湾是中国一部分的地位,破坏两岸关系、特别是两岸政治对话与谈判的基础。由此,李登辉俨然成为台湾分裂势力的总代表,是台湾海峡安定局面的破坏者,也是亚太地区和平与稳定的麻烦制造者。

李登辉抛出"两国论"后,中国政府和人民进行了更加坚决的斗争。针对台湾分裂势力企图通过所谓"法律"形式落实"两国论"的活动,中国政府明确指出,这是一个更加严重和危险的分裂步骤,是对和平统一的极大挑衅。如果这一图谋得逞,中国和平统一将变得不可能。这场斗争形成了海内外中国人同声谴责"两国论"的强大声势。世界上大多数国家重申坚持一个中国政策。美国政府也重申坚持一个中国政策和对台湾"三不支持"的承诺。台湾当局被迫表示不会依照"两国论"修改所谓"宪法"和"法律"。

在两岸经济关系上,李登辉推行"戒急用忍"政策,企图封杀台商到大陆的投资。20世纪90年代初,台湾曾雄心勃勃地推进所谓"亚太运营中心"的计划,其目的是吸引跨国公司将其亚太地区的业务基地和总部放在台湾,以统筹其区域内所有分支机构的业务,管理跨国性高附加价值产业的经营;暗含的目的是削弱香港的亚洲金融、贸易、航运中心的地位,减少对大陆的经济依赖。当时许多有识之士认为,台湾要建立"亚太运营中心"必须以大陆为腹地,为此必须实现"三通"。然而,李登辉不但反对"三通",反对西进,反而鼓吹台湾资本南下,遭到台商的强烈反对,并以各种迂回方式投资大陆,结果,"亚太运营中心"计划不得不以失败而告终,南下的资本也陆续转往大陆。被台湾当局长期遏制出境的电子信息产业,2000年开始大规模迁往大陆,大企业投资不断增加,在上海、苏州、东莞、昆山等地出现了台商投资集中的据点。台商们认为大陆市场庞大,经济增长势头不减,两岸又是同文、同种、血脉相连,所以任何政策都挡不住这种有着亲缘、血缘关系的市场吸引。后来,台湾当局在加入WTO前匆匆宣布取消"戒急用忍"政策,实际上这个政策早被台商冲破,不得不宣布取消。①

---

① 林凌:《东亚经济格局的变化与台湾经济的未来》,《社会科学研究》,2002年第2期。

在岛内，李登辉上台后，逐渐暴露出其反动政客的真实面目，党同伐异，黑金横行。尤其是为"台独"提供了温床和土壤，使得"台独"活动猖獗泛滥。这种情况使得台湾民众对国民党信任尽失，导致国民党在2000年台湾地区领导人的选举中痛失执政权。2000年5月20日，陈水扁当选台湾当局新"总统"后，李登辉下台。国民党丢掉执政权后，李登辉被迫辞去国民党主席之职，在2000年6月17日国民党第十五次代表大会临时会议上，代主席连战以近95%的得票率当选为国民党主席。2001年3月24日，连战参加党内直选，以高达97%的得票率当选为国民党主席。

李登辉下台后，并未终止其"两国论"的论调和停止分裂活动。2001年，他组建了以"两国论"为党纲的"台联党"，公开进行分裂活动。他频频为"台联党"站台，积极配合陈水扁，与国民党的意愿背道而驰。针对李登辉的倒行逆施，连战做出决定："严肃处理李登辉！"随着国民党召开"全代会"开除李登辉党籍，国民党开始进入连战时代。连战执掌国民党后，对国民党进行了创党以来的第三次党务改造，同时积极推动与亲民党、新党合作，形成了泛蓝阵营。2004年3月，连战与亲民党主席宋楚瑜搭档，再度参选台湾地区领导人，以微弱差距落败。在当年12月的"立委"选举中，泛蓝阵营赢得"立法院"的过半席次。

二、陈水扁与"一边一国"

"台独"势力在20世纪90年代后一直在推进"法理台独"的步骤，只不过根据各方反应不断地变换方式和手法，达到"进两步、退一步"的"蠕变"效应。

2000—2008年民进党执掌岛内执政权，也是"台独"势力相对猖獗的时期之一。

其中代表性人物是陈水扁，陈水扁1950年10月12日出生于台湾省台南县官田乡，祖籍为福建省南部的漳州市诏安县太平镇白叶村。1981—1985年任台北市议会议员，1987—1989、1991—1996年任民进党中执委，1987—1989年、1996年后任民进党中常委，1989—1994年任"立法委员"，1993年任"立法院程序委员会"召集委员，1994—1998年任台北市市长。2000年5月20日任台湾地区领导人，2004年竞选连任。同时，2000—2008年曾任民进党第10—11届党主席，同时任台湾地区领导人。

2000年陈水扁上台后，就利用在岛内掌握的执政资源继续李登辉的分裂国家活动。2000年，陈水扁上台后竭力阻挠两岸"三通"，甚至在2002年9月谈及台湾与大陆的"三通"问题时声称，台湾当局要将两岸间的航线定义为"特殊的国际航线"，才能够与对岸的大陆进行通航的谈判。

2003年5月20日，陈水扁曾提出要推动"台湾加入世卫组织"的"公投"，9月28日宣称2006年要"催生台湾新宪法"，此后逐步形成了一个"台独"时间表：2004年实施首次"公投"；2006年"公投制宪"；2008年正式实施"新宪法"，使"台湾成为正常的、完整的国家"。

2003年9月下旬，民进党选择党庆日在高雄举办"公投"大游行，陈水扁鼓噪要"催生新宪法"，并抛出了"公投立法、催生新宪"的主张，在陈水扁的不断挑动下，"公投"议题在岛内急剧升温，岛内民众支持"公投立法"的比例有所上升。同时，陈水扁当局利用统"独"议题对台湾民众进行战争煽动，对大陆发出战争叫嚣，逐步暴露其"以武谋独"的本质。

2004年，陈水扁连选连任后，看到中美关系波折不断，中日关系陷入低谷，"台独"分裂活动明显升级，据台湾问题研究专家孙升亮等总结，主要有六大表现：

第一，极力推动"公投新宪"，企图以"宪改"之名行"制宪"之实，谋求"法理台独"。2004年初，陈水扁不顾岛内外各界的强烈反对，公布了两项所谓"和平公投"的议题，执意要"公投绑大选"。

2004年11月21日，陈水扁公开声称，"中国如果逼人太甚，干脆把'九二共识'、'一国两制'交公投决定"并在三四年内"终结中国宪法"，重申在2008年离任时实施"台湾新宪法"，强调有关"宪政改造"要专注于"宪改"所带来的"实质改变"。

2005年6月，据《人民日报》报道，陈水扁称有信心在2008年卸任前，为台湾催生一部合身、合时、合用的新"宪法"。对此，中国国民党发言人张荣恭指出，陈水扁"第二阶段宪改"方向，明显呈现"台独"主张，是在刻意制造政治动荡。陈水扁在出席台湾一个学术研讨会时表示，台湾已做好全面推动"宪政改造"的心理准备。他认为，过去因为"大中国意识形态"，每次"修宪"都只能修一点枝节，现在他希望以"主权属于台湾人民"的这个新"主权论述"，取代以往"大中国的主权概念"。陈水扁宣布的所谓"第二阶段宪改"方向，明显呈现民进党早期的"新国家、新宪法"的"台独"主张，将再掀重大争议及两岸统"独"斗争，是陈水扁在执政无能之后，为转移视线而施放的政治烟幕。亲民党发言人谢公秉表示，陈水扁关于推动二次

"宪改",要破除"大中国意识"的说法,充满自我矛盾。他表示,陈水扁在2005年2月"扁宋会"时才讲过"正名制宪"自欺欺人,现在又喊要新"宪法",立场摇摆,逻辑充满矛盾,是真正"无魂有体"的稻草人。①

第二,在所谓的"中华民国"的简称问题上大做文章,将"台湾正名"活动推向逐步变更"国名"的新阶段。陈水扁在"就职讲话"中即多次把"台湾"与"中华民国"对应使用或放在一起,鼓吹"中华民国最好的简称就是台湾"。

2004年12月初,在台"立委"选举的最后阶段,陈水扁公开宣布要在两年内争取将台所有的"驻外机构"改名为"台湾代表处",并从"国、公营事业"开始逐一正名。这表明陈水扁当局所推动的"台湾正名"活动,进入从"国号"简称入手逐步变更"国号"的新阶段。

第三,以组织机构调整为名,图谋改变台现行行政架构中带有中国内涵的部门。2006年初,陈水扁宣布"终止运作""国统会"和"国统纲领"。

第四,在教育与历史文化领域进一步推动"去中国化"运动,以凸显所谓的"台湾主体性"。2004年8月底,台"教育部"首度将"台湾主体性"列为"四大教育施政纲领"之一。2007年伊始,台北故宫博物院收藏品说明中的"北平故宫"与"中央博物院"字样完全被删除。两周后,孙中山先生被剥夺"国父"称号。此外,民进党当局还对青少年洗脑,向其灌输"台独"意识,特别是杜正胜任"教育部长"后,大幅修改历史课本,删去孙中山先生"国父"称号,视之为"外国人",非但如此,孙中山先生领导的辛亥革命,竟被列入"中国古代史"。中正机场改名为桃园国际机场,甚至台湾的大型企业"中国石油""中国造船"与"中华邮政"都改为"台湾石油""台湾国际造船"及"台湾邮政"。台北中正纪念堂在民众抗议声中改为"台湾民主纪念馆"后,陈水扁当局变本加厉继续其"去蒋化"的步伐,12月23日,台湾军方撤走了台湾桃园县大溪镇蒋介石和蒋经国陵寝的卫兵,"两蒋陵寝"也暂时封馆。

第五,鼓吹以"台湾"名义"加入联合国",以"台湾"名义申请"加入联合国"是"台独"分子在对外关系方面的主张。李登辉和陈水扁在把控台湾岛内执政权期间,不顾历史事实,大肆在国际上制造"两个中国"和"一中一台",国际上一小部分国家则出于接受台湾当局援助的需要,不断为其

---

① 《扁再提"宪改"遭痛批》,《人民日报(海外版)》,2005年6月28日,第3版。

摇旗呐喊，特别是个别国家还联合提出要求"台湾加入联合国"的提案。如2005年9月13日，第60届联合国大会总务委员会做出决定，拒绝将冈比亚等极少数国家提出的所谓"台湾在联合国代表权问题"和"联合国在维护台海和平方面积极作用"两项提案列入本届联大议程。这是台湾当局妄图在联合国内制造"两个中国""一中一台"的闹剧连续第13次遭到惨败。2007年6月18日，据台湾"中央社"报道，陈水扁说，希望透过"联署提案"，在接下来的"大选"中一并举行所谓"以台湾名义申请加入联合国的公民投票"。

第六，强行推动巨额军购案，发出战争叫嚣，妄图"以武谋独"。[①]

"台独"势力把2007—2008年作为"法理独立"的可供选择的重要节点，早在2002年李登辉就跳出来大放厥词，扬言"2008年是台湾新时代的关卡"，"本土意识将促成台湾建立新国家"。一是在此节点上民进党的执政期将满，并没有绝对把握获得下一轮"总统"选举的胜利，作为一个基本"民粹化"的政党，党内信众认为有必要为了实现其政党"宗旨"放手一搏；二是2008年恰逢大陆举办奥运会，"台独"势力认为大陆投鼠忌器不会轻易对岛内"台独"势力动用武力；三是"台独"势力认为美国、日本虽然明处反对"台独"，但是在暗处是纵容甚至支持"台独"行径的，在"台独"分子所造成的分裂局面已成事实的情况下，国际环境也许会朝着有利于"台独"分裂势力的方向转化。

由于持"台独"路线的民进党当时掌握着执政资源特别是舆论工具，大陆一直对"台独"分裂势力的谋"独"本质保持警惕。民进党、"台联党"等"台独"势力的一贯做法是蓄意挑起两岸对峙，制造恶性互动，而后"出口转内销"，把台湾的族群撕裂为"卖台—爱台""独—统"这种相互对立的二元仇视结构，以从中获取政治利益。

2005年，台湾岛内的中国国民党、亲民党、新党代表团相继访问大陆，一时间岛内外"促统求和"的声浪压过了"台独"势力分裂国家的气焰，但是当时"台独"势力仍然掌控着台湾岛内的执政机器，"台独基本教义派"的基本主张并未改弦易辙，"台独"势力"法理台独"的步骤并未放缓，只不过暂时由公开活动转入地下进行，一旦遇到合适的"政治气候"，便继续掀起分裂国家的造势声浪。

---

① 孙升亮：《陈水扁当局04年"台独"活动升级六大表现》，《半月谈》，2005年第1期，http://news3.xinhuanet.com/taiwan/2005-01/18/content_2477587.htm。

陈水扁当局当政期间其坚持和贯彻"台独"路线的做法是全面的和一贯的，具有系统性、渗透性、主动性、冒险性，而其反对"台独"过激言行的举动和主张则是片面和不连贯的，具有一定的欺骗性、被动性、表面性。事实上，大陆实力增强以及国际外部环境的改善，特别是大陆经济发展对台湾经济的"磁吸"效应，使"台独"势力产生紧迫感，从而加紧了"台独"分裂活动。

2008年1月9日，《澳门日报》发表题为《民众盼扁"伟大"旅程尽早结束》的社论。社论说，新年伊始，台湾当局领导人陈水扁发表任内最后一份元旦文告。除了继续挑衅大陆，刺激岛内的民粹主义和族群对立，他亦自我总结自己近8年的执政。他大言不惭："这伟大的旅程即将告一段落。"社论指出，民进党当局执政近8年来，台湾内忧外患有增无减。目前，岛内大多民众只期待陈水扁那"伟大旅程"早点结束，让新的领导人赶快处理他留下来的烂摊子。

社论指出：陈水扁执政以来，台湾空转数年，以致民不聊生，内耗严重，民众对其执政的意见越来越大。陈水扁不仅没有反思过错，反而越发疯狂。近期，他"疯狂"地跟美国呛声，"疯狂"地跟北京对干，"疯狂"地搞"公投"，"疯狂"地斗老蒋，"疯狂"地操控"中选会"，"疯狂"地撤换台北、台中市选委会主委，"疯狂"地推一阶段领投票，"疯狂"地扬言要戒严、延选……甚至连李登辉也因此说，"其中任何一件，都不是一个正常的人会做的事"！

2008年，陈水扁当局包装而成的"入联公投"是"台独"势力部署"法理台独"的重要一步。但是，民意不可违。2008年3月22日，由陈水扁当局捆绑举行的"入联公投"投票率仅35.8%，与本次台湾地区领导人选举超过76%的投票率相比，投票率差距悬殊，这显示出台湾平民百姓在用选票表达着对陈水扁的强烈不满，他们反对制造两岸局势紧张的分裂行径，由此陈水扁用"公投绑选票"的政治骗局彻底破产了。为此，国务院台湾事务办公室发言人李维一于22日当晚发表谈话表示，"台独"分裂势力搞"台独"是不得人心的，期盼为两岸关系和平发展共同努力。李维一说，陈水扁当局推动的所谓"以台湾名义加入联合国"的"公投"遭到失败，再次说明"台独"分裂势力搞"台独"是不得人心的。

2008年3月，《洛杉矶时报》报道说，陈水扁执政8年，与大陆和华府关系紧张，台湾经济低迷不振，官员频频被撤换，留下破碎的梦想和错过的机会。2009年陈水扁因为贪污和受贿被判决有罪后竟然向美军事上诉法院提出请愿，提出他在担任"总统"期间，知悉了美国军政府存在的"事实"，也接受军政府的命令。有关台湾之事，美国军政府是"至高无上"的，他在任内经常接受"美国在台协会"主席的指示。如今他面临"政治迫害"，因此向美国军事法院及全世界披露这个美国军政府的存在，要求军政府出面保护他。[1]

由此可以看出，以李登辉和陈水扁为代表的"台独"分子掌握台湾地区的公权力后，肆意分裂国家，抛弃了1992年"汪辜会谈"达成的"九二共识"，使海峡两岸的矛盾性质发生了转化。李登辉上台之前，蒋氏父子主政台湾事务，与大陆在海峡两岸的对峙是国共两党在一个中国内部的政权之争，属于民族内部矛盾；李登辉上台，特别是抛出"两国论"后，中华民族同分裂国家、民族的"台独"势力的斗争已属于结构上对抗性的民族矛盾，这是两类不同质的矛盾，由民族内部的阶级矛盾已经上升为中华民族同民族分裂势力斗争的民族矛盾。

第二节 两岸关系在曲折中前行

李登辉、陈水扁等"台独"势力虽然不断制造两岸的紧张局势，但是两岸人民仍然企盼和平与稳定，两岸关系也在曲折中前行。

一、积极维护"九二共识"成果

20世纪90年代以来，中国共产党第三代领导集体根据台湾岛内的形势变化，特别是针对"台独"势力的分裂活动，一直有针对性地开展对台工作。

为促进两岸关系发展，推动两岸交流，解决两岸同胞交往中产生的具体问题，1991年3月，台湾方面成立了台湾海峡交流基金会，辜振甫出任会长；大陆方面则于同年12月成立了民间授权团体——海峡两岸关系协会，1992年12月，上海市前市长汪道涵出任峡两岸关系协会会长。从此，海协会与海基会建立了制度化的协商管道，签订了一系列协议，进行了政治、经济等方面对话并达成共识。两会商谈成为两岸经济合作和各项交流交换意见的重要平台，成为两岸关系互动的标志，创造了在一个中国原则基础上搁置争议、

---

[1] 《中国时报：陈水扁是美国军政府的行政长官？》，中国新闻网，http://www.chinanews.com.cn/hb/news/2009/10-12/1905008.shtml。

平等协商、求同存异的典范。

长期以来,海峡两岸在"一个中国"的表述上一直存在分歧。1992年11月,两岸关系协会与台湾海峡交流基金会就解决两会事务性商谈中如何表明坚持一个中国原则的态度问题达成了以口头方式表达的"海峡两岸均坚持一个中国原则"的"九二共识",由此"九二共识"成为中国政府处理台湾事务的基本原则。根据国台办提供的有关资料,在"九二共识"中,双方都表明了"海峡两岸均坚持一个中国原则"和"努力谋求国家统一"的态度;对于"一个中国"的政治含义,海基会表示"认知不同",海协表示"在事务性商谈中不涉及",做了求同存异的处理。换言之,"九二共识"是在双方表明坚持一个中国原则态度的前提下,暂时搁置了对"一个中国"政治含义的分歧。正是在此基础上,两会成功地举行了"汪辜会谈",建立了制度化的协商与联系机制,进行了一系列商谈,开启了两岸政治对话,为改善和发展两岸关系发挥了重要作用。①

经过海峡两岸双方的共同努力,汪道涵和辜振甫于1993年4月下旬在新加坡成功地举行了会谈。会议产生了《"汪辜会谈"共同协议》等四项文件,从此打开了两会协商的管道,在两岸关系发展中"迈出了历史性的重要一步"。②

中国政府坚持的一个中国原则重在主权的宣示,从历史和民族的渊源界定大陆和台湾同属于一个中国,特别是强调两岸同属于中华民族的民族认同意识,从而为实现国家统一留下了充分的回旋空间。

1995年1月30日,江泽民提出了推进祖国和平统一进程的"八项主张":即坚持一个中国原则,是实现和平统一的基础和前提;对于台湾同外国发展民间性经济文化关系不持异议;进行海峡两岸和平统一谈判;努力实现和平统一,中国人不打中国人;大力发展两岸经济交流与合作;中华各族儿女共同创造的五千年灿烂文化,是维系全体中国人的精神纽带,也是实现和平统一的一个重要基础;充分尊重台湾同胞的生活方式和当家做主的愿望,保护台湾一切正当权益;大陆欢迎台湾当局的领导人以适当身份前来访问,也愿

---

① 海峡两岸关系协会研究部:《"九二共识"的历史真相》,新华网,http://news.xinhuanet.com/tw/2006-04/05/content_4385932.htm。

② 《人民日报》,1993年5月7日。

意接受台湾方面的邀请,前往台湾。①八项主张的提出成为新时期中国共产党开展对台工作的重要指导方针。

1997年9月,中国共产党第十五次全国代表大会召开,这次大会再次强调"和平统一、一国两制"的大政方针,明确指出"一国两制"基本内容是:"在祖国统一的前提下,国家的主体坚持社会主义的制度,同时在台湾、香港、澳门保持原有的资本主义制度和生活方式长期不变。"②

2002年11月,中国共产党第十六次全国代表大会召开,这次大会的政治报告,辟出专题《"一国两制"和实现祖国的完全统一》,专门论述台湾问题。报告提出:"在一个中国的前提下,什么问题都可以谈,可以谈正式结束两岸敌对状态,可以谈台湾地区在国际上与其身份相适应的经济文化社会活动空间问题,也可以谈台湾当局的政治地位等问题。我们愿与台湾各党派和各界人士就发展两岸关系,推进和平统一交换意见。"③十六大之后,中国共产党对台工作取得了一系列重大成果。

同时,十六大报告指出:"国家要统一,民族要复兴,台湾问题不能无限期地拖延下去"。④中国政府当时针对台湾问题做好了两手准备,一是"促统",密切两岸各方面交往,特别是经贸交流,加快大陆发展,对台湾产生"磁吸效应",使台湾的未来发展系于大陆,同时扩大中美之间的共同利益基础,使台湾问题"边缘化""非核心化",完成国家统一的平稳过渡;二是"防独",以军事斗争制止"台独"分子的分裂行为,加速中国国防现代化进程,对美国的军事干涉保持警惕和防范,准备承担极大的民族牺牲完成统一。在解决台湾问题方面,"防独"与"促统"是两个不同历史任务,可以而且必须使用不同的手段。

---

① 《江泽民在新春茶话会上发表重要讲话,提出八项看法主张推进祖国和平统一》,《人民日报》,1995年1月31日,第1版。

② 中共中央文献研究室编:《十一届三中全会以来党的历次全国代表大会中央全会重要文件选编》(上),北京:中央文献出版社,1997年版,第445页。

③ 江泽民:《全面建设小康社会,开创中国特色社会主义事业新局面(一)——在中国共产党第十六次全国代表大会上的报告(2002年11月8日)》,《人民日报》,2002年11月18日,第1版。

④ 江泽民:《全面建设小康社会,开创中国特色社会主义事业新局面(一)——在中国共产党第十六次全国代表大会上的报告(2002年11月8日)》,《人民日报》,2002年11月18日,第1版。

二、两岸政党交流成果丰硕

2005年4月26日—5月3日,应中共中央总书记胡锦涛的邀请,中国国民党主席连战率国民党大陆访问团来访。国共两党基于对促进两岸关系和平稳定发展的承诺和对人民利益的关切进行了会谈,会谈后两党决定共同发布《两岸和平发展共同愿景》,提出:坚持"九二共识",反对"台独",谋求台海和平稳定,促进两岸关系发展,维护两岸同胞利益,是两党的共同主张;促进两岸同胞的交流与往来,共同发扬中华文化,有助于消弭隔阂,增进互信,累积共识;和平与发展是21世纪的潮流,两岸关系和平发展符合两岸同胞的共同利益,也符合亚太地区和世界的利益。《两岸和平发展共同愿景》同时提出两党将共同促进尽速恢复两岸谈判,共谋两岸人民福祉;促进终止敌对状态,达成和平协议;促进两岸经济全面交流,建立两岸经济合作机制;促进协商台湾民众关心的参与国际活动的问题;建立党对党定期沟通平台。

2005年5月5日至13日,应中共中央总书记胡锦涛的邀请,亲民党主席宋楚瑜率亲民党访问团正式访问大陆,这是亲民党和中国共产党之间首次进行两党之间的对话,双方在会谈中达成了"六点共识",即促进在"九二共识"基础上尽速恢复两岸平等谈判,相互尊重,求同存异,务实解决两岸共同关心的重大议题;坚决反对"台独",共谋台海和平稳定;推动结束两岸敌对状态,促进建立两岸和平架构;加强两岸经贸交流,促进建立稳定的两岸经贸合作机制;促进协商台湾民众参与国际活动的问题;建立推动两岸民间精英论坛及台商服务机制。

2005年7月12日,中共中央总书记胡锦涛在会见郁慕明率领的新党纪念抗战胜利六十周年大陆访问团时,就当前发展两岸关系提出了四点看法,即:共同促进中华民族的伟大复兴;坚持一个中国原则;坚决反对和遏制"台独";切实照顾和维护台湾同胞的切身权益。新党表示,接受一个中国原则和"九二共识",进而提出"一中两制"的思维,追求两岸和平。

两岸对峙多年以来,国、亲、新三党的领导人相继访问大陆,这对于稳定台海局势,促进两岸和解具有重要的历史意义。这是两岸政界首次在没有外力介入的情况下进行的高层次沟通,展现了两岸民众期盼统一的民意基础。

乔治·华盛顿大学国际关系学院中国项目负责人、著名中国军事问题专家沈大伟博士(David Shambaugh)告诉记者,他很高兴看到连战和宋楚瑜对大陆的访问,衷心希望连宋二人的大陆之行进一步促进两岸对话,促进海峡两岸关系"逐步走向稳定和正常"。白宫国家安全委员会亚洲事务前主任、著名中国问题专家李侃如(Kenneth Lieberthal)博士对华盛顿媒体表示，国、亲两党主席分别前往大陆访问具有非常特别的意义。日本政府外务省国际报道官千叶明说，日本政府在台湾问题上的正式立场是希望和平解决台湾问题，不支持"台湾独立"，期待连宋对大陆的访问"有利于两岸的和平与稳定"。日本前驻华大使谷野作太郎表示日本"对台湾没有领土野心"，日本国民希望海峡两岸的当事者通过对话和平解决问题，他认为这次连、宋访问大陆，台湾的舆论评价积极，大陆方面应对灵活。

2005年5月14日，英国皇家国际问题研究所高级研究员陆伊伊撰文指出："反对党领导人的大陆之行却标志着两岸关系一个历史性的转折。台湾政治已出现了一种根本性的变化。国民党及其盟友亲民党在台湾'立法院'中占据着多数席位。可以肯定的是，在两党领导人访问大陆之后，台湾的政治趋势将不可逆转地发生变化。国民党及其盟友将向台湾人民提供一种与主张独立的势力所截然不同的有关台湾未来的前景。这反映出台湾相当多的人——尤其是商界的一种情绪。台湾商界认为，与大陆加强经济一体化是确保未来繁荣的唯一途径"，"全世界的决策者都将他们的对华政策建立在这样一种看法上，即大陆与台湾很可能会爆发战争，台海将无限期地保持现状。他们现在需要从根本上重新考虑各自的战略。否则，一些国家的政府将看到自己制订完善的、旨在遏制中国的政策将彻底失败。最近发生的一些事件不仅将大大增加海峡两岸实现和平的可能性，而且还将推动中国的统一，亚太地区的地缘政治形势也因此将发生变化。美国政府至少一直在密切关注这些事态的发展。布什总统已经要求与中国国家主席胡锦涛讨论台海局势"[①]。

三、积极推动两岸经济交流与"对台让利"

两岸关系的经济基础在于两岸的经贸交流与相互依存。改革开放以来，两岸经贸依存度越来越高，尽管李登辉和陈水扁任内都在千方百计阻挠两岸的经济联系和融合，但这是一个不以个人意志为转移的必然趋势。两岸开放交流近20年，台湾对大陆的贸易顺差累计超过1500亿美元，占同期台湾对外贸易顺差的80%以上。据台湾外汇部门统计，自1993年开始办理来自大

---

① 陆伊伊（音译）：《对台湾的新战略》，（香港）《亚洲时报》，2005年5月14日，http://www.asiatimes-chinese.com/simplify/indexSIMPLIFY.html。

陆的间接汇款业务以来，业务量以平均每年54.8%的速度递增，截至2002年底，从大陆向台湾的汇款已达5572.3亿美元。

2004年，尽管台湾当局对多达2300多项的大陆商品设限，但大陆对台湾的出口额仍达135.5亿美元，比上年增长了50.4%，净增45.5亿美元。同时，大陆从台湾的进口额达647.8亿美元，比2003年净增了154亿美元，由此大陆对台湾的贸易逆差达512.3亿美元，比上年增长110亿美元。大陆已经成为台湾最大的出口市场和贸易顺差来源地。2005年，两岸贸易额近900亿美元，每年有300万人往来于两岸。

2006年以来，台湾方面紧缩了两岸政策，从过去的"积极开放、有效管理"，转变到"积极管理、有效开放"，限制两岸的经贸交流。尽管台湾当局推行所谓"戒急用忍"政策，但也无法阻止台商对大陆开展越来越大的贸易与投资活动。从1992年起，大陆一直是台湾最重要的贸易顺差来源地，至2003年底，累计达2000亿美元。如果扣除台湾在两岸贸易中享有的顺差，台湾外贸顺差（同期为1200亿美元）将转为严重的逆差（800亿美元）。台湾对大陆顺差的收益，正好弥补了其对日本逆差的缺口（同期为2000亿美元）。

表7-1　1979—2005年两岸贸易依存度统计分析表

单位：%

年份	台湾外贸对两岸贸易依存度	大陆外贸对两岸贸易依存度	台湾对大陆出口贸易依存度	大陆自台湾进口贸易依存度	台湾自大陆进口贸易依存度	大陆对台湾出口贸易依存度
1979年	0.25	0.27	0.13	0.14	0.38	0.41
1980年	0.79	0.82	1.19	1.17	0.39	0.42
1981年	1.05	1.04	1.70	1.74	0.35	0.34
1982年	0.68	0.67	0.88	1.01	0.44	0.38
1983年	0.55	0.57	0.63	0.74	0.44	0.40
1984年	1.06	1.03	1.40	1.55	0.58	0.49
1985年	2.17	1.58	3.21	2.34	0.58	0.42
1986年	1.49	1.29	2.04	1.89	0.60	0.46
1987年	1.38	1.83	2.29	2.84	0.83	0.73
1988年	2.47	2.65	3.7	4.06	0.96	1.01
1989年	2.94	3.12	4.38	4.90	1.22	1.12

续表

年份	台湾外贸对两岸贸易依存度	大陆外贸对两岸贸易依存度	台湾对大陆出口贸易依存度	大陆自台湾进口贸易依存度	台湾自大陆进口贸易依存度	大陆对台湾出口贸易依存度
1990 年	3.32	3.50	4.38	6.14	1.40	1.23
1991 年	4.16	4.27	6.12	7.32	1.79	1.57
1992 年	4.83	4.48	7.72	7.80	1.56	1.32
1993 年	8.88	7.36	15.20	12.44	1.90	1.59
1994 年	9.15	8.34	15.13	12.18	2.62	1.85
1995 年	8.31	6.37	13.24	11.19	2.99	2.08
1996 年	8.69	6.55	13.96	11.65	2.74	1.85
1997 年	8.39	6.10	13.47	11.55	2.97	1.86
1998 年	9.49	6.31	15.03	11.85	3.69	2.11
1999 年	10.96	6.51	17.15	11.79	4.07	2.03
2000 年	13.82	6.44	17.21	11.32	4.42	2.02
2001 年	10.24	6.35	19.05	11.23	5.47	1.88
2002 年	15.05	7.2	21.78	12.90	7.02	2.00
2003 年	16.62	6.86	23.48	11.96	8.56	2.05
2004 年	18.72	6.78	26.83	11.54	9.95	2.28
2005 年	20.04	6.42	28.36	11.31	11.00	2.17

资料来源：商务部台港澳司[1]。

两岸的贸易依存度逐年上升，这点在两岸民众和企业界都已达成共识，关键点在于如何深化及达成共赢态势。2005 年 5 月，连战访问大陆在北大演讲时提出两岸的"互助和双赢"，他说："今天这个市场的经济已经逐渐在那里整合两岸经济的资源，不但是两岸，事实上今天市场经济的作为可以说在全球化的趋势里面已经席卷了全球，自由的经济就是这样的一个趋势，但是在自由经济的体制之下如何维护和提升我们的竞争力这是最重要的事情。我们不能只喊口号，要落实，而维护提升竞争力唯一的就是一定要合作，唯一的就是一定要创新，合作、创新，才有机会。今天，两岸的关系，各位看到，我们不但是互相依存，而是互补互利，而是一加一大于二的情况，所以我相信台湾在创造了第一次经济奇迹之后，现在正在迈向第二次的经济奇迹这条

---

[1] 李非：《台湾经济发展通论》，北京：九州出版社，2004 年版，第 399 页。

路，在努力，大陆今天所面临的也是千载难逢的一个机会，所以中华民族这种现代化，这种富强康乐，已经不再是一个遥不可及的美梦而已了。尤其在即将面临的未来，我要讲，我说两岸合作赚世界的钱有什么不对啊？我们一定能够来实现所谓如虎添翼的加成的效果，这种加成的效果不是双赢，实际上是多赢的。"①

大陆自20世纪80年代初改革开放至今，台资一直是大陆利用外部资金的重要来源，对大陆多年来的经济腾飞功不可没，同时大陆也成为台商产业转移的最佳目的地。自1987年以来，有3万多家台湾企业在大陆投资了约6万个项目，合同投资总额600多亿美元，实际到位金额超过300亿美元，占台湾全岛对外投资的40%以上。

从台湾《工商时报》发表的两岸经贸走势评估看，2004年即陈水扁担任台湾地区领导人的第一任期结束，两岸贸易额已经达到783.2亿美元，同比增长34.2%，台湾是大陆第五大贸易伙伴，第二大进口市场；大陆是台湾第一大出口市场和最大贸易顺差来源地；台湾对大陆出口已占台湾出口总额的25%。2004年台湾向大陆出口近450亿美元，同比增长27%，远大于其对美日欧的出口增长率；台湾自大陆进口额约167亿美元，年增长52%，2004年台湾对大陆顺差达283亿美元，同比增长16%。

据中国社会科学出版社出版的《2003—2004中国外商投资报告》公布的数据：台湾已成为第四大累计对华投资来源地，2004年台湾实际对大陆投资约31.2亿美元。约有60000家台资企业在大陆运营，为约1000万大陆劳动力提供了就业机会。所以，两岸的经贸联系不是李登辉和陈水扁等人所能单方面割断的。

表7-2　台商投资大陆统计表（2000—2008年）

单位：亿美元

年份	项目数及比重			实际使用台资金额		
	个数	同比/%	占当年总额比重/%	金额	同比/%	占当年总额比重/%
2000年	3108	24.4	13.9	23.0	−11.7	5.6
2001年	4214	35.6	16.1	29.8	29.8	6.4

---

① 《中国国民党主席连战北京大学演讲（全文）》，新浪网，http://news.sina.com.cn/c/2005-04-29/10275783906s.shtml。

续表

年份	项目数及比重			实际使用台资金额		
	个数	同比/%	占当年总额比重/%	金额	同比/%	占当年总额比重/%
2002年	4853	15.2	14.2	39.7	33.3	7.5
2003年	4495	−7.4	10.9	33.8	−14.9	6.3
2004年	4002	−11.0	9.2	31.2	−7.7	5.1
2005年	3907	−2.4	8.8	21.6	−31.0	3.6
2006年	3752	−4.0	9.1	21.4	−0.7	3.4
2007年	3299	−12.1	8.7	17.7	−20.4	2.4
2008年	2360	−28.5	8.6	19.0	7.0	2.1

资料来源：商务部台港澳司。

从2005年开始，大陆实施的一系列惠及台湾民众的经贸、社会政策已经受到了台湾民众的热烈响应。2005年3月，温家宝总理在全国人大的记者招待会上提出，要采取措施解决台湾农产品到大陆销售的问题。中国共产党和中国国民党、亲民党在会谈当中也对台湾农产品扩大在大陆销售达成了很多共识。3月，为了协助解决台湾水果丰收季节的滞销问题，中共中央台湾事务办公室受权宣布对台湾进入大陆进行质量检疫的水果由12种准入品种扩大到18种，并且将对10余种水果实行进口零关税措施。台湾农民联盟常务理事詹澈表示，已经有越来越多的台湾农民意识到，只有将产品打入大陆市场才有出路。在陈水扁当局不断给两岸经贸交流与合作造成阻力的情况下，在2006年4月的两岸经贸论坛上，中共中央台办主任陈云林受权宣布了15项对台优惠措施，台湾岛内舆论指出这些优惠措施已经类似于内地和香港签署的CEPA协定的主要内容，势必给近年来停滞不前的台湾经济带来新机会，增加台湾各项重要产业人才的培育与就业机会。2008年末，胡锦涛指出，今后两岸同胞要开展经济大合作，扩大两岸直接"三通"，厚植共同利益，形成紧密联系，实现互利双赢；两岸还可以为此签订综合性经济合作协议，建立具有两岸特色的经济合作机制，以最大限度实现优势互补、互惠互利。[①]

台湾农产品登陆对于"台独"分裂行为的遏制效应初显，使台南农民、台湾渔民对于国家统一产生了经济上的认同，大陆努力促成的两岸"三通"

[①] 胡锦涛：《携手推动两岸关系和平发展 同心实现中华民族伟大复兴——在纪念〈告台湾同胞书〉发表30周年座谈会上的讲话》，《人民日报》，2009年1月1日，第2版。

得到了台湾岛内工商界的认同。随着今后两岸经济的互动,两岸经济一体化为中国国家的统一奠定了物质基础。1979—2008年,大陆对台优惠政策已经成体系,由点对点到面对面,从经贸、教育、旅游、航运、文化这些宏观方面到台农增收、台胞大陆入学、新闻出版、地区互动等中观和微观层面,大陆惠台政策可谓系统化、整体化、长期化。

2006年4月15日,在两岸经贸论坛闭幕式上,中共中央台办主任陈云林受权宣布和通报了大陆方面将进一步采取的促进两岸交流合作、惠及台湾同胞的15项政策措施。其中教育部决定,自即日起,正式认可台湾教育主管部门核准的台湾高等学校学历。2007年4月,教育部副部长袁贵仁在第三届两岸经贸文化论坛上宣布,欢迎台湾高校来大陆招生,并对大陆学生赴台就读提供必要的协助。2007年为进一步促进两岸人才交流,大陆向台湾居民再开放15类(项)专业技术人员资格考试,包括:经济、会计、卫生、计算机技术与软件、质量管理、翻译、拍卖师、执业药师、棉花质量检验师、注册资产评估师(含珠宝评估专业)、房地产估价师、房地产经纪人、造价工程师、注册咨询工程师(投资)和注册税务师。符合报考条件的台湾地区专业技术人员可向大陆各省、自治区、直辖市相应专业考试机构,提出参加上述15项考试的申请。

同时,海峡两岸的区域整合一直在扎实推进。海峡西岸经济区是"闽东南地区"概念的延伸,指以福建为主体的台湾海峡西岸地域经济综合体。其构想包括:以构建福州、厦门、泉州三大城市基本框架为支撑,连接漳州、莆田、宁德,对接三明、南平、龙岩,加快形成福建省城市体系的总体布局。而海西区远景规划以福建为主体,涵盖台湾海峡西岸,包括浙江南部、广东北部和江西部分地区,与珠江三角洲和长江三角洲两个经济区衔接。截至目前,海峡西岸经济区包括福建九市;浙江温州、丽水、衢州;江西上饶、鹰潭、抚州、赣州;广东梅州、潮州、汕头。2004年9月,江泽民同志在闽视察期间,欣然挥笔题词:"建设对外开放协调发展全面繁荣的海峡西岸"。2005年10月,在党的十六届五中全会上,支持海峡西岸经济发展写入《中共中央关于制定国民经济和社会发展第十一个五年规划的建议》。2006年1月,中共中央总书记、国家主席、中央军委主席胡锦涛同志来闽视察,希望福建抓住中央鼓励东部地区率先发展和支持海峡西岸经济发展的重大历史机遇,做到"六个扎实推进"。

2006年3月,在十届全国人大四次会议上,支持海峡西岸经济发展分别写入《政府工作报告》和《"十一五"规划纲要》；2006年10月，党的十六届六中全会关于构建社会主义和谐社会的决定中，再次重申支持海峡西岸经济发展；2007年10月，"支持海峡西岸经济发展"写入了党的十七大报告。

第三节　大陆全方位坚决遏制"台独"

从李登辉的"两国论"到陈水扁的"台独"图谋（"公投""立宪""建国"），"台独"势力在掌握台湾的执政资源后，不断将两岸关系推到危险的边缘。为此，大陆坚决采取一切措施全方位遏制"台独"分裂活动。

一、巩固反"台独"统一战线

多年来，大陆不断地向台湾岛内展示和平统一国家的最大诚意，动摇了"台独"势力的民意基础，特别是2000年陈水扁上台后不断制造"台独"分裂活动，大陆方面就更加重视在政治上巩固与台湾岛内"泛蓝"阵营的统一战线。

2005年9月，在中国人民抗日战争和世界反法西斯战争胜利六十周年纪念日，胡锦涛发表讲话指出中国国民党和中国共产党领导的抗日军队，分别担负着抗日战争中正面战场和敌后战场的作战任务，形成了共同抗击日本侵略者的战略态势。胡锦涛特别提到，以国民党军队为主体的正面战场，组织了一系列大仗，特别是全国抗战初期的淞沪、忻口、徐州、武汉等战役，给日军以沉重打击。对此，国民党中常委、台湾"立法委员"吴敦义认为，中共对抗战中国民党的贡献做出正面肯定，十分珍贵，是胡总书记善意的表示。他认为，中共正面解读抗战中国民党有那么多牺牲的将领官兵，用生命热血来捍卫国土，抵御日本侵略者，将对国共两党及两岸之间未来更好地交流，会有更大的帮助。

台湾岛内长期以来一直存在所谓"省籍"之争，"台独"势力不断制造族群分裂，大肆煽动所谓本土与外省人群的斗争，以达到主导统"独"议题的目的；中国共产党能够超越党派的历史背景，肯定国民党的抗日历史功绩，既维护了历史的真实性，又团结了一大批台湾岛内的政治力量。毋庸讳言，中国共产党的国家统一政策与台湾岛内的"泛蓝"阵营的统一主张存在着重大的政治分歧，但是在"一个中国"的旗帜下摒弃政治上的歧见可以更加有效地遏制"台独"分裂行径，有助于两岸统一意识及民族认同感的整合。

2005年3月4日，中共中央总书记、国家主席、中央军委主席胡锦涛参加全国政协十届三次会议民革、台盟、台联界委员联组会时指出："1949年以来，尽管两岸尚未统一，但大陆和台湾同属一个中国的事实从未改变。这就是两岸关系的现状。"并就新形势下发展两岸关系提出了四点意见，即："坚持一个中国原则决不动摇，争取和平统一的努力决不放弃，贯彻寄希望于台湾人民的方针决不改变，反对'台独'分裂活动决不妥协。"[①]

2005年4月至5月，两岸成功开启政党交流的新局面。胡锦涛总书记邀请中国国民党主席连战、亲民党主席宋楚瑜先后率团来大陆访问，进一步提出了构建和平稳定发展的两岸关系的重要主张。两岸政党的交流，在增进两岸同胞相互了解与理解，解决事关台湾民众切身利益的实际问题方面发挥了重要作用。

从2005年8月到2007年9月，大陆16个城市的党委与国民党15个县市党部，相继开展了教育、商业、体育、劳工、妇女、地方民意机构等方面的交流活动近40项，举办了一系列经贸论坛、农业合作论坛、文化论坛和民间菁英论坛，进一步凝聚了两岸同胞促进交流、深化合作，密切往来的共识，使两岸同胞真正感受到和平稳定的两岸关系所带来的福祉。

2004年，国台办发言人指出：对于在大陆赚钱又回到台湾支持"台独"的人，我们是不欢迎的。当时任奇美集团董事长的许文龙的政治立场以媚日和"台独"出名，宣扬"台独史观"和台湾悲情，是陈水扁的"幕后金主"，而台湾奇美集团在大陆经过多年发展，资本不断积聚，事业蒸蒸日上。面对两岸形势的现实状况以及国台办鲜明的态度，许文龙也做出了相应的表态，他辞去奇美董事长一职，并于2005年发表退休感言，称两岸"同属一个中国"，而《反分裂国家法》的颁布使他"心里踏实了许多"。因此，大陆的经济发展对于国家统一至关重要，也是反分裂的有力推手。

在大陆对台的"反独"政策中，除了原有的"武力威慑"外，特别注意以"柔性"政策瓦解"台独"阵营，包括区别对待"浅绿"和"铁杆深绿"，实行"一手软一手硬"的策略，争取绿营中一切可以争取的人士。多年来一直坚持要创造具有更大吸引力的投资环境，增加绿营成员对大陆经济的依赖，以更多的国民待遇促使绿营成员逐步改变其政治主张；要继续争取青年群体，

[①]《胡锦涛在看望参加政协会议的民革台盟台联委员时强调：包括台湾同胞在内的全体中华儿女团结起来，共同为推进祖国和平统一大业而努力奋斗》，《人民日报》，2005年3月5日，第1版。

削弱民进党"票仓",特别民进党在台南的"票仓"。同时,适当放宽绿营成员来大陆的限制,通过学术讨论的方式与蓝、绿营学者共同探讨两岸和平框架与构想。当然,在武力"反独"的准备方面不能懈怠,对于秉承"台独基本教义派"的"铁杆深绿"们而言,这是最后一道防线。

台湾内部的政治生态近年来正在发生激烈的变化,民进党执政几年来,不但政绩不彰,贪污腐败、贿选买票的手段盛行,黑金政治持续恶化,比国民党执政时犹有过之。

2005年末,民进党在县市长选举中惨败,在23个县市中仅夺得6席,减少4席,足以显示选民的不满程度。岛内外评论指出与其说国民党打败了民进党,不如说民进党自己打败自己。2008年,民进党丧失了执政权。香港《亚洲周刊》指出:"民进党只有在挑衅中始可成长,当停止挑衅,它的内部结构及内政表现,即会让它破绽显现。"[①] 所以,民进党虽然一度执政8年,但是要强行"急独",已是不可能的任务。

二、在法理上遏制"台独"

2000年陈水扁上台后纠集分裂势力进行"台独"活动,抛出"一边一国"的分裂主张,大搞"统独公投",将两岸关系推到了危险的边缘。2004年5月17日,针对台湾地区选举后复杂的局势,中共中央台湾工作办公室、国务院台湾事务办公室受权就两岸关系问题发表声明指出:"当前,两岸关系形势严峻。""'台独'没有和平,分裂没有稳定。我们坚持一个中国原则的立场决不妥协,争取和平谈判的努力决不放弃,与台湾同胞共谋两岸和平发展的诚意决不改变,坚决捍卫国家主权和领土完整的意志决不动摇,对'台独'决不容忍。"[②]

针对台湾政局的重大变化和陈水扁当局否定一个中国原则与"九二共识",加紧推动"台独"分裂活动,2005年3月,第十届全国人民代表大会第三次会议通过了《反分裂国家法》。这一法律的制定,把我党关于解决台湾问题的大政方针以法律的形式固定下来,既表达了中国共产党坚持和平统一的一贯立场和最大诚意,更表明了全国人民坚决反对"台独",捍卫国家主权和领土完整的共同意志和坚定决心。既向世界昭示了执政党依法治国,依法制止分

---

① 香港《亚洲周刊》,2004年5月16日。
② 新华网北京5月17日电,news.xinhuanet.com/zhengfu/2004-05/17。

裂的治国理念，又给日益猖獗的"台独"分裂活动画上了一条"底线"。这部重要法律的颁布和实施，对于反对和遏制"台独"势力分裂国家，推动两岸关系发展，促进祖国和平统一具有重大现实意义和深远历史意义。《反分裂国家法》为"台独"势力的分裂活动画上了一条红线。

2005年3月，《反分裂国家法》第八条规定："'台独'分裂势力以任何名义、任何方式造成台湾从中国分裂出去的事实，或者发生将会导致台湾从中国分裂出去的重大事变，或者和平统一的可能性完全丧失，国家得采取非和平方式及其他必要措施，捍卫国家主权和领土完整。依照前款规定采取非和平方式及其他必要措施，由国务院、中央军事委员会决定和组织实施，并及时向全国人民代表大会常务委员会报告。"同时，第九条规定："依照本法规定采取非和平方式及其他必要措施并组织实施时，国家尽最大可能保护台湾平民和在台湾的外国人的生命财产安全和其他正当权益，减少损失；同时，国家依法保护台湾同胞在中国其他地区的权利和利益。"①

《一个中国的原则与台湾问题》白皮书中使用了"武力"一词，《反分裂国家法》使用了"非和平方式"一词，二者并无根本区别，但是后者作为全国人大通过的法律文件更具有权威性，用词更加规范、稳健，反映了大陆多年来对台各方经验的积累和总结。就字面意义而言，"非和平方式"的内涵显然包括"武力"方式并以武力方式为主，但是其进步意义有两点：第一，用语温和，有利于争取台湾民心，事实证明，武力威慑有助于"反独"，但是对于"促统"的作用要因时、因事而异。"台独"势力一贯通过制造两岸对立的意识在政治上"得分"，《反分裂国家法》中"非和平方式"的提出使他们本可以通过大肆渲染"大陆威胁"从而煽动台湾地区"民粹情绪"的"着力点"变得十分平缓，"台独"势力无从"借力打力"，加上第九条的补充说明，因此台湾民众没有受台湾当局的蛊惑，总体反映相对理智和平和；第二，坚持原则，大陆牢牢把握对台政策的主导权，"非和平方式"解读留下诸多空间，对于"台独"的适用条件和惩戒手段，诸如经济制裁、交通封锁、武力遏制等尽在中央政府的掌控之中，"台独"势力可以回旋和规避的余地大大减少，从而为"台独"势力的分裂活动划上一条清晰的"红线"。

---

① 《人民日报》，2005年3月15日，第1版。

三、扎实做好反击"台独"的军事斗争准备

在开展政治斗争的同时,对台军事斗争准备具有不可替代的作用。海峡两岸的和平局势是两岸人民的福祉所在,但是大陆只有对"台独"势力保持足够的威慑,才能达到"不战而屈人之兵"的战略效果,换言之,只有大陆保持强大的军事压力,"台独"势力才不敢轻易越过"法理独立"这条"红线"。

1995年5月22日,美国政府不顾中国政府的一再劝告、交涉,公然允许李登辉于6月3日至11日访美,中国政府决定在台湾海峡举行大规模的军事演习。1995年7月18日,新华社发布新闻宣布中国人民解放军将于7月21日至28日间,举行二炮部队的导弹试射演习,朝向距离台湾基隆港约56公里的彭佳屿海域附近进行导弹试射。

1995年7月21日至7月28日,中国人民解放军从江西铅山导弹基地试射东风15导弹6枚,攻击预定目标为富贵角北方约70海里处。7月21日1时,距离富贵角北方命中区481公里的铅山基地以东某地点,先后发射2枚东风15导弹;7月22日0时至2时,先后试射2枚东风15导弹;7月24日2时至4时,先后发射2枚东风15导弹,6枚均命中目标区。

1995年8月15日至8月25日,解放军南京军区出动舰艇59艘,飞机192架次,在东引北方约28海里处,进行海上攻防演练。

1995年9月15日至10月20日,解放军陆、海、空部队在闽南沿海地区参演舰艇有81艘,飞机610架次。

1995年10月31日到11月23日,解放军在东山岛举行两栖登陆作战操演,出动兵力包括步兵第91师、舰船63艘、飞机50架。

在台海紧张局势下,美国插手介入。1995年12月19日,美国指派尼米兹号航空母舰战斗群通过台湾海域。

1996年3月8日至3月25日,中国人民解放军进行第二次导弹发射及军事演习,两岸局势随即紧张。台湾的空军和导弹部队进入最高警戒状态。1996年3月8日至3月15日,中国人民解放军在福建永安和南平导弹部队基地,进行"联合九六"导弹射击演习,发射4枚东风15导弹点火升空,并迅速越过台湾海峡,飞向锁定目标。3月8日0时和1时,从永安分别试射2枚东风15导弹,落在高雄外海西南30至150海里目标区;而同步时间前后不到10分钟,3月8日1时,从南平发射1枚东风15导弹,落在基隆外海

29海里处目标区。

1996年3月12日至3月20日间，解放军海、空部队在东海与南海展开第二次实弹军事演习。航空兵力进行战术操演和编队航行，火炮、导弹射击及海空联训。

1996年3月18日至3月25日，解放军海、陆、空部队展开第三次联合作战的军事演习。演练项目包括三栖登陆、空降及山地作战演练。

1999年9月上旬，中国人民解放军南京和广州军区陆海空三军、第二炮兵和民兵预备役部队，在浙东、粤南沿海举行了大规模的诸军兵种联合渡海登陆作战实兵演习。《人民日报》对此进行了详细的报道：

东海某海区：风紧云急，怒涛汹涌。在百年前鸦片战争的古战场，我三军将士和民兵上演了一场高技术条件下渡海登陆人民战争壮剧。由先进的登陆舰艇和近千艘民船运送的数万精兵，在强大的海军舰艇编队、空军作战机群的火力掩护下，向"守敌"发起了排山倒海的攻击。指战员们利用多种方式，把大批重装备快速装载上船，迅速完成了海上集结和战斗编组；依靠先进的指挥方法和手段，由登陆舰艇和民船组成的联合编队，与战斗机群和作战舰艇密切协同，并肩作战，夺取制空权、制海权和制电磁权，有力抗击了"敌"对我航渡编队的远程打击和海空攻击；我航空兵、海军舰炮、船载炮兵立体打击"敌"海岸防御前沿及纵深重要目标；登陆部队采用多种方式快速卸载火炮战车，同泛水上陆的两栖装甲作战群、机降部队汇成强大的突击力量，实现了对"守敌"的立体突破，分割围歼。南京战区司令员陈炳德、政委方祖岐指出：20世纪90年代以来，战区以军委新时期军事战略方针为指导，发扬人民战争的光荣传统，对使用民船配合我军主力，进行大规模渡海登陆作战这一战略课题开展了深入的研究探索，成功解决了一系列难题，使战区内的数十万艘民船可随时动员征用，形成"万船齐发"之势，保障大兵团渡海登陆作战需要。

南海某海区：硝烟弥海，炮声裂空。广州战区陆海空三军数万精兵渡海登陆联合作战同时在两个方向打响。由陆军和海军陆战部队组成的左翼登陆集团，在第二炮兵战役战术导弹、空军战斗机群、陆军武装直升机、海军舰载火力支援下，向"敌"滩头阵地发起一波又一波勇猛攻击；电子干扰飞机和船载电子干扰群密切配合，对"敌"实施电磁压制；扫雷舰艇和登陆兵运用多种手段破障，开辟水际滩头通路，迅速打开突破口，建立登陆场。由陆军和特种作战部队组成的右翼登陆集团，则以迅雷不及掩耳之势展开夺占港口战斗。我海空火力对"敌"港区指挥所、通信枢纽、高技术兵器阵地实施精确打击；登陆部队多路展开，并肩攻击，搭乘气垫船的攻击分队快如利剑劈开"敌"防线，操纵翼伞和动力伞的特种部队神兵天降夺控要点，机降部队出"敌"不意分割夹击，一举歼灭港口"守敌"。随后进行的快速歼灭局部反击之"敌"、巩固登陆场战斗同样惊心动魄。面对疯狂反扑之"敌"，我登陆作战指挥部快速部署兵力、火力。航空兵和地面炮兵猛烈突击"敌"有生力量，装甲快速突击群迅猛穿插，垂直攻击群超越攻击，彻底粉碎了"敌"反击企图。这场演习充分展示了高技术条件下渡海登陆作战的壮观场面。大批新装备使陆海空三军在作战中如虎添翼。先进的作战舰艇、飞机和电子干扰设备使我军能够有效地夺取制海、制空和制电磁权。登陆舰艇、气垫船和直升机等现代登陆输送工具使进攻更加势不可挡。数字化炮兵作战系统使"战争之神"反应更加灵敏。覆盖各军兵种、各指挥层次的自动化指挥网络与无人侦察机、战场侦察系统相配合，大大提高了作战指挥效能。

地处改革开放前沿的广东和浙江两省各级党委、政府、广大人民群众，踊跃参加民船动员征集演练，积极为演习提供各种物资保障，充分展示了军民万众一心、共同捍卫国家主权和领土完整的坚定意志。

演习结束后，中共中央政治局委员、中央书记处书记、中央军委副主席张万年检阅参演部队并做了重要讲话。他指出：20世纪90年代末，李登辉公然背离一个中国的根本原则，大肆鼓吹所谓"两国论"，彻底暴露了他企图把台湾从中国领土分裂出去的狂妄野心，是对祖国和平统一的蓄意破坏，是对全体中国人民的严重挑衅。这次渡海登陆作战实兵演习，充分显示了我军捍卫国家主权和领土完整的坚定立场和坚强决心，展示了我军维护祖国统一的强大实力。我们严正警告李登辉，玩火者必自焚！祖国统一是大势所趋，人心所向。任何分裂势力想要逆历史潮流而动，都不过是螳臂当车，不自量力，必将碰得头破血流，自取灭亡。

张万年强调指出，我们解决台湾问题的基本方针仍然是"和平统一、一国两制"，但我们绝不承诺放弃使用武力。中国人民解放军将坚定不移地以国家意志为最高意志，以民族利益为最高利益，有决心、有信心、有能力、有办法捍卫国家主权和领土完整，绝不容忍分裂祖国的图谋得逞，绝不坐视任何一寸土地从中国的版图上分裂出去。中国人民解放军正密切注视着事态的发展，随时准备粉碎任何分裂祖国的罪恶行径！①

2003年11月18日，针对岛内"台独"势力的猖獗举动，海协会会长汪道涵表示，近来台湾岛内发生的一系列事情，严重冲击着两岸关系的和平与稳定，他高度关注着事态的发展。国台办副主任王在希明确表示，"台独"就是战争，如果台当局公开搞"台独"，"那武力恐怕就难以避免"。

2004年5月，国务院台办发言人张铭清在新闻发布会上指出，未来台海爆发战争的可能性，要看陈水扁的态度。2004年11月，民进党前主席许信良在新书《民粹亡台记》中指责陈水扁当局已把台湾逼近战争边缘，他指出两岸现在最根本的诉求都是对立冲突的，陈水扁说台湾是"主权国家"，而大陆则认为台湾是中国的一部分，"不让步，最后一定是冲突与战争"。民进党政要、前"行政院院长"游锡堃曾经发布诸多有代表性的"台独"言论，其一就是以后所有公文书称呼"大陆"为"中国"，而不称"中共"或者"大陆当局"；第二个抛出了"恐怖平衡论"，扬言要用导弹"攻击上海"等，"如果大陆方面打台北、高雄的话，台湾就一定打上海，大陆打台湾一百颗导弹，台湾也有能力打大陆五十颗导弹"。

在军事上，陈水扁当局曾强行推动"巨额军购案"，加强针对大陆作战的军事准备。2004年后，陈水扁指使台"行政院"通过"重大军事采购条例"及"重大军事采购特别预算案"，以加强反导弹装置与强化台军制海能力为由，推出总金额高达6108亿元新台币的军购案。当前，台湾正在强化自身的攻防能力，以抗拒来自大陆的威慑，包括在第三代作战飞机、舰船数量保持不变的情况下，加快改良速度和武器整合能力，使其成为更强力的武器平台。同时，台湾加速预警机指挥系统的升级换代速度，加快预警机与战斗机、战斗机与战斗机之间的数据链建设，以便早日实现军队指挥系统的一体化，并不断强化与美日的情报同盟构建。在海军建设方面，不断增加现代化潜水艇的数量并且努力提高质量。除此之外，种种迹象显示台湾还在发展射程为1000—1500公里的高弹道巡航导弹，以强化"境外作战"、攻势防御，打击包括北京、三峡大坝在内的战略目标的能力。

2004年6月3日，中共中央政治局委员、中央军委副主席、国务委员兼国防部长曹刚川在济南军区国防动员委员会第四次全体会议上发表了重要讲

---

① 《人民日报》，1999年9月11日，第1版。

话，针对台海地区的严峻局势，他要求"全面加强国防动员建设""把国防动员建设纳入战区军事斗争准备和经济社会发展总体规划""为维护国家安全统一"提供强有力的保障。2004年8月，中国在福建东山岛举行了"解放二号"三军联合演习，相对应的是台湾军方之前举办"汉光演习"和军机高速公路紧急起降演练，以及美国军方正在进行中的"夏季脉动2004"演习。

2004年12月27日，国务院新闻办公室发表《2004年中国的国防》白皮书，其中指出："台独"分裂活动日益成为破坏中国主权和领土完整，危害台海两岸及亚太地区和平与稳定的最大现实威胁，[1] 同时，中国维护国家安全的首要基本目标和任务是："制止分裂，促进统一，防备和抵抗侵略，捍卫国家主权、领土完整和海洋权益"，所以"制止'台独'势力分裂国家，是中国武装力量的神圣职责""如果台湾当局铤而走险，胆敢制造重大'台独'事变，中国人民和武装力量将不惜一切代价，坚决彻底地粉碎'台独'分裂图谋"。[2]

2005年3月，台军试射了"雄风"2E巡航导弹，该导弹射程约1000公里。台"国防部长"李杰称，导弹从位于台湾屏东的军事基地发射，飞行了500公里后击中了目标，其发射半径已远及南京、武汉和桂林等城市，包括上海、福州、广州、香港、澳门等在内的大陆东南部均在其射程范围之内。未来15年内，台湾的攻势力量可能形成以潜水艇—巡航导弹—战斗机携带精确制导兵器为主体的格局。

2005年3月4日，中共中央总书记、国家主席、中央军委主席胡锦涛强调中国反对"台独"分裂活动决不妥协。他表示，台湾是包括2300万台湾同胞在内的13亿中国人民的台湾，任何涉及中国主权和领土完整的问题，必须由全中国13亿人民共同决定。胡锦涛说，维护国家主权和领土完整，是国家的核心利益。任何人要危害中国的主权和领土完整，13亿中国人民坚决不答应。在反对分裂国家这个重大原则问题上，我们绝不会有丝毫犹豫、含糊和退让。"台独"分裂势力必须放弃"台独"分裂立场，停止一切"台独"活动。

李登辉、陈水扁一直鼓噪维持台海间的和平，攻击大陆"制造战争""破坏和平"。按照这种逻辑，只要中国政府放弃一个中国原则，按照欧盟的邦联

---

[1] 《中国发表2004年国防白皮书》，《人民日报（海外版）》，2004年12月28日，第3版。

[2] 《中国发表2004年国防白皮书》，《人民日报（海外版）》，2004年12月28日，第3版。

模式构筑大陆与台湾的关系,则天下太平,台海宁静。这显然是一个极端荒谬的悖论。台湾作为中国的固有领土,涉及中国的国家核心利益,具有专有性和排他性。在必要的时候以一场正义战争的方式维护统一、遏制分裂,是中国人民所具有的正当权利。邓小平同志指出:"我们谋求用和平的方式解决台湾,但是始终没有放弃非和平方式的可能性,我们不能做这样的承诺。""决不能轻易使用武力,因为我们精力要花在经济建设上,统一问题晚一些解决无伤大局。但是,不能排除使用武力,我们要记住这一点,我们的下一代要记住这一点。这是一种战略考虑。"① 中华民族自古以来形成了崇尚和平的历史传统和民族性格,"中国人只是在国家民族的生死存亡悬于一发的不得已情况下,才会万众一心地起来拼命"②,所以中国会尽最大努力维护两岸和平,但是绝对不能放弃使用武力实现国家统一。

针对"台独"势力的挑衅,军事上的积极备战与战略上的有效威慑是紧密相连的。进入新世纪,中国人民解放军面对动荡的台海局势,积极适应国际战略形势和国家安全环境的变化,迎接世界新军事变革的挑战,加速推进中国特色军事变革。在发展道路上,坚持走复合式、跨越式发展道路,加强以海军、空军和第二炮兵为重点的作战力量建设,全面提高军队的威慑和实战能力。在军事斗争准备上,以对台军事斗争为基准,立足打赢信息化条件下的局部战争,突出加强武器装备建设、联合作战能力建设和战场建设,努力适应一体化联合作战的要求,已经逐步建立起能够充分发挥武装力量整体效能和国家战争潜力的现代作战体系。

第四节　中美关系与台海危机

20世纪90年代初,冷战结束,但是美国独霸天下的冷战思维并没有终结。冷战后,台湾在美国全球战略中地位凸显,其原因在于美国要利用台湾问题遏制意识形态迥异而又快速发展中的中国。

一、东欧剧变后世界格局由"两极"向"一超多强"转换

1991年12月8日,苏联的三个斯拉夫共和国俄罗斯、乌克兰和白俄罗斯的首脑叶利钦、克拉夫丘克、舒什科维奇在白俄罗斯首都明斯克附近的一

---

① 《邓小平文选》,第三卷,北京:人民出版社,1993年版,第86—87页。
② 金冲及:《中国近代革命与改革》,《新华文摘》,2004年第8期,第52页。

个森林狩猎场签署了《别洛韦日协定》,宣告了苏联的正式解体,同时也宣告了持续了近半个世纪的雅尔塔体系的终结。由此美苏主宰的两极格局瓦解,世界进入了多极格局尚未形成的"单极+多极",即"一超多强"的时代。

冷战后至今,美国国家安全战略的制定历经乔治·布什(老布什)、威廉·J.克林顿、乔治·W.布什(小布什)三任总统,国家安全战略的演变主要出现在克林顿和乔治·W.布什的任期里。1990年,老布什政府在《美国国家安全战略》报告中指出美国在20世纪90年代的目标是:"美国作为自由独立的国家要生存下去,同时确保其基本价值观不受损害。"①1991年,随着冷战的即将终结,美国认为"在正在出现的冷战后世界里,国际关系可能会更加复杂、更加反复无常和不好预测"。②1993年9月,克林顿上台后推出了名为"扩展战略"的全球战略,强调把"经济安全、军事实力、促进民主"作为美国外交的三大支柱,这也是克林顿政府对外政策的基础和目标。

冷战结束初期,当时学术界普遍的看法是,冷战时期的大国军备竞赛拖垮了苏联,削弱了美国。在后冷战时代的近20年里,美国的综合国力保持着强劲的发展势头。2000年,中共中央党校马克思主义研究所邀请校内外有关专家召开"21世纪初期的中美关系与我国应对战略"专题研讨会,与会者就认为在"一超多强"的格局中,美在经济、政治、军事、科技、文化等各方面占有全面优势;美近年来经济增长强劲,经济总量已占全世界的三分之一左右;美政治制度较完善,特别是用人制度、教育制度有吸引力;美一国军事实力超过全世界军事力量总和;美科技发达,特别是电子、信息等高新科技领先于世界;以好莱坞、迪士尼为代表的美国文化影响渗透到了全世界③。2000年5月,江泽民在全国党校工作会议上指出:我们必须清醒地看到,由于世界力量对比严重失衡,美国在经济、科技、军事上处于超强地位,世界走向多极化的进程不会一帆风顺,将会经历一个较长的发展进程。④

2007年,《经济导刊》在第8期发表了《美国实力仍是第一》的文章,文中指出,虽然美国伤痕累累、脾气暴躁且缺乏应有的效率,但它仍是目前世界上举足轻重的大国。"9·11"事件发生近6年后,对于美国"硬实力"状

---

① 梅孜编译:《美国国家安全战略报告汇编》,北京:时事出版社,1996年版,第143页。
② 梅孜编译:《美国国家安全战略报告汇编》,北京:时事出版社,1996年版,第143页。
③ 《"21世纪初期的中美关系与我国应对战略"研讨会综述》,《理论前沿》,2000年第5期。
④ 江泽民:《在全国党校工作会议上的讲话(单行本)》,北京:人民出版社,2000年版。

态的紧张情绪与日俱增。伊拉克和阿富汗已经使五角大楼的资源告急。同时其他国家的现状也令美国十分烦躁，包括中俄崛起。然而，目前美国是被低估了。美国的软硬实力都没有衰退。在某种意义上，布什为美国赢得了在海外的影响力。即使是现在，美国的"否定力量"依然可观。最起码要有美国的默许，才能产生一点想法。在各领域——无论是应对全球变暖抑或寻求阿以和平——绝对少不了美国。有调查显示美国的软实力不像以前那么受尊重了，但也显示美国的价值观，特别是自由和开放拥有持续而普遍的吸引力。如果美国是支股票，那它将是一个"绩优股"：一个被低估的、需要加强管理的市场领导者。美国能自我纠正，其他对手都不能。[①]

美国的硬实力居于全球之冠，同时努力要建设一个由其主导的世界政治经济秩序。在海湾战争和苏联解体后，美国随着国力上升，开始积极鼓吹"建立国际政治经济新秩序"。1991年，美国总统老布什在《美国国家安全战略报告》中指出："美国准备对付未来的挑战，它将作为一个可靠的盟国、朋友和领导者，对世界承担义务并参与世界事务。"[②]1994年，美国总统克林顿在《美国国家安全战略报告》(《国家参与和扩展安全战略报告》)中指出："我们有无可比拟的机会来使我们的国家更加安全和更加繁荣昌盛。我们的军事力量是无可比拟的"，"美国的领导作用从来没有像现在这样重要"[③]。2003年6月26日，时任乔治·W.布什总统的国家安全事务顾问赖斯在英国伦敦国际战略研究所发表谈话提出多极化是敌对性理论，会带来利益和价值观的竞争，使世界产生分裂；她认为多极格局是导致大国冲突以至战争的根源，其讲话背后的意蕴就是美国要奉行具有进攻性的单极战略，防止其他力量挑战美国的霸权；她号召欧洲国家放弃建立多极世界的努力，承认并维护以美国为核心的单极世界[④]。国际问题研究专家王缉思指出，在未来的一段时期内，美国虽然仍将领先于世界，却是孤立的，是无力称霸世界的，"高处不胜寒"，可以作为今日美国地位的形象写照。[⑤]

毕竟世界多极化是国际社会的发展趋势，欧盟、中国、俄罗斯、日本、

---

① 《美国实力仍是第一》，《经济导刊》，2007年第8期，第11—12页。
② 梅孜编译：《美国国家安全战略报告汇编》，北京：时事出版社，1996年版，第242页。
③ 梅孜编译：《美国国家安全战略报告汇编》，北京：时事出版社，1996年版，第243页。
④ 中国现代国际关系研究院：《国际战略与安全形势评估》，北京：时事出版社，2004年版，第96页。
⑤ 王缉思：《高处不胜寒——冷战后美国的全球战略和世界地位》，北京：世界知识出版社，1999年版，第406页。

印度等国家的综合国力在冷战后有了不同程度的增强，并对于建立国际政治经济新秩序相应地提出了各自的观点和主张。近年来，针对美国在科索沃、阿富汗、伊拉克发动的战争，俄罗斯、中国、印度甚至美国的盟友欧盟、日本都发出了不同的声音。

1997年4月，中国和俄罗斯签署了《中俄关于世界多极化和建立国际新秩序的联合声明》，这份声明提出"世界多极化的积极趋势加快发展"，"建立和平稳定、公正合理的国际政治经济新秩序成为时代的迫切要求和历史发展的必然"[①]。

2002年，中国共产党的十六大报告对于建立国际政治经济新秩序做了如下阐述："不公正不合理的国际政治经济旧秩序没有根本改变。""我们主张建立公正合理的国际政治经济新秩序。各国政治上应相互尊重，共同协商，而不应把自己的意志强加于人"，"我们主张维护世界多样性，提倡国际关系民主化和发展模式多样化"，"各国的事情应由各国人民自己决定，世界上的事情应由各国平等协商"[②]。

2007年，中国共产党的十七大报告指出：当今世界"霸权主义和强权政治依然存在"，"我们主张，各国人民携手努力，推动建设持久和平、共同繁荣的和谐世界。为此，应该遵循联合国宪章宗旨和原则，恪守国际法和公认的国际关系准则，在国际关系中弘扬民主、和睦、协作、共赢精神"，"中国反对各种形式的霸权主义和强权政治，永远不称霸，永远不搞扩张。"[③]

二、冷战后美国"以台制华"战略与第三次台海危机

冷战后，美国一直把正在崛起的中国视为潜在的竞争对手，并在政治、经贸、地缘安全上予以打压，干扰中国的现代化进程，但是各方面的实际效果并不如美国当局者所愿。例如人权领域是美国打压中国的传统阵地，1990年后在联合国人权会议上以中国为首的阵营先后10次挫败了以美国为首的阵营在人权问题上的反华提案，2005年3月正在日内瓦参加联合国人权委员会（人权会）第61届会议的美国代表团正式宣布不搞反华提案。在中美政治

---

① 《中俄关于世界多极化和建立国际新秩序的联合声明》（1997年4月），华夏经纬网，http://www.huaxia.com/zt/2002-38/121483.html。
② 江泽民：《全面建设小康社会，开创中国特色社会主义事业新局面》，《人民日报》，2002年11月17日，第1版。
③ 胡锦涛：《高举中国特色社会主义伟大旗帜　为夺取全面建设小康社会新胜利而奋斗》，《人民日报》，2007年10月25日，第1版。

领域里，中美关系中对抗的幅度在减弱，影响范围在缩小，而在中美经贸领域里彼此相互依存的一面在加强，这应归功于中国对美外交正确的应对策略，即坚持"韬光养晦，有所作为"的基本原则。1991年10月5日，邓小平在会见金日成时强调在形成新的世界格局的过程中，"我们主要观察，少露锋芒，沉着应付"[①]，因此美国难以在中美利益交错的领域内找到合适的打压中国的借力点。

随着中国的"睦邻、安邻、富邻"周边政策的成功实施，在中国的整体安全环境中，只有作为周边国家的日本和中国的台湾地区对大陆形成安全上的不稳定因素，而在美日同盟重新定义后，台湾目前成为美国遏制中国的最有力筹码。在美国的战略利益考量中，一方面只要中国没有实现国家统一，美国就具备在台海地区军事介入的理由，使中国不得不保持相当规模的军事力量，不能完全集中精力进行现代化建设，同时美国有意渲染台海地区发生军事冲突的可能性，引起西方大国对华投资的疑虑及中国周边国家的不安，抵消中国以经济建设为中心的基本国策及其相关睦邻政策、经贸政策的成效；另一方面，在地缘上，美国希望台海局势在其可控范围内，使美国不动干戈就可以凭借这道天然屏障防止中国的军事力量进入太平洋，避免美国的军事部署直接暴露在中国的军事威胁之下。

美国国际关系学者罗伯特·卡普兰在2005年6月号《大西洋月刊》发表了题目为《我们如何对付中国》的文章，指出中国才是更可怕的敌人，美国应做好和中国作战的准备，"中东只是一个小问题。美国与中国在太平洋上的军备竞赛将确定21世纪的性质。中国将成为一个比俄罗斯更难对付的敌人"，"随着消费能力和军事能力的提升，加上拥有有史以来受过最好教育的农民，中国构成了对美国自由统治的一个主要传统威胁"，"而美国和中国军队在太平洋地区的作战将决定21世纪的军事格局。和苏联相比，中国才是更可怕的敌人。随着中国整备军力，美军太平洋指挥部将会推动反制措施，而且这些措施将颇具危险性。因而，美中关系将迈入一个充满紧张和挑战、双方军事摩擦频繁、甚至彼此对抗的新纪元"。[②] 但是，美国也不得不小心避免将事情搞糟，因为两岸形势一旦恶化到开启战端的程度，则台海"不统不独"的局面将被打破，美国也就不能从中渔利。中国改革开放20多年来的成功经验就

---

① 《邓小平思想年谱》，北京：中央文献出版社，1998年版，第457页。
② 詹得雄：《2005年世界风云变幻，美国的全球政策引发的国际大势，激发人们的思考》，新华网，http：//learning.sohu.com/20051230/n241196432.shtml。

在于成功规避了无限制的军备竞赛,正确处理了经济建设与军队建设的辩证关系。目前正值台海局势复杂多变的矛盾凸显期,中国在以经济建设为中心的前提下,必须保持对"台独"分裂势力的军备优势和对外来侵略、干涉势力的有效威慑,这无疑是一场全新的考验。

历史上,第一次和第二次台海危机在某种程度上是国共内战的继续,其中在第二次台海危机中海峡两岸都反对美国"划峡而治"的分裂行径,主张世界上只有一个中国。第三次台海危机爆发于1995—1996年,其中中美军事对峙尤其引人注目。

1995年美国允许李登辉访美,打破了将近17年不准台湾地区最高层领导访美的禁令,严重损害了中美关系的政治基础;又为台湾当局推行"两个中国""一中一台"政策打气撑腰,助长了台湾当局和国际反华势力的嚣张气焰。从李登辉在美国活动的实际情况来看,美国政府的确也采取了一些相应的限制措施,将李登辉的访问维持在"非官方"的基调上,缩小其影响。李登辉经停之处,除了当地官员和个别几名议员出面欢迎外,美联邦政府官员都未与他接触,州长也没有会见。此外,没有允许李登辉经停纽约;在机场和康奈尔大学不许挂伪"国旗"、不放伪"国歌";取消了李登辉原定在康大举行的记者招待会;没有同意李登辉的夫人访问白宫等。就在李登辉到康奈尔大学的当天,1995年6月8日下午,美国总统克林顿在白宫紧急约见我国驻美大使李道豫,除对允许李登辉访美进行辩解外,也重申美执行一个中国政策,而不是"两个中国"或"一中一台"政策。他还说,不管台湾方面如何宣传,李登辉的访问完全是非官方和私人的,其来访不代表美国政府承认台湾;美国将继续谋求同中国建立建设性的关系,维护现行的对华政策。但是,美方的这些表态不足以消除李登辉访美所造成的恶劣影响,更没有就美国政府今后将如何处理此类事件给中方一个明确的答复。

面对美国方面的外交挑衅,中国政府不得不采取了一系列强有力的反击措施,以打消克林顿政府以为中方在美稍做姿态后就会吞下李登辉访美苦果的幻想,使美国真正意识到问题的严重性。1995年5月23日,国务院副总理兼外长钱其琛召见美国驻华大使芮效俭,就美政府宣布允许李登辉访美一事,向美方提出了强烈抗议。同日,外交部、全国人大外事委员会、全国政协外事委员会分别发表声明,谴责和抗议美国的这一错误行径。5月26日,外交部宣布,中国政府决定推迟国务委员兼国防部长迟浩田原定6月对美国的访问;李贵鲜国务委员及空军司令员于振武也分别中止了对美国的访问。5

月 28 日，中国政府决定暂停中美关于《导弹及其技术控制制度》和核能合作的专家磋商。美国军控与裁军署署长和负责政治、军事事务的助理国务卿帮办原分别定于当年 6 月和 7 月来华的访问，也被要求推迟。由此，两国间副部长级以上的高层访问和一些重要的双边磋商中止。6 月 16 日，我国驻美大使李道豫奉命正式通知美国政府，由于美国允许李登辉访美，造成了恶劣后果，他奉召回国述职。对此，美国务院发言人伯恩斯表示了遗憾，称美并未对中方的决定采取对等行动，美非常希望中方能尽快派回大使。

1995 年 7 月，中国进行了大规模导弹实弹发射演习，并推迟第二轮"汪辜会谈"。1995 年 12 月 19 日，美国指派尼米兹号航空母舰战斗群通过台湾海域。

1996 年 3 月，台湾实行所谓"总统直选"。为进一步打击台湾当局的"台独"气焰和警告"台独"势力，中国人民解放军海、陆、空部队展开联合作战军事演习，并在东南沿海进行导弹发射训练。为此，美国向中国台湾附近水域派遣了两艘航空母舰，向中方炫耀武力。1996 年 3 月 11 日，美国自波斯湾加派独立号航空母舰（USS Independence）战斗群前往台湾海域，预定与尼米兹号航空母舰（USS Nimitz）战斗群会合。另一方面，中国人民解放军海军潜艇也紧急出海警戒，双方静观其变。同时，美国众议院国际关系委员会通过"美国应帮助保卫台湾"的决议案，鼓噪美国使用武力"保卫台湾"。

回顾"第三次台海危机"，中美双方缺乏必要的沟通机制，导致双向交流的阻滞，进而使中美双方的军事对峙充满危险性，因此中美军方的交流十分急迫。美军当时的作战指挥官、美国太平洋司令部前司令普理赫特别提到，在 1996 年台海危机中，中美两国军方始终没有交流。"这是我从这件事得到的教训。我们跟很多国家的军方都保持交流，其中有些国家并不是特别好的朋友。我们和解放军没有任何联系或交流，倒不是说我们非得做朋友，但我们需要交谈。"①

1996 年 3 月，中国在台湾海峡实施军事演习后，日本是中国周边唯一追随美国表示"遗憾""关注"的国家。1998 年 5 月 22 日，日本外务省北美局局长高野纪元在国会众议院外务委员会召开的会议上作证时说，"日美新防卫合作指针"中所说的"远东地区"包括台湾，因此日本的"周边事态"也包

---

① 《美上将谈 96 台海危机内幕：大陆是否动武成焦点》，《环球时报》，2004 年 11 月 24 日，第 1 版。

括台湾在内。为此，中国表示强烈谴责。

三、"9·11事件"后中美联手遏制"台独"

2001年初，乔治·W.布什入主白宫，组阁后的政府执行一条中间偏右的保守主义路线，对外政策表现为强硬的单边主义，更加注重传统安全，把遏制中国等崛起中的大国作为国家安全战略的重要内容。但是，半年后发生了"9·11事件"，这是继"珍珠港事件"后美国本土受到的最沉重的一次打击。王逸舟指出："'9·11事件'将导致美国国家安全观的重要改变，很可能伴随有持续的国内大讨论与新战略思想的出台。"[①]

2011年的"9·11事件"对美国的国家安全战略产生巨大的冲击，由此美国改变了以中国、俄罗斯等地缘大国为主要战略威胁的安全战略。"9·11事件"发生后，美国集中精力开展反恐斗争，打击所谓的"无赖"国家，并采取措施控制大规模杀伤性武器的扩散。因此美国对其全球战略部署进行了相应的调整，在亚太地区寻求同中国在反恐、朝核问题上的合作。同时，美国要求盟国日本在亚太地区承担更大的责任，希望日本在反恐和防扩散方面有能力做出强烈和有效的军事反应，发挥更大的作用，以减轻美国在亚太地区的压力。

布什上任之初曾表示要"协防台湾"，但是在"9·11事件"和伊拉克战争后，美国的主要精力投向了反恐和防扩散，地缘安全战略重点转移到了中东，美国在台湾问题上的举动更加倾向于"求稳怕乱"，表现为压制"台独"势力的过激言行，打压陈水扁的"正名"举动，一方面维持台海局势的"不统、不武、不独"局面更加符合美国的根本国家利益，美国无力同时应对东亚和中东两场地区冲突，另一方面美国在国际安全合作上有求于中国，希望得到中国的大力配合。李侃如在《美国对华政策》一文中指出：布什政府应该坚持一个中国政策并且采取措施阻止海峡两岸的围绕部署导弹及反导弹为主要内容的军备竞赛，应该提倡建立以一种不威胁台湾自由、繁荣和安全为前提的两岸联结。布什政府应该寻求一种积极的两岸政策，主要在于减少紧张，增加互信，鼓励两岸重启对话进程。美国需要采取的重要一步在于不断强调坚持和平解决台湾问题的立场和一个中国政策的同时，继续地领会一方的见

[①] 王逸舟：《"9.11综合症"与国际安全》，《世界知识》，2001年第19期。

解且关注另一方的观点①。

美国政府与亲台保守势力一直存在矛盾。2004年12月10日,美国副国务卿阿米蒂奇指出,在中国崛起过程中,美中关系的最大地雷大概是台湾,并表示"与台湾关系法"并没有规定美国必须保卫台湾,而如果台湾受到大陆攻击,美国是否宣战,必须由美国国会决定。

2005年4月6日,美国国会众议员李奇(共和党人,2004年曾经率团参加陈水扁第二任期"就职典礼",是美国国会的重要人物)在美国国会亚太小组的听证会上警告台湾说,如果台湾当局领导人反复无常,导致两岸冲突,美国很难履行"与台湾关系法"。他说,"台湾独立"意味着毁灭性的战争,美国必须澄清承诺,免得台湾误判。他说,如果台湾宣布"独立",不但台湾自决能力会崩溃,数十万、甚至数百万人的性命将遭受危害;任何片面改变台海现状的意图,都充满着极大的危险。他表示,美国国会或行政部门都决心信守"与台湾关系法"中的义务,但是这些义务的前提是台湾当局领导人必须了解大陆的决心,自我约束,不要以反复无常的行为招致冲突,或使建设性对话无法开展。

"9·11事件"后,中美双方领导人对于台湾问题的沟通比较顺畅,美方重视中方的安全关切。2003年12月9日,中国国务院总理温家宝访美,并在白宫与美国总统布什举行了会谈。关于台湾问题,温家宝指出,我们解决台湾问题的基本方针是"和平统一、一国两制",我们以最大诚意、尽最大努力实现祖国的和平统一。我们尊重台湾人民的民主诉求,但台湾当局假借民主,搞所谓"防卫性公投",企图把台湾从中国分割出去,对这种分裂活动,我们绝不能容忍。维护台海地区和平与稳定,有利于两岸人民的利益。只有坚定不移地反对"台独",才能维护台海地区的和平与稳定。只要有一线希望,我们就不会放弃和平的努力。布什表示,美国方面理解中方的关切,美国政府坚持一个中国政策,恪守美中三个联合公报,反对"台湾独立",这一政策不会改变。最近从台湾传出一些试图改变现状的信息,令人不安,美方不赞成,我们反对单方面试图改变台湾现状的做法。②

2004年11月8日,中国国家主席胡锦涛应约与美国总统布什通电话,

---

① Kenneth Lieberthal, *U.S. Policy Toward China*, http://www.brookings.edu/printme.wbs?page=/comm/policybriefs/pb72.htm, Copyright 2001, The Brookings Institution.

② 《温家宝总理与美国总统布什会谈 布什:反对"台独"》,人民网,http://www.people.com.cn/GB/shizheng/1024/2238565.html.

布什表示在新的任期内将继续致力于加强美中在各个领域的合作关系，重申美国政府不会改变在台湾问题上的立场。胡锦涛积极评价了中美两国近年来在众多领域合作中所取得的进展。他强调，只要中美双方始终牢牢把握两国关系发展的正确方向，遵循中美三个联合公报的原则，中美关系就能够健康稳定地向前发展。胡锦涛表示，中方赞赏美方多次重申坚持一个中国政策、遵守中美三个联合公报、反对"台独"的立场。①

2002年8月26日，《参考消息》转引加拿大《汉和情报评论》的一篇评论文章指出，陈水扁"一边一国"论提出之后，中美双方相当低调的态度，反映出北京、华盛顿正在形成某种程度的台海危机管理机制。当前，中美双方进行了包括情报交流在内有益的军事交流。进入21世纪，受国际、国内大环境的影响，中美两军交往呈上升势头，尤其是在美军参谋长联席会议主席迈尔斯和太平洋司令部司令法戈访华，以及中国国防部长曹刚川和总参谋长梁光烈访美后，两军关系发展到一个新阶段，交流管道也更加通畅。比如，美军进行"2004夏季脉动演习"和中国人民解放军进行东山岛演习等重大军事活动期间，双方都能及时通气、打招呼，避免了对于形势的误读、误判。与此同时，中美两国元首也保持着热线联系。从2004年的情况看，中美两国元首几乎每两个月就要进行一次电话联系，而且多数时候话题都跟台湾有关。②

2005年3月20日，中国国家主席胡锦涛会见了美国国务卿赖斯。胡锦涛指出，妥善处理台湾问题仍然是中美关系健康稳定发展的关键，中国全国人大前不久审议通过的《反分裂国家法》，是一部促进两岸关系发展、推进两岸和平统一的法律，是一部反对和遏制"台独"、维护台海地区和平与稳定的法律，希望美方认清"台独"分裂势力及其活动的本质和危害，信守布什总统多次重申的坚持一个中国政策、遵守中美三个联合公报、反对"台独"的承诺，理解和支持中国政府和人民为维护国家主权和领土完整、实现两岸和平统一所做的一切努力，不向"台独"分裂势力发出任何错误信号。赖斯说，维护台海局势的安宁并和平解决台湾问题符合美国的利益，美方将为此而努力，美国政府坚持一个中国政策、遵守美中三个联合公报的立场不会改变。③

---

① 《胡锦涛主席与美国总统布什通电话》，《人民日报》，2004年11月9日，第1版。
② 《美上将谈96台海危机内幕：大陆是否动武成焦点》，《环球时报》，2004年11月24日，第1版。
③ 《胡锦涛主席会见美国国务卿赖斯》，《人民日报》，2005年3月21日，第1版。

2005年8月2日,中国副外长戴秉国与美国副国务卿佐利克在北京举行了首次中美定期"高层对话",全方位就两国关系及地区和全球问题直接对话。这是中美建交以来第一次举行如此级别的例行对话,此次对话引起国际社会的广泛关注,其意义在于中美以开放的胸襟和务实的态度开创了一种新的沟通机制。同年12月,中美两国进行了第二次战略对话。在这两轮战略对话中,令人关注的是,美国副国务卿罗伯特·佐利克(Robert Zoellick)在此期间多次表示,希望中国成为全球事务负责任的"利益相关者"(Stakeholder)(又译为"责任分担者"或者"共同经营者")。美国的这一新命题的内涵是:中美两个重要力量相互接触,寻找共同的合作框架,达成对国际秩序的进一步共识,实现相互间利益的最大化。

针对台湾屡屡"踩红线"的行径,美方的台海政策逐渐清晰化,对台湾当局屡屡踩"红线"的行为发出清晰的警告,从陈水扁当选后到2004年底的"立法院"选举,美国多次警告陈水扁"不要制造麻烦",并且鼓励两岸的和平对话,表态支持连宋访问大陆,所以在美国地缘战略进入调整期时,对台政策中倾向"不独"的一面愈发清晰。

2006年4月20日,胡锦涛访问美国,在和美国总统布什会晤中,布什说,在对台政策方面,美国将会直言不讳,基于"一中"政策,反对任何一方单方面改变台湾的现状,同时吁请各方避免对抗和挑衅的行为,台湾的将来应当以和平方式解决。胡锦涛在讲话中说,我们赞赏布什总统和美国政府多次表示坚持一个中国政策,遵守中美三个联合公报,反对"台独"。我们将继续以最大的诚意,尽最大的努力,争取两岸和平统一的前景,同台湾同胞一道,促进两岸关系和平发展,但决不允许任何人以任何方式把台湾从中国分割出去。

2007年8月29日,美国《侨报》刊文称,美国副国务卿内格罗蓬特斥责台湾"入联公投"是迈向"台独"、改变台海现状的步骤,批评台湾当局处理"公投"的态度是"错误的"。报道指出,这是迄今为止,美国官方对"入联公投"最严厉的公开表态。此言一出,大陆表赞赏,台湾感遗憾。正应了美国智库学者一个月前对记者所言:如果陈水扁继续一意孤行,美国必有更强烈的反应。

2008年7月16日,美国太平洋司令部司令基廷在华盛顿智库传统基金会举办的一场论坛中说,美国政府已暂时冻结了对台湾的军售计划。基廷指出,近来美国没有重要的对台军售计划,暂时冻结对台军售是美国的官方政策。他说，当前两岸关系缓和，美国也尽一切力量降低台海紧张局势。

据台湾《联合报》报道，2008年7月30日，美国总统布什在白宫与亚洲媒体记者会面时，主动对两岸关系现况表示"十分满意"；并首度表明美国在两岸议题上确有一些"红线"，"就是不能片面宣布(台湾)独立"。报道称，美国过去对统"独"问题，顶多以"反对两岸任何一方片面改变现状"表态；这是美国总统首度承认确有"红线"，首次表明台湾方面"不能片面宣布独立"。此外，香港《南华早报》前一天也刊登对布什的专访，布什表示，目前美国与台海两岸间的关系处于"较好位置(better place)"。布什定于8月4日出访韩国、泰国及中国，行前安排亚洲驻华盛顿媒体记者在白宫聚会。未经记者提问，布什两度主动说明美国的两岸关系立场。"美国在这项议题上，是有些'红线'。"布什说："不能片面宣布独立，美国的政策仍然一样。"①

综合分析美国布什政府在8年任期内的台海政策，可以得出的结论是：尽管美国会维护其在台湾的战略安全利益，但是反对和遏制"台独"的立场逐渐清晰并且在政策执行上愈发坚决。

2007—2008年是布什8年任期的最后两年，布什政府的对华政策展现了友好和务实的一面，布什反对抵制北京奥运会，积极推动中美包括经济等各个层级的战略对话，肯定中国在朝核六方会谈中发挥的积极作用，并认为中美关系在某种意义上处于历史上最好的时期。②

2008年7月31日，美国国防部公布了2008年版《美国国防战略》，该战略将成为美国以后构筑国际安全体系的纲领性文件。该战略还指出，可能会出现"实力更强的国家"对美国主导的国际秩序发起挑战，并表示需特别关注"美国的潜在竞争对手中国"和"民主主义日益衰退的俄罗斯"今后的动向。战略认为，中国国际影响力日益增强，"卫星攻击能力和电子战能力"得到提升，为此美国须提高警惕，防止中国超越美国在核军事和常规部队方面的地位。③

---

① 《布什称对两岸现况满意 首度承认有反"台独"底线》，中国新闻网，http：//news.ifeng.com/world/2/200808/0802_2591_690466.shtml。
② 《布什：中美关系"正在变得密切"》，新华网，http：//news.xinhuanet.com/world/2008-07/07/content_8501554.htm。
③ 《美2008版国防战略：伊朝"流氓国家" 中国"潜在对手"》，中国新闻网，http：//news.xinhuanet.com/world/2008-08/02/content_8904464.htm。

第八章　2008—2016年两岸关系和平发展新时期

2008年以来，两岸进入了践行和平发展的历史新时期，两岸交流在经济、政治、文教等诸多领域取得了一系列成果，"习马会"标志着两岸关系不断破冰前行，同时两岸关系和平发展框架逐步建立和完善。在台湾岛内，中国国民党和马英九执政期间积极推动两岸关系发展，但是也累积诸多问题和矛盾。

第一节　2008年以来两岸关系和平发展成就斐然

2008年以来，两岸关系和平发展的成就令世人瞩目，尤其是在经贸领域签订了两岸经济合作框架协议，文化教育方面的交流也异彩纷呈，这些都得益于不断成熟和完善的两岸关系和平发展思想的引领。

一、两岸关系和平发展思想逐步酝酿成熟

在两岸关系最为复杂和艰困的时期，两岸关系和平发展的思想逐步酝酿。2005年4月29日，中共中央总书记胡锦涛与时任中国国民党主席连战在人民大会堂举行60年来两党领导人的首次会谈，达成并共同发布"两岸和平发展共同愿景"指出："五十六年来，两岸在不同的道路上，发展出不同的社会制度与生活方式。十多年前，双方本着善意，在求同存异的基础上，开启协商、对话与民间交流，让两岸关系充满和平的希望与合作的生机。但近年来，两岸互信基础迭遭破坏，两岸关系形势持续恶化。目前两岸关系正处在历史发展的关键点上，两岸不应陷入对抗的恶性循环，而应步入合作的良性循环，共同谋求两岸关系和平稳定发展的机会，互信互助，再造和平双赢的新局面，为中华民族实现光明灿烂的愿景。"[1]从而揭开了两岸关系和平发展新局的大幕。

---

[1]《中国共产党总书记胡锦涛与中国国民党主席连战会谈新闻公报》，《两岸关系》，2005年5期，第6页。

2006年4月16日,中共中央总书记胡锦涛会见中国国民党荣誉主席连战时再次就推动两岸关系和平发展提出了四点建议,主要包括:坚持"九二共识"是实现两岸和平发展的重要基础;为两岸同胞谋福祉是实现两岸关系和平发展的根本归属;深化互利双赢的交流合作是实现两岸关系和平发展的有效途径;开展平等协商是实现两岸关系和平发展的必由之路。在台湾岛内引起强烈反响,海外和台湾舆论指出,胡锦涛总书记的讲话展现了对推动两岸关系和平发展的诚意。

2007年10月,中国共产党第十七次全国代表大会召开。这次大会在深刻总结过去对台工作实践的基础上,首次提出了"牢牢把握两岸关系和平发展"的主题和协商正式结束敌对状态并"达成和平协议",构建两岸关系和平发展框架,开创两岸关系和平发展新局面。[①] 这表明中国共产党对两岸关系与祖国和平统一进程基本特征的科学思维和认识达到了新的高度,是对台政策的重大理论创新与深化,更是中国共产党为两岸同胞谋福祉、为台海地区谋和平、争取和平统一前景的真诚表达。为此,中国共产党采取一系列积极措施,扎实推进两岸关系和平发展。在国共两党和两岸同胞的共同努力之下,两岸关系呈现出蓬勃发展的良好势头。

2008年3月,台湾地区领导人选举结束,中国国民党籍候选人马英九当选为台湾地区新一任领导人。5月28日,中共中央总书记胡锦涛在北京同中国国民党主席吴伯雄举行了会谈。胡锦涛强调,在国共两党和两岸同胞共同努力下,台湾局势发生了积极变化,两岸关系发展面临着难得的历史机遇。这一局面来之不易,值得倍加珍惜。希望国共两党和两岸双方共同努力,建立互信、搁置争议、求同存异、共创双赢,继续依循并切实落实"两岸和平发展共同愿景",以富有成效的努力,扎扎实实推动两岸关系不断取得实际进展,增强广大台湾同胞对两岸关系和平发展的信心。

2008年12月31日,胡锦涛总书记在纪念《告台湾同胞书》发表三十周年座谈会上,发表了题为《携手推动两岸关系和平发展 同心实现中华民族伟大复兴》的重要讲话,强调要在尊重历史、尊重现实的基础上,以更加灵活务实的态度来解决海峡两岸之间的分歧,并就进一步发展两岸关系提出六点意见:(一)恪守一个中国,增进政治互信;(二)推进经济合作,促进共同发

[①] 胡锦涛:《高举中国特色社会主义伟大旗帜 为夺取全面建设小康社会新胜利而奋斗》,《人民日报》,2007年10月25日,第3版。

展；（三）弘扬中华文化，加强精神纽带；（四）加强人员往来，扩大各界交流；（五）维护国家主权，协商涉外事务；（六）结束敌对状态，达成和平协议。①这六点意见，是 30 年来两岸关系发展取得的历史性成就和主要经验的全面总结，是立足于维护和发展中华民族整体利益的具体体现，是对两岸关系和平发展思想的系统阐述。

胡锦涛在讲话中，特别引人注目的是第一次针对民进党阐述了中国共产党的立场："希望民进党认清形势，停止'台独'分裂活动，不要再与全民族的共同意愿背道而驰。""只要民进党改变'台独'分裂立场，我们愿意做出正面回应。"像这样直接对民进党的政治性表态，自民进党 1986 年 9 月成立以来不曾有过，自 2000 年陈水扁上台，民进党成为台湾地区的执政党以来不曾有过。胡锦涛总书记的表态，代表了中国共产党对台政策的一项重大调整。而"对于那些曾经主张过、从事过、追随过'台独'的人，我们也热诚欢迎他们回到推动两岸关系和平发展的正确方向上来"。这是中国共产党团结大多数，坚决反对"台独"的坚定立场。对民进党的表态说明中国共产党并未将民进党同"台独"画等号，体现了共产党以大局为重，不计前嫌的政治胸襟，也是共产党谋求两岸关系和平发展的善意体现。

2012 年，党的十八大报告指出："解决台湾问题、实现祖国完全统一，是不可阻挡的历史进程。和平统一最符合包括台湾同胞在内的中华民族的根本利益。实现和平统一首先要确保两岸关系和平发展。必须坚持'和平统一、一国两制'方针，坚持发展两岸关系、推进祖国和平统一进程的八项主张，全面贯彻两岸关系和平发展重要思想，巩固和深化两岸关系和平发展的政治、经济、文化、社会基础，为和平统一创造更充分的条件。"②

关于两岸未来的发展前景，十八大报告指出："希望双方（注：大陆和台湾）共同努力，探讨国家尚未统一特殊情况下的两岸政治关系，作出合情合理安排；商谈建立两岸军事安全互信机制，稳定台海局势；协商达成两岸和

---

① 胡锦涛：《携手推动两岸关系和平发展　同心实现中华民族伟大复兴——在纪念〈告台湾同胞书〉发表 30 周年座谈会上的讲话（2008 年 12 月 31 日）》，《人民日报（海外版）》，2009 年 1 月 1 日，第 2 版。

② 胡锦涛：《坚定不移沿着中国特色社会主义道路前进　为全面建成小康社会而奋斗——在中国共产党第十八次全国代表大会上的报告（2012 年 11 月 8 日）》，《人民日报》，2012 年 11 月 18 日，第 4 版。

平协议,开创两岸关系和平发展新前景。"① 这是为实现国家统一做出的重大部署,涉及未来两岸的政治关系和安全关系,体现了中国共产党不回避历史遗留问题的求实精神和着手解决台湾问题、实现国家统一的最大诚意。

2013年2月25日上午,中共中央总书记习近平在人民大会堂会见中国国民党荣誉主席连战及随访的台湾各界人士,习近平说这些年两岸关系取得一系列重大积极进展,维护了台海地区和平,增进了两岸同胞福祉,符合两岸中国人共同愿望,符合中华民族整体利益。习近平指出,我们始终从全民族发展的高度来把握两岸关系发展方向。大陆和台湾是休戚与共的命运共同体。近代以来,中华民族饱受列强欺凌。想起那一段屈辱的历史,每一个中国人都会心痛。实现中华民族伟大复兴,是中华民族近代以来最伟大的梦想。现在,我们比历史上任何时期都更有信心、更有能力实现这个梦想。

2015年11月7日下午,中共中央总书记、国家主席习近平与台湾方面领导人马英九在新加坡会面,就进一步推进两岸关系和平发展交换意见。这是1949年以来两岸领导人的首次会面。

习近平指出,今天是一个很特别的日子。两岸领导人见面,翻开了两岸关系历史性的一页。历史将会记住今天。曾几何时,台海阴云密布,两岸军事对峙,同胞隔海相望,亲人音讯断绝,给无数家庭留下了刻骨铭心的伤痛,甚至是无法弥补的遗憾。然而,海峡隔不断兄弟亲情,挡不住同胞对家乡故土的思念和对家人团聚的渴望。同胞亲情的力量,终于在20世纪80年代冲开了两岸封锁的大门。2008年以来,两岸关系走上和平发展道路。过去7年,台海局势安定祥和,两岸关系发展成果丰硕。两岸双方和广大同胞为此付出了大量心血。正因为有了这7年的积累,两岸双方才能迈出今天这历史性的一步。

习近平指出,两岸关系66年的发展历程表明,不管两岸同胞经历过多少风雨、有过多长时间的隔绝,没有任何力量能把我们分开。当前,两岸关系发展面临方向和道路的抉择。两岸双方应该从两岸关系发展历程中得到启迪,以对民族负责、对历史负责的担当,做出经得起历史检验的正确选择。

习近平强调,我们今天坐在一起,是为了让历史悲剧不再重演,让两岸关系和平发展成果不得而复失,让两岸同胞继续开创和平安宁的生活,让我

---

① 胡锦涛:《坚定不移沿着中国特色社会主义道路前进 为全面建成小康社会而奋斗——在中国共产党第十八次全国代表大会上的报告(2012年11月8日)》,《人民日报》,2012年11月18日,第4版。

们的子孙后代共享美好的未来。面对新形势，站在两岸关系发展的新起点上，两岸双方应该胸怀民族整体利益、紧跟时代前进步伐，携手巩固两岸关系和平发展大格局，共同实现中华民族伟大复兴。习近平就此提出四点意见。

第一，坚持两岸共同政治基础不动摇。七年来两岸关系能够实现和平发展，关键在于双方确立了坚持"九二共识"、反对"台独"的共同政治基础。没有这个定海神针，和平发展之舟就会遭遇惊涛骇浪，甚至彻底倾覆。

"九二共识"经过两岸有关方面明确的授权认可，得到两岸民意广泛支持。"九二共识"之所以重要，在于它体现了一个中国原则，明确界定了两岸关系的根本性质。它表明大陆与台湾同属一个中国，两岸关系不是"国与国"关系，也不是"一中一台"。虽然两岸迄今尚未统一，但中国的主权和领土完整从未分裂。两岸同属一个国家、两岸同胞同属一个民族，这一历史事实和法理基础从未改变，也不可能改变。

望台湾各党派、各团体能正视"九二共识"。无论哪个党派、团体，无论其过去主张过什么，只要承认"九二共识"的历史事实，认同其核心意涵，我们都愿意同其交往。对任何分裂国家的行为，两岸同胞绝不会答应。在维护国家主权和领土完整这一原则问题上，我们的意志坚如磐石，态度始终如一。

第二，坚持巩固深化两岸关系和平发展。近30多年来，两岸关系总体面貌发生了历史性变化。2008年后，两岸关系走上和平发展道路，处于1949年以来最好的时期。要和平不要冲突、要交流不要隔绝、要协商合作不要零和对抗，成为两岸同胞的共同心声。两岸关系已经不再处于以前那种激烈冲突、尖锐对抗的敌对状态。

两岸关系发展历程告诉我们，台海动荡紧张，两岸冲突对抗，民众深受其害；走和平发展之路，谋互利双赢之道，利在两岸当下，功在民族千秋。两岸同胞应该倍加珍惜和平发展成果，彻底化解两岸敌意，坚持走和平发展道路，努力构建稳定的两岸关系和平发展制度框架。

两岸双方应该加强交流对话，增进政治互信，通过平等协商、积极探讨，推动解决两岸之间长期存在的各种难题，同时管控好矛盾和分歧。设立两岸热线，有助于双方及时沟通，避免误判，处理紧急问题。双方两岸事务主管部门负责人可以先建立起来。

60多年来，两岸走上不同发展道路，实行不同社会制度。道路和制度效果如何，要由历史去检验，让人民来评判。两岸双方应该相互尊重彼此对发展道路和社会制度的选择，避免让这类分歧干扰两岸交流合作，伤害同胞感情。

我们了解台湾同胞对参与国际活动问题的想法和感受，重视并推动解决了许多与之相关的问题。只要不造成"两个中国""一中一台"，两岸双方可以通过务实协商做出合情合理的安排。

当前，对两岸关系和平发展的最大现实威胁是"台独"势力及其分裂活动。"台独"煽动两岸同胞敌意和对立，损害国家主权和领土完整，破坏台海和平稳定，阻挠两岸关系发展，只会给两岸同胞带来深重祸害。对此，两岸同胞要团结一致、坚决反对。

第三，坚持为两岸同胞多谋福祉。两岸一家亲，家和万事兴。我们推动两岸关系和平发展，着眼点和落脚点是要增进同胞的亲情和福祉，让两岸同胞过上更加美好的生活。只要是有利于增进两岸同胞的亲情和福祉的事，只要是有利于推动两岸关系和平发展的事，只要是有利于维护中华民族整体利益的事，两岸双方都应该尽最大努力去做，并把好事办好。

我们愿意首先与台湾同胞分享大陆发展机遇。两岸可以加强宏观政策沟通，发挥好各自优势，拓展经济合作空间，做大共同利益蛋糕，增加两岸同胞的受益面和获得感。对货物贸易、两会互设办事机构等问题，双方可以抓紧商谈，争取早日达成一致。我们欢迎台湾同胞积极参与"一带一路"建设，也欢迎台湾以适当方式加入亚投行。要加强两岸文化和教育交流合作，传承和弘扬中华文化优秀传统，增强同胞精神纽带，为民族未来培养优秀人才。

两岸关系和平发展的根基在基层、希望在青年。现在还有很多台湾乡亲从未来过大陆，我们热诚欢迎他们来大陆走走看看，参与到两岸交流大潮中来。要为两岸青年学习、就业、创业、交流提供更多机遇、创造更好条件，使两岸基层民众尤其是青年一代成为推动两岸关系发展、实现民族振兴的重要力量。

第四，坚持同心实现中华民族伟大复兴。中华民族有延绵5000多年的灿烂文明，但近代以来却屡遭列强欺凌。120年前，台湾惨遭外族侵占，成为全民族的剜心之痛。1945年抗战胜利，台湾光复，才洗刷了半个世纪的民族耻辱。透过历史风云变幻，可以深切体会到，两岸是不可分割的命运共同体。民族强盛，是两岸同胞之福；民族弱乱，是两岸同胞之祸。实现中华民族伟大复兴，与两岸同胞前途命运息息相关。当前，我们比以往任何时候都更加接近、更有能力实现这个伟大梦想。我们在几十年的时间内走完了世界上很多国家几百年的发展历程。我相信,实现中华民族伟大复兴,台湾同胞定然不会缺席。

2015年是全民族抗战胜利70周年,这是付出巨大民族牺牲才赢得的胜利。两岸双方应该支持鼓励两岸史学界携起手来,共享史料、共写史书,共同弘扬抗战精神,共同捍卫民族尊严和荣誉。两岸同胞应牢记历史、缅怀先烈、珍爱和平、团结一心,携手推动两岸关系和平发展。

双方肯定2008年以来两岸关系和平发展取得的重要成果。双方认为应该继续坚持"九二共识",巩固共同政治基础,推动两岸关系和平发展,维护台海和平稳定,加强沟通对话,扩大两岸交流,深化彼此合作,实现互利共赢,造福两岸民众。两岸同胞同属中华民族,都是炎黄子孙,应该携手合作,致力于振兴中华,致力于民族复兴。①

二、2008年之后两岸经济融合进入快车道

2008年12月21日下午,第四届海峡两岸经贸文化论坛在上海闭幕,中共中央台办主任王毅在闭幕式上宣布大陆各有关主管部门专门为加强两岸合作、共同应对国际金融危机制订的10项政策措施。

从2008年12月"三通"开放至2012年10月,两岸进出口总额为5542.7亿美元。其中,大陆自台进口额为4384亿美元;对台出口额为1158.7亿美元;大陆对台湾逆差3225.3亿美元。其中,2011年两岸贸易额首次突破1600亿美元。大陆现为台湾的第一大贸易伙伴、第一大出口伙伴及第二大进口伙伴、第一大顺差来源地与第一大投资地。

表8-1 两岸贸易统计表(2000—2010年)

单位:亿美元;%

年份	贸易总额		大陆对台出口额		大陆自台进口额		贸易差额
	金额	同比	金额	同比	金额	同比	
2000年	305.3	30.1	50.4	27.6	254.9	30.6	−204.5
2001年	323.4	5.9	50.0	−0.8	273.4	7.2	−223.4
2002年	446.7	38.1	65.9	31.7	380.8	39.3	−314.9
2003年	583.6	30.7	90.0	36.7	493.6	29.7	−403.6

① 《习近平同马英九会面》,《人民日报》2015年11月8日,第1版。

续表

年份	贸易总额 金额	贸易总额 同比	大陆对台出口额 金额	大陆对台出口额 同比	大陆自台进口额 金额	大陆自台进口额 同比	贸易差额
2004年	783.2	34.2	135.5	50.4	647.8	31.2	−512.3
2005年	912.3	16.5	165.5	22.2	746.8	15.3	−581.3
2006年	1078.4	18.2	207.4	25.3	871.1	16.6	−663.7
2007年	1244.8	15.4	234.6	13.1	1010.2	16.0	−775.6
2008年	1292.2	3.8	258.8	10.3	1033.4	2.3	−774.6
2009年	1062.3	−17.8%	205.1	−17%	857.2	17%	−205.1
2010年	1453.7	36.9%	296.8	44.8%	1156.9	35.0%	−860.1

资料来源：商务部台港澳司。

2009年6月，依据两会共识，台湾方面开放大陆企业赴台投资。2010年12月底，大陆累计批准台资项目83133个，实际利用台资520.2亿美元。按实际使用境外资金统计，台资在大陆累计吸收境外投资中占5.0%。当年，台湾在大陆投资的厂家超过87万家，总投资超过560亿美元。截至2013年3月，大陆方面核准赴台投资企业、项目共151个，投资金额共计9.14亿美元。

2010年6月29日，两会签署了《海峡两岸经济合作框架协议》（英文名为Economic Cooperation Framework Agreement，简称ECFA）。ECFA为促进两岸经济交流和合作搭建了一个总体框架，规划了方向和目标，这是两岸经贸交流经过30多年互惠互补、相互依存发展的必然结果。2010年8月17日，台湾立法机构通过ECFA，被台湾媒体评论为"大陆与台湾1949年以来最重要的协议"。2010年9月12日ECFA正式生效，为此，韩国《今日亚洲》评论指出，"大陆与台湾在分裂60年后，实现了事实上的经济统一"。

2011年1月1日，ECFA的"早期收获计划"开始实施，标志着两岸经济关系进入了制度化发展新阶段。从目前的情况来看，ECFA"早期收获计划"全面实施，执行情况良好，两岸经济合作及对台经济成效显著。2011年，大陆与台湾之间的贸易额突破1600亿美元，同比增长10%以上。2011年，大陆优惠进口、早期收获项下的台湾商品3万多批次，货值达到41亿美元；据台湾海关统计，台湾优惠进口、早期收获项下的大陆产品1.6万批次，货值10亿美元。截至2012年10月，自台湾进口、享受ECFA关税优惠货物累计金额约109.7亿美元，关税优惠约5.72亿美元。服务贸易早收方面，大陆方面已实施金融、医疗、会计服务等11个部门的开放措施。截至2012年

10月，非金融领域共有153家台湾企业依据早收优惠措施进入大陆，合同台资金额7.19亿美元；金融领域惠及26家台湾金融机构。两岸两会积极落实ECFA各项目标，签署了两岸投资保护和促进协议、两岸海关合作协议，达成两岸产业合作共识，取得后续协商首批成果。

台湾对大陆的贸易顺差，在2010年已经高达410亿美元，显示两岸的贸易关系正进一步紧密。为了照顾台商办理跨境贸易人民币结算等需要，台湾在2011年7月21日发布了"台湾地区银行办理人民币业务规定"，开放国际金融业务分行（OBU）办理人民币业务。有媒体认为，种种发展迹象显示，台湾目前已经初步具备了发展离岸人民币中心的条件，同时也有这方面的需求。

2012年马英九第二任期开始，两岸经济合作继续保持良好发展态势。两岸经济合作框架协议（ECFA）后续商谈和实施有了新进展。两岸签署了服务贸易协议，货物贸易协议和争端解决协议商谈取得进展。ECFA早收计划落实良好。据大陆方面海关统计，2013年1月至6月，台湾企业享受关税优惠约3.14亿美元，同比增长25.6%。据台湾方面海关统计，2013年1月至6月，大陆企业享受关税优惠约2963万美元，同比增长13.4%。2013年1月至8月，两岸贸易额为1332.1亿美元，同比上升27.4%；1月至7月，大陆共批准台商投资项目1165个，实际使用台资金额14.2亿美元；1月至8月，大陆企业赴台投资项目175个，投资金额突破10亿美元。[①]

8年来，两岸两会已经签署了海关合作、投资保护和促进、服务贸易这三个协议，有关货物贸易、争端解决协议的协商也取得了不同程度的进展，两岸经济合作制度化安排将更加全面，两岸经济合作的环境也将进一步优化。2008—2016年5月底，两岸经贸交流总体平稳快速发展，两岸经济各个领域的合作基本呈现齐头并进的态势，其中尤以现代制造业、服务业、金融业、农业、能源等领域最为典型。

（一）两岸产业合作

当前，台湾经济虽已进入以高科技产业发展为主的时代，但"浅碟型"加工经济的特性仍未改变。在两岸科技产业优势互补的架构下，由大陆提供基础性科学研究技术，台湾提供应用性商品生产技术，不仅有利于提高两岸

[①]《国台办：两岸经济合作继续保持良好发展态势》，中共中央台办、国务院台办网站，http://www.gwytb.gov.cn/wyly/201309/t20130913_4878328.htm。

科技发展水平，而且有助于台湾摆脱对外技术依赖。未来两岸技术合作将全面展开，并逐步成为两岸经济交流的重头戏。

目前，两岸在产业合作上已有初步的基础，如宝钢集团与台湾"中钢"联手投资海外铁矿，双方在矿源、资金和技术等方面互补性强，突破了过去两岸企业的海外合作仅仅局限在海上石油钻探领域。两岸汽车领域深化投资合作，裕隆和东风汽车在大陆合作开发纳智捷汽车，共创中华民族自主品牌，产品不仅有传统的汽车，更有引人注目的新能源汽车。东风裕隆纳智捷品牌乘用车进入快速发展时期，2014年产销量达到5.42万和5.22万辆，较上年同期增长73%和67%。两岸企业应建立广泛、深入的战略伙伴关系，在双方优势互补的基础上，实现传统产业高值化、高新技术产业品牌化，携手共赚世界的钱。

近年来，两岸冷链物流在原有39个合作项目基础上，新增6个合作意向项目，合作领域新增节能冷库建设改造、云车队管理信息系统设计与应用等，合作方式也从设备贸易逐步扩大至先进技术、运营模式和管理标准等交流与合作。台湾东阳事业、恒源工业、有德机器等汽车零部件企业积极赴大陆投资，参与大陆汽车产业发展。在技术合作方面，台湾立凯电能与江西百路佳合作生产纯电动城市客车，台湾仓佑实业公司参与了奇瑞汽车无级变速箱的研制。

在技术合作领域，通过举办全球行业发展高峰论坛，两岸通信厂商展示端到端创新技术、LTE多模多频手机以及TD-LTE/FDD融合演示网等，积极推动支持TD-LTE/FDD融合发展。中移动研究院与台电电公会组建的联合创新中心，目前已成立了创新应用与商模组等4个研究合作组进行联合开发，两岸将继续加强5G领域关键标准、频率、业务的合作。LED照明领域，两岸共同赴俄罗斯推广LED道路照明寒地标准，为两岸共同开发LED照明寒地市场发挥了很好的示范作用。新型显示领域，两岸新型显示合作从LCD扩展到OLED等领域，并推动开展共同标准方面的合作。今后要全面推进两岸能源石化装备等传统产业、信息（资讯）家电等高新技术产业及生物科技等战略性新兴产业深化合作，推动两岸在产业链上科学分工，发挥优势。

（二）两岸服务业交流

服务业发展滞后是大陆经济的"短腿"，目前服务业的比重仅为40%左右，存在社会服务消费的供给能力不足，城乡居民急需的社会服务不到位，无法满足社会多元化、多层次和人性化的需求等诸多问题。过去,由于两岸经济关系的特殊性,在产业结构上,两岸合作主要以制造业为主,服务业仅占10%左右,这恰恰又给两岸产业互补互利带来了机遇。特别是台湾在服务业方面具有明显的比较优势,成为台商在大陆大展宏图的良机。

台湾的医疗服务质量和服务模式有许多值得大陆学习和借鉴的地方。2008年1月,台湾长庚医院与厦门海沧公用公司合资的厦门长庚医院正式投入营业,成为两岸医疗合作交流的新平台,《人民日报》和中央电视台《新闻联播》栏目还分别报道肯定了厦门长庚医院"医""药"分离制度。

ECFA服务贸易早期收获计划实施一年多后成效显著,共有122家台湾服务企业进入大陆,其中13家台湾金融企业享受了早期收获优惠;据台湾方面统计,2011年台方核准服务业陆资企业入岛投资43件,其中核准4家大陆银行设立代表机构,核准2家筹设分行。

两岸服务贸易协议是ECFA的后续协议,目的同样是要力争在最大范围内使两岸业者特别是台湾中小企业和民众受惠。尤其是大陆对台湾市场开放涉及了商业、通讯、建筑、分销、环境和社会、旅游、娱乐文化、体育、运输、金融等众多服务业行业,开放力度之大、范围之广,前所未有。

近年来大陆经济结构不断调整,服务业已快速发展为第一大产业,加之"互联网+"热潮的推动,服务业的市场需求持续增加,为台湾地区业内企业提供无限商机和合作空间;其次,台湾地区服务业起步早、专业化程度高、创新能力较强,但市场已处饱和状态,迫切需要借两岸合作之机开拓广阔的大陆服务业市场,尤其是台湾的教育培训、医疗养老、休闲保健等企业与大陆合作意愿强烈;再次,"一带一路"倡议为两岸服务业合作提供难得机遇,台湾地区的技术、经验优势可与大陆的资金、劳动力优势形成互补,为"一带一路"沿线有关国家和地区提供基础设施建设、旅游、文体娱乐、卫生和医疗保健等多领域服务,共同开发国际市场。

(三)两岸金融业合作

金融业属于现代服务业的重要组成部分,在两岸经济合作中的重要性日益凸显。尽管离岸人民币中心仍然在讨论之中,台湾市场上的人民币业务已经开展得如火如荼。同时,台湾对大陆的贸易顺差,在2010年已经高达410亿美元,显示两岸的贸易关系正进一步紧密。为了照顾台商办理跨境贸易人民币结算等需要,台湾在2011年7月21日发布了"台湾地区银行办理人民币业务规定",开放国际金融业务分行(OBU)办理人民币业务。

2011年8月,继香港地区、新加坡、澳大利亚分别推出措施争取成为人民币离岸中心之后,台湾地区首度公开称,将会把发展人民币离岸中心"列为努力目标"。从现实角度来看,如果只以人民币为贸易结算货币,台商从大陆进口时如以人民币作为支付,汇率风险由台湾进口商承担。

2012年8月31日,两岸货币管理机构签署《海峡两岸货币清算合作备忘录》,这是落实《海峡两岸金融合作协议》的重要举措,两岸将据此启动货币清算机制。这是在两岸关系和平发展新形势下,两岸金融合作取得的又一重大进展。两岸货币清算机制的建立,将降低两岸民众和企业的汇兑成本和汇率风险,促进两岸投资贸易更为便利,进一步深化和扩大两岸经济合作。

2012年12月11日,中国人民银行发布公告,根据《海峡两岸货币清算合作备忘录》相关内容,经过评审,决定授权中国银行台北分行担任台湾人民币业务清算行。这是两岸建立货币清算机制的新突破,也是中行加快跨境人民币清算业务的重要进展。

2013年4月1日,第三次两岸银行业监管磋商会议在台北举行,由大陆方面银行业监管机构负责人尚福林与台湾金融业监督管理机构负责人陈裕璋举行了会谈。会议达成多项共识,包括大陆银行赴台参股投资实行差异化管理,其中参股金融控股公司子银行的持股比例最高可达20%。双方磋商决定,将单一大陆银行投资台湾上市、上柜银行和金控公司的持股比例由此前的5%提高至10%,而投资台湾未上市、上柜银行和金控公司持股比例提高到15%。双方表示,除提高大陆银行赴台参股投资比例上限外,台湾方面将尽快取消大陆银行赴台设立分支机构及参股投资的OECD(经济合作与发展组织)条件,并将允许已在台湾设立分行的大陆银行增设包含国际金融业务的分行。另外,台方将为银联公司赴台设立分支机构撤除政策障碍。

截至2013年8月,大陆批准筹设了首家台湾地区银行大陆子行,新批准1家、累计共批准11家台湾地区银行设立大陆分行,其中6家已获准扩展人民币业务服务对象范围。新增1家、累计3家大陆银行在台设立分行。新增1家、累计3家两岸合资基金管理公司获准设立。新增7家、累计24家台湾金融机构获得合格境外机构投资者(QFII)资格。2013年4月1日起开放在大陆居住、生活的台湾同胞投资 A 股。[①]

2015 年，大陆启动对台境外人民币贷款业务的试点，开展两岸人民币清算，现钞调用、搭建两岸保险业务合作平台等。这些都使两岸金融联系更为紧密，也推动了两岸经贸关系的发展和变化。根据台湾"金管会"的统计，截至 2015 年底，台湾银行业在大陆总共设有 63 个分支机构，但陆资的银行在台湾目前只有 3 家分行，两岸银行业的合作应该能够更加深入。福建省"十三五"规划明确提出，在闽台金融合作方面要完善以金融服务业开放为重点的金融创新制度，继续扩大金融对台开放。在放宽持股比例、降低准入门槛、开展跨境人民币业务等方面先行先试，支持在闽台资金包括闽台的金融机构、闽台合资金融机构的发展，支持海峡股权交易中心开展大陆台资企业上柜融资业务。

（四）两岸农业合作

台湾所产优质的热带水果具有比较高的经济价值，一向是台湾农民重要的收入来源之一，但是长期以来受到市场运输和成本的影响，在丰收季节常常出现滞销，成为困扰台湾农民的一个重要问题。为此，中共中央总书记胡锦涛发表"在新形势下发展两岸关系的四点意见"时指出，台湾农产品在大陆的销售问题事关广大台湾农民的切身利益，要切实解决。

当前，两岸农业合作也已进入深入合作、深入推进的新阶段。台湾投资大陆农业呈现两个特点：一是由沿海向中部和西部地区拓展，从粗加工向深加工拓展。二是台湾在大陆兴办的农业试验区和农业创业园区不断拓展。台湾在农业水利建设上，科技水平高，产学研一体化程度高，具有很强的营销能力，但台湾资源有限。大陆具有丰富的资源和巨大的农产品市场空间。近年来，大陆不断深化农村改革，农业经营体制不断创新，大陆的农业现代化建设取得显著成就。

2006 年以来，农业部、国台办先后在福建、重庆等 14 个省区市设立了 29 个国家级台湾农民创业园。台湾农民创业园的设立开创了两岸农业合作的新型模式，是提升两岸农业合作的重要举措。园区的设立和发展，有利于两岸农业转型升级，为台湾农业产业转移升级提供广阔的空间。据农业部摸底

---

① 《国台办：两岸经济合作继续保持良好发展态势》，中共中央台办、国务院台办网站，http://www.gwytb.gov.cn/wyly/201309/t20130913_4878328.htm。

调查，29家台创园中，20个设立独立管理机构，共吸引涉台企业1175家，其中966家为农业企业，占企业总数的82.2%；吸引台湾农民2340人。[①]

（五）两岸能源开发合作

目前，台湾地区自主能源只占0.8%，99.2%的能源依赖进口。大陆和台湾在台湾海峡开发油气资源是个长远的趋势。根据联合国亚洲及远东经济委员会的结论，东海大陆架可能是世界上蕴藏量最丰富的油田之一，钓鱼岛附近可能成为第二个"中东"。目前已经勘测的数据表明，东海的油气储量达77亿吨，至少够我国使用80年，还有可燃冰资源。而钓鱼岛附近海域则有大约几十亿吨的石油地质储量。未来两岸合作采油首先要从台湾海峡油气的勘探与开采开始。广州海洋地质调查局在20世纪80年代对台湾海峡进行过近万公里的反射地震调查，认为台湾海峡西部有可能具有形成中小型油气田的条件，估算其资源量可达到2.75亿吨，约为全国常规油气资源总量的2%。根据1989—1990年中国科学院南海海洋研究所与福建海洋研究所合作开展的台湾海峡西部石油地质地球物理及地球化学调查研究结果表明，台湾海峡石油天然气资源丰富，紧邻福建省的海峡西部有两个北东向的沉积凹陷，和海峡中部的观音隆起、澎北隆起以及海峡东部的新竹凹陷共同构建成规模可观的台西盆地，用生油岩体积法预测台西盆地3个生油凹陷形成的石油资源量为33.2亿吨。可以预见，两岸合作采油后，从台湾海峡海域到北部的东海海域将是"主攻方向"。

2009年5月，国务院出台的《关于支持福建省加快建设海峡西岸经济区的若干意见》中就明确要求，要加强台湾海峡油气资源的合作勘探和联合开发。两岸共同开发台湾海峡石油天然气资源，是在一个中国的前提下分享国家资源的具体体现，有利于共同捍卫东海和南海油气资源，为此双方需要进一步加深两岸政治互信和军事互信，以及为两岸达成和平协议创造有利条件。在讨论大陆与台湾石油开发合作时，不应忽视钓鱼岛和南沙群岛的主权问题，特别在对待钓鱼岛资源方面，大陆和台湾应该有一个共同应对方案，其中台湾地区领导人对维护钓鱼岛主权的态度十分关键。

大陆和台湾加强能源领域的合作，有利于未来双方共同开发其他地区的石油资源，而且随着双方合作的深入，还有望走向世界。由于台湾和大陆未

[①] 《两岸农业合作潜力无限》，《人民日报》，2015年5月6日，第20版。

实现统一，台湾"中油"在海外找油遇到重重阻力，如果台湾跟大陆石油业者携手合作，未来在整个国际原油市场上，台湾要取得油源，或者是开发新的油源，都会有一定的优势。2013年3月28日下午，中国海油与台湾"中油"公司在北京签署了LNG（液化天然气）现货采购合同。根据合同，中国海油将向台湾地区输送首船液化天然气，此举将开创海峡两岸在LNG领域合作的新篇章。

今后两岸要继续深化经济合作，以经济融合为基础，加速扩大两岸的共同利益。当前要加大吸引台产业、技术向大陆转移；推动陆资入台，加大大陆在台湾资本输出与运作的力量。

三、两岸区域整合势头明显

2009年5月14日，《国务院关于支持福建省加快建设海峡西岸经济区的若干意见》（国发〔2009〕24号）正式颁布实施，标志着海峡西岸经济区正式从区域战略上升为国家战略。《意见》指出：推动跨省区域合作。加强海峡西岸经济区与长三角、珠三角的经济联系与合作，促进优势互补、良性互动、协调发展，进一步完善沿海地区经济布局。发挥闽浙赣、闽粤赣等跨省区域协作组织的作用，加强福建与浙江的温州、丽水、衢州，广东的汕头、梅州、潮州、揭阳，江西的上饶、鹰潭、抚州、赣州等地区的合作，建立更加紧密的区域合作机制。加强重大项目建设的协调，推进跨省铁路、高速公路、港口等重大基础设施项目统筹规划布局和协同建设，畅通海峡西岸经济区港口与腹地的通道。加强电子、机械、旅游、物流等产业的对接，推动产业集群发展和合理布局，形成产业对接走廊。加强市场开发，建设区域共同市场，促进人流、物流、资金流、信息流的无障碍流动。统筹协调区域内对台交流合作的功能分工，提升海峡西岸经济区与台湾地区的对接能力。

海峡西岸经济区建设的总目标是：通过10—15年的努力，海峡西岸经济区综合实力显著增强，社会主义新农村建设取得明显成效，海峡西岸产业群、城市群、港口群发展壮大，资源节约型、环境友好型、创新型省份建设迈出新步伐，速度、质量、效益进一步协调，消费、投资、出口进一步协调，人口、资源、环境进一步协调，民主法制更加健全，文化更加繁荣，社会更加和谐，人民安居乐业，经济社会发展走在全国前列，成为我国经济发展的重要区域，成为服务祖国统一大业的前沿平台。

海西区传统区域一直以来都是台商赴大陆投资的重要通道，台湾石化、机械、光电三大产业占据海西区内产业结构的核心位置。随着两岸签署 ECFA 以及海西经济区建设的推动，海西区势必又会迎来新一波台湾地区产业转移浪潮。

"十二五"规划以及国务院批准的《海峡西岸经济区发展规划》充分赋予了海西区"先行先试"的自主权，其最大的特点就是要创新两岸交流的体制机制、工作方式，共同规划、共同开发、共同经营、共同管理、共同受益，积累经验，以点带面。从目前来看，海西区"先行先试"的一个重要方面，就是利用好 ECFA 的积极条件，推动两岸产业深度对接，其内容主要包括：一是按照同等优先、适当放宽的原则，鼓励承接台湾产业转移，允许国家禁止之外、不涉及国家安全的各类台商投资项目在海峡西岸经济区落地；二是对国家批准设立的台商投资区、平潭综合实验区、古雷台湾石化产业园区等特定区域台商投资项目，实行特殊审批政策，《外商投资产业指导目录》中总投资 5 亿美元以下的鼓励类、允许类项目，除《政府核准的投资项目目录》和国务院专门规定需由国务院有关部门核准之外，委托省级投资主管部门核准；三是在两岸经济合作框架协议后续商谈中，积极研究放宽台资市场准入条件和股比限制等政策。

福建与台湾具有"五缘"关系（主要指地缘、血缘、文缘、商缘和法缘为内涵的五种关系），产业互补性强，在开展对台经贸合作方面具有得天独厚的优势。加快海峡西岸经济区建设，将进一步促进海峡两岸经济紧密联系、互动联动、互利共赢，使福建成为海峡两岸经贸合作和文化交流的结合部、先行区和重要通道，提高台湾同胞对祖国的向心力和认同感，为发展两岸关系、推进祖国统一大业做出新贡献。

2012 年 1 月 15 日，福建省出台了《福建省人民政府关于进一步促进台资企业发展若干意见》，从"加大财政扶持""推动技术创新和技术改造""支持拓展大陆市场""优化劳动用工服务""加强金融支持"和"优化投资环境"6 个方面提出 35 条措施。这些措施包括：该省 5 个部门每年各安排 1000 万元专项资金，用于扶持台资企业技术改造、转型升级、科技创新以及台商投资区、台商专业园区基础设施建设；减免行政事业性收费和部分现代服务业企业税收；奖励在闽新设总部企业；对在福建新设的研发机构，给予资金支持，最高资助达 2000 万元；对台资中小企业投保出口信用保险给予补助，对利用保单融资的，给予贴息等。

为此，福建将推进涉及 11 个重点领域的 58 项改革，为保持经济持续健康发展和社会和谐稳定提供体制基础。这58项改革中,国家要求福建先行先试的有15项,主要是落实"三规划两方案"的改革内容,包括厦门深化两岸交流合作综合配套改革试验、平潭建设体制机制改革创新示范区、完善海峡蓝色经济试验区发展体制机制、全面推进泉州金融服务实体经济综合改革试验等。

十二届全国人大常委会第十二次会议于2014年12月26日上午在北京人民大会堂举行第三次全体会议,会议表决通过了关于授权国务院在中国(广东)自由贸易试验区、中国(天津)自由贸易试验区、中国(福建)自由贸易试验区以及中国(上海)自由贸易试验区扩展区域暂时调整有关法律规定的行政审批的决定。

2015年3月24日,中共中央政治局审议通过福建自由贸易试验区总体方案。2015年4月21日上午,福建自贸试验区揭牌仪式在福州马尾的福建自贸试验区福州片区行政服务中心举行,其战略定位在于:围绕立足两岸、服务全国、面向世界的战略要求,充分发挥改革先行优势,营造国际化、市场化、法治化营商环境,把自贸试验区建设成为改革创新试验田;充分发挥对台优势,率先推进与台湾地区投资贸易自由化进程,把自贸试验区建设成为深化两岸经济合作的示范区;充分发挥对外开放前沿优势,建设21世纪海上丝绸之路核心区,打造面向21世纪海上丝绸之路沿线国家和地区开放合作新高地。

在福建自贸区整体框架内,其中国务院之前批复的厦门市深化两岸交流合作综合配套改革试验区与平潭综合试验区在福建省"一南一北"进行试点,两地开发的成功经验对整个海西区和福建自贸区的建设将具有高度示范意义。

(一)福建自贸区厦门片区(原"厦门市深化两岸交流合作综合配套改革试验区")

30多年前,中共中央、国务院决定设立厦门经济特区,主要目的是让其在大陆从计划经济向市场经济、从封闭经济向开放经济转型过程中发挥先行先试作用,并促进两岸直接"三通"与和平统一。建设30年来,厦门经济特区不仅在经济社会发展方面取得了历史性成就,而且作为改革开放与对台工作的试验场,在体制改革、对外开放、两岸交流合作方面取得了先行先试的成效与经验,为改革开放和对台工作做出了历史性的贡献。2011年12月14

日，国务院批复了《厦门市深化两岸交流合作综合配套改革试验总体方案》。到目前为止，国务院批准成立了包括上海浦东新区和天津滨海新区在内的12个国家综合配套改革试验区，厦门市深化两岸交流合作综合配套改革试验区是唯一一个以深化两岸合作为改革类型的试点地区，对于巩固和创新两岸关系和平发展的良好局面具有重大示范意义。

试验区的主要目标是：按照党中央、国务院推动两岸交流合作、推动两岸关系和平发展的总体战略部署，在推动科学发展和深化两岸交流合作的重点领域和关键环节率先试验，创新体制机制，以配套推进区域合作、行政管理、对外开放等支撑体系建设为基础，构建两岸交流合作先行区。第一，通过促进两岸产业深度对接，促进生产要素进一步融合，形成两岸经贸合作最紧密区域；第二，通过推动文化以及科技、教育、卫生、体育等全方位、多层次的交流合作，形成两岸文化交流最活跃平台；第三，通过完善两岸直接"三通"（通商、通航、通邮）基础条件，提升对台开放合作整体功能，形成两岸直接往来最便捷通道；第四，通过完善新型高效的社会管理体系，优化保护和服务台胞正当权益的法制政策环境，形成两岸同胞融合最温馨家园。

为实施上述目标和任务，《总体方案》新赋予了厦门经济特区数十项配套政策与措施。例如，建设两岸新兴产业和现代服务业合作示范区，探索实施鼓励其发展的税收优惠政策，适当放宽台湾企业在合作示范区从事现代服务业的资格限制；建立两岸区域性金融服务中心，鼓励内外资银行、证券、保险等各类金融机构和股权投资机构在厦门设立总部、资金营运中心、研发中心、外包中心或后台服务机构等；支持整合海沧保税港区、象屿保税区等海关特殊监管区域和保税监管场所，统一管理体制，统筹规划政策功能；建设"大陆对台贸易中心"，支持大嶝对台小额商品交易市场等载体建设，促进厦台商贸业交流合作；加快建设东南国际航运中心，包括创新航运物流服务，大力发展航运金融、保险、租赁、海事支持等多种服务功能于一体的航运物流服务体系。

"十二五"期间，厦门市对台贸易进出口累计完成361.0亿美元，比"十一五"期间增长89.0%，台湾地区已成为厦门第二大贸易伙伴和第一大进口市场。同期，全市新设台资企业969个，实际利用外资17.2亿美元。台资的进入扩大了厦门的经济总量，吸纳了当地就业，两岸贸易中心建设进展顺利，投资贸易便利化明显提升，经贸往来日益活络。台资企业工业产值占全市工业总产值的40%左右。台湾百大企业中，在厦门投资的有20余家。台资企业以厦门为起点，开拓大陆市场，与全球产业链紧密融合。如台湾正新海燕轮胎公司90%的市场在大陆，友达等光电企业成为排名前列的全球光电企业。

现在，厦门与台湾已经形成"一日生活圈"，每天36个航班连接金厦两岸。2001年福建沿海与金门、马祖地区直接往来以来，已有960万同胞从厦门前往海峡彼岸。厦门357万常住人口中，台商有15万，而金门的6万人中，有1.5万人在厦门常住，有3万人在厦门和金门两地做生意。厦门以文博会、台交会、农渔业交流暨产业对接会等涉台经贸盛会为平台，积极开展厦台产业对接。海峡论坛在厦门举办已有数届，吸引了数万名台湾基层民众参与，形成民间性、草根性、广泛性的鲜明特色，成为两岸民间交流的重要平台。

（二）福建自贸区平潭片区（原平潭综合实验区）

长期以来，包括厦门、泉州、漳州在内的"闽南金三角"是福建传统的经济发达地区。而偏于福建北部的平潭、福清甚至福州一直是福建经济发展的薄弱环节，成为经济发展的"洼地"。现在平潭的开发已经上升为国家战略，也是海西区的又一大亮点。

福建自贸区平潭片区位于福建省东北部，是大陆距台湾本岛最近的区域，距台湾新竹仅68海里。平潭主岛海坛岛324平方公里，是全国第五大岛、福建第一大岛，港口岸线、海洋生物、旅游等资源丰富，主岛可供开发建设用地160平方公里，拥有12座具备开发条件的小岛，开发空间广阔。

2009年7月，福建设立平潭综合实验区，超前规划开发，实践"一国两制"，以点带面，建设"两岸共同家园"，打造"一日生活圈"。2011年11月18日，国务院正式批复《平潭综合实验区总体发展规划》，明确提出把平潭建成"两岸同胞合作建设、先行先试、科学发展的共同家园"。按照国务院批复的发展规划，平潭综合实验区最重要的使命就是探索两岸合作新模式。为了鼓励其先行先试，中央明确了一系列政策，包括通关、财税、金融、土地、对台交流等各个方面。在这里，新设台资企业可享受"直接登记制"，免审批直接登记，办理时限由法定40个工作日缩短为1个工作日。所有政策中，最重要的是通关政策。在通关方面，将借鉴自由港模式，制定"一线放宽、二线管住、人货分离、分类管理"的海关特殊监管方式。这种模式目前只在珠海横琴新区有，但因为平潭的面积更大，所以更具有示范性。主岛全部纳入海关特殊监管区，实行更加优惠的监管政策。

2013年8月1日，《中华人民共和国海关对平潭综合实验区监管办法（试行）》正式施行，在平潭实施"一线放宽、二线管住、人货分离、分类管理"的分线管理模式，赋予了平潭综合实验区更加灵活的贸易管制政策。平潭封关运作提上日程。从该办法可见，平潭享有比"特区还特"的政策主要包含十个方面，诸如对两岸往来交通运输工具，实施便捷管理；对经平潭进境的商品，实施分线、分类检验监管；对经平潭中转和过境货物给予便利；简化出口食品企业备案环节；对内地生产的出口货物，由"二线"通道输入平潭，免于检验检疫等；允许台湾食品化妆品使用繁体中文标签等。

此外，为吸引更多台湾居民前来工作，平潭将在企业所得税和个人所得税方面采取优惠措施。企业所得税减少15%征收，个人所得税按大陆与台湾的差额，由福建省政府补贴，补贴免征个人所得税。此外，平潭岛内将实行双币制、设立口岸离境免税店、容许台湾牌照机动车行驶、容许相关服务机构以及从业人员开展相关业务等。

为构建两岸同胞共同生活、共创未来的特殊区域，平潭综合实验区未来将实现"五个共同"：共同规划、共同开发、共同经营、共同管理、共同受益。为了真正实现"五个共同"，平潭计划在5年内引进1000名台湾专才。重点引进高新技术产业人才、现代服务业人才、现代农业人才、社会事业人才和管理人才。福建省表示要逐步增加台湾的一些专门人才到平潭做管委会的领导，共同参与平潭的开发建设。平潭规定，凡是引进的台湾专才，待遇要适当高于台湾标准。

在参照珠海横琴、深圳前海等粤港澳合作的模式后，平潭的两岸合作模式显然令人更加期待。目前，平潭综合实验区已成为极具发展潜力的特区。2012年，台湾有近200批次、2000多人次到平潭考察，台商初步达成投资意向200多项，投资额1000多亿元人民币。正如时任国台办主任王毅所说，平潭的特殊性是对台，机遇是对台，前景也在于对台。

在对台优势之外，平潭还有政策优势和体制创新优势。正因如此，平潭不仅被赋予探索两岸合作新模式的意义，同时也被赋予"开辟新时期深化改革、扩大开放的新路径"的意义。总规划已明确指出，要通过平潭的先行先试，为全国深化改革、扩大开放积累经验、提供示范。对此，国家发改委副主任杜鹰表示，"平潭模式绝非简单的福建意义，而是具有全局意义。它体现了更大的创新性和更深入的改革开放精神"①。

《平潭综合实验区国民经济和社会发展第十三个五年规划纲要》于2016年7月正式获福建省人民政府批复，规划到2020年实现城市功能基本完备，特色产业初具规模，生态环境宜居宜业，对台合作作用更加凸显，营商环境更加完善，提前实现全面建设小康社会目标，基本建成与台湾地区经济全面对接、文化深度交流、社会融合发展的两岸共同家园，朝建设自由港城市方向迈进。"十三五"期间完成3000亿元投资。

四、两岸文教融合亮点频现

两岸文化教育领域的交流和融合对于培植两岸人民共同情感与历史责任、国家统一意识至关重要。

（一）两岸文化交流异彩纷呈

以大熊猫赴台及大陆歌仔戏赴台巡演为代表的两岸文化交流活动正在走向深入。2005年5月3日，大陆宣布向台湾同胞赠送一对大熊猫后，"可爱的大熊猫要来台湾了！"立即传遍全岛，岛内掀起了一股"熊猫热"，刮起了"熊猫旋风"。温顺可爱、憨态可掬的大熊猫，成为岛内曝光率最高的"新闻人物"；三家动物园争相表示愿意接收，民间组织发动万人签名活动支持大熊猫来台安家，岛内媒体民调显示，超过七成的民众乐观其成；台北上千名小学生冒雨绘熊猫；有关专家迅疾进驻卧龙，考察大熊猫的生活习性、学习大熊猫的养护技术。

2006年1月，大熊猫遴选结果出炉，央视春晚随即面向全国为大熊猫征名。经过1亿多人次的投票，"团团""圆圆"两名以最高票当选。2006年初，台当局"农委会"以"筹备不周"为由驳回已具备养育大熊猫技术的台北市动物园的申请。此后，由于民进党主政的台湾当局的政治操作，"团团""圆圆"赴台一等再等。2008年5月起，两岸关系发生历史性转折，迎来和平发展新机遇，熊猫赴台的诸多事项终于开始落实。2008年12月23日，大陆赠台大熊猫"团团"和"圆圆"与珙桐树搭乘台湾长荣航空公司专机，飞赴台湾，正式落户于新家——台北市立动物园新光特展馆。24日，在台北市立动

---

① 郑娜：《权威部门详解平潭发展规划》，《人民日报（海外版）》，2012年2月17日，第3版。

物园举办的"新光特展馆捐赠暨关怀弱势之夜"活动上,"团团""圆圆"首次公开亮相,与台湾民众见面。500名来自孤儿院或家境清贫的小朋友有幸成为第一批观众,与台湾当局领导人马英九、中国国民党荣誉主席连战等一起观看大熊猫。

2008年12月24日,香港《大公报》发表社评指出:"团团圆圆是两岸关系最美好象征。团团圆圆,代表中国传统文化中最根深蒂固、最美好的观念和祝愿,无论是新春、中秋或其他节日,最重要的就是团圆,不管如何长期分隔、日子如何艰辛,只要一家人能够团团圆圆在一起,就一切辛劳和付出都值得了。团团圆圆,就是幸福、就是快乐;是中国人,都盼望团团圆圆,喜欢团团圆圆。""两只大熊猫,有人称之为'政治熊猫',而过去大熊猫赠台也确实曾经被政治化。早在二十年前大陆已经提出愿以大熊猫赠台,且选好了'陵陵'和'乐乐'一对,但台湾分裂势力却千方百计阻挠,先是以什么环境不适合、饲养不熟悉为词推搪,其后阿扁索性明言不会接受大陆以熊猫来台'统战',结果一拖二十年,连'陵陵'也已不幸老故了。"[①]

2013年7月6日,台北市立动物园大熊猫"圆圆"产下一仔(母),园方表示,幼仔不会回大陆,至于未来育种,会另订计划。各方评论指出:"团团""圆圆"不辱使命,在宝岛开花结果、落地生根,小圆仔健康生长,为两岸带来更深的友爱与希望。相信圆仔不仅能为欣欣向荣的两岸交流添上了最"萌"最美的一笔注脚,更将为两岸关系的良性发展贡献出无限可能。国务院台湾事务办公室表示,大熊猫是中华民族的瑰宝,被誉为和平的化身,它们与大自然、人类和谐相处,也深刻注释了中华文明和谐、包容的文化精神;"团团""圆圆"已经为两岸搭起了和平之桥、团结之桥和友爱之桥。

近年来,祖国大陆和台湾的各类文化交流不断,特别是以厦门为代表的闽南地区和台湾的歌仔戏交流演出更是频繁。例如,多次到台湾巡演的《蝴蝶之恋》被誉为"歌仔戏发展里程碑"。《蝴蝶之恋》由厦门歌仔戏研习中心和台湾唐美云歌仔戏团合作创排,叙述两岸一对歌仔戏生旦跨越38年的爱情故事。剧中男女主角分别由台湾的著名小生唐美云和厦门的著名小旦庄海蓉出演,其他演员也都是两岸优秀的歌仔戏演员。2010年8月,《蝴蝶之恋》在台湾巡演多场,台湾各界给予充分肯定,极高的上座率和台湾各界的广泛

---

① 《大公报:团团圆圆是两岸关系最美好象征》,腾讯网,http://news.qq.com/a/20081224/001232.htm。

好评，意味着被台湾媒体称作"破冰之旅"的大戏首次登陆台湾即获得成功。《蝴蝶之恋》在台湾大小歌仔戏剧团的梦想殿堂"国家戏剧院"演出时，王金平、马英九夫人周美青、萧万长夫人，以及台北市副市长李永萍等都前往剧场观看；在高雄的演出，高雄市副市长李永得以及高雄市文化局官员等也都到场祝贺；台湾艺文界著名学者曾永义、林谷芳等观后对该剧予以高度评价，并希望今后两岸的此类合作越来越多；台湾部分著名艺术团体负责人也前往现场，他们表示，希望从《蝴蝶之恋》中探索两岸戏曲艺术全面合作的经验。

2015年3月4日，习近平参加政协民革、台盟、台联委员联组讨论，有委员发言时说起在境外用闽南话表演受到同胞厚待的故事。习近平说，台湾除了少数民族，大陆去台的以闽南地区为主，讲的就是闽南话。血缘相亲，文源相同。闽南文化作为两岸文化交流的重要部分，大有文章可做。文化是一个民族的灵魂和血脉。海峡两岸同胞同根同源、同文同种，共同的文化传承深深根植于两岸同胞的血液之中，是促进祖国和平统一大业早日实现的最可贵因素。习近平总书记关于"两岸文化交流大有文章可做"的讲话，非常中肯，为建设两岸共同精神家园、最终实现和平统一指明了方向。①

（二）两岸教育交流逐步深入

2008年5月以后，两岸关系迅速改善，为扩大和深化两岸文教交流与合作提供了前所未有的便利条件。两岸教育交流的亮点在于从多年的对立与争论转向彼此认可、学习、融通，尤其表现在台湾当局的立场转变上。

大陆高校赴台湾参加学术交流活动日益活跃，两岸高校校际关系更加密切，高校交流合作模式不断创新，两岸高校高层互访、互聘教师、交换学生，以及学习交流和学术交流活动已经常态化，每年两岸的教育人员往来人数据估算已经超过3万人。

据台湾教育部门统计，目前到大陆就读大学且具有正式学籍的台湾学生约有1.5万人。近年来，大陆方面高度重视台湾学生到大陆就学工作。为进一步拓宽台湾学生来大陆学习渠道，尽可能为台湾学生创造良好的学习生活条件，大陆方面相继出台了一系列惠台政策，让台湾学生共享到两岸关系和平发展的丰硕成果，普遍反映良好。目前的惠台政策主要包括：

---

① 郭俊奎：《让两岸文化交流的大文章大放异彩》，人民网，http://opinion.people.com.cn/n/2015/0305/c1003-26641590.html。

一是"同等收费"：2005年8月，大陆宣布调整对台湾学生的收费政策，对赴大陆就读的台湾学生执行与大陆学生相同的收费标准；

二是"专项补贴"：中央财政根据高校招收台湾学生的实际人数，给予专项补贴；

三是专设台湾学生奖学金：奖学金覆盖率超过30%；

四是放宽免试入学标准：为进一步方便台生来大陆学习，教育部自2011年起将大陆高校依据台湾"学测"成绩招收台生的标准由"顶标级"放宽至"前标级"（在大陆台商子弟学校就读的台生标准放宽至"均标级"）。

2012年6月，在第四届海峡论坛上有关部门宣布允许在大陆高校工作的台胞申请教师资格证。国家自然科学基金委和福建省于2013年共同设立和启动"促进海峡两岸科技合作联合基金"。该基金计划每年投入3000万元人民币。凡是有台湾科研人员参与，与海峡两岸科技进步、社会福祉密切相关的自然科学研究项目均可申请。

2013年9月，台湾高中必选课教材《中华文化基本教材》宣布引进大陆中学课堂，国务院台办发言人杨毅在例行新闻发布会上评价说："两岸加强教育交流，共同弘扬中华文化，是好事，我们支持。"2013年新学期，包括北京四中在内的大陆近30所中学的高中生用上了来自台湾的国学和传统文化教材——由中华书局引进的台湾高中必选课教材《中华文化基本教材》，这是台湾国学教材首次进入大陆课堂。此次引进版教材与原教材内容、体例基本一致，分上下册、22个单元，上册为"论语选读"，下册为"孟子选读"与"学庸选读"，共计选入《论语》168章、《孟子》50章、《大学》4章、《中庸》4章。

2013年10月26日，以"扩大交流合作，共同振兴中华"为主题的第九届两岸经贸文化论坛在广西南宁开幕。中共中央政治局常委、全国政协主席俞正声在论坛开幕式上致辞，他表示，双方应尽快商签教育交流合作协议，以利于协调相关的政策，规范交流合作，消除各种障碍，构建长期稳定的交流合作机制。近些年来，两岸教育交流合作保持了良好的发展态势。新形势下，应着眼于为两岸经济社会发展提供智力支撑和人才保障。着眼于为中华民族振兴培养一批堪当重任的高素质优秀人才，努力实现教育资源的相互开放和共享。双方应尽快商签教育交流合作协议，以利于协调相关的政策，规范交流合作，消除各种障碍，构建长期稳定的交流合作机制。鼓励两岸各类各级学校密切交往，搭建更多的交流平台，推动两岸全面实现学历互认，扩大交换学生和高校师资的交流，支持开展多种形式的合作办学。发展国学教育交流，促进两岸青少年学生共同汲取中华优秀传统文化的精粹。对相互招收的学生，两岸各有关方面要给予更多的关心，帮助他们解决各方面遇到的实际困难。积极鼓励两岸青少年开展形式多样的交流活动，增强手足情谊，不断为促进两岸关系的和平发展和振兴中华增添新生力量。

此外，在陆生赴台的实践中，也出现了一些不理想的状况。2013年6月19日，台湾首次试办的陆生赴台就读"二技"即"专升本"发榜。结果计划招收955名，只招到93人。本来大陆缺少专门针对技术专科再深造的院校，台湾大部分科技大学或技术学院，都有为技术专科再进修的学士课程，"二技"被认为是台湾技职教育的优势之一。没想到仍然不如预期。台教育部门的解释是，因为首次招生，报名较晚，又仅7天时间，预计明年会改善。而且，已经是第三年招生的陆生赴台就读硕博研究所，也不理想，台湾2013年共录取631名研究生，其中硕士班528名、博士班103名，虽然较2012年人数增加（2012年硕博分别为299名、30名），但2013年计划招收名额也由2012年的575名增至1118名。而且，为吸引陆生，台湾降低招生门槛，由大陆"985"院校扩及"211"，资格学校由41所增至111所。大陆也增加开放湖北、辽宁，加上北京、上海、江苏、浙江、福建、广东，户籍在八省市的本科生均可报名。此外，台湾还微降了报名费。在这些措施的推动下，录收率仍只有56.4%，比2011年首次招生的38%提高了，却与2012年相差无几。

2013年台湾招收硕博陆生的62所高校中，26所为零录取。台湾大学校院招收大陆地区学生联合招生委员总干事张鸿德对台湾媒体表示，其中老问题仍然存在，陆生还是一窝蜂集中在台湾大学、政治大学、清华大学、交通大学等名校。以台大为例，2013年符合报名资格的868名陆生中有537人选择台大。①

当前每年到台湾交换的陆生约超过2万人，加上就读学位的陆生共计每年有3万余名大陆青年在台湾生活。2015年6月底，台湾"八仙乐园尘爆"时，有两名台湾交通大学陆生烧伤，因在台湾没有健康保险，住院期间大笔的医疗开销最终都需自己支付，对于一般家庭来说是一笔不菲的开销。当时

---

① 《陆生赴台仍曲折》，国台办网站，http://www.gwytb.gov.cn/zn/edu/201307/t20130705_4411269.htm，上网时间2013年9月16日10：30。

台湾当局大陆事务主管部门负责人夏立言再次呼吁,尽快通过"陆生纳入健保"案。2015年11月底时,国民党党团欲提出"陆生纳入健保"议案,但最后因"台联党"杯葛导致暂不讨论,原本满心期待"陆生纳入健保"案可以通过的陆生们,最终收获的是失望和遗憾。

2015年11月7日两岸领导人会面。马英九特别提到,"大陆可以让专升本的学生到台湾读书,这我推了好几年,但成效不理想。我们科技大学目前有相当缺额,今年招收境外学生名额约有10万个,大陆有上百万专升本学生,希望大陆扩大更多省市陆生赴台专升本"。这无疑是在招收陆生方面,希望大陆开放更多的省份。让大陆学子到台湾求学深造,其实是希望两岸青年可以在大学阶段彼此真心交流,同时让两岸未来和平发展走向一个正确的道路。[1]

大陆学生入台后与台湾学生在共同生活学习中朝夕相处,有助于台湾学生正确认识大陆、解读大陆,重构对大陆的认知,有利于两岸青年培养共同历史记忆和价值观,特别是有利于进一步推动两岸文教交流与合作的制度化。同时,赴台陆生面临台湾当局歧视性政策的壁垒。陆生入台也面临适应台湾政治、社会等问题。两岸同根同源、同文同种,两岸青年学生既有很多相似之处,也因政治、社会、教育制度的不同,在价值观、统"独"立场等方面有一定程度的差异。这些现实问题都需要得到妥善解决。

第二节 2008年后马英九执政述评

2008年后,马英九执政8年在两岸关系上可圈可点,但是面对岛内绿营不断杯葛和国民党内部的诸多问题,8年来岛内诸多矛盾和问题相互交织愈发突出,党内人心涣散,并且与其他外部因素相互作用,最终导致2016年国民党丢掉执政权。

一、马英九个人经历与执政生涯

马英九,祖籍湖南,1950年7月13日出生于香港九龙。当时,马家与其他败逃的国民党余部进入香港,住在香港调景岭的国民党军难民营,生活条件非常艰苦。1952年,年幼的马英九才随家人移居台湾。

---

[1] 《回顾2015年两岸教育》,《人民政协报》,2015年12月26日,http://cppcc.people.com.cn/n1/2015/1226/c34948-27978740.html。

马英九的父亲马鹤凌是中国国民党党员，他的教诲对马英九影响颇深。在家庭的熏陶下，马英九于1967年加入中国国民党，当时他正在读高中。1968年，马英九如愿考上台湾大学法律系。在台大期间，开始崭露头角，担任大专军训集训班宣誓代表，接受时任"国防部长"蒋经国"授枪"，这是马英九第一次与蒋经国接触，令蒋经国印象深刻。军训集训结束后，马英九回到台大校园，旋即担任学生代联会秘书长，马英九也成为国民党培植的学生领袖之一。

大学期间，对马英九触动最深的是参与兴起于20世纪70年代的"保钓"运动。1971年，台湾爆发"保钓"运动，台大学生串联大游行，行经美日大使馆示威，读大三的马英九义愤填膺，走在队伍最前头，"要为人民争雄风"。当年的"保钓"运动，唤起了马英九满腔热血，2008年2月25日，台湾《联合晚报》刊出对国民党2008年选举参选人马英九的访谈文章。马英九在访谈中表示，当年曾参加"保钓"运动，至今对钓鱼岛没有忘情，对钓鱼岛的主张也和当年一样。

1972年，马英九从台湾大学法律系毕业，1974年赴美留学，获美国纽约大学法学硕士、哈佛大学法学博士学位。马英九不但是"保钓"的行动派，而且更是"保钓"的理论研究者。他在美国哈佛大学修读博士学位时的博士论文《怒海油争：东海海床划界及外人投资之法律问题》，就是台湾地区首部研究钓鱼岛问题的学术论著。马英九返台并在政治大学法律研究所教书时，又在这篇英文论文的基础上，再对钓鱼岛问题深入研究，于1986年1月以中文写成《从新海洋法论钓鱼台列屿与东海划界问题》一书。

多年后，已经任职台北市长的马英九仍然念念不忘钓鱼岛被侵占的历史。2005年10月25日，霏霏细雨中，在马英九的带领下，台北各界于中山堂广场光复纪念碑前隆重纪念台湾光复60周年。暌违已久的《台湾光复歌》再次响起。据台媒报道，这一活动由台北市文化局与文献会主办，并特意举行"水祭钓鱼台（即钓鱼岛）"仪式，凸显台湾光复一甲子。来自宜兰南方澳的鱼权协会代表，一早就出港前往钓鱼岛水域，掬起太平洋海水带至活动现场。

马英九在致辞中回顾了甲午战争之后清政府割让台湾以及钓鱼岛的历史。他指出，历史证明，钓鱼岛历来属于中国领土，当年钓鱼岛与台湾一起被日本占据。台湾光复，钓鱼岛自然应该回归中国，绝不能对日本退让。马英九表示，台北6年多来持续关心慰安妇、台籍日兵、七七事变、台湾义勇队以及非武装抗日运动等议题，目的一方面要重新肯定李友邦、蒋渭水等抗日先贤的伟大情操，一方面也在提醒民众莫忘台湾人被殖民的苦难岁月。渔民们则为马英九献上有破洞的渔网，希望各界正视钓鱼岛主权，以补破网毅力保卫领土。随后，在农运诗人詹澈朗诵《岛殇》声中，马英九与当年"保钓"人士一道，舀起一瓢瓢钓鱼岛海域的太平洋海水倾入光复纪念碑前的水池。

马英九的"保钓"经历及哈佛大学求学历程为他之后在台湾政坛上特别是在国民党内脱颖而出积累了重要的政治资本和海内外人脉资源，同时马英九在学生时代的出类拔萃使他最终成为国民党着力培养的中坚人物。

1982年，马英九出任蒋经国的英语翻译。马英九优越的外语能力颇受蒋经国的重用，在"总统府"担任翻译工作在长达6年多。这期间恰逢台湾政局转型的关键时期，对马英九也产生了很大影响。

1984年后的15年中，马英九先后出任国民党中央副秘书长及多种行政职务。1988年蒋经国去世后，马英九仕途坦顺的日子一去不返。1993年，马英九出任"法务部部长"，这是台湾政客眼中的冷衙门负责人，属于没有多大实权也不敢真正发挥实权的部门。但马英九对此不以为意，任职期间致力于肃贪、查贿、扫黑、反毒。然马英九反贪、查贿毕竟是孤军奋战，在国民党和台湾政坛可谓"曲高和寡"。面对李登辉执政的奸巧与阴险，马英九憨直的性格和清廉的作风决定了他与台湾国民党执政当局的"黑金政治"难以沆瀣一气，最终他被排挤出了台湾的政坛，1996年调任"行政院"无职无权的"政务委员"。次年5月，马英九辞去该职，任台湾政治大学法律系副教授。马英九主动辞职，主观上是对国民党"黑金政治"和治理无能的愤懑，客观上使马英九则能够与当时贪腐的国民党李登辉集团进行有效切割，为他日后在台湾政坛的东山再起奠定了广泛的民意基础，积累了宝贵的政治资本。

不久之后，国民党在竞逐台北市长的人选方面告急，马英九在多方苦劝下应招出征，临危受命的马英九在选举中击败前台北市长陈水扁于1998年12月当选，从而迎来了他政治生涯中的又一个高潮阶段。2002年12月，马英九连任台北市市长。自1998年至2006年马英九在台北市长任上，施政满意度屡创新高，充分展示了其清廉、勤政的形象。就连偏绿的台湾《自由时报》也不得不承认，马英九8年市政建设风格，属于均衡发展的类型，各方面均有不错的成长与建设。2005年12月24日，据"中央社"报道，根据台北市当局进行的一项民意调查发现，马英九连任第三年的施政表现，获得78.9%的市民肯定。两届台北市长任内所积累下来的政绩，为马英九之后的从政之路奠定了坚实的民意基础。

在台北市长任内，马英九还表现出了对于大陆的友善。2005年5月，马英九在接受媒体访问时表示，对于迎接大陆赠送的两头熊猫，台北市已经准备很多年了，也有充分的人力和专家可以负担熊猫的养育和照顾工作。

马英九是国民党第十三、十四届中央委员。1999年8月、2001年7月分别当选国民党中央常务委员。马英九任台北市长的8年，也正值中国国民党在台湾地区失去执政权的低潮时期。

国民党2000年痛失执政领导权后，马英九大力支持并积极参与要求国民党改革的运动，在要求李登辉下台事件中相当活跃，受到国民党改革派的拥护和连战的器重。2003年3月，在国民党"十六全三次会议"上，马英九当选为国民党副主席。2005年7月，马英九以72.36%的得票率当选为中国国民党新一任党主席。在任国民党主席一年多的时间内，马英九展现出了应有的魄力，特别是在2005年底进行的台湾地区县市长选举中敢于破釜沉舟，他大力推动国民党的选举气势，努力争取国民党候选人在县市长选举中胜出。

在两岸关系上，马英九基本延续了连战确立的国民党两岸问题的基本路线。2006年2月21日，马英九在伦敦以台北市长暨国民党主席的身份演讲时谈及两岸关系时说，"在政治方面，国民党若能于2008年赢得选举，我们将尝试恢复两岸间以'九二共识'为基础的政治对话。'九二共识'乃两岸双方为寻求共通点与建立互信基础"，"台湾海峡不应该是充满战争风险的'烽火地带'，而应该是连结两岸伟大人民的一条和平、繁荣与民主的康庄大道"。

2000—2008年陈水扁连任两届台湾地区领导人，在2004年选战正酣之时发生的"3·19"枪击案至今还令人深感疑惑。当时备受质疑的枪击案引发了泛蓝声势浩大的抗争行动，时任台北市长的马英九面临着两难选择，作为泛蓝领导人，他理应站在民众的一边抗议民进党的肮脏、卑鄙手段，同时一向秉持法制理念的马英九缺乏起来"造反"乃至"革命"的"政治基因"，又必须执行"公权力"，制止甚至驱离未经申请或脱序的游行民众。当时左右为难的马英九，最后选择劝退抗议民众。此后，"没有魄力"成为外界对马英九的普遍负面评价。这也将马英九缺乏执政魄力与抗争精神的弱点暴露无遗。

2006年，马英九因"特别费"案辞去国民党主席一职。民进党的伎俩虽然使其一时陷于困境，却也激发出了他的无穷斗志和潜在的政治热能，马英九随即宣布参选2008年台湾地区领导人。

二、马英九执政 8 年积极推动两岸关系和平发展

2008 年首次当选台湾地区领导人时,马英九对两岸关系有基本正确的认识,同时较为重视岛内民意,倾听民众呼声,上任之初首先谋求稳住两岸关系,委派萧万长在"就任"前到海南博鳌论坛与胡锦涛主席会晤,为两岸关系融冰。2008 年以来,两岸恢复协商并签署多项协议,海协会的陈云林和台湾海基会的江丙坤已经举行过 3 次正式会议,陈云林更是首名前往台湾的大陆最高层人士,而马英九当局开放陆资入岛、实现两岸直航以及全面开放大陆游客赴台等措施,成功降低了两岸之间的敌意,外资也认为台湾的投资环境趋向安全。因此,国外媒体评论指出,尽管马英九上台后不久就遇到全球经济衰退,但因为他持续推动两岸关系的发展,台湾正走向经济复苏的道路。

马英九执政 8 年来,两岸关系所取得的发展有目共睹。马英九上台以来,两岸两会恢复了机制化会晤,签署了 20 多项协议,尤其是《海峡两岸经济合作框架协议》的签订和"三通"的实现意义重大。2008 年 11 月,海协会与台湾海基会领导人恢复了中断 9 年之久的协商,首次在台湾相聚,两会相继签署两岸直航、大陆居民赴台湾旅游等 6 项协议,两岸制度化协商进入了历史新阶段。两岸民众期盼了 30 年之久的直接"三通"基本实现,两岸关系进入大交流、大合作、大发展的新时期。这和马英九执政时期在两岸关系方面所做的努力密不可分。

根据《海峡两岸经济合作框架协议》(ECFA)的规定,两岸双方于 2011 年 1 月 1 日起全面实施货物贸易与服务贸易早期收获计划。这意味着 2011 年实际上成为海峡两岸的"ECFA 元年",两岸经济关系正常化、制度化、自由化进程由此有了新的里程碑。"早期收获计划"是为使两岸民众尽快享受到两岸经济合作框架协议的利益,在两岸经济关系实现自由化前的一项开放措施。根据早收清单,双方将在"早期收获计划"实施后不超过 2 年的时间内分三步对"早期收获产品"实现零关税。在货物贸易方面,大陆将对 539 项原产于台湾的产品实施降税,台湾将对 267 项原产于大陆的产品实施降税。在服务贸易方面,大陆将向台湾进一步开放会计和专业设计等 11 个服务部门、19 项内容;台湾将向大陆开放研究与开发、会展等 9 个服务行业。服务业占台湾当地生产总值的 70%。"ECFA 实施后,台湾的服务业将得以更多进入大陆市场。"台湾淡江大学大陆研究所所长张五岳说,"台湾高品质的服务业将为大陆民众提供更多选择,两岸投资形态也将进一步从单一制造业向服务业等

多元化领域、从低附加值向高附加值领域拓展和深化"。

2013年10月2日,台湾金融主管部门负责人彭淮南在台湾"立法院"表示,台湾"央行"理监事会议已经提出将人民币纳入外汇存底议题,并决议持有。台湾"央行"此前的统计显示,至2013年8月底止,台湾银行业累计人民币存款达851.41亿元,较上月增长约10.78%。2013年8月末,台湾外汇存底为4093.88亿美元,较上月增加2.7亿美元,续创历史新高。

据台湾《旺报》报道,据统计,台湾地区自2013年2月6日启动外汇指定银行(DBU)人民币业务后,台湾各银行当天人民币存款为13亿元人民币,且在3月1日达到100亿。一些银行业者表示,首波人民币存款有不少是民众从床底下或盒子里拿出来存的,数量很惊人。依台湾有关规定,存人民币现钞无金额上限。据悉,还曾有民众一次端着人民币100万元现金去存。目前台湾共有46家银行通过申请,可进行人民币存、放款与汇款业务。人民币年内走势频创新高,也让收到现金的岛内民众更愿意捏在手里。大量开放陆客赴台后,有不少店家、寺庙乐意收受人民币,除了拿去银行兑换成新台币外,各家银行外面挂着"人民币定存优惠高利"的布条也相当吸睛,不时还会出现3%以上的年利率,加上人民币理财产品也陆续出笼,商家做生意之余,还可以理财投资,"逐高利而居"。人民币业务启动后的一周内,元大银行率先宣布人民币3个月期定存年利率3.5%,门槛只要人民币1万元,震撼了市场。永丰银行更不甘落人后,接着打出定存3个月,第3个月给超高年利6.66%。而到目前为止,台湾的人民币存款已经突破千亿元,对人民币需求相当强劲。

此外,马英九在两岸文化教育交流方面做出了一定的贡献。马英九主张承认大陆学历、开放陆生入台。2004年其任台北市市长时就表示,应承认大陆学历、开放陆生来台湾就读大学。2008年"大选"时,马英九将承认大陆学历、开放陆生入台作为其选举的重要政见。马英九当选后积极兑现承诺,责成台湾"教育部"及"陆委会"积极研议。

2008年底,台湾"行政院"提出《大陆学生来台就读及大陆学历采认规划》,并将"陆生三法"即"大学法""专科学校法""两岸人民关系条例"修正草案送交"立法院"审议。但"陆生三法"修正案在"立法院"审议时遭到民进党的强烈反对,民进党甚至试图以暴力杯葛法案通过。为保证法案过关,台湾当局在全台召开20多场公听会,充分听取各方意见,并在"立法院"进行甲级动员,将"陆生三法"列入优先审议法案。2010年8月19日,台湾"立法院"临时会"三读"通过"陆生三法"修正案,台湾大专院校招收陆生入台终获法源依据。此后,台湾当局陆续出台"大陆地区学历采认审议办法""大陆地区人民来台就读专科以上学校办法""大陆地区学生来台湾就学及停留办法"草案等相关配套政策。台湾教育主管部门则于2011年相继成立了"招收大陆地区学生招生委员会联合会"(简称陆联会),并公布招生简章、招生名额、招生方式,实质展开招生、录取作业,陆生入台终成现实。[①]

2013年1月14日,马英九在台湾大学校长会议上宣布,大陆学生赴台采认学历的学校,将从现在的"985工程"学校扩大到"211工程"学校;并且开放大陆专科生来台修读二技课程,让校园有更多竞争、合作机会。

2013年3月12日,台湾教育主管部门发布最新的"大陆地区高等学校认可名册",在已采认大陆41所高校学历的基础上,台湾方面这次又新增采认中央财经大学、中国地质大学等70所高校。至此,台湾当局宣布承认的大陆高校由原来的41所扩大到111所,这意味着将有包括台湾学生在内的更多两岸学生的大陆学历获得承认。两岸经协商,2013年新增辽宁、湖北为大陆学生赴台就读学位试点省份,至此大陆已有8个省市开放陆生赴台。此举在海峡两岸均引起良好反响。

在马英九执政的8年中,其实民进党也一直在反思、调整其大陆政策,尤其是2012年败选之后出台的"2012大选检讨报告"表示民进党要摆脱"反中锁国"的"刻板印象"。

在2015年"习马会"中,马英九表示,2008年以来,两岸共同创造和平稳定的台海局势,获得两岸及国际社会普遍赞扬,要善加珍惜。"九二共识"是实现两岸关系和平发展的共同政治基础,两岸要巩固"九二共识",扩大深化交流合作,增进互利双赢,拉近两岸心理距离,对外展现两岸关系可以由海峡两岸和平处理,同心协力,为两岸下一代创造更美好的未来。英国广播公司(BBC)称,两岸领导人将在新加坡举行历史性会面,并援引中国国民党主席朱立伦的话说,马英九的两岸政策方向是正确的,"只要对的就去做"。泰国《世界日报》则援引马英九在台北记者会上的话指出,"习马会"是建立两岸领导人会面常态化的第一步,有助于进一步推动两岸关系发展。

[①] 石勇:《陆生赴台问题初探》,《高教发展与评估》,2012年第3期,第62—64页。

三、国民党及马英九执政期间困难与问题不断累积

2000年台湾地区领导人选战在即,由于李登辉的恶意政治操作和宋楚瑜的负气出走导致泛蓝民众在选举前的分裂,使本来无法胜选的民进党候选人陈水扁渔翁得利,于3月18日赢得选举,终结了国民党长达半世纪的统治,形成台湾史上首次"政党轮替"。

2000年国民党失去台湾地区执政权后,全党开展了深刻的检讨。2001年7月,国民党召开"十六全"大会,会场弥漫着浓烈的团结、悲壮气氛,在集体合唱《总理纪念歌》中"莫散了团体,莫丧了志气"的歌词时,自党主席连战以下,数千人全部洒下热泪,立志发奋图强、重夺执政权的热烈情景至今令人难忘。

2008年3月22日,中国国民党候选人马英九、萧万长在台湾地区领导人选举中以221万票的领先优势获胜,5月20日正式就任。马英九胜选后表示,这次选举结果不是马英九及萧万长的个人胜利,亦不是一个政党的胜利,而是千千万万希望求变的台湾民众的胜利。台湾民众的心声在这次选举已反映出来,希望政府清廉,不是贪腐;希望经济繁荣,不是萧条;希望政治安定,不是内斗;希望族群和谐,不是撕裂;希望两岸和平,不要战争。

台海地区的局势历来受到来自大陆与台湾两个方面的多种因素影响、制约,特别是与海峡两岸执政党基本理念乃至领导人的政治性格息息相关。大陆自改革开放以来,对台政策日益成熟,保持了连贯性和一致性,中共领导集体对于"台独"势力的挑衅都表现出了审慎和冷静,成功化解多次台海危机。反观台湾地区自20世纪90年代初期蒋经国去世后,李登辉、陈水扁陆续上台,纵容和引领"台独"势力兴风作浪,导致岛内政局不稳,经济滑坡,民怨沸腾,而马英九上台后则把握时局大势,稳定两岸关系,着手复苏台湾经济,顺应了台湾地区的主流民意,一定程度上改善了台湾社会状况。

马英九的出世除了得益于国民党上下的鼎力相助及其自身的才干外,还有一部分是得益于其个人魅力方面的因素。长期以来在台湾政坛上,他一直是作为"政治偶像"出现并被蓝营民众所推崇,"师奶杀手""小马哥"这样类似追星一样的语言萦绕在其周围。不可否认,诸多斑斓炫目的"称号"吸引了很多普通民众的眼球,也为马英九赢得了更多的支持,但是马英九应该始终有清醒的认识,即作为台湾地区领导人的责任和义务不仅仅局限于政治作秀,而应看是否具备冲破重重阻力的决心和意志及审时度势的前瞻力和领

导力，真正的领导人应做到既能听取民众的呼声，广纳民意，又能摆脱"民粹"和简单民意的束缚开拓创新。

具体到台湾岛内的民意以及民主意识而言，实际上其民众的民主意识还是不成熟的，易受一时一事的影响，又对于领导人有情绪化的政治倾向，在某种不特定的情形下容易形成民粹化的选举氛围和政治文化。根据台湾《联合报》的调查，2008 年马英九就任时民望超过 70%；但是由于马英九的个人性格特质及其一些施政风格和手法，引来不少指摘和批评，就任两个月其满意度跌至 40%，不满意度升至 43%；就任半年，其满意度为 37%，不满意度为 46%。由于在两岸关系上的贡献，就任一周年，民众对他的满意度回升至 52%，《中国时报》的调查更高达 56%。但是在 2009 年"8·8"水灾后，马英九的满意度降为 30%，随后台当局行政机构团队总辞，新团队呈现新气象，马英九声望回升，达到 47%。台湾这种不成熟的"民意政治"往往对执政当局制定政策的预见力和执行力都构成一定制约，尤其易造成两岸政策的摇摆现象和短视行为，这一点要求台湾地区领导人理性对待。

2012 年 1 月，马英九再次当选台湾地区领导人，开始他的第二个任期。2013 年 9 月 22 日，针对两岸服务贸易协议卡在"立法院"动弹不得，海基会董事长林中森表示，要提升台湾竞争力，投保和服贸协议是 ECFA 版图中不可或缺的部分，外界担心陆资来台投资冲击，但两岸协商谈判，"台湾不能只拿不给，台湾应该不要怕竞争，要有信心！"林中森接受《中国时报》专访时表示，这次服贸协议，大陆对台湾采用超 WTO 待遇而开放 80 项，有助于台湾以最优条件抢占大陆市场商机与先机，台湾拿"小冲击换大利益"，整体而言利大于弊。林中森强调，大陆内部面临国际竞争压力，未来谈判不可能再单方向对台让利，相对开放、互利互惠是必然趋势，但服务业是台湾强项，民众和业者应对自己有信心。[①]

在两岸教育交流方面，陆生赴台后的待遇一直饱受诟病。由于马英九的顾忌和绿营势力的阻挠，台湾当局设置重重障碍。2010 年台湾方面有限制开放大陆学生赴台湾大专院校就学及承认大陆学历，所谓"限制"包括：限制承认大陆高校医学学历，大陆学生不得报考台湾高校机密系所、不得参加台湾公职考试，大陆学生在台就读期间不能打工等。

---

① 《林中森：大陆单方让利时代结束了 台湾不能只拿不给》，凤凰网，http://news.ifeng.com/taiwan/3/detail_2013_09/23/29804785_0.shtml，2013 年 9 月 23 日。

台教育部门制定的这种政策概言之就是"三限六不"政策。而且台湾方面只承认大陆"985工程"的41所大学学历，也让赴台陆生人数无法扩大。2013年之后，大陆学生赴台采认学历的学校增加，但是其他相关限制措施仍然没有松绑，而当前台湾少子化冲击越来越明显，台湾不少大学都希望教育部门松绑开放陆生赴台限制。

当前，台湾生育率降低对高校发展产生不利影响。对于学生而言，上大学变得越来越容易，而大学招生则越来越困难，尤其是一些规模较小、资质较差的学校在这种局面下面临生存危机，有倒闭的危险。因此，台湾当局开放陆生来台读大学，以化解高教危局。然而其一方面希望陆生挽救濒倒学校，一方面却又担心陆生挤占台湾学生资源，处于一种矛盾纠结状态。

就台湾岛内教育体制的效果评估来看，台湾岛内也存在一定思考。2013年9月16日，据台湾《中国时报》报道，台湾大学社会系教授薛承泰表示，2001年以后，当局还扩充大学数量，套一句年轻人的用语，就是"很白目"，造成不优秀学生增加很多。据统计，台湾1951年起每年出生人数约40万人，1976年达到最高峰的42.5万人，之后不断下降，2012年出生人口23万人。少子化对岛内教育造成大冲击。1994年时，岛内高教净在学率（学龄人口进大学的比例）约30%，算是偏低，需要多一点大学。但到2001年时，净在学率已达到50%，大学已经够多，不需再扩充。在世界各地，高教净在学率达到70%已是顶峰，不太可能更高。2011年台湾高教净在学率已达69.9%，已是最高峰，未来学生来源只会变少，大学数量若还这么多，一定会出问题。

2014年11月29日，台湾地区地方公职人员"九合一"选举进行投票，据台湾当局选务主管机关统计，在22个县市长中，中国国民党获得6席，民进党获得13席，另有3席为无党籍。此次选举，中国国民党可谓惨败，特别是丢掉了台北和台中两大根据地，绿营势力在本次选举中取得压倒性胜利，台湾政治版图中"北蓝南绿"的政治格局正在发生改变。此次选举对于2016年台湾地区领导人选举产生了重要影响，主要原因有：

第一，自2008年以来马英九当局政绩不佳是本次选举中国国民党惨败的主要原因。国民党"立委"黄昭顺指出，近年来针对台湾岛内油电双涨、美牛案、塑化剂、黑心油、服贸案等，国民党当局都无法妥善处理，终致民怨沸腾，投下对政府的不信任票。实际上，马英九执政8年在两岸关系上取得的进步有目共睹，但是近年来台湾岛内面临全球性金融危机和岛内产业结构调整等问题，岛内经济低迷，加之两岸经贸交流的效应没有完全溢出到岛内民众直接体验的层面,所以岛内民众对马英九当局的不满情绪在积累,马英九的民调支持率长时间走低反映了其在岛内经济和社会领域的"实际政绩"。同时,在地方选举这个层面的选举中,两岸关系没有成为核心议题,选民更多关心的是经济、民生,关心自己能获得多少当前和现实层次的利好。也正是在这一背景之下,民进党才能借助台湾民众对当前经济发展迟缓、贫富差距扩大等状况的不满,打击对手、争取选票,才能钻了马英九当局施政成绩不佳、国民党内部撕裂等空子。在台湾地区选举政治的背景下,"干不好就要换人"的思维逐渐在选民中蔓延,本次国民党在蓝营大本营台北市市长选举中大败就是例证,台北作为蓝营的传统票仓居然一直没有被激活。

纵观马英九2012年连任以来,无论是其主动推出的公共政策诸如油电涨价、征收"证所税"、削减军公教人员的年终奖金、"12年国教"的教育改革,还是被动因应的危机事件诸如军中的洪仲丘命案、反核运动以及选前爆发的食品安全问题,无论处理结果为何,最终在岛内导致的是骂声一片。

第二,国民党对于台湾岛内新一代"首投族"的政治倾向把握不准。台湾著名民调专家、未来事件交易所执行长洪耀南先生认为,台湾的选民结构已经发生变化,逐渐成长起来的年轻人已经不再受蓝绿、统"独"等老观念的束缚,但国民党的旧思维并没有随选民结构改变而改变。台湾岛内选民的结构一直都在变动,每四年一次的选举,选民的结构都会改变20%,增加新的选民会有10%,迁出去或者死亡的也大概8%、9%。而国民党的思维很陈旧,对新的选民的理念和价值观体系没有深入研究。近年来,台湾岛内的"首投族"基本上没有蓝绿的概念,对于统"独"认识扭曲或者无所谓,而所谓"台湾的主体意识和认同"已经达到了历史上一个高点。"太阳花学运"后,有评论称台湾的公民社会力量开始崛起,很有可能会打破原有的蓝绿格局。有媒体分析,国民党这场选举还是采取传统打法,但因为抓不住网络的脉动,让"首投族"、年轻族群及中间选票全面流失。国民党副主席吴敦义坦言在网络时代手机族已非传统的电话民调能掌握,造成国民党轻敌及溃败。

第三,在国民党党内,马英九始终无法在国民党占据多数的"立法院"顺利进行政策推动,这与其党内沟通协调能力不足有一定关系。在2013年与王金平的"九月政争"中,马英九不顾岛内舆论以及党内团结需要,坚决要求起诉王金平,致使党内出现分裂势头,可谓一记求败的举动。

2014年的"九合一"选举与2016年的台湾地区领导人选举并非同一性质、层面,但是引发了国民党溃败的"多米诺骨牌效应"。此次地方选举特别是随着民进党籍人士在大多数台湾基层县市的执政,全台70%的人口由民进党治理。本次选举虽属地方选举,但由于其地域的广泛性及选举时机的敏感性,其意义、影响已远远超出局部选举本身,国民党视之为巩固政权的保卫战,民进党将之看作是能否重新上台的风向标,选举已成为2016年台湾地区领导人选举的前哨战,结果将直接波及、影响2016年台湾"执政权"的争夺战。"九合一"选举失败,马英九自身地位难保,主导能力下降,国民党2016年布局随即溃败,加剧国民党内部的接班卡位和权力争夺,这对国民党今后的整合、团结一致重夺执政地位非常不利的。

第三节 两岸关系和平发展的框架逐步确立

在两岸关系和平发展的实践中,两岸关系和平发展的框架逐步确立,其中政治基础、连接桥梁、外部环境、内在保障以及阶段性目标都逐步清晰可见。

一、"一个中国"是两岸关系和平发展的政治基础

中国统一的标志在于政治统一,经济、文化、民族和宗教等诸多因素只是统一的促成因素,政治统一是充分必要条件,其路径在于政治协商和政治谈判。两岸间的政治症结在于国家认同和国家架构,这是客观存在的,迟早要面对,只能由海峡两岸双方共同努力,为今后共同破解政治难题不断创造条件,积累共识。

大陆和台湾虽然尚未统一,但两岸同属一个中国的事实从未改变,国家领土和主权从未分割、也不容分割,这是两岸和平发展的前提。20世纪90年代以来,中国共产党根据台湾岛内的形势变动,特别是"台独"势力的分裂活动,一直秉承"一国两制"的理念有针对性地开展对台工作。长期以来,海峡两岸在对于一个中国问题的表述上一直存在分歧。1992年11月,两岸关系协会与台湾海峡交流基金会就解决两会事务性商谈中如何表明坚持一个中国原则的态度问题达成了以口头方式表达的"海峡两岸均坚持一个中国原则"的共识,由此"九二共识"成为中国政府处理台湾事务的基本原则。中国政府坚持的一个中国原则重在主权的宣示,从历史和民族的渊源界定大陆和台湾同属于一个中国,特别是强调两岸同属于中华民族的民族认同意识,从而为实现国家统一留下了充分的回旋空间。当前看,坚持一个中国原则的

"九二共识"是两岸和平与发展的关键所在,主张"台独"的岛内绿营一贯否认"九二共识"的存在或者有意歪曲其基本内涵和价值理念,所以大陆方面一直在不同场合宣示"九二共识"的重要意义和实践价值,基本可以将之归纳为四个方面。

第一,"九二共识"的核心是坚持一个中国原则。2005年3月4日,中共中央总书记、国家主席、中央军委主席胡锦涛参加全国政协十届三次会议民革、台盟、台联界委员联组会时指出:"1949年以来,尽管两岸尚未统一,但大陆和台湾同属一个中国的事实从未改变。这就是两岸关系的现状。"[①]胡锦涛关于发展两岸关系的重要阐释是对"一国两制"的重大创新,实事求是地看待台海现状,赋予台湾同大陆对等的谈判地位。

1949年以后,尽管两岸分隔对峙,存在着深刻政治分歧,但双方均长期坚持一个基本立场,那就是:大陆和台湾同属一个中国,中国的领土和主权没有分裂。"九二共识"的核心,就是确立了坚持一个中国原则这一共同认知,由此明确了两岸关系不是"国与国"的关系、两岸应当在一个中国的框架内进行平等协商。把坚持"九二共识"作为与台湾当局和各政党交往的基础和条件,核心在于认同大陆和台湾同属一个中国。大陆方面多次重申,只要坚持这一点,台湾任何政党与大陆交往都不会存在障碍。

第二,"九二共识"的精髓是求同存异。十八大报告指出:"两岸双方应恪守反对'台独'、坚持'九二共识'的共同立场,增进维护一个中国框架的共同认知,在此基础上求同存异。对台湾任何政党,只要不主张'台独'、认同一个中国,我们都愿意同他们交往、对话、合作。"[②]因此,两岸共同维护一个中国原则的主张,也是大陆因应两岸关系和平发展新形势和两岸尚未统一的实际情况所提出的非常有包容性和创意的主张。

"九二共识"之所以能够达成,关键在于双方做到了求坚持一个中国之同,存双方政治分歧之异。"九二共识"的达成以及两岸协商迄今的实践都表明,在两岸固有矛盾长期存在的情况下,处理复杂问题不可能也难以一步到位。而务实搁置争议,善于求同存异,进而积极聚同化异,就能在不断增进

[①] 《胡锦涛在看望参加政协会议的民革台盟台联委员时强调:包括台湾同胞在内的全体中华儿女团结起来,共同为推进祖国和平统一大业而努力奋斗》,《人民日报》,2005年3月5日,第1版。

[②] 胡锦涛:《坚定不移沿着中国特色社会主义道路前进 为全面建成小康社会而奋斗——在中国共产党第十八次全国代表大会上的报告(2012年11月8日)》,《人民日报》,2012年11月18日,第4版。

共识的过程中，逐步缩小和化解分歧，实现互利双赢的局面。

第三，"九二共识"的意义在于构建了两岸关系发展的政治基础。"九二共识"的达成，直接促成了"汪辜会谈"的成功举行，推动后续协商取得进展，为两岸建立制度化协商与联系机制发挥了重要作用。值得指出的是，20年来，"九二共识"已经发展成为两岸关系和平发展政治基础的重要组成部分。2005 年中国共产党和中国国民党领导人共同发布的"两岸和平发展共同愿景"，明确宣示双方反对"台独"、坚持"九二共识"，奠定了两党交往的政治基础。2008 年 5 月之后，两岸双方再度确认坚持"九二共识"，这是两岸关系之所以实现历史性转折和取得重大进展的首要关键。

第四，"九二共识"的启示是要有正视问题、面向未来的政治勇气和智慧。"九二共识"体现了双方打破僵局、开辟未来的政治决断和务实灵活处理复杂事务的政治智慧。这一经验弥足珍贵，富有深刻启示。应当看到，两岸关系既存在着历史遗留的症结性问题，也会在发展进程中遇到各种新情况和新问题。我们从"九二共识"中汲取的有益养分是，正视而不回避面临的各种问题，同时以对历史、对人民负责的态度，站在全民族发展的高度，积极进取地思考破解难题之道，循序渐进地加以务实推进。

当前，台海两岸是否坚持"一个中国"的核心原则是关系维护台海和平的首要问题，对此以中国国民党为首的蓝营能够坚持一个中国原则，而以民进党为主体的绿营则否定这一原则和基本事实，成为两岸关系中的不稳定因素。

2013 年，针对民进党有人提出"台海人权决议文"提案，主张设立"台海人权交流小组"，并称两岸关系应建立在"人权的普世价值"上，国台办发言人指出：改革开放以来，大陆的经济社会发展、民主法制建设等各方面都取得了举世瞩目的成就。2008 年以来，两岸关系保持了和平发展的良好势头，给两岸同胞带来了实实在在的利益。任何抱持"一边一国"分裂立场，打着"人权"的幌子，破坏两岸关系和平发展的图谋都是徒劳的。

二、"三通"成为两岸关系和平发展的桥梁与纽带

2008 年 5 月，国民党在岛内重新执政，两岸和平与发展局面初步形成。6 月，海协与海基会两会在"九二共识"的基础上恢复商谈，"三通"作为主要议题。11 月 4 日，海协会长陈云林首次访问台湾，并与台湾海基会董事长江丙坤在台北签署 4 项协议，终于实现了两岸双向、直接通航和通邮。至此，

两岸人民经过30年的不懈努力，实现了《告台湾同胞书》提出的"三通"目标。

两岸空运直航、海运直航、直接通邮于2008年12月正式实施。空运方面，两岸建立了3条空中双向直达航路，实现空管直接交接；开通了64个客运和6个货运直航航点，每周客运、货运航班分别达到616班和56班。邮政方面，两岸开办了所有邮政业务，建立了邮政直接业务关系和结算关系。

台湾《中国时报》2008年12月15日发表社论指出，"封阻了近五十年，讨论了近二十多年的两岸'三通'，正式从今天开始，迈出了全新的一步"。这意味早就蓄势待发的两岸海空直航及通邮将全面启动，其中包括海运部分不必再停靠第三地，已经在实施的周末包机将扩大为平日包机，两岸邮件也将缩短成两天即可送达，这历史性的一刻，将为未来的两岸关系造成重大改变，将形成相当深远的效应。

自两岸"三通"以来，两岸交通业界共同努力，携手合作，全面落实两岸海运、空运、邮政协议，运输服务保障能力明显提升，两岸客货运量持续增长，直航港口、空中直航点分别扩大到85个和73个。2012年完成货运量6300万吨，客运量接近1000万人次。自2013年8月起，两岸空中客运直航班次由每周616个增加到670个。货运直航班次由每周56个增加到68个。以平潭开发区打造"一日生活圈"为例，"海峡号"高速客轮开航，实现了2.5小时连接大陆和台湾。短短1年多，可载客780人、小汽车260辆和货物1000吨的"海峡号"运送两岸旅客12万人次，带动台中港一跃成为台湾客运第一大港。2012年6月启动的海上货运，从台湾到长三角、珠三角只需24小时，成功实现"海运成本、航空速度"的最佳组合。在平潭承办"台湾文化广场"的台商李云超感叹："从平潭到台中，运输食材的冰块都还没融化。"

今后，还需要全面提高两岸"三通"的水平，朝着"全通、畅通、联通"升级。为务实推进两岸交通运输发展，打造两岸交通运输的升级版，2013年6月16日，交通运输部副部长何建中在第五届海峡论坛上发布了五个方面新的惠及两岸的交通政策，表示将通过车辆互通和火车轮渡等，由目前的汽车、火车不通向公、铁、空、水等运输方式的全通升级，通过便捷化、高密化、信息化，由目前的运输能力不足、班期不密、便利不畅等向两岸运输的畅通升级，通过全程物流、"一票到底"和"门到门"，由目前的分段运输、组织化程度较低，向无缝衔接的联通升级，真正打造两岸直航的升级版。具体政策措施包括：一是积极发展两岸邮轮运输经济，培育和发展两岸资本的邮轮公司，允许国际邮轮航线多航次申请挂靠两岸港口，试行包租外籍邮轮多航次从事两岸运输；二是促进两岸资本船队和两岸航运中心建设，既保护两岸中小航运公司利益，又逐步推行两岸资本干线班轮捎带中转货；三是积极支持两岸客货滚装运输发展，逐步推动两岸机动车辆通过客滚航线上岸，通过甩挂运输等实现互通行驶；四是支持海西港口群和综合交通运输网络建设，进一步加大交通资金、项目和政策的支持力度；五是积极推动海西对台先行先试。支持台商在福建独资和控股投资经营港口装卸业务；支持厦门刘五店航道开通，试点开展国际船舶保税登记等现代航运服务业的政策创新。总之，下一步将积极拓展和深化两岸"三通"成果，形成促进两岸交通运输协调发展的政策和制度保障；积极推进两岸交通融合，扩大两岸交通运输的市场开放和双向投资；积极构建平安海峡，加快制定直航船舶的共同技术标准，推进建立两岸搜救常态化的合作机制，构建资源共享、紧密协作的区域性救助体系。[①]

"寄希望于台湾人民"是祖国大陆一贯的政策，是党和政府对具有光荣爱国主义传统的台湾同胞的信任与肯定。"三通"后两岸人员的交流呈海量涌现，这种井喷式的人员往来增长不是简单的两地往返，其中不断蓄积的是两岸人民彼此好感的加深和心向统一的凝聚力的形成。

随着两岸"三通"大门的敞开，大陆同胞到台湾旅游、求学、工作日渐增多。大陆居民赴台旅游自2008年7月启动以来，规模和范围不断扩大，保持了快速、健康、有序的发展态势。团体游从首批的13省市，扩大到大陆所有省区市；赴台个人游试点城市由3个扩大到13个；赴金、马、澎地区个人游由福建9市扩大到海峡西岸经济区20个城市。不仅为台湾带去可观的经济收益，而且扩大了两岸民众直接交往，增进了两岸同胞相互了解。

表8-2 两岸往来人数统计表（1987—2013年）

单位：人次；%

年份	台胞来大陆	增长率	大陆居民赴台	增长率	赴台交流项目	增长率	赴台交流人数	增长率
1987年	46679	—	—	—	—	—	—	—

---

① 《交通运输部：共同打造两岸双向直航升级版》，国台办网站，http：//www.gwytb.gov.cn/wyly/201306/t20130617_4327993.htm。

续表

年份	台胞来大陆	增长率	大陆居民赴台	增长率	赴台交流项目	增长率	赴台交流人数	增长率
1988年	446000	863.8	8545	—	13	—	13	—
1989年	551800	20.4	—	—		—		—
1990年	890500	66.8	—	—		—		—
1991年	946632	4.8	9005	—	18	38.5	27	107.7
1992年	1317770	39.2	10904	21.1	155	761.1	920	3307
1993年	1526969	15.9	14615	34	507	227.1	3309	259.7
1994年	1390215	−9	17583	20.3	563	11	3396	2.6
1995年	1532309	10.2	42180	139.9	787	39.8	5210	53.4
1996年	1733897	13.2	65205	54.6	971	23.4	5592	7.3
1997年	2117576	22.1	56570	−13.2	1257	29.5	8707	55.7
1998年	2174602	3.7	78423	38.6	1746	38.9	11462	31.6
1999年	2584648	18.9	103977	32.6	1816	4	13554	18.3
2000年	3108643	20.3	102933	−1	1787	−1.6	13623	0.5
2001年	3440306	10.7	122198	18.7	2915	63.1	24719	81.5
2002年	3660565	6.4	138981	13.7	4384	50.4	38259	54.8
2003年	2730891	−25.4	124616	−10.3	2847	−35.1	24480	−36
2004年	3685250	34.9	144526	14.2	4475	57.18	30728	25.52
2005年	4109188	11.45	159938	10.58	5902	31.89	33421	8.76
2006年	4413238	7.4	207650	29.8	7243	22.7	40981	26.4
2007年	4627881	4.86	229877	10.7	7471	3.15	41766	1.92
2008年	4367594	−5.6	278712	21.2	8393	12.34	46832	12.13
2009年	4483865	2.66	935505	235.7	13243	57.79	103300	120.6
2010年	5140554	14.65	1661877	77.64	19089	44.14	146729	42.04

续表

年份	台胞来大陆	增长率	大陆居民赴台	增长率	赴台交流项目	增长率	赴台交流人数	增长率
2011年	5263014	2.38	1844980	11.02	21715	13.76	143833	−1.97
2012年	5338095	1.43	2629515	42.52	25842	19.01	159872	11.15
2013年	5161290	−3.31	2915093	10.86	29139	12.76	175114	9.53
累计	76789971		11903408		162278		1075847	

资料来源：国台办网站。

由表中可以看出"三通"后两岸人员交流大幅增加。2008年海峡局势平稳后，2009年大陆居民赴台人数由2008年的27.8万人次增加至93.5万人次，增长了235.65%，呈现井喷式增长。

2014年两岸人员往来规模持续扩大，总量达941.1万人次，同比增加16.52%。其中，台湾居民来大陆536.6万人次，大陆居民赴台404.6万人次。大陆居民赴台旅游达到322万人次，同比增加47%。2015年两岸人员往来总量为985.61万人次，同比增加4.73%，全年大陆居民赴台旅游达340万人次，再创历史新高。

三、民心相通与情感融合是两岸关系和平发展的内在需求

近年，两岸人员往来不仅仅呈现数量的增长，还出现了质的转换，即两岸民众对两地彼此好感在增加，特别是台湾居民愿意在大陆就业和定居的比率在逐步递增。据台湾《联合报》民调，20岁到29岁的台湾年轻人愿意赴大陆就业的比率逐年增长，由2011年的32%增长到2013年的48%，三年来多了16个百分点。[①] 据调查，2013年调查有31%的民众愿意到大陆工作，24%愿意到大陆创业，比率都比去年略增2个百分点；26%的民众愿意让子女到大陆念书。尽管整体数据显示台湾民众赴大陆就业意愿只比去年略增2个百分点，看似没有明显增温或退烧的现象，但区分世代后发现，年轻与青壮年民众的态度大不同。分析显示，在20岁到29岁年轻人眼中赴大陆就业是一项机会，愿前往大陆工作的比率由前年的31%、2012年的40%，增为

---

① 《民调：台湾年轻人愿意赴大陆就业比率逐年成长》，中新网9月24日电，http://www.gwytb.gov.cn/zn/jy/201309/t20130930_4959339.htm。

2013年的48%；相对来说，30岁到39岁的台湾民众赴大陆工作意愿则是逐年消退。从职业和学历来看，白领专业人员与高学历族群愿意赴大陆就业的意愿相当高，专业人员或技术工作者中超过30%的人愿意到大陆工作；此外，值得注意的是，目前在学学生中，超过6成不排斥前往大陆就业。

当然，赴大陆意愿未必已直接转化为行动。观察民众实际赴大陆情形，调查显示，44%的台湾民众曾去过大陆，较2012年略增0.8个百分点。曾赴大陆者，平均前往大陆累计达7次。除了亲赴大陆，台湾民众日常生活中也多有接触赴台大陆人士的机会，调查发现，35%的台湾民众表示自己或亲友中有人嫁娶大陆籍配偶；接触范围若扩大为接触赴台工作或就学的大陆人士，曾接触比率提高为52%。交叉分析显示，民众到大陆工作或定居的意愿，仍会受到对大陆的印象或接触经验影响。不论是对大陆印象好的民众，还是曾去过大陆、认识大陆来台人士者，都会提高西进就业，或让子女赴大陆就学的意愿。

两岸同胞同根同祖，血脉相连。在两岸交往过程中，相互通婚是维系两岸关系、促进两岸融合的重要纽带。正是有了千千万万的作为基础单元的两岸婚姻和家庭，才使两岸同胞更深切地感受到，海峡两岸作为一家人，拥有着共同的血脉，传承着共同的文化，也创造着共同的历史。

近代以来，两岸婚姻在时代变迁的大背景下历经波折，成为民族命运起伏的缩影和两岸关系演变的见证。曾有一段时间，由于外敌殖民入侵以及内战的影响，两岸处于分离隔绝状态，两岸婚姻也因此基本停止，给两岸同胞带来了难以忘却的伤痛和遗憾。之后，伴随20世纪80年代末两岸重新交往，两岸婚姻也逐渐恢复，近年来还有加速增长趋势。1993年台湾刚开放大陆配偶赴台时，当年申请海基会婚姻文书验证的仅4162人，而2006年，这一数字为39940人。据统计，从1987年至2012年，两岸通婚已达33万对，2012年，台湾的大陆配偶数量已达25万，比2003年增加了逾10万，岛内每9对新人中就有1对两岸婚姻，这一群体还以每年1万至2万对的速度在增长。两岸婚姻家庭已被誉为"两岸三通之外的第四通"。

近几年，两岸关系步入和平发展新阶段，两岸婚姻也进入一个崭新的发展期，并成为一个引人关注的热点。时任国台办主任王毅指出：两岸婚姻群体为推动两岸关系的改善发展做出了独特和宝贵贡献。两岸关系发展的动力在民间。在两岸民众当中，两岸婚姻群体已成为维护两岸和平稳定、促进两岸交流融合的一支天然力量。对于每一例两岸婚姻来说，他们的结合都不仅是自身的结合,更是两岸的结合。从开始共同生活的那一天起,其自身和家庭的前途命运就与两岸关系紧密相联。两岸和,则家庭和;两岸兴,则家庭兴。他们最不愿见到两岸关系紧张动荡,因为这好比是"婆家"和"娘家"的对立。两岸的婚姻家庭就像一条脐带,用血脉和亲情将两岸连接在一起。[①]

两岸婚姻群体遍及大陆 31 个省区市和台湾 22 个县市,居住分散,彼此缺乏联系。近几年,岛内陆续成立了一些社会团体,帮助大陆配偶做了许多有益的工作。随着两岸民间交往的日趋深入、两岸婚姻家庭联系的日渐紧密以及大陆经济社会发展水平的日益提升,两岸配偶的权益诉求范围从婚姻缔结,拓展到收养、就业、社保、医保、公证、教育、户籍、出入境、生育、婚介组织管理等更多领域。诉求主体从两岸配偶本身,发展到其子女和亲属等更大的群体。定居地点从以台湾地区为主,延伸至大陆各省份等更广区域。

2012 年 6 月 17 日,民政部部长李立国在第四届海峡论坛的海峡两岸婚姻家庭论坛上表示,民政部正积极采取措施,增进两岸婚姻家庭利益福祉。民政部针对两岸收养领域的新诉求,正积极推动修改相关政策法规,为两岸配偶亲人提供更加规范、畅通的收养渠道。同时,在国务院台办的指导下,积极协调相关部门,研究解决在台大陆配偶及亲属领取养老金不便以及配偶被注销在台户籍后,恢复大陆户籍难等问题,优化公证书副本转寄程序,细化定居大陆的两岸配偶计划生育相关规定,明确社会保障、户籍、出入境等政策,力争采取更多举措,为两岸配偶亲友谋得更多实实在在的利益。

两岸虽然同文同种,但在文化观念和生活习惯上差别很大。台湾仍保留着很浓厚的"夫权"思想,大陆在妇女解放方面则比台湾做得好。两岸婚姻,94% 是大陆女嫁台湾男,大陆姑娘一到台湾,马上会对台湾的"夫权"家庭文化强烈不适应。此外,"大陆新娘"面临着来自各方面的不公平待遇甚至歧视,有来自家庭成员的,有来自社会舆论的,还有来自当局政策的。两岸婚姻本身和普通婚姻一样,绝大多数是在感情基础上的结合,但它要面对的婚姻以外的问题非常复杂。2012 年 8 月,大陆方面成立海峡两岸婚姻家庭协会,其宗旨在于能够更好地为两岸婚姻群体提供服务,切实维护他们的合法权益,解决他们的实际困难。

海峡两岸本为一家,由于历史的因素而分隔多年,因此分居两地的诸多

[①] 王毅:《在海峡两岸婚姻家庭协会成立大会上的讲话》,2012 年 8 月 28 日,中国政府网,http://www.gov.cn/gzdt/2012-08/28/content_2212443.htm。

各界知名人士本是同学、同乡乃至好友，这些著名人士的交往和沟通对于两岸和平发展的维系具有重要的示范引领作用，比较典型的是20世纪80年代初期曾为同窗好友的蒋经国与廖承志隔着海峡的交往叙旧。

廖承志与蒋经国既是儿时好友，又是莫斯科中山大学的同学，廖承志之父廖仲恺是蒋经国之父蒋介石之"同志"，廖家与蒋家渊源深厚。1982年7月，蒋经国在悼念父亲蒋介石的文章中写道："切望父灵能回到家园与先人同在"，他还进一步说："要把孝顺的心，扩大为民族感情，去敬爱民族，奉献于国家"，言辞之间流露出其对大陆故土的思念，以及对中华民族的深切情感。

进入新世纪，国共两党的交流平台已经搭建，中国国民党前任主席、叶任荣誉主席连战与中共领导人和大陆各界人士建立起了深厚的个人感情，得到了岛内外的交口赞誉。2008年，连战曾撰文提及他和时任中共中央总书记胡锦涛私交甚笃，连战在文中回忆："与胡锦涛总书记多次的来往，等于是结交了一位很好的朋友。从2008年首次见面至今，胡总书记给我的第一印象，就是一位非常诚恳的人，很平实，很亲切，可以推诚相与。胡总书记头一次宴请我与夫人连方瑀。饭后，胡总书记说：连主席，连夫人，你们来看看，我有个东西送给你们。我看到一个很好的木箱子，他让我们打开看一看。我们一打开，里面是整套的文件。起初我不知道是什么文件，经胡锦涛说明，我才知道，这些文件都是从南京第二档案馆里调出来的、有关我的祖父连雅堂的珍贵史料。这些文件的内容，简单地讲，就是一九一二年中华民国成立时，祖父连雅堂从台湾台北，写信向国民政府内政部要求恢复中国国籍的信和申请表格，寄件人的地址还写着'日本国台湾台北市'。在此之前，我只知道我的父亲连震东在民国二十九年，就是九一八（一九三一年）以前，因为在大陆随一位叫张继的国民党元老做事，当时中日要打仗了，我的父亲向内政部申请恢复中华民国的国籍，从日本人变回中国人。我不晓得我的祖父也曾这样做过。胡总书记给我的这套文件，现在还在我家里。胡锦涛能够把这些文件找出来，让我觉得他非常用心，非常令人感动，非常亲切，非常的诚恳，既有远见又务实。因此，我们很容易交谈，交谈也很容易产生共鸣、共识。后来的国共和平发展五项愿景也是这样子出来的。"[①]

2012年连战回忆习近平总书记曾于浙江省委书记任内接待他，习近平对

---

① 连战：《我很荣幸能认识胡锦涛 结为好友》，《环球时报》，2008年8月29日。

台湾事务的了解，以及对连战一行人热诚接待，都让连战留下深刻印象。此外，连战回忆，他的母亲赵兰坤曾在沈阳生活，当地还留有赵家祖坟，但遗迹难寻，没想到时任辽宁省委书记的李克强先一步找到赵家祖坟遗址并着手修葺，更以连战外祖父之名命名为"显阳园"，让连战颇为感动。

四、大陆涉台服务的机制化是两岸关系和平发展的重要保障

近年来，两岸尤其是大陆在区域整合的软环境打造方面逐渐呈现机制化和宽泛化，大陆涉台服务特别是服务台胞的举措和政策全方位涌现。

2009年3月温家宝总理在政府工作报告中，明确强调关于加强两岸合作，共同应对国际金融危机的要求。并提出了实实在在的举措，如3年内由中国工商银行、中国银行和国家开发银行再向台资企业提供共计1300亿元人民币的融资支持，帮助台资企业解决资金链断裂的融资难问题，维持其正常经营；支持和帮助大陆台资企业转型升级，包括地域上的转移和技术人才上的提升，实现可持续发展；对台湾的关键产业——平板显示业，大陆企业先期拟执行20亿美元的采购意向，缓解岛内该项产品大量积压的现状；进一步推动两岸农业合作，开放符合条件的台湾居民在大陆从事律师职业等等。此外，大陆的4万亿扩大内需的经济刺激方案也欢迎台商的参与。这些措施的出台和实施，有效地支持和扶助了台商和台资企业脱离困境、重获生机。

2012年7月18日，国务院台湾事务办公室与国家开发银行在京举行《促进两岸经济繁荣与企业共同发展合作协议》签字仪式，国家开发银行将在2012年至2015年间，提供总额500亿元等值人民币融资支持大陆台企发展。根据合作协议，该行将着力支持大陆台资企业转型升级和创业投资，加强对台资中小企业的贷款支持，扩大两岸新兴产业、科技产业、精致农业和文化旅游等领域的项目合作，支持陆资企业赴台投资和两岸企业赴第三地共同投资，提升国际竞争力，这是双方继2005年签署《支持台湾同胞投资企业发展开发性金融合作协议》后的第二次携手合作，也是助推两岸企业发展和两岸经贸合作的又一实质性举措。作为大陆中长期投融资主力银行，国家开发银行高度重视两岸经济金融合作。该行自2005年率先与国台办签署合作协议以来，创新贷款模式，促进融资便利，不断增加对台资企业的信贷支持，优化台资企业发展环境，为支持台资企业发展发挥了积极作用。截至2012年6月底，该行已向870多个台资项目发放贷款700多亿元，成为大陆支持两岸经贸合作和台资企业发展的主力银行之一。

2013年2月1日,《海峡两岸投资保护和促进协议》正式生效。《投保协议》涵盖了常规投资保护协定包括的要素和内容。《投保协议》由正文和附件组成。正文部分包括18个条款,分别为:定义、适用范围和例外、投资待遇、透明度、逐步减少投资限制、投资便利化、征收、损失补偿、代位、转移、拒绝授予利益、本协议双方的争端解决、投资者与投资所在地一方争端解决、投资商事争议、联系机制、文书格式、修正、生效等条款。在《投保协议》的附件部分,对投资补偿争端调解程序做了具体规定。《投保协议》在具备投资协议一般内容的同时,又充分体现了两岸特色,具有以下几个特点:一是有效保护。一方面遵循一般投资保护协定的体例设置相应条款,体现投资保护的传统内容;另一方面注重两岸现实需要,增强《投保协议》的可操作性,针对投资者经第三地投资、人身保护、投资者与所在地一方的争端解决等问题,做出了符合两岸特色的灵活处理和适当安排。二是双向促进。大陆资本赴台投资自2009年6月启动至今,时间较短,尚处于起步阶段,但《投保协议》尽可能体现了相互促进投资的原则,达到权利、义务的平衡。三是减少限制。按照《海峡两岸经济合作框架协议》第5条规定,《投保协议》文本中明确规定了投资待遇、投资便利化、减少投资限制等条款,真正体现促进双向投资的目的。

2013年3月8日,十二届全国人大一次会议新闻中心举行记者会,商务部部长陈德铭指出,大陆和台湾的ECFA商谈和其他的自贸不一样,是在一个中国原则下的两个世贸组织的单独关税成员之间的商谈,它既要符合一个中国原则,又要符合世贸组织的原则,因为最后商谈的结果是要向世贸组织备案的。但是在商谈中间,两个单独关税区之间确实还有很多利益的撮合,有农产品的问题,有工业品的问题,有服务业开放的问题。陈德铭称,总的来讲,大陆各界领导人,包括主要领导人都多次表示,考虑到两岸之间的经济总量、结构和规模的不同,大陆应该更多地让一些给台湾,这是没有问题的。

2013年4月9日,中共中央台办、国务院台办在浙江杭州召开台胞权益保护工作专项会议,要求认真落实对台工作会议精神,加强保护台胞权益工作。会议指出,2012年,中共中央台办、国务院台办和各地共办结台胞权益纠纷案件3919件,有效保护了台胞权益。各地要在去年工作基础上,全面排查当前台胞权益纠纷案件,创新督办形式,落实领导包案责任制,确保案件得到稳妥处理。会议强调,要向台胞宣传《海峡两岸投资保护和促进协议》,

引导台胞依法维权。各地各部门要落实好协议，同时不断健全台胞权益保护联席会议制度，与时俱进做好法制化建设，把台胞权益保护工作提高到新水平。

2013年6月16日，在第五届海峡论坛上，大陆方面发布了31项对台惠民新政策措施，内容涉及两岸人员往来、赴台旅游、就业、基层调解、文化交流、版权交易、两岸直航、台企融资等多个领域，主要包括：

新增授权11个省区市公安机关为当地的台湾居民换发、补发5年有效台胞证等。至此，可以为在大陆台湾居民换发、补发5年有效台胞证的省区市已有20个。

开放沈阳、郑州、武汉等13个城市作为第三批大陆居民赴台湾地区个人旅游试点城市；将于近期增加大陆居民赴台旅游组团社。

增加向台湾居民开放10类（项）专业技术人员资格考试，具体为：通信、出版、投资建设项目管理师、管理咨询师、假肢与矫形器制作师、地震安全评价工程师、监理工程师、注册验船师、注册设备监理师、注册计量师。

拟就认可和执行台湾地区乡镇市调解委员会出具的民事调解书发布司法解释。

新设立11家海峡两岸交流基地。设立首批10家海峡两岸文化交流基地。

同意福建省设立国家海峡版权交易中心；同意福建开展"加强国产网络游戏属地管理试点"；同意福建设立海峡国家数字出版产业基地；允许台湾居民参加出版专业技术人员职业资格考试等。

积极促进两岸邮轮运输经济发展；积极支持两岸客货滚装轮运输发展；同意两岸互设验船机构或办事处等。此外，还包括福建省发布的向台北市立动物园赠送三只自繁小熊猫、开展台资中小企业助保金贷款、设立海峡两岸科技合作联合基金、安排专项资金资助台资企业和对台科技合作企业的科研项目、在漳州设立海峡两岸新型农民交流培训基地等7项政策措施。

台资企业在大陆的生产经营总体平稳。根据商务部统计，2016年前8个月，大陆新增台资项目（不含经第三地转）达2392个，同比上升23.93%；实际使用台资14.91亿美元，同比增加33.09%。随着大陆不断释放的改革红利和市场空间增多，台商在大陆的发展总体呈现出结构转型、技术升级和增资扩股的态势。台商在大陆投资持续增长。

习近平总书记多次谈到两岸青年交流的重要性。他指出，青年是民族的未来，也是两岸的未来，两岸青少年身上寄托着两岸关系的未来。2016年8

月，国台办张志军主任在海峡两岸青年创业基地和海峡两岸青年就业创业示范点授牌仪式上的讲话中指出，要积极创造条件支持台湾青年来大陆就业创业，要处理好政府引导、市场主导与青年群体积极性的关系，为台湾青年在大陆发展创造更好环境。

近年来，在大陆"大众创业、万众创新"大潮中应运而生的两岸青年就业创业平台如雨后春笋，大量涌现。这些平台各有特点，形式多样，既有园区、学校、孵化器、大陆企业，也有在大陆发展的台资企业和台协。如清华科技园已成为世界科技园行业的知名品牌，它们对台湾青年具有很强的吸引力。浙江各具特色的创业小镇，为两岸青年特别是台湾青年来大陆就业创业提供了平台。江苏许多台资企业积极为台湾青年提供就业岗位和创业机遇。上海主动与台湾高校接洽，达成多项台湾大学生来大陆实习合作意向。深圳创客团体多，软硬环境好，吸引了许多台湾年轻人加入。从台湾青年来大陆发展的实际成果看，这是件双赢多赢的好事，海南航空、春秋航空招聘了70多名台湾青年乘务员，各方面反映就很好，台湾青年的敬业精神、专业技能得到了很好的施展，也获得了较好的报酬，而航空公司也因为他们的加入，增添了新的活力，促进了服务水平的提升。

五、逐步优化两岸关系和平发展的外部环境

2008年以来，两岸关系和平发展的外部环境逐渐得以优化，尤其表现为中美关系对台湾问题的影响。

（一）中美关系

中美关系是影响两岸关系和平发展的外部环境的决定性因素。2009年初美国新一任总统奥巴马执政后，高度重视中美战略合作关系。7月，美国总统、美国国务卿、财政部长和中国副总理、国务委员等近200位高层官员，在华盛顿齐聚一堂，举行首轮中美战略与经济对话，奥巴马总统在说明勇于开拓和创新之于中美关系的重要意义时，竟然引用许多中国人都不太熟悉的孟子语录："山径之蹊间，介然用之而成路，为间不用，则茅塞之矣"，表示中美都不应互相猜忌。但是，随后的中美轮胎特保案标志着美国对华贸易政策的转变，中美贸易摩擦的危险性逐步增加。

2005年初，中美战略对话机制形成，是新时期中美双边安全机制的雏形。新加坡《联合早报》撰文指出，"中美关系存在着'总体稳定框架'，是20世纪70年代初期'基辛格'式把中国纳入'美国桃源'的重大战略决定。美国国务卿鲍威尔说,从尼克松到小布什的几任总统,对华政策上基本一致"。①

2012年,习近平主席访美时首次提出,要积极探索走出一条新型大国关系之路,并指出"这是一项前无古人、后启来者的创举,做起来并不容易",从而为中美两国关系发展进一步指明了方向。

2013年6月,中美两国元首在美国加利福尼亚州安纳伯格庄园成功举行了一次历史性会晤,中美双方达成重要共识——共同构建中美新型大国关系。习近平对奥巴马强调,中美双方应该从两国人民根本利益出发,从人类发展进步着眼,创新思维,积极行动,共同推动构建新型大国关系。关于中美新型大国关系的内涵,习近平用三句话做了精辟概括:一是不冲突、不对抗。就是要客观理性看待彼此战略意图,坚持做伙伴、不做对手;通过对话合作、而非对抗冲突的方式,妥善处理矛盾和分歧。二是相互尊重。就是要尊重各自选择的社会制度和发展道路,尊重彼此核心利益和重大关切,求同存异,包容互鉴,共同进步。三是合作共赢。就是要摒弃零和思维,在追求自身利益时兼顾对方利益,在寻求自身发展时促进共同发展,不断深化利益交融格局。②这一兼具战略性、建设性和开创性的重要共识,为中美关系的未来指明了方向,开辟了道路,同时,也必将对亚太地区乃至国际格局的演变产生积极和深远影响。

2013年9月20日,中国外长王毅在美国首都华盛顿美国知名智库布鲁金斯学会发表演讲时专门提及台湾问题。他强调,台湾问题事关中国的主权和领土完整,事关13亿中国人的民族感情。当前,两岸关系保持和平发展势头,要和平不要战争、要合作不要对抗、要交往不要隔绝已是两岸同胞的人心所向。两岸在相互往来合作中逐渐彼此融合,直至实现最终统一将是谁也无法阻挡的历史潮流。

王毅表示,多年来,台湾问题始终是中美关系中损害互信、干扰合作的一项负资产。如果美方能够顺应两岸关系和平发展的大势,切实理解和尊重中国反对分裂,致力于和平统一的努力,那么台湾问题就会从中美关系的负资产变成正资产,从消极因素变成积极因素,就能为中美关系长期稳定发展提供保障,为中美开展全方位合作开辟前景。

---

① 《中美关系存在着"总体稳定框架"》,《参考消息》,2006年4月26日,第16版。
② 《习近平概括中美新型大国关系:不冲突、不对抗,相互尊重,合作共赢》,新华网,http://news.xinhuanet.com/politics/2013-06/10/c_116107914.htm。

2013年就任外长前，王毅曾于2008年至2013年担任中共中央台湾工作办公室、国务院台湾事务办公室主任，因此王毅的发言代表了中方在中美关系中妥善处理台湾问题的基本立场，是近年来中国官方对于美台问题最为明确的表述。

美国加图研究所国防与外交政策研究室副主任特德·盖伦·卡彭特在《即将来临的美国为台湾与中国的战争》中指出："美国继续对台出售武器而不提供安全保证的政策，是基于这样一种承认，即台湾是美国的一种有限的或'边缘性'利益，而非至关重要的利益"；"对台湾的安全保证需要承担巨大的而非极小的风险。中国现有20多枚洲际导弹能够打到美国城市。在未来几年内，这一数量可能会增加到几百枚。即使一场最初仅限于台湾海峡的小规模武装冲突，也可能会升级以致失控，而置美中两国决策者的意图于不顾。对于美国来说，这种程度的风险只能在保卫其至关重要的安全利益时才能承受，而维持台湾事实上的独立并不符合这一标准"。因此，台湾由中美关系的负资产转换为正资产恰逢其时。

（二）两岸在涉外领域进行"外交休兵"

2008年后，两岸在涉外事务中开始避免不必要的内耗，主要表现为中国国民党上台执政后，两岸进行"外交休兵"。特别是马英九上任后，抛弃陈水扁时代的"烽火外交"，改采全新思维，大陆感受善意也开始响应。这是正确的方向，两岸不应对一些不负责任的小国争相援助以获取"外交承认"，两岸应该专注于共同和平发展，不必内耗资源进行"外交战"。在具体对外策略上，中国政府主要应争取美、日、俄等大国和广大发展中国家对于中国国家统一的支持，对那些国际上较少影响、缺乏起码的国际道义和国际信誉的国家，大陆方面没有必要浪费大量的外交资源与台湾当局展开"外交战"，而应把大量精力集中在双边和多边的国际舞台上开展国际统一战线工作。

2009年5月26日，胡锦涛总书记同吴伯雄主席举行会谈，就新形势下进一步促进两岸关系发展深入交换了意见，双方都主张两岸在涉外事务中避免不必要的内耗，增进中华民族整体利益。

2013年11月14日，西非国家冈比亚宣布断绝同台湾的"外交关系"，冈方表示此举是出于"国家战略利益"的考虑。为此，岛内绿营人士借此攻击马英九及中国国民党执政团队。根据《自由时报》报道，民进党籍"立委"蔡煌琅称，冈比亚只是第一个倒下的"骨牌"，台湾"外交"已岌岌可危，还有5个"邦交国"也准备与台"断交",包括:洪都拉斯、萨尔瓦多、多米尼加、巴拉圭以及梵蒂冈。蔡煌琅还表示,马英九的"外交休兵"已经死亡,应该调整政策,否则会看着大陆"一个一个将台湾的'邦交国'通通挖走"。

对此,几内亚比绍《共和国报》称:中国在非洲影响力的扩大显然成为促成此事的一个重要因素。曾几何时,大陆和台湾在非洲进行了激烈的"外交争夺"。在"亚洲四小龙"时代,不少非洲国家出于经济考量倒向台湾,或在大陆与台湾间反复摇摆,但近年来大陆在非洲影响力与日俱增,原本承认台湾当局的非洲国家已逐渐减少。路透社称,在冈比亚宣布与台湾"断交"3天前,与台有"外交"关系的非洲小岛国圣多美和普林西比表示大陆要在此设立贸易办事处。中国外交部发言人洪磊11月15日在记者会上就冈比亚与台湾"断交"表示:"我们也是从外媒得知有关消息。中方之前没有同冈方进行过接触。"他同时强调,世界上只有一个中国,坚持一个中国原则是国际社会的普遍共识,支持中国实现和平统一是大势所趋。中国社科院台湾研究所专家李贺对《环球时报》记者表示,大陆在国际空间方面确实给台湾释放了很多善意,但趋利避害对于一些小国来说是必然的选择。在大陆和台湾之间,明显是大陆的经济实力和发展趋势强,而且近年大陆在非洲、拉美有更多的援助和开发项目,推动了当地发展。这种国际上的趋势会影响这些国家的心理倾向。正是这种大势所趋让一些国家主动靠向大陆。[①]

当今世界上共有225个国家和地区(不完全统计),其中国家为194个,地区为31个。到2007年,根据中华人民共和国外交部网站资料显示,中华人民共和国已经与171个国家建立外交关系。台湾当局与23个国家建立所谓的"外交关系"。未与中华人民共和国建立外交关系或未与台湾当局建立所谓"外交关系"的国家有12个。台湾当局的所谓"建交国"和"未建交国"都是在国际上缺乏影响的国家,领土、人口、战略位置都不在中国外交的首要考虑之中,因此不必急于推进。台湾现有的23个"邦交国",基本上是依靠金钱关系维持的,包括经济援助、金钱收买,而岛内主流民意则反对"金钱外交"。

---

① 《冈比亚"断交"令台错愕 外交部否认同冈方接触》,凤凰网,http://news.ifeng.com/taiwan/special/gangbiyaduanjiao/content-5/detail_2013_11/16/31307757_0.shtml。

(三) 两岸共同维护国家主权

两岸同胞完全应该携起手来，共同承担起维护中华民族海洋主权权益的责任与义务。

1971年，美日两国之所以能通过《日美归还琉球群岛协议》将钓鱼岛的施政权交由日本，正是利用了两岸之间的兄弟阋墙。1971年，台湾当局首次明确钓鱼岛在行政隶属上归台湾省宜兰县头城镇大溪里管辖。1992年公布的《中华人民共和国领海及毗连区法》也明确将钓鱼岛作为陆地领土。在随后相继公布的部分（或第一批）领海基线中，两岸甚至展现了难得的默契：虽然大陆方面明确钓鱼岛属于中国领土，但其基线却未包括钓鱼岛，而是由台湾方面公布；虽然台湾方面实际控制金门、妈祖等地区，却同样未将其纳入基线范围，而是由大陆方面公布。这种"省略与包含相互交叉"的安排，不但再次明确了钓鱼岛是台湾的附属岛屿，属于中国领土这一事实，也从法律上确认了两岸在钓鱼岛问题上共同的责任。[①] 尽管两岸共同维护钓鱼岛主权已有法理依据，但台湾少数政党乃至台湾当局却表现出不合作意愿。马英九当局固然在钓鱼岛主权归属方面立场明确，对日本的挑衅行为有所回应，但却明确拒绝了大陆方面合作"保钓"的建议。2012年8月5日，马英九抛出了"东海和平倡议"，包括在坚持主权的前提下，倡议搁置争议、以和平的方式处理争端，并寻求共识、研订东海行为准则，建立机制共同开发东海资源。但这些提议很快被日方无情抹杀，日本外相玄叶光一郎回应称"无法接受台湾独自提出的主张"。"东海和平倡议"的夭折再次说明，台日之间在钓鱼岛问题上根本不存在合作的空间，两岸的合作才是大势所趋。维护包括钓鱼岛在内的领土完整，是海峡两岸中国人的共同历史责任。

南海诸岛是中国的固有领土，两岸为此共同维权符合中华民族的整体利益。在1993年之前相当长时间里，台湾当局考虑到南海问题的复杂性以及牵动两岸互动关系的可能，态度比较低调，在总体政策上缺乏规划，直到1994年，台湾"行政院"修正通过"南海政策纲领实施纲要"，才开始积极介入南海事务，建构了以五大目标为核心的南海政策体系。这五大目标为：(1) 坚决维护"南海主权"；(2) 加强南海开发管理；(3) 积极促进南海合作；(4) 和平处理南海争端；(5) 维护南海生态环境。自此，台湾当局的南海政策开始体系

[①] 纪焱：《保卫钓鱼岛 两岸共同责任》，华夏经纬网，http://www.huaxia.com/thpl/sdfx/2967681.html。

化。①

2000年民进党上台执政以后,开始在南海主权抗争上持消极态度。执行"台独"路线的台湾当局很少公开宣示维护"中华民国"对南海的"主权",而是不断对南海政策进行偷梁换柱式的概念置换,企图以"台湾"名义取代"中华民国"来主张"南海主权",其要求参与南海问题的多边国际协商框架,也是基于"提升台湾国际地位"的目的。由于民进党当局追求的是"法理台独",它要抛弃"中华民国宪法"在法理上就等于放弃对南海的"主权要求"。②

2008年,国民党在台重新执政以来,南海政策的总体思路回到1994年的政策轨道上,态度开始积极起来,不断重申"中华民国"对南海的"主权"与共同开发的立场,对一些涉及"主权争端"的具体事件,如菲律宾、马来西亚等国的挑衅,台湾地区涉外部门也都提出严重抗议。

其中太平岛是南沙群岛中的主岛,面积最大,是唯一拥有淡水资源,扼守台湾海峡、巴士海峡及巴林塘海峡入口的要冲,战略意义不言而喻。台湾曾经在太平岛上驻扎重兵,但在1999年,李登辉为了讨好东南亚国家,下令从太平岛撤军,改由战斗力不及正规军队的"海巡署"接防,岛上人员也由300多人骤降至100人。陈水扁上台后,仍未重视太平岛防卫武力配置。直到马英九上任后,台湾才开始逐步强化太平岛的军备力量。2012年陆续建置相关军事设施,2013年4月中旬举行了实弹射击演习。但停滞多年的军力部署并不能一蹴而就,据悉,太平岛目前只有简陋的栈桥式码头,只能供排水量6吨的小型巡缉艇操作,一般船舶难以靠岸补给。此外,太平岛跑道仅1100米长,即便台空军航程最远的运输机也只能在非满载且天候状况极为良好时起降。跑道若要延长,势必向海上发展。于是,台湾规划在太平岛"先扩建码头,后延长跑道",以加强战备力量。

按计划,台军方在太平岛的战备力量将显著上升,但太平岛距离台湾本岛并不近,从太平岛到高雄左营的海军基地大约1600公里,已超出台空军主力战机,如F-16、幻影2000等的作战半径;军舰以最大航速前往太平岛也要3天时间。但是距太平岛仅600公里的越南的军力却比台湾强大,越南空

---

① 林红:《论两岸在南海争端中的战略合作问题》,《台湾研究集刊》,2010年第1期,第67页。

② 王建民:《南海风云中台北角色:两岸能否合作保卫中国领海》,中国网,http://www.china.com.cn/overseas/txt/2009-03/31/content_17526700.htm,2009年3月31日。

军拥有作战半径达 1500 公里的苏–27 战机，如果向太平岛发动攻击，大约只要半小时，就可能致太平岛沦陷。岛内军事专家郑继文认为，台湾目前大力经营太平岛、扩建码头机场，也只是建构相对可靠的防御能力，面对敌人不顾一切的攻击，没有两岸的合作，比如解放军强大的军力作为某种默契配合，以台湾本身的能力，要守住这个岛非常困难。而在两岸政经关系改善的前提下，两岸共同守卫太平岛，并非没有可能。

实际上，海峡两岸在"南海岛礁主权归属中国"这一点上立场完全相同，即认为南海东沙、西沙、中沙、南沙四群岛自古以来就是中国领土的一部分。在南海海域划分的问题上，尽管两岸对南海"九条断续线"的性质以及线内水域法律地位的理解略有差别，但大陆方面始终坚持在相关水域的"历史性权利"，台湾方面则明确主张线内为中国的"历史性水域"。[①]

六、今后两岸关系和平发展的阶段性目标

在两岸步入和平与发展的新阶段后，"两岸融合需要经济、文化、观念的滋养，需要理解和包容，也需要环境和时间来培育"[②]。总体上看，两岸共同利益的培育与拓展是使两岸系统并产生协同效应的根本动力。中共十八大报告指出：今后要持续推进两岸交流合作，特别是深化经济合作，厚植共同利益。两岸继续深化经济合作，以经济融合为基础，加速扩大两岸的共同利益成为未来的发展方向。对此，时任全国台研会研究部主任郑庆勇指出，两岸的共同利益包括经济利益、政治利益、安全利益、文化利益和社会利益等，而厚植共同利益，特别是培育主流社会新的情感认同是两岸关系和平发展期内的重要阶段性目标。他指出，随着两岸交流越来越紧密，民众心里的鸿沟却仍很深，因此构建两岸新认同要将两岸关系建立在两岸同胞共同需求的物质与精神层面上，避免把两岸关系过于物质化，否则反而可能加深认同分歧。总之，两岸人民的共同利益可以界定为：共同的安全利益、共同的经贸利益、共同的文化传统、共同的政治诉求以及共同的和平氛围。

胡锦涛总书记在中共十七大报告中提出："十三亿大陆同胞和两千三百万

---

① 如 1998 年颁布的《中华人民共和国专属经济区和大陆架法》第 14 条规定："本法的规定不影响中华人民共和国享有的历史性权利。"转引自冯梁、王维、周亦民：《两岸南海政策：历史分析与合作基础》，《世界经济与政治论坛》，2010 年第 4 期，第 9 页。

② 《学者谈两岸政治互信：厚植共同利益与共同认知》，网易，http：//news.163.com/10/0625/16/6A1O86HD000146BD.html，2010-06-25。

台湾同胞是血脉相连的命运共同体","两岸同胞是血脉相连的命运共同体。包括大陆和台湾在内的中国是两岸同胞的共同家园"。① 两岸命运共同体的概念,跨越了两岸长期政治对立的鸿沟,为两岸未来发展设定了一个最为根本的认同目标。

在两岸共同利益中,两岸经济统合最为成功,成为两岸共同利益培育的经济基础。所谓经济统合,指两岸经济的相互依存度在不断加深。两岸经济往来走过了一条不同寻常的道路,经历了从过去完全隔绝到间接单向地进行,再到全面直接双向交流的轨迹,现在正朝着正常化、机制化和自由化的方向前进。2008年以来,两岸通过平等协商,签署了多项协议,解决了两岸在通航、贸易、投资、金融等领域中存在的一系列问题,促进了两岸经济关系的正常化、制度化和自由化,给两岸同胞带来了看得见、摸得着的实惠和便利。自20世纪90年代以来,两岸在经贸领域的共同利益,促进了两岸经贸合作,这成为两岸关系发展的最主要动力。"两岸经济关系越密切,相互依赖越强,台湾独立的可能性越小;反之,没有两岸经济关系发展与相互依赖,在没有武力威慑的前提下,台湾更加容易独立"。② 事实上,两岸经贸关系的高速发展,一方面强化了两岸之间在经济上的相互依赖,另一方面在两岸经贸合作中,一些类似于相互依赖关系的规范性、制度性和结构性因素正在逐渐凝聚。③

当前,两岸文化和教育领域也在逐步融合。中华文化是连接两岸的桥梁与纽带,两地共同文化意识的培育就是两岸"命运共同体意识"的形成,而教育交流与沟通则可以清除"台独"思想的毒素,有助于两岸尤其是台湾民众在意识形态领域回归民族复兴和国家统一的主线。两岸在教育特别是高等教育方面的融合取得重要进展,但是在陆生赴台等方面,台湾岛内还存在一定阻力,这也是两岸教育体系融合的难点所在。台湾招收陆生结果不理想有其多重原因,最直接的原因在于陆生赴台的门槛"三限六不"仍然存在,不提供奖助学金让寒门学子望而却步,不允许校外打工、不可考照以及不可续留台湾就业,都让首届大陆毕业生备感困扰。而深层次原因则在于,台湾岛

---

① 胡锦涛:《高举中国特色社会主义伟大旗帜 为夺取全面建设小康社会新胜利而奋斗——在中国共产党第十七次全国代表大会上的报告(2007年10月15日)》,《人民日报》,2007年10月25日,第1版。
② 力军:《两岸"政经"之辩》,(香港)《广角镜》,2006年3月,第38页。
③ 杨丹伟:《两岸关系和平发展新思维的理论分析》,《台湾研究集刊》,2010年第4期,第10页。

内以绿营为代表的一撮人肆意阻挠两岸的文教交流，刻意隔绝两岸的文化联系。"台独"分裂势力一直在诋毁两岸共同的历史观与中华文化的价值理念。2008年以来，台湾教育主管部门正讨论是否秉持"以中华文化为主体"的原则来修改岛内高中历史课本中有关台湾史的内容，国台办指出这种主张应该会得到台湾主流民意的支持。教科书会对下一代产生重要影响，如果从"台独"角度出发编写历史教科书，必然会误导下一代。所以台湾各界早就呼吁把在民进党主政时期修改过的教科书拨乱反正，使岛内历史教育恢复到正确轨道上来。

就两岸未来的和平统一背景而言，在两岸经贸、文化、教育交流与合作日益深化，两岸社会一体化进程加快的背景下，深化政治互信将成为开创两岸关系和平发展新局面的主要动能。时任全国台研会执行副会长兼秘书长周志怀指出，现在两岸关系的主要矛盾由过去的"台独"与反"台独"，"战与和"转化为共谋和平发展与共享和平红利。他认为，两岸在协商、对话与谈判中增进与深化政治互信的重要性日渐突出，而价值认同与责任期待更是关键因素，这需要一个漫长的磨合过程，需做长期思想准备，妥善处理波动甚至低潮中的两岸关系将有助于深化政治互信。

此外，两岸的共享"和平红利"也是两岸共同利益的重要组成部分，两岸适宜协商有关台湾地区的"国际空间"问题，同时更应齐心协力维护同属两岸共同利益范畴的领土主权利益，尤其是海洋权益。

第九章 2016—2021年台海形势重现复杂严峻

2016年以来，台湾政局发生重大变化，蔡英文当局不认同两岸同属一个中国，破坏了两岸关系和平发展的政治基础。习近平同志针对台海局势多次发表重要讲话，阐明了坚持"九二共识"、维护两岸关系和平发展的原则立场，宣示了反对和遏制任何形式"台独"的坚定意志和决心。台海形势重现复杂严峻。

第一节 蔡英文"台独"路线图已现

在2016年和2020年台湾地区领导人选举中民进党及其候选人蔡英文胜出。蔡英文"执政"将近六年，各界对其"执政"理念和两岸关系前景充满忧虑，如果蔡英文继续破坏两岸和平发展的局面，在"台独"道路上一去不复返，在大陆实力日隆及两岸人民企盼和平的时代，可谓生不逢时。

一、2016年蔡英文就职后的各界评价与反应

2016年5月20日，作为民进党候选人的蔡英文发表了成为台湾地区领导人的就职演说。随后，中共中央台办、国务院台办发言人就蔡英文"520"就职演说指出：当前，台海局势趋于复杂严峻。两岸同胞高度关注两岸关系发展前景。2008年以来，两岸双方在坚持"九二共识"、反对"台独"的共同政治基础上，开辟了两岸关系和平发展道路。台海局势摆脱紧张动荡，呈现安定祥和。维护这一良好局面是两岸同胞、海外侨胞和国际社会的共同期盼。维护两岸关系和平发展的关键在于坚持"九二共识"政治基础。"九二共识"明确界定了两岸关系的根本性质，表明大陆与台湾同属一个中国、两岸不是国与国关系。"九二共识"经过两岸双方明确授权认可，得到两岸领导人共同确认，是两岸关系和平发展的基石。我们注意到，台湾当局新领导人在讲话中，提到1992年两岸两会会谈和达成了若干共同认知，表示要依据现行

规定和有关条例处理两岸关系事务,在既有政治基础上持续推动两岸关系和平稳定发展。但是,在两岸同胞最关切的两岸关系性质这一根本问题上采取模糊态度,没有明确承认"九二共识"和认同其核心意涵,没有提出确保两岸关系和平稳定发展的具体办法。这是一份没有完成的答卷。不同的道路选择决定不同的前景。是维护体现一个中国原则的共同政治基础,还是推行"两国论""一边一国"的"台独"分裂主张?是继续走两岸关系和平发展之路,还是重蹈挑起台海紧张动荡的覆辙?是增进两岸同胞感情与福祉,还是割裂同胞间的精神纽带、损害同胞根本利益?在这些重大问题上,台湾当局更须以实际行动作出明确回答,并接受历史和人民的检验。国际社会对其反应不尽相同,一方面是得到以美国为首的阵营肯定赞许,另一方面许多国家和智库对其"隐性台独路线"的推出表示担忧。

岛内中国国民党5月20日下午发表的新闻稿指出,蔡英文运用各种关系,就是不肯承认"九二共识"这个两岸发展的政治基础,国民党表示遗憾。蓝营人士张亚中则认为蔡英文的演说体现了一贯的"台独"思路。

美日对于蔡英文就职给予高度评价,并且呼吁加强美台和日台双方关系。美国政府国务院发言人柯比2016年5月20日发布声明,恭贺蔡英文就任"总统",也称许马英九过去八年在强化美台关系中的贡献:"美国方面表示恭喜蔡英文总统就职成为台湾第4位民主选出的总统。我们也在此际恭喜台湾人民的和平移转政权,这是台湾有活力的民主发展之另一个里程碑。美国赞扬马英九总统过去8年成功地强化美台关系。我们期待与新政府合作,也与台湾所有政党与公民团体合作,进一步强化美国人民与台湾人民间的联系。"日本政府发言人、内阁官房长官菅义伟则于20日表示,欢迎蔡英文就任"总统";台湾对日本而言,是有共享基本价值、有紧密经济关系、人员往来的重要伙伴,是珍贵的朋友;日本政府将基于与台湾维持非官方间实务关系的立场,期望日台的合作与交流更深化。

欧盟的表态相对平和一些,在蔡英文就职后没有发表谈话,欧盟外交暨安全政策高级代表茉格里妮代表欧盟仅仅在蔡英文胜选后发表声明,表示台湾民众完成投票,尊重民主、法治及人权为成功举行选举的重要基础,欧盟重申其支持两岸关系持续和平发展。西班牙智库加利西亚国际关系研究院院长、西班牙中国政策观察网主任胡里奥·里奥斯发表文章说,台湾当局新领导人在讲话中就两岸关系性质含糊其词,引发担忧。他认为,台湾当局新领导人在相关问题上应该把握好分寸。法国《欧洲时报》的社论指出,众所周知,"九二共识"是两岸关系的政治基础,也是中国大陆方面的基本立场和底线。两岸关系或不会恶化到"热斗"局面,但"冷对抗"也是台湾新当局与台湾经济难以承受之重。

俄罗斯等国则对"台独"的危害表示担忧。其中,俄罗斯率先表态世界上只有一个中国。俄罗斯外交部发言人扎哈罗娃表示,无论谁担任台湾地区领导人,俄方承认只有一个中国且反对任何形式的"台独",俄罗斯关注台湾地区局势发展。俄方承认,世界上只有一个中国,中华人民共和国政府是代表全中国的唯一合法政府。台湾是中国不可分割的一部分。俄罗斯反对任何形式的"台独"。

韩国外交部官员曾就蔡英文20日将正式就职一事表示,愿在一个中国原则下继续增进与台湾地区的务实合作,希望两岸关系保持稳定和平发展。被问及韩国方面是否将派政府代表出席就职仪式时,该官员回答将朝着上述(一中原则下增进韩国与台湾地区合作)方向处事,暗示不会派政府代表。而韩联社的评论认为:蔡讲话中尽管没有提"九二共识",但她也照顾到中国的主张,她阐述了相对稳健的两岸政策路线。韩国湖西大学教授全家霖认为,台湾当局新领导人在讲话中采取回避模糊的态度,将带来负面影响。作为台湾当局领导人、民进党主席,她应该澄清相关方面问题并作出明确表态。

蔡英文5月20日上午宣誓就职并发表就职演说后,印度主流媒体包括《印度时报》、《印度快报》(*The Indian Express*)、《印度新闻信托社》(PTI)电视台等媒体官网,纷纷以"台湾的首位女总统"为标题报道蔡英文上午的就职仪式和演说内容,同时印度媒体官网纷纷引述外电,把焦点集中在蔡英文就职演说中提到两岸关系部分,强调希望两岸仍能积极对话,持续推动两岸关系和平稳定发展。印度战略分析家肖普拉说,台海局势关系整个亚太地区稳定,与南海等问题也密切相关,因此两岸保持正常的政治对话十分重要,任何有损两岸关系和台海局势稳定的举动都是有害的。

新加坡《联合早报》认为,蔡英文的两岸政策论述持续模糊,不刻意在言语中挑衅中国大陆,但也回避说明两岸之间是何种关系。在面对中国大陆和民进党内"基本教义派"的双重压力下,蔡英文尝试以"尊重九二历史事实"和"中华民国现行宪政体制"等模糊表述在两岸关系上做回应,以平衡统"独"两方,但此番说法恐难让大陆满意或放心。新加坡国立大学东亚研究所所长郑永年认为,台湾当局新领导人在讲话中没有明确"九二共识",其意识形态和政治理念是要往渐进"台独"方向靠拢,需对此保持警惕。印度尼西亚东盟南洋基金会主席班邦·苏尔约诺发表文章说，台湾当局新领导人在讲话中采取模糊态度，将两岸和平发展的大好局势推向复杂严峻的危险局面，令人忧虑和不安。他呼吁台湾当局承认"九二共识"，继续发展两岸和平友好政策，致力于两岸走向和平统一。

综合各方信息可以看出：第一，蔡英文演讲符合美日的预期，有助于维系美日、美台关系。2014年6月，既当过美国总统夫人又当过国务卿而且有意竞选下届美国总统的希拉里女士接受了台湾媒体的专访，其间谈到两岸问题。希拉里就"提醒"台湾，与大陆相处的时候，要"小心一点，精明一点"。日本一向将台湾海峡视为其生命线。欧盟反应平和一些，因为历来台湾不是其传统势力范围。

第二，虽然蔡英文提出"新南向政策"，但是东盟和印度对此反应并不热烈，主要在于顾忌中国大陆的感受，并且对于蔡的"新南向政策"的效果持观望态度。

第三，俄罗斯坚定支持中国统一，是中国可靠的战略盟友。

二、蔡英文的"台独"路线图隐约可辨

蔡英文在2016年就职后继续民进党的"台独"理念，特别是以"中华民国宪政体制"取代"九二共识"，企图通过一贯的模糊手法搞"隐性台独"。

当前国际社会甚至一些大陆民众认为蔡英文的"中华民国宪政体制"是可以接受的，因为其中似乎包含了"两岸一中"的善意表达。但是，蔡英文所指的"中华民国宪政体制"与"中华民国宪法"是两个容易混淆的概念。1947年"中华民国宪法"对"一个中国"具有传统法律界定，但是历经20世纪90年代以来台湾当局的多次增修，已经埋下了"法理台独"的伏笔，特别是民进党一直替换概念提出"中华民国在台湾""中华民国与中国"。更为关键的是，蔡英文鼓吹的"中华民国宪政体制"指的是"主权在民"的"宪法精神"和"台湾人民自决"的"宪法程序"。

民进党当局及其御用"法学家"目前给台湾民众反复灌输的"宪政"逻辑在于：首先，在法律实体上，"中华民国宪法"规定"中华民国主权属于全体国民"，因此"人民地位高于国家主权"，台湾人民可以决定"中华民国主权、领土的范围与名称"。其次，在"立法"程序上，2005年"中华民国宪法增修条文"规定台湾地区的人民可以不受1947年"宪法"本文关于"领土变更"的规定，只要选举人向"立法院"提出"领土变更"，台湾地区的人民

就可以通过投票来加以同意或否决。蔡提出"中华民国宪政体制"的法理逻辑在于：台湾人民现在可以通过民众投票的方式，决定"中华民国的领土范围"，即重启陈水扁当年的"法理公投"。同时，蔡多次宣扬"台湾的前途由多数民意所决定"，据此民进党在2016年台湾地区领导人选举中的获胜特别是"立法院"多数席位的获得使其可以"代表多数民意"，最近绿营民调发布指称近6成台湾民众认为蔡不应在演说中提及"两岸同属一中"，所以不应该限制台湾人民选择"独立"的自由。

当前，蔡英文持"中华民国宪政体制"说的主要意图在于混淆是非：如果大陆方面单方面认为蔡所指"宪政体制"与台湾"宪法"体系及其关于"一个中国"的主权界定具有同一性，则其可以蒙混过关；如果大陆全面否定，则可以将台海局势复杂化的责任推给大陆。一旦大陆方面放松对蔡英文当局的打压，蔡则可以利用"中华民国宪政体制"将两岸多年来除了"遏制台独"外最为复杂和纠结的"法统之争"摆上台面，分化国共合作，放大国共矛盾，使国共平台出现危机，进一步打压岛内国民党的"执政合法性"。

2016年7月，台湾地区领导人蔡英文上任后接受美国华盛顿邮报采访，被问到有些学者指出，大陆有给期限要求承认"九二共识"，蔡英文回应，"要求台湾政府违反民意，去接受对方设的期限，其实可能性是不大的"。针对台湾当局领导人蔡英文在接受美国《华盛顿邮报》专访时就"九二共识"及两岸沟通管道的有关表态，国台办发言人马晓光应询表示，维护两岸关系和平发展，是两岸社会的主流民意，而只有坚持"九二共识"及其两岸同属一中的核心意涵这一政治基础，才有可能确保两岸关系和平稳定发展。

同时，蔡英文抛出"中华民国宪政体制"，可以在"国际"舞台拓展"国际空间"，南海问题及九断线等问题与1945年民国时期南京政府一系列法律界定有着历史性联系，因此此时祭出"中华民国"，可以在南海问题上抓取主动权，由此换取美国、日本对其"隐性台独"的支持。

由于美台的意识形态渗透，现在许多人认为台湾在政治体制上更有优势，将未来两岸统一的方向归结于体制统一，而台湾的"自由民主"制度远远优于"一党威权"体制，"台湾是亚洲民主的灯塔"，因此大陆要向台湾学习"民主经验"。蔡英文强调的"中华民国宪政体制"最为重要的不是"中华民国"的"国家认同"，而是在"宪政体制"下选择台湾未来方向的正当民主程序，"九二共识"对她而言，已经构成了一种技术性的"违宪"。总之，蔡的"宪政体制"还是否定"九二共识"，继续搞"隐性台独"，只是形式上运用"宪政体制"进行遮掩。

2016年8月，针对台湾有关方面已公开致函国际民航组织理事会主席，要求参加第39届国际民航大会。国台办发言人马晓光表示：对于台湾参与国际组织活动问题，我们的立场是明确的、一贯的，即必须在一个中国原则下，通过两岸协商作出安排。2008年以来，在两岸双方坚持"九二共识"的政治基础上，在两岸关系和平发展的大背景下，在不造成"两个中国""一中一台"前提下，大陆方面通过两岸协商，对台参与国际组织与活动做出了特殊的务实安排。由于台湾新执政当局迄今未承认"九二共识"、未认同其核心意涵，导致了两岸联系沟通机制停摆，责任完全在台湾一方。只有确认体现一个中国原则的政治基础，两岸制度化交往才能得以延续，两岸也才有可能就台湾参与国际组织活动问题进行协商。

2016年8月末，台湾地区领导人蔡英文迎来"执政"百日。目前为止，蔡英文交出的"答卷"中，两岸关系是最差的领域。《中国时报》称，民调显示，45.4%的民众认为两岸关系"变差"，认为"变好"的仅占3.5%，更有57.6%的民众对于蔡当局"联美日对抗大陆"的政策表示不认同。台湾智库民调也显示，两岸关系部分整体满意度仅9.8%，不满意度为30.5%。就连民进党"立委"庄瑞雄也承认，对于蔡当局推动的相关政策，台湾民众"最不满意"的是"稳定两岸关系"。

两岸关系的不稳也给台湾造成实实在在的损失。台湾《工商时报》称，鉴于大陆居民赴台旅游人数一减再减，已严重冲击台湾旅游相关产业。由于台湾当局至今无法提出对策与配套方案挽救颓势，包括旅馆饭店、温泉、游览车等13个产业协会已组成"百万观光产业自救会"，准备到"总统府"附近的凯达格兰大道游行表达心声。还有媒体称，蔡当局手中目前还有"四大未爆弹"，第一个便是大陆游客锐减，观光产业链倒闭潮已在酝酿中。

台湾《联合报》为此在社论中说，蔡英文作为20世纪末李登辉"两国论"幕后的原创者，却在17年后当上台湾地区领导人。但就大局而言，蔡当局毕竟受到"中国崛起"的现实潮流制约。在全球不断变动中的政经秩序下，台湾俨然已被世界挤至边陲。蔡英文试图以自己编制的"远中"、亲美、附日的权力路线另辟蹊径，探索出一片新的海洋，但"执政"百日，蔡英文团队却深陷惶恐滩头，大叹零丁。

2019年元旦，蔡英文在新年谈话中提出两岸关系的"四个必须""三道防护"，称要建台湾的"资讯安全网"与"民主防护网"。1月2日下午她又强硬表态，称始终未接受"九二共识"也绝不接受"一国两制"，并将对岸称为"中国"。也就是说，直接把大陆的和平善意与郑重倡议拒之门外。

2019年1月3日上午，国台办发布新闻稿，称蔡英文在"大放厥词"。新闻稿称，正当两岸同胞隆重纪念《告台湾同胞书》发表40周年，习近平总书记重要讲话引发全体中华儿女热烈反响和强烈共鸣之际，民进党当局领导人蔡英文却大放厥词，赤裸裸地宣泄其"两国论"分裂立场，违逆两岸同胞改善发展两岸关系的意愿，进一步煽动两岸对立，破坏两岸关系和平发展局面。过去，国台办在称蔡英文时，一般会以"台湾地区领导人"或"台湾当局领导人"这样的模糊词汇来指代，给其留有一定余地，也就是在等她完成"没有完成的答卷"。而这一回国台办不再客气，直接挑明了"蔡英文"三个字，这是自2016年5月20日蔡英文上台以来的第一回。

2019年7月，香港一些极端激进分子借口反对特区政府有关条例修订，在回归纪念日制造了暴力冲击立法会大楼事件。台湾地区领导人蔡英文不甘寂寞，再次试图借香港挑起事端。据台湾"联合新闻网"报道，蔡英文在社交媒体上大放厥词，宣称香港人民的行动是显示他们追求所谓"自由民主"的心愿。她还"教育"特区政府，要拿出诚意面对人民的请求。最后，蔡英文没忘记"套近乎"，称自己对香港人民的处境感同身受。港媒《大公报》怒批，民进党当局在一旁煽风点火，是唯恐香港不乱，然后借此抹黑香港的"一国两制"。

美国不断加大"以台遏华"的力度。2018年2月28日，美国国会参议院全票通过了"与台湾交往法案"，其目的是利用台湾问题干扰和牵制中国发展，台海形势趋于紧张。2020年3月26日，美国总统特朗普签署了由参众两院通过的"2019年台北法案"（即所谓的"台湾友邦国际保护及加强倡议法案"），这项法案严重违反一个中国原则和中美三个联合公报的共识，严重违反国际法和国际关系基本准则，粗暴干涉中国内政，其目的在于利用台湾问题干扰和牵制中国发展，将加剧台海地区的紧张形势。2021年初，拜登上台后继续推行"以台遏华"战略。

2020年1月11日台湾地区领导人选举举行投票，中国国民党候选人韩国瑜于晚间承认败选，蔡英文当选连任。2021年10月10日，蔡英文提出所谓"坚持自由民主的宪政体制，坚持中华民国与中华人民共和国互不隶属，坚持主权不容侵犯并吞，坚持中华民国台湾前途，必须要遵循全体台湾人民的意志"。中国人民大学两岸关系研究中心主任、教授、国发院研究员王英津对此指出，所谓的"四个坚持"论调从根本上违背两岸关系的历史、法理和现实，是严重背离一个中国原则的"台独"论调，必会遭大陆的反制和严惩。所谓"四个坚持"的核心旨意是"拒统谋独"。具体说来，其向外界释放的信号主要有四点：一是向大陆表达"抗拒统一"的决心和信心，即"台湾2300万民众绝不会接受大陆的统一"；二是通过"四个共识"，凝聚岛内各政党、团体以及民众的意志，共同"抗拒大陆的统一"；三是通过"四个坚持"向美国表达忠心，以期进一步获得美国支持；四是借助部分西方反华势力的支持，斗胆抛出"两国论"，以示其未来在"台独"道路上走到底的决心。

历史必将证明，蔡英文为代表的民进党当局图谋"台独"分裂，拒不承认一个中国原则和"九二共识"，极力挟洋自重，煽动"反中"民粹，打压统派力量，破坏两岸交流合作，制造两岸对立对抗，日益把台湾推向险境。他们为了政治私利，企图把台湾民众裹挟到"台独"邪路，损害广大台湾同胞利益福祉，只会给岛内带来深重的灾难。

三、蔡英文"执政"时期两岸经贸发展状态

蔡英文在其2016年5月20日就职演讲中，多次提到台湾要推出"新南向政策"，而且希望台湾可以参与到未来多方和双方的经济合作以及自由贸易谈判，摆脱现在对大陆单一市场依赖的现象。而当年李登辉和陈水扁时期强行推动过所谓"南向政策"还历历在目，国台办指出这类为政治目的服务、违反经济规律的做法，给许多台商的利益造成巨大损害，也给台湾的经济造成不良影响。至于台湾方面参与区域经济合作问题，如果一个中国原则不能得到维护，政治互信不复存在，势必对之带来不利影响。如果企图在国际上进行"台独"分裂活动，搞"两个中国""一中一台"，这条路根本行不通。

两岸经贸关系发展取得很大成就，已成为台湾经济发展的重要组成部分。然而，在岛内一直存在对两岸经贸关系发展反对与否定的声音，尤其是对海峡两岸服务贸易协议的反对更为强烈。香港《广角镜》杂志早在2013年就刊文概括了这几种岛内错误的认知与论述：

一是"过度依赖论"。是"有限自由开放论"。台湾实行的是资本主义经济制度，本应尊重市场，采取开放主义，实行经济自由化，但在岛内因担忧两岸服务贸易协议可能带来的冲击，出现一股"有限自由开放论"的思潮与主张。这些"有限自由开放论"者还是担心台湾经济开放与自由化后，大陆资金、人力的进入，影响台湾经济发展。实际上就是主张台湾对大陆"有限

自由开放",而不是对全球的有限自由开放。

二是"经济安全威胁论"。在两岸经贸往来中,不论是开放大陆居民赴台游,还是开放陆资入岛,或者两岸签署经济合作协议,在岛内都有一种台湾"经济安全"会受到威胁的声音与主张。甚至有许多人没有任何根据地制造大陆经济威胁论或两岸经济协议威胁论。

三是"生产要素均等论"。以台湾绿营知名学者陈博志、林向恺、吴荣义为代表,扭曲西方学者生产要素价格均等化理论,认为两岸生产要素不均等,两岸经贸关系发展会拉低台湾工资与拉大贫富差距,对台湾经济发展造成负面影响。

其实,今日台湾经济发展的问题与困境,是台湾经济结构与产业结构出现了问题,更是政治斗争对经济发展的严重制约。尤其是在经济发展到一定程度后,由于内部生产成本的上涨,企业向外转移是一种必然趋势。反对企业外移或投资大陆,反对两岸经贸关系发展,却提不出可行的台湾经济发展方案,正是这一论述缺失所在。

观察这些反对两岸经贸关系发展的论述,不难发现,在台湾有一股强烈的新经济保护主义思潮与反全球化、自由化的思潮,背后则有一股更强烈的"惧中""防中""反中"心态。正是这种"闭锁"思潮,压缩了台当局的经济自由化与开放政策,压缩了台湾对大陆的经济开放,压缩了台湾经济发展空间与活力,让台湾经济发展陷入困境。[1]

岛内绿营一直阻挠台湾立法机构通过两岸服务贸易协议。对此,2013年8月10日,中共中央台办、国务院台办副主任孙亚夫出席"南京大学两岸企业领袖讲座"表示,两岸服务贸易协议是一份独具两岸特色、体现大陆务实和善意的协议。孙亚夫说,"我们不愿看到两岸服务贸易协议及其他 ECFA 后续协议商谈受到政治因素的阻挠,从而使两岸同胞的实际利益受到损害"。[2]

海峡两岸的经贸合作是顺应世界潮流的必然选择。林毅夫指出:从世界经济全球化与东亚经济一体化的角度看,在经济全球化时代,台湾地区经济与祖国大陆经济要发展,都必须融入世界经济体系之中,并且首先要融入一体化的东亚经济之中。由于台湾地区与祖国大陆各自的比较优势互补,地理位置接近,语言与文化渊源相同,海峡两岸同胞血脉相通。因此,台湾地区

---

[1] 力军:《绿营对两岸认知的误区》,《广角镜》,NO.491,2013年8月16日—9月15日。
[2] 孙亚夫:《服贸协议若受阻 两岸利益将受损》,《人民日报(海外版)》,2013年8月12日,第3版。

经济与祖国大陆经济的整合或一体化就顺理成章。并且,由于祖国大陆在东亚经济一体化中越来越成为核心角色。所以,推进台湾地区与祖国大陆的经贸合作。推进台湾地区经济与祖国大陆经济的一体化,就成为未来台湾地区经济发展的必要条件。相反,如果台湾当局继续消极对待甚至阻挠海峡两岸经贸合作与海峡两岸经济一体化,则台湾地区经济具有被"边缘化"的危险。①

台湾内部的政治生态近年来正在发生激烈的变化,2000—2008年民进党"执政"政绩不彰,贪污腐败、贿选买票的手段盛行,"黑金政治"持续恶化。2005年末,民进党在县市长选举中惨败,23个县市中仅夺得6席,锐减4席,足以显示选民的不满程度。岛内外评论指出与其说国民党打败了民进党,不如说民进党自己打败自己。2008年,民进党丧失了"执政权"。香港《亚洲周刊》指出:"民进党只有在挑衅中始可成长,当停止挑衅,它的内部结构及内政表现,即会让它破绽显现。"②

2016年民进党取得"执政权",则是很大程度上是国民党政绩不佳,给了赋闲在野的民进党攻击和挑衅的机会,最终取得轮替"执政"的机会。香港媒体人何亮亮指出:蔡英文能够当选很大程度上由于人们对于国民党当局的不满,所以才能当选。

2020年以来,尽管受新冠疫情等突发因素影响,两岸经贸往来依然热络,大陆作为台湾最大出口市场、最大贸易顺差来源地的地位更加凸显。据台湾方面统计,2020年,台湾与大陆(含香港,下同)贸易总额为2162.31亿美元,同比增长13.46%,较台湾整体进出口增速快10.7个百分点;台湾对大陆投资59.06亿美元,占其对外投资总额的33%。尽管民进党当局以疫情防控为由,极力阻挠两岸人员往来和交流,但两岸经贸交流合作克难前行,仍然保持良好发展态势,更加体现大陆市场对台湾经济的重要地位难以撼动,两岸经贸合作乃大势所趋。大陆是台商台企投资兴业的最大机遇。2020年,台湾对大陆投资金额同比增长41.5%,主要分布于电子零组件制造业(占26.8%)、批发及零售业(占23.6%)、金融及保险业(占8.7%)。不难看到,近年来尽管受中美经贸摩擦、疫情等不利因素影响,大陆仍是多数台商优先考虑的市场,特别是大陆应对疫情过程中表现出的强大韧性和旺盛活力,让

---

① 林毅夫、易秋霖:《海峡两岸经济发展与经贸合作趋势》,《国际贸易问题》,2006年第2期,第16页。
② 香港《亚洲周刊》,2004年5月16日。

越来越多的台商更加坚定深耕大陆市场的决心,台商台企在大陆的快速发展也"反哺"两岸经贸,进一步带动岛内投资和两岸贸易增长。①

第二节　中国国民党走向与洪秀柱、韩国瑜现象

2016年后中国国民党败选后何去何从,其中时任党主席洪秀柱的政策宣示以及之后的韩国瑜现象引发各方关注。2021年9月2日,中国国民党举行党主席选举,朱立伦当选新一任党主席,习近平总书记向其发出贺电,朱立伦先生随后复电,双方就在坚持"九二共识"、反对"台独"共同政治基础上增进互信,加强交流合作,推动两岸关系发展,造福两岸同胞达成积极共识。

一、洪秀柱与"泥石流"现象

洪秀柱,1948年4月7日出生,女,汉族,出生于中国台湾台北县(今新北市),祖籍浙江省余姚市(原属余姚,现属慈溪)。先后毕业于台湾中国文化大学法律系,美国东北密苏里州立大学(现杜鲁门州立大学)教育硕士,革命实践研究院第29期结业。洪秀柱是国民党内反对"台独",推动两岸交流的代表性人物之一。2012年,洪秀柱当选中国国民党副主席。2014年12月3日,国民党中常会推举洪秀柱代理党秘书长。

早在2015年4月,身为国民党籍"立法院副院长"洪秀柱完成台湾地区领导人初选领表程序后,在两岸关系上亮出自己的政策主张,就引起海内外震动,洪秀柱的主要观点是:"九二共识"阶段性功能已完成,两岸应提升"九二共识",从"一中各表""一中不表"走向"一中同表"。具体内容是:两岸都是"整个中国"的一部分,"主权宣示重叠","宪政治权分立","两岸是整个中国内部的两个宪政政府",两岸关系不是国际关系或哪方"内部事务",而是"整个中国"的"内部关系"。洪秀柱可能比多数人所认知的更具有"革命性"。从李登辉到马英九,甚至到蔡英文的两岸关系,都是以蒋经国的"不接触、不谈判、不妥协"的"三不"政策为原点,从思想到政策都倾向于节制与管制。许多人认为蔡英文可能更能继承马英九的两岸关系现状,而洪秀柱主张"两岸是整个中国内部的两个宪政政府",并称现在要推动"一中同表"。她的"现状"在字面上不会与马英九,甚至与蔡英文有多少不同,

---

①　白光:《两岸经贸合作势不可挡》,《经济日报》,2021年2月21日,https://theory.gmw.cn/2021-02/21/content_34630701.htm。

但在情感上、精神上却有着方向上的分歧。只有在洪秀柱持续做自己、持续引领舆论风潮的情况下，这股革命性的"洪秀柱热"才可能维持到选举当天。倘若她持续做自己，"中国"与"统一"就势必将不断地被对手所提出。在这个不断提出的过程中，两岸关系的本质性关系将得到梳理，使得"中""统"字眼"去妖魔化"；这将是台湾过往二十余年"本土化"大趋势的极大反挫。

2015年7月19日，中国国民党第19次党代会第3次会议召开通过2016年台湾地区领导人选举提名人为洪秀柱。但是，国民党相关人士认为洪秀柱的言论太偏激，随后以洪秀柱影响国民党整体选情为由，在2015年10月17日通过中国国民党召开的第19次全代会临时会议，表决废止洪秀柱代表该党参选下届台湾地区领导人的提名，由党主席朱立伦参选。

2016年1月，朱立伦败选台湾地区领导人并辞去党主席，3月26日，洪秀柱当选第13任中国国民党党主席，亦是中国国民党首位女主席，任期至2017年8月。洪秀柱认为"九二共识"是维持两岸善意互动的基础，国民党不会打破这个基础，也希望即将"执政"的民进党接受国民党以往做法，维持两岸关系的和平稳定发展。洪秀柱特别指出，在这道路的区隔上，民进党的第一张神主牌就是"台独"，这么些年，他们虽以各种方式遮遮掩掩，但他们分离主义的走向是一致的。所以当民进党假装以维持现状包藏"台独"意识时，我们要以两岸和平协议的签署，来确保两岸的和平。

在2016年台湾地区领导人、"立委"选举中，台湾的一批年轻选民出现了被媒体称为所谓"天然独"的"本土认同"。但中国国民党主席洪秀柱表示，"没有天然独"，是经过蔡英文的操作变"人造独"，用民粹的方式，切断两岸的关联。

台湾学者包淳亮指出：洪秀柱已经将2016年的台湾"总统大选"，变成一场真正好看的大戏。也任教于台湾大学政治系的石之瑜教授，曾多次提出"泥石流"的概念，认为内外环境的变动将在特定的时刻引发结构的崩解。我们将要见证的，会不会是洪秀柱的两岸立场所引发一场台湾自我认同以及两岸之间法律关系的泥石流？

在中国国民党于2016年9月4日举行的第19届第4次全代会，洪秀柱首次提出政策纲领。在两岸关系方面，洪秀柱将强调深化"九二共识"，积极探讨以和平协议结束两岸敌对状态的可能性，确保台湾人民福祉。据中评社报道，若与2015年时任党主席朱立伦提出的政纲进行比较，这次政纲最主要的差别在于，在提到"九二共识"的同时，未提及所谓的"一中各表"。此外，党内表示，2005年达成的"胡连五项愿景"在过去马英九执政8年中多已实现，唯缺"两岸和平协议"，因此特别提出列入推动愿景。

2019年5月12日至5月15日，中国国民党前主席、中华青雁和平教育基金会董事长洪秀柱率台湾各界人士代表团一行来北京参访。7月5日，洪秀柱赴杭州出席第二届海峡两岸青年发展论坛，行前在台湾桃园机场接受访问时表示，未来两岸统一方针的问题，答案其实很浅显，"中华民国宪法"写的就是未来统一。应统一前的需要而有"增修条文"，所以她认为，自己很明确，两岸未来是朝统一的路。洪秀柱还提到，现在有的岛内政客不承认"九二共识"，拒绝"一国两制"、只知道一味地"反反反"，却不提出台湾要什么。她说，民进党蔡当局现在"执政"，如果真的不想要这些也没有关系，那就去"修宪"。但是必须要告诉大家，台湾的后遗症，全民要承担那种惨况与痛苦，大家要有心理准备。洪秀柱说自己最近心情很不好，因为民进党蔡当局现在的做法，扼杀台湾的前途、扼杀台湾年轻人未来的生机与出路。不知道现在的当局，到底是为老百姓、为年轻人着想？还是为了自己一时的权力欲望？她因此对台湾的前途感到忧心。洪秀柱说，她坚持讲真话，为台湾的下一代着想。此前，洪秀柱在出席《八百壮士》新书发布会上就当场表示，蔡当局的"无德无能"不用再多说，所有"下三滥"的行为都做得出来，所以2020我们一定要用选票让其下架，把"民主退步党""下架"。

谈及国民党内初选的激烈竞争情况，洪秀柱在采访中谈到，竞争是好事，但是竞争之后，最重要的是整合。现在有一句话"非某某不投"，但最后出线的人，未必是支持者当初理想的候选人，若因为这样而不投票，反而是有利民进党。所以在初选结束之后，洪秀柱呼吁大家"非蓝不投，见蓝就投"，才有机会赢得2020的选举。

洪秀柱在接受港媒"中评社"采访时则提到，如果国民党2020年能够重返"执政"，首先要做的就是修改"课纲"。她认为，文化"台独"是绝对不能容忍的。因为如果不正视历史的事实，嘴巴讲一套，实际做另一套，这跟搞"台独"的蔡英文有什么两样？

2021年7月23日，第四届海峡两岸青年发展论坛在浙江杭州举行开幕式，国台办主任刘结一和国民党前主席洪秀柱等人参加，洪秀柱致辞时以"三个坚持"与两岸青年共勉，要做"一个挺直梁骨、堂堂正正的中国人"，并拒绝"去中国化"、中华历史文化的操作，要求年轻人们做两岸和平发展的使者，不要让同胞相残的民族悲剧再度发生。她还提到，两岸的未来寄予青年身上,"要认清历史,共谋两岸和平发展的新愿景"。

二、韩国瑜现象折射民进党倒行逆施

2019 年 7 月 15 日,韩国瑜 44.8% 的支持率赢得国民党党内初选,大幅领先排在其后的鸿海集团董事长郭台铭。而在 2018 年初,韩国瑜在岛内政坛还只是一个不起眼的"小人物"。然而,从 2018 年"九合一"选举拉开战幕后至今,仅仅一年时间内,韩国瑜就从胜算几乎为零的"空降兵"一举成为席卷全台的"韩流"源头,接连创下"九合一"选举奇观和国民党党内初选民调奇迹。

韩国瑜,1957 年 6 月 17 日出生于台北县(现新北市),祖籍河南商丘,东吴大学英文系学士、台湾政治大学东亚研究所硕士,历任台北县议员、台北县"立委"等职。韩国瑜常以激烈手段杯葛议事、反制民进党。与马英九、郝龙斌、连胜文这些典型国民党人相比,"草根"韩国瑜头顶的光环黯淡太多:出身基层,没有显赫的家世,没有欧美留学背景,鲜有党内高层提携。韩国瑜从政以来非常善于洞察民意,打出"民生牌""基层牌""清廉牌""网红牌"等一套组合牌,令"韩流"的扩散充满动能。2018 年,韩国瑜以超越对手陈其迈 15 万票的超高得票率,将绿营长期"执政"20—30 年的根据地高雄成功翻蓝。这样的结果民进党再怎么用统"独"矛盾、省籍矛盾、民主价值等叙事逻辑的牢笼想把民众重新套回去,都已经不可能了。

事实上,在两岸政策等主张方面,韩国瑜与郭台铭、朱立伦等候选人的主张差异不大,之所以获得更多选民的青睐,主要源于韩更关注到目前台湾民众的情感诉求与实际需要,并擅长用"平民化"的语言将自己与台湾的边缘族群联系在一起。在韩国瑜身上"反建制"的色彩更为突出,这也是其赢得初选的重要原因之一。[①]

韩国瑜在高雄选举中淡化色彩背景,摆脱过去拼党产、拼资源、靠派系动员拉票的老路,而是通过提供符合民心的执政论述,来赢得选票,这样的行为正好与走出蓝绿循环的"无色觉醒"相呼应。此外,全球兴起的反体制、反精英的民粹化风潮,也为"韩国瑜现象"的出现起到了推波助澜的作用。

从外部环境看,民进党"执政"无能、岛内民心思变,间接助推了"韩

[①] 司嘉:《"卖菜郎"何以创庶民选举奇迹?——也谈韩国瑜现象》,来源:华语智库官网,http://news.ifeng.com/c/7oNLQpPswyy。

流"的形成和扩散。蔡英文"执政"三年多来，施政可谓乏善可陈、状况百出，未获多数民众认同，无论在能源政策、产业升级、"一例一休"、军公教改革及农业政策等方面，均未解除民众疑虑即贸然实施相关政策，导致蔡支持度不断下滑。台"九合一"地方选举后，民进党执政县市由之前的13个缩减到仅剩6个，且多数县市的正、副议长都为国民党籍。

2018年11月25日，韩国瑜当选中国台湾省高雄市市长，击败民进党对手陈其迈，结束了民进党在高雄执政20年的历史。

韩国瑜作为国民党人，其政治生命的延续必将与国民党的未来息息相关。如果国民党不能加以变革，改变僵化的体制，肯定限缩韩国瑜在党内的发展空间，甚至拖累韩国瑜今后的从政之路。能否拉动国民党进行改革重塑，或许将成为韩国瑜能否再上一层楼的关键。除此之外，能否处理好两岸关系的议题也是摆在韩国瑜面前的重要考题。①

台湾地区传统的"北蓝南绿"的政治版图发生巨变，说明两党基本盘出现松动，经济民生问题成为人们关注的首要问题。不论是蓝营还是绿营，再也无法自大地认为"躺着都能赢"。事实上，只有坚持一个中国原则，积极进行党内改革、务实解决民生议题，才能赢得民心。

2019年7月15日，2020年台湾地区领导人选举国民党党内初选，韩国瑜获胜。2019年7月28日，中国国民党正式提名韩国瑜为2020参选人。根据投票前的民调显示韩国瑜的选情十分乐观，甚至有不少媒体将韩国瑜称作是"人气王"，相信他将重新上演2019年市长选举式的奇迹。但是2020年1月11日，韩国瑜以较大差距败选台湾地区领导人，其中最主要的原因在于蔡英文有境外势力作为支撑，蔡英文网军几乎遍布所有的网络和社交媒体。而国民党内耗太严重，内部矛盾重重，尤其是对于年轻群体的选票并不重视，因此韩国瑜在这个年龄阶段的得票率很低。

2020年6月6日，台湾高雄市长韩国瑜罢免案正式投票，台湾地区选务机构公布的实时数据显示，同意票数超过57万4496票的门槛，最终达到93万9090票，罢免案获得通过。韩国瑜被罢免，成为台湾历史上第一位被罢免的县市长。岛内舆论评论说，"罢韩"将开启台湾政治史的恶性循环，也再次凸显了台湾所谓的"民主政治"早已沦落为只问颜色不问对错的"颜色政治、

---

① 司嘉：《"卖菜郎"何以创庶民选举奇迹？——也谈韩国瑜现象》，来源：华语智库官网，http://news.ifeng.com/c/7oNLQpPswyy。

私心政治、骗术政治"。

三、朱立伦当选中国国民党主席

朱立伦出生于1961年6月，台湾桃园县人，祖籍浙江义乌，先后毕业于台湾大学和纽约大学，获得金融学硕士和会计学博士学位。曾任新北市市长，现任中国国民党主席。2021年9月25日，朱立伦当选中国国民党主席。10月5日，朱立伦正式就任中国国民党主席。

2020年3月，48岁的台湾国民党"中生代"江启臣在主席选举中胜出，成为继蒋介石之后最年轻的国民党主席。上台后，他对两岸政策进行了"微调"，开始淡化"九二共识"。2021年9月参加国民党主席选举的四位候选人，纷纷重谈"九二共识"，主要是新冠疫情发生以来，民进党抗疫不力，令岛内民众大为不满，过去几个月里，民进党的支持率下降了15%，支持者数量少了300万。不过，国民党并没有从民进党的损失中得到好处，民进党流失的支持者大多投向了从国民党分化出来的民众党，而该党并未表现出明显的"蓝""绿"属性。这令国民党逐渐意识到，效仿民进党不但不能收获民心，反而动摇了国民党的"治党根基"，在对选票的渴望中丢失了"党魂党性"。中国社会科学院台湾研究所张华认为，国民党候选人重谈"九二共识"，有几个原因：一是当前台海局势紧张复杂，国民党内部一致认为，当前的局面不可持续；二是要回归和平，就必须回到"九二共识"这条道路上，因为"九二共识"是两岸关系和平发展的基础；三是国民党在处理两岸关系上有着其他台湾政党无可比拟的优势，曾经靠"九二共识"在数次选举中大获全胜。同时，不能把最近某次选举的失败归结于对"九二共识"的坚持。在两岸关系上不能跟着民进党走，不能把国民党变成另一个"民进党"，这是四位候选人之间的一致共识。

2021年9月26日，中共中央总书记习近平致电朱立伦，祝贺其当选中国国民党主席，指出过去一个时期两党在坚持"九二共识"、反对"台独"共同政治基础上良性互动，推动两岸关系和平发展，造福两岸同胞，成效有目共睹。期望两党登高望远，坚持共同政治基础，坚守民族大义，勤力合作，为同胞谋福祉，为台海谋和平，为国家谋统一，为民族谋复兴。同日，新当选的中国国民党主席朱立伦复电，对习近平总书记表示感谢。他表示，两岸人民同为炎黄子孙，深盼今后两党在"九二共识"、反对"台独"基础上，增进互信融合，加强交流合作，让两岸关系和平发展继续前行，共同造福两岸民众，促进台海和平稳定。

　　12月11日，第十三届海峡论坛大会在厦门举行，中国国民党主席朱立伦通过视频向大会致辞。他表示，面对当前的两岸局势，中国国民党会秉持党章、党纲的规范，以及两岸多年来交流所累积的基础，以民众福祉为己念，继续推动两岸和平发展。"如果加上海峡论坛的前身——已经举办过三届的海峡西岸经济区论坛，那么海峡论坛可以算得上已经举办过16次了。"朱立伦在视频中表示，走过16个年头，论坛的规模越来越大，交流也更加广泛深入，主题与内容跟民众的需求更为契合。"我认为这对于当前两岸关系的发展意义十分重大。"回顾起在2009年举行的第一届海峡论坛，朱立伦说，当时他以中国国民党副主席的身份率团参加，从此也开始了两岸交流的各项平台。十二年后以中国国民党主席的身份再一次向海峡论坛发来祝福，朱立伦坦言，"也深刻体会到，今天的国民党对于稳定两岸关系、增进两岸人民福祉的责任非常重大"。朱立伦表示，在当前的疫情肆虐之下，对于长期在两岸往来的台商、台胞、台生、陆生、陆配来讲，真的是非常非常辛苦。中国国民党一定要秉持初衷，除了妥善照顾在台湾的陆生、陆配以外，也要为在大陆经商、工作、生活、求学的台湾同胞争取应有的权益跟保障。

　　2021年12月18日，中国台湾地区进行所谓"四大公投"，所谓"四大公投"就是指重启"核四"、"公投"绑"大选"、"反莱猪进口"和珍爱藻礁。这四项对于现在负责台湾地区主要事务的民进党当局而言，都不利于他们贴靠美国、蛊惑台湾民众，所以民进党当局坚决反对。而作为民进党最大的对手，国民党对这四项基本都是赞成，于是，原本是一场事关台湾整体利益的"公投"，就这样变成了民进党与国民党的直接对抗。结果，"四项公投"全部未获通过，民进党大获全胜，国民党全线溃败。国民党席朱立伦马上就公开表态，称这是台湾地区"民主"的失败，而且也反省了自己的过失。

结束语　国家统一与民族复兴的历史思考

回顾历史是为了展望未来。从1894年甲午战争后清政府割台到1945年台湾光复，再到当今来之不易的国家统一新局面，我们可以深深体会到国家统一与民族复兴是一个不可分割的整体，而台湾问题必须放在中华民族苦难与辉煌并存的史诗般的壮丽征程中，才能深度解读大陆和台湾同胞百年来的郁郁悲歌，并憧憬两岸携手迎接民族复兴的煌煌前景。总之，两岸同胞应该胸怀民族整体利益，共同为实现中华民族伟大复兴的中国梦而努力奋斗！

一、国家统一是时代潮流指向和大国兴衰关键

2016年，蔡英文和民进党重新取得岛内"执政权"，由于民进党本身没有放弃"台独"党纲，而蔡英文迟迟不肯承认"九二共识"，为此一批"台独"分子蠢蠢欲动，力图结束"蛰伏"而图"大业"，而一部分关注台湾问题的人士则各持己见，或者眉头紧锁，或者愤慨激昂，其实不必如此烦恼，因为历史是解读未来的一把钥匙，纵览几千年的世界历史和中国历史，都可以找到一个颠扑不破的真理：国家统一是时代潮流指向和大国兴衰关键。中国的国家统一最终是一个历史合力的作用，既非个人和个别群体意志所左右，更不是一小撮人蚍蜉撼树所能够阻挡历史车轮前行。

在1890年《恩格斯致约·布洛赫》的通信中，恩格斯说："历史是这样创造的：最终的结果总是从许多单个的意志的相互冲突中产生出来的，而其中的每一个意志，又是由于许多特殊的生活条件，才成为它所成为的那样。这样就有无数互相交错的力量，有无数个力的平行四边形，而由此就产生出一个总的结果，即历史事变，而这个结果又可以看作一个作为整体的、不自觉地和不自主地起着作用的力量的产物。"[①]

[①]《马克思恩格斯选集》，第4卷，北京：人民出版社，1972年版，第478页。

从世界历史特别是世界近现代史看，任何一个民族国家要实现国家的繁荣昌盛前提在于国家的统一，一个民族国家丧失了主权独立和领土完整后，只能沦为一些霸权国家的附庸，长此以往，其民族精神和民族凝聚力会逐渐消散，而这个民族国家从实体和国家理念上都会走向消亡。

"国家"是天下、邦国、家室的总称。《孟子·离娄上》中指出"人有恒言，皆曰天下国家，天下之本在国，国家之本在家。"16世纪，社会政治的发展使现代国家的概念得以抽象出来，意大利的政治思想家马基雅维利在《君主论》中第一次广泛使用"国家"这个词表示在政治上组织起来的社会。此后"国家"一词便流行通用。列宁说"几乎目前所有各种政治争论、分歧和意见，都是围绕国家这一概念的。"①

马克思与恩格斯一直强调国家和国家统一的重要意义。恩格斯曾经指出，国家是阶级矛盾不可调和的产物和表现，是"从社会中产生但又自居于社会之上并且日益同社会脱离的力量"；国家"作为表面上的调停人"，为了使那些不可调和的对立面不致在无谓的斗争中把自己和社会消灭，就"应当缓和冲突，把冲突保持在'秩序'的范围以内"。②

1884年，恩格斯在《马克思和〈新莱茵报〉》一文针对德意志的统一问题指出："《新莱茵报》的政治纲领有两个要点：建立统一的、不可分割的、民主的德意志共和国和对俄国进行一场包括恢复波兰的战争。""无产阶级的利益迫切要求德国彻底统一成为一个民族，只有这样才能把过去遗留的一切琐屑障碍清除掉而扫清无产阶级同资产阶级较一较量的战场。""普鲁士的消灭，奥地利国家的崩溃，德国真正统一成为共和国——我们在最近将来的革命纲领只能是这样的。"③

纵观世界历史，包括美国在内的各主要大国都把不惜一切代价反分裂作为其首要的排他型战略。美国总统林肯曾经论述过美国的地理依存与国家统一，他说："一座房子不能从中间裂开。"1861年，美国南方一些州建立南部同盟，公开分裂国家，并于1861年2月8日组成南部邦联，推举所谓"临时总统"，公开与联邦政府分庭抗礼。面对国家分裂的严重危机，时任美国总统林肯旗帜鲜明地表明了反对国家分裂的严正立场："从一般法律和我们的宪法来仔细考虑，我坚信，我们各州组成的联邦是永久性的"，"没有一个名副其

---

① 《列宁选集》，第4卷，北京：人民出版社，1995年版，第53页。
② 《马克思恩格斯选集》，第4卷，第166、168页。
③ 《马克思恩格斯全集》，第21卷，北京：人民出版社，1965年版，第21页。

实的政府会在自己的根本法中定出一条,规定自己完结的期限。继续执行我国宪法所明文规定的各项条文,联邦便将永远存在下去——除了采取并未见之于宪法的行动,谁也不可能毁灭掉联邦","联邦是不容分裂的;我也将竭尽全力,按照宪法明确赋予我的责任,坚决负责让联邦的一切法令在所有各州得以贯彻执行"。[①] 这场冲突在19世纪60年代演变为一场长达四年、席卷全国的南北战争,最终南北战场较量的结果是美国联邦复归于统一,1865年4月9日,南方军队总司令李将军被迫投降,南部邦联的分裂活动被彻底粉碎。美国南北战争历时四年。在这场战争中,南北双方共花费军费60多亿美元,投入兵力300万人,61万5千人战死沙场,大约每60个美国人里,就有一个死于战火(美国内战时期,北方人口2200万,南方人口900万,其中有350万是奴隶)。

与美国同为近邻的加拿大在反分裂方面同样意志坚决。1995年10月,加拿大就魁北克独立问题举行公民投票,反对独立的联邦主义者以50.6%比49.4%的微弱多数获胜,两者的票数之差仅为5.4万张,这使加拿大暂时避免了分裂。[②] 在1995年魁北克公投前的国会会议上,克雷蒂安总理坚定地说:"百分之五十加一票就可以分裂一个国家?这不是民主!"针对魁北克分裂势力要求独立,加拿大政府采取司法诉讼和立法这两种重要的手段来加以约束。1999年12月,联邦政府推出"清晰法案"。法案中有两个最关键的内容:其一,分裂势力在就独立问题组织公投时必须设问清晰,不得有丝毫倾向性,防止政治人物用模棱两可的词汇误导民众;其二,《清晰法》还规定必须有清晰数量的民众支持,不仅仅是魁北克人的支持,而是整个加拿大人都要支持。在这部"铁法"面前,魁北克分裂势力受到沉重打击。这意味着,魁北克人党在1980年和1995年全民投票中的议题都是不能接受的,投票结果是无效的。正如当时的政府事务部长迪恩所说:"《清晰法》草案的通过,保障了加拿大永远不会在混乱中被分裂。"自此,加拿大的分裂危机从根本上得到了控制,"清晰法案"于2000年3月在加拿大国会通过。[③]

俄罗斯在打击"车臣"独立、维护国家统一方面得到举国上下的鼎力支

---

① 《林肯集——演说 信件 杂文 公告 总统咨文和公告》(上),黄雨石、辜正坤、邓蜀生译,北京:生活·读书·新知三联书店,1993年版,第298页、第299页。

② Edwards G. *Britannica Book of the Year 1996*. Chicago, ILL:Encyclopedia Britannica, Inc., 1996:385.

③ 王英津:《关于遏止分离性公民投票的对策思考——以魁北克"公投"为个案》,《河南师范大学学报》(哲学社会科学版),2008年第3期,第69页、第70页。

持。1999年下半年,普京任俄罗斯总统后痛下决心,决定动用军事手段遏制民族分裂主义,打击车臣叛乱,他说:"我们打击恐怖分子必须坚持到底,即使他们逃到厕所里,我们也要把他们溺死在马桶里!"该年9至10月,普京政府全面展开了第二次车臣战争,并获得胜利。同时,双管齐下,在加紧清剿车臣非法武装,消灭其有生力量的同时,倾注巨大财力加快车臣法制建设和重建恢复,并取得初步成效。

中国作为五千年的文明古国,在历史上多次面临统一和分裂的局面,对于国家分裂的显著危害有着切肤之痛。公元156年,全国人口5000多万,但经过黄巾起义和三国混战,公元221年人口下降到90万,损失了98.3%,"马前悬人头,车后载妇女。白骨露于野,千里无鸡鸣。生民百余一,念之断人肠。"(曹操《蒿里行》)从而成为当时社会历史的真实写照。宋朝的苏轼也在《教战守策》中曾经明确指出"天下分裂,而唐室固以微矣",总结出唐朝的衰微与唐末的分裂割据之间存在着必然的因果联系。

正是因为分裂的显著危害,国际法禁止以任何理由损害一个国家的领土完整和政治独立。前联合国秘书长加利曾一针见血地指出:"如果每个种族、宗教或语言集团都要求建立国家,那么世界将会出现一种完全支离破碎的情景,全人类的和平、安全与经济利益都将更难以实现。"因此,他警告说:"以种族、宗教社会、文化和语言为借口进行反叛斗争,正在威胁着国与国之间的和睦关系。"

2015年9月10日,英国首相卡梅伦在苏格兰首府爱丁堡为苏格兰独立公投反独阵营造势,呼吁选民投反对票,极力挽留苏格兰留在英国,卡梅伦深情地指出:"周四,你们开始投票,周五一早醒来,可能你们就已经身在一个不同的国家。我们要知道,此行一投,已再无退路,这就是一锤定音的一次投票。在周五早晨醒来,我们伤心,因为我们所深爱的国家已经不在,苏格兰将不再与英格兰、威尔士和北爱尔兰在三军中携手,不再参与联合王国在世界上的光荣活动,不再是英国奥林匹克代表团成员。从此失去联合国王国的养老金,不再持有联合国王国的护照,不再使用英镑。世界最伟大的典范的民主,各民族开放而诚信如一个民族的国家将不再存在。独立会终结一个国家,一个曾发起启蒙运动,发起工业革命,消灭了奴隶制,打败了法西斯赢得全球尊重,一个我们称为家的地方。苏格兰之离去正如我们一起辛苦创建了家园,但你却出门而去不再回来。所以,我要对所有在周四投票的人说,请记住:这不仅是一个古老的国家。这是联合王国。这是我们的国家。""说到家庭,我的感受相当简单,我们是一个家庭,联合王国不只是一个民族,我们是四个民族凝聚成的一个国家。这中间也许存在困难,但终归是美好的。苏格兰、英格兰、威尔士和北爱尔兰是不同的民族,有着各自独特的民族性。大家相互竞争,甚至有些时候触怒彼此,但我们相聚之时确实强大的。我们是一个民族大家庭。所以,请不要让这个家庭四分五裂。"[1]卡梅伦的深情演讲博得国际社会的满堂彩,其英文演讲文本甚至被采用为非英语国家的经典学习教材,而其中深层次含义在于国际社会对于国家统一在感性层面的高度认同。

二、中国国家统一的历史逻辑寓于"大一统"的政治文化之中

中华文明历史从未中断就是因为中华民族很早就形成了向往统一、向往安定的民族心理。这种心理是如此强烈,成为中国最大的聚合力。几千年来,中华民族不止一次被分开,但是每一次分裂,中国人总是以坚忍的毅力、巨大的牺牲去实现新的统一。如《三国演义》写天下大乱,群雄并起。尽管小说对曹、刘、孙三家的态度有区别,但小说充分肯定了三家的一个共同点,就是眼观天下、志在统一。鼎立以后,谁都没有满足,大家都要继续追求国家的全部统一。

"大一统"是儒家提出的政治主张,"大一统"始见于《公羊传·隐公元年》:"何言乎王正月?大一统也。""大一统"一词最早主要是解释王朝更替的理论,是对王朝由以建立的理论基础所做的说明,是中国早期国家建立之理念。而"大一统"观念形成最初源头可以追溯到中华民族对自身所住其间的宇宙的认识,后来才引申为国家在政治和文化上的高度统一。《礼记》给予最通俗的解释:"天无二日,土无二主,家无二尊,以一治之也,即大一统之义也。"秦灭六国,完成中国历史上的第一次大一统后,实行的"书同文,车同轨,建立郡县"等一系列政策进一步强化了"大一统"在制度层面上和领土层面上的体现,为后世各个王朝所效仿。汉代秦后,大一统思想不仅体现在心理、制度和领土层面上,而且完成了对"大一统"思想的理论化,其中

---

[1] 《2014经典演讲之卡梅伦深情挽回苏格兰》,http://edu.sina.com.cn/en/2015-01-22/121987240.shtml。

董仲舒的"大一统论"的核心可以总结为：统一思想、加强中央集权和削弱地方封建势力。此后，"大一统"观念逐渐形成并深入人心，成为任何想建立合法王朝的统治者的最高追求。

在中国古代伦理道德体系中，国家统一是"古今之通义"的核心范畴。"古今之通义"是王夫之道义伦理思想的重要范畴和命题，它与"一人之正义"与"一时之大义"一起构成王夫之义范畴的有机体系并在其中起着引领、规范作用。明清易代给王夫之以极大的心灵震撼和价值撞击，使得他在经历了对"一人之正义"和"一时之大义"求索践履的巨大创痛之后将全部心志集聚于民族复兴的哲学总结和伦理精神的阐扬之中，提出并论述了"古今之通义"的价值判断和伦理理念，赋予这一价值判断和伦理理念以国魂民魄的核心或枢纽意义，极大地彰显了中华民族整体利益和长远利益的道德合理性和价值至上性，从而使其道义论具有超越千古而又继往开来的价值特质，成为中华民族伦理精神和文化系统中的核心价值观。[1]

华夷之辨是中国古代的传统民族观念，自春秋以来的2300余年间，大多数中原汉族王朝均奉为圭臬，相沿未革，因而也未能解决好北方的民族问题与边患问题。清朝统治者锐意改革，以民族"大一统"观念取代了以往的华夷之辨。以这种新型民族观念为指导，清朝很好地解决了中国北方的边患问题，促进了中国政治与国土疆域的空前统一。[2]

清朝定鼎北京，君临天下，进入人数以千万计、传统文化极深的汉人社会之中，以顺治帝为首的满族贵族集团，恪守皇太极的遗策，坚持"满汉一体"的思想，他说："历代帝王大率专治汉人，朕兼治满、汉，必使各得其所，家给人足。"他不断阐述、强调这一思想："方今天下一家，满汉官民皆朕臣子"；"满汉官民，俱为一家。"[3]

康熙三十年(1691)五月，康熙帝采取一项惊人的举措：废长城而不用。他说："秦筑长城以来，汉、唐、宋亦常修理，其时岂无边患？明末我太祖统大兵长驱直入，诸路瓦解，皆莫敢当。可见守国之道，惟在修德安民，民心悦，则邦本得，而边境自固，所谓众志成城者是也。"[4]

---

[1] 王泽英：《王夫之"古今之通义"的深刻内涵与价值建构》，《船山学刊》，2015年第3期，第8页。

[2] 李治亭：《清代民族"大一统"观念的时代变革》，《社会科学辑刊》，2006年第3期，第162页。

[3] 《清世祖实录》，卷90。

[4] 《清圣祖实录》，卷151。

同时，康熙一举实现了对隔海相望的台湾的统一，是清朝历史的一件大事，也是中国和台湾历史的一件大事。1662年6月，爱国英雄郑成功收复台湾后不久去世。继承延平王位的儿子郑经、孙子郑克塽等人，凭恃武力在台湾割据。于是，遏制分裂，统一祖国成为大清王朝的重要任务。1667年，在清朝"征剿"台湾的几次军事行动受挫后，清廷的对台政策改为"议和"。从1667年到1682年，康熙皇帝先后派福建招抚总兵孔元章和道员刘尔贡、知州马星等人作为谈判代表，与郑经进行了四次七轮谈判。郑经坚持仿效朝鲜"称臣纳贡不登陆不削发"，其理由为"朝鲜亦箕子之后，士各有志，未可相强"。当时清朝为统一国家，做出了最大限度的让步，同意台湾郑氏政权"称臣纳贡不登陆"，但康熙皇帝坚决拒绝"不削发"的条件，因为"削发"是清朝臣民的象征，台湾是大清王朝的领土，朝鲜只是保护国，台湾"东宁小朝廷"不能不削发。其实郑氏集团早已图谋"自立乾坤"，公开分裂国土，并无和谈诚意。面对其分裂行径，康熙起用施琅将军，采取"因剿寓抚"的正确战略，着手完成统一大业。郑氏集团惊慌失措，一些人甚至主张，派使者南联吕宋、苏禄诸国，北结日本，许以重酬，请他们派船派兵来台，共同赶走清军。1683年，澎湖决战，清军击败郑军，郑氏集团同意议和，对清廷称臣。[①]

康熙统一台湾是"剿抚兼施"，是和平的方式和非和平的方式交替并用，这种经验方式时至今日值得总结。康熙统一台湾，削除了南明郑氏与清朝对立的最后一点象征性根据地，结束了台湾可能为外人占领的最后一点机会，实现了中国国土的事实上的大统一。康熙统一台湾，在台湾设置郡县，传播中华文化，开辟草莽，改变了禁海和迁界的政策，为台湾的发展和海峡两岸的交流奠定了基础。康熙统一台湾的历史意义无疑是十分巨大。

2013年8月13日，在纪念康熙统一台湾330周年国际学术讨论会上，许多学者肯定了康熙统一台湾意志的坚定性，海研中心副主任谷凯宁先生指出康熙打掉郑氏集团偏安一隅的幻想以及立足长远思考台湾未来的战略眼光是其统一的必要条件。首先，最高决策者坚定不移的统一意志是完成统一大业的必要条件。作为决策者，要实现统一的行动，统一意志非常关键，这就是战略意志的问题。当时，清政府也面临着内忧外患等等各种各样的问题，

[①] "清政府收复台湾"这段文字主要转引自孙力：《台海两岸分合历史之反思》，《史学集刊》，2003年第4期，第45页。

但是康熙坚持不允郑经集团"仿朝鲜、琉球例",坚持"削发""上岸",从康熙初期一直到收复之前坚定不移,贯彻始终,如果他只是为了维持一方的安宁,他可能就接受依朝鲜例,进贡称臣,恐怕不能达成统一的结果。只有领导人的坚定不移,才能凝聚国人共识,使整个国家机器有效运作,形成综合能力。同时,立足长远战略利益确保台湾也是康熙统一台湾的重要意义所在,康熙统一台湾是一种战略眼光的体现,其历史功绩,不仅在于当时,更在于未来。康熙统一台湾之后,还就弃守台湾展开过激烈争论,一些朝廷重臣主张放弃,主要是着眼于清朝当时的社会经济状况,但施琅、姚启圣等人从安定东南海疆的国家安全的角度坚持留守台湾,而最终康熙还是采纳了施琅等人的意见,从而为我们赢得了一个非常好的地缘战略的有利态势。[①]

延安时期,毛泽东提出"中华各族"的概念和各民族共同建立"统一的国家"的思想,不仅从根本上改变了建立"中华联邦共和国"等脱离国情的政治主张,而且是他把马克思主义基本原理与中国革命具体实际相结合方面的又一次重要的理论突破。新中国成立后,毛泽东主席指出"我们的国家现在是空前统一的。资产阶级民主革命和社会主义革命的胜利,以及社会主义建设的成就,迅速地改变了旧中国的面貌。祖国的更加美好的将来,正摆在我们的面前。人民所厌恶的国家分裂和混乱的局面,已经一去不复返了。我国的六亿人民正在工人阶级和共产党的领导下,团结一致地进行着伟大的社会主义建设国家的统一,人民的团结,国内各民族的团结,这是我们的事业必定要胜利的基本保证"。[②]

莫里斯·梅斯纳在其专著《毛泽东的中国及其发展——中华人民共和国史》中曾给予了客观的积极的评价:"中国的马克思主义新执政者们……迅速地把四分五裂的古老中华帝国改造成为一个现代的民族国家,并且给它的多民族的众多人口逐渐灌输了关于民族统一和社会目标的强烈观念。"[③]

[①] 《康熙统一台湾 330 周年系列报道之三:统一意志与战略是统一的必要条件》,http://www.vos.com.cn/news/2013-08/14/cms764353article.shtml。

[②] 《毛泽东文集》,第 7 卷,北京:人民出版社,1999 年版,第 204—205 页。

[③] [美] 莫里斯·梅斯纳著,张瑛等译:《毛泽东的中国及其发展——中华人民共和国史》,北京:社会科学文献出版社,1989 年版,第 481 页。

三、认清国家统一与民族复兴的辩证关系

习近平在十九大报告中明确提出:"保持香港、澳门长期繁荣稳定,实现祖国完全统一,是实现中华民族伟大复兴的必然要求。"[①] 因此,国家统一是中华民族走向伟大复兴的历史必然,国家统一进程与民族复兴大业相辅相成,不可分割。

民族复兴、国家统一是大势所趋、大义所在、民心所向。"统则强、分必乱",这是一条历史规律。中国作为五千年的文明古国,在历史上多次面临统一和分裂的局面,对于国家分裂的显著危害有着深刻认识。

香港、澳门的命运从来同祖国紧密相连。近代以后,由于封建统治腐败、国力衰弱,中华民族陷入深重苦难。19世纪40年代初,区区一万多英国远征军的入侵,竟然迫使有80万军队的清朝政府割地赔款、割让香港岛。鸦片战争之后,中国更是一次次被领土幅员和人口规模都远远不如自己的国家打败,九龙、"新界"也在那个时候被迫离开了祖国怀抱。在改革开放的历史条件和时代背景下,邓小平同志提出了"一国两制"伟大构想,并以此为指引,顺利解决了历史遗留的香港、澳门问题,港澳从此走上同祖国共同发展、永不分离的宽广道路。

海峡两岸分隔已届70余年。台湾问题的产生和演变同近代以来中华民族命运休戚相关。台湾问题的产生和演变同近代以来中华民族命运休戚相关。1894年甲午中日战争爆发,这场战争使中日两国自此国运殊途,中华民族甚至走到了亡国灭种的边缘。1895年丧权辱国的《马关条约》规定,清朝须向日本赔款白银两亿两,并割让辽东半岛、台湾及其附属岛屿,台湾更是被外族侵占长达半个世纪。

只有当中国共产党领导中国人民经过艰苦卓绝的奋斗赢得民族独立和解放、建立新中国之后,中国人民才真正站立起来,并探索开辟出一条中国特色社会主义光明道路。中华民族在探寻民族复兴强盛之道的过程中总结的最重要的一条历史经验是:维护国家统一是中华民族的根本利益。针对台湾问题,邓小平指出中国"吞不下去(台湾问题),不会吞下去的。如果真的出现这样的情况,由于台湾问题迫使中美关系倒退的话,中国不会吞下去。"[②] 他

---

① 习近平:《决胜全面建成小康社会 夺取新时代中国特色社会主义伟大胜利——在中国共产党第十九次全国代表大会上的报告》,北京:人民出版社,2017年版,第25页。

② 《邓小平文选》,第二卷,北京:人民出版社,1983年版,第377页。

多次指出"我们一定要完成前人没有完成的统一事业,"①"实现国家统一是民族的愿望,一百年不统一,一千年也要统一。"②

从"以静制动""以逸待劳"的角度看,中国保持政治稳定、经济发展、社会进步,则对外能够发展中美日关系,对内能够遏制"台独",因为经济实力的抬升会增强中国的"硬实力"(特别是国防实力),同时中国改革发展的"溢出效应"必然在政治层面上提高中国的国际地位,在中美日的政治博弈中取得更多的话语权。十七大报告指出:"我国经济从一度濒于崩溃的边缘发展到总量跃至世界第四、进出口总额位居世界第三,人民生活从温饱不足发展到总体小康,农村贫困人口从两亿五千多万减少到两千多万,政治建设、文化建设、社会建设取得举世瞩目的成就。中国的发展,不仅使中国人民稳定地走上了富裕安康的广阔道路,而且为世界经济发展和人类文明进步作出了重大贡献。"③

2015年3月4日,习近平看望出席全国政协十二届三次会议的民革、台盟、台联委员时强调我们坚持对台工作大政方针和决策部署,两岸制度化协商取得新成果,两岸经济融合发展不断深入,各领域交流合作保持良好发展势头,台海局势总体稳定。从根本上说,决定两岸关系走向的关键因素是祖国大陆发展进步。我们要保持自身发展势头,同时采取正确政策措施做好台湾工作。④

一旦中国改革开放停滞或者发生社会动乱,则美日会加快分化、演化中国的步伐,"台独"势力也会抓住时机,铤而走险,内外不利因素将接踵而至,经济滞后和社会动乱所带来的"多米尼诺骨牌"效应凸显,不但台湾的分裂走向"法理化",中国还将会再次面临领土分裂的局面,以及中国经济发展和社会进步倒退几十年的危险。从苏联的解体可以看出,在苏联解体前面临着各种错综复杂的矛盾,但是主要矛盾还是来自国内,并且矛盾的主要方面在于苏联的经济发展和社会机制出现难以克服的困难,最终其国内反对派势力在西方外部势力的帮助下促成苏联的解体。而近年来,俄罗斯克服了国

---

① 《邓小平文选》,第三卷,第31页。
② 《邓小平文选》,第三卷,第59页。
③ 胡锦涛:《高举中国特色社会主义伟大旗帜 为夺取全面建设小康社会新胜利而奋斗——在中国共产党第十七次全国代表大会上的报告》,2007年10月15日,新华网,http://news.xinhuanet.com/newscenter/2007-10/24/content_6938568_1.htm。
④ 《习近平:两岸关系走向关键在大陆发展》,http://news.sina.com.cn/o/2015-03-05/025931568752.shtml。

内一系列经济和社会问题,国内各种矛盾得以缓和,所以尽管西方势力肆意支持俄国内分裂势力,特别是乌克兰局势恶化后,但是俄罗斯仍然采取强有力的措施维护了本国的稳定与统一。

在 2015 年"习马会"上,习近平强调,两岸同胞是打断骨头连着筋的同胞兄弟,是血浓于水的一家人。我们应该以行动向世人表明:两岸中国人完全有能力、有智慧解决好自己的问题,并共同为世界与地区和平稳定、发展繁荣作出更大贡献。两岸双方应该坚持"九二共识"、巩固共同政治基础,坚定走和平发展道路,深化两岸交流合作,增进两岸同胞福祉,共谋中华民族伟大复兴。

2019 年 1 月 2 日,习近平同志在《告台湾同胞书》发表 40 周年纪念会发表重要讲话指出:"回顾历史,是为了启迪今天、昭示明天。祖国必须统一,也必然统一。这是 70 载两岸关系发展历程的历史定论,也是新时代中华民族伟大复兴的必然要求。两岸中国人、海内外中华儿女理应共担民族大义、顺应历史大势,共同推动两岸关系和平发展、推进祖国和平统一进程。"[①]

总之,祖国完全统一的时和势始终在我们这一边。当前,就大陆的单一省份的 GDP 而言,包括广东、山东、江苏、浙江、福建等省已经超越台湾,大陆 2019 年的经济增量已经相当于两个台湾地区的经济总量。1990 年,大陆 GDP 约为 3500 亿美元,台湾 GDP 已达 1600 亿美元。2020 年台湾 GDP 为 6648 亿美元,大陆为 14.7 万亿美元,人均 GDP 约为 1.06 万美元,台湾相当于大陆的 4.5%。两岸 GDP 对比从当年接近二分之一到当前不到二十分之一,整体实力对比发生了质的转换。

四、正确处理国家统一进程中的外部干扰因素

台湾问题延续到今天,与美日等外部因素的干扰密不可分,在台湾涉外因素的政治光谱上,美国因素最为核心和直接,其次为日本,再次为韩国、俄罗斯、东南亚国家,而欧盟、印度等外部因素形成的干扰则是相对较弱。

(一)美国因素

对于美国的台海政策比较客观的论述可见苏格所著的《美国对华政策与

[①] 习近平:《为实现民族伟大复兴 推进祖国和平统一而共同奋斗——在〈告台湾同胞书〉发表 40 周年纪念会上的讲话》(2019 年 1 月 2 日),《人民日报》,2019 年 1 月 3 日,第 2 版。

台湾问题》一书,"正是因为美国将台湾实际上当成一个实现自己利益的'卒子',那么它就从根本上决不可能对海峡两岸任何一方的利益予以充分的考虑。也正是因为美国决策者时时以自身的利益出发制定对台政策,其政策就难免不出现种种难以平衡的矛盾之处","美国自我标榜的'双轨'政策,说到底就是要维持台湾海峡两岸'不统不独'、'不战不和'的局面"。①

即使 2008 年—2016 年海峡两岸进入了和平与发展的历史时期,但是美国为代表的外部势力从未放松对台湾岛内政局走向的干预,特别是大力培育台湾岛内特别是青年群体的所谓的"民主势力"和"亲美势力"。2014 年"九合一"选举结果与国民党的选前预判出入很大,选前民调与选举结果相差悬殊的重要原因,就是美国等外部势力竭力培育以"太阳花学运"为代表的蓝绿外第三政治势力并且使其逐步走强。美国等外部势力不愿意看到两岸的和平发展及"一国两制"的成功实施,因此"太阳花学运"与香港"占中"之间一直有交集并互相支撑。

当前,要统筹考虑美国对台军售与大陆对台政策性贸易逆差挂钩。每年大陆对台贸易逆差达一千多亿元美元,2013 年 5 月美国防部发布 2013 年度《中国军事与安全态势发展报告》,进一步强调"解放军已具备对台实施越来越复杂的军事行动的能力"、"为使台湾具备足够的自卫能力"和"维持台海地区的和平、安全与稳定","美国自 2010 年以来已宣布向台湾出售了超过 120 亿美元的军火"。马英九连任后依然巩固与美关系并高调寻求军购。当前,台湾岛内社会政治生态的现实状况,越来越成为助推美对台军售的重要推手。随着台海和平稳定局面和两岸和平发展态势的出现,台湾的"安全"环境极大改善的同时与台湾当局的巨额军购形成巨大反差,岛内要求发展经济减少军购的呼声近年持续升温。因此,大陆对台的贸易优惠政策与对台军售挂钩的条件已经逐步成熟,应将巨额顺差和其他经济实惠有效造福于台湾民众,有力阻止台湾当局凭借每年盈余的外汇储备用于军购,消除对两岸和平发展的现实威胁和严重隐患。这既是深化两岸关系和平发展的题中应有之意,也是顺应两岸民意尤其是台湾民众福祉的必要之举。

2016 年 12 月 2 日,身为美国候任总统的特朗普与台湾当局领导人蔡英文直接通电话。这次通话时间长十多分钟。除了道贺寒暄之外,双方谈及各自内部经济和防务问题、美台关系、台湾"国际空间"、亚太形势等广泛议

---

① 苏格:《美国对华政策与台湾问题》,北京:世界知识出版社,1998 年版,第 811 页。

题，俨然正式"峰会"。①

2017 年 7 月 14 日，美国国会众议院当地时间 14 日晚以 344 票同意、81 票反对的结果通过《2018 年财政年度国防授权法案》(NDAA)，条文中提到"与台湾关系法"及"六项保证"，还鼓动美国扩大支持两军间的交流。②

2017 年 12 月，特朗普政府首度将台湾写入《美国国家安全战略报告》(National Security Strategy of the United States of America) 的"印太章节"，称"美国将根据'一个中国'政策，维持与台湾的坚强关系，并依据'与台湾关系法'提供台湾正当防卫所需武器以遏制威胁"。③

2018 年 2 月 28 日，美国国会参议院全票通过了"与台湾交往法案"。2020 年 3 月 26 日，美国总统特朗普签署了由参众两院通过的"2019 年台北法案"（即所谓的"台湾友邦国际保护及加强倡议法案"）。2021 年初，拜登上台后美国政府继续推行"以台遏华"战略。2021 年 11 月 16 日上午，国家主席习近平同美国总统拜登举行视频会晤，习近平阐述了中方在台湾问题上的原则立场。习近平强调，台海局势面临新一轮紧张，原因是台湾当局一再企图"倚美谋独"，而美方一些人有意搞"以台制华"。这一趋势十分危险，是在玩火，而玩火者必自焚。如果"台独"分裂势力挑衅逼迫，甚至突破红线，我们将不得不采取断然措施。④

（二）日本因素

冷战后，日本从其国家利益出发乐见台湾民众"皇民化情结"的滋长，由于受战败国身份的限制，日本不能和美国一样在政治和军事上直接介入台湾事务，但是日本凭借多年来形成的台湾民众的亲日意识在文化上渗透台湾。自 1995 年开始，台湾各大学的日语系剧增，到 2004 年全台设有日语系的高等院校多达 43 所，共有 7.5 万名学生在学日语。日本交流协会及其在台北、高雄两地的事务所，是"日语渗透台湾"的最大推动者。台湾岛内政客还把

---

① 郭拥军：《颠簸的"一个中国"：特朗普政府对台政策初探》，载《台湾研究》2017 年第 2 期，第 12 页。

② 《美法案提美军舰或将停靠台湾 美官员：非常困难且危险》，《环球时报》，2017 年 7 月 17 日，https://taiwan.huanqiu.com/article/9CaKrnK46zm。

③ The White House, *National Security Strategy of the United States of America*, December 2017, p.25, available at:https://www.whitehouse.gov/wp-content/uploads/2017/12/NSS-Final-12-18-2017-0905-2.Pdf。

④ 《习近平同美国总统拜登举行视频会晤》，《人民日报》，2021 年 11 月 17 日，第 1 版。

学日语、去日本访问当成捞取政治资本的捷径,民进党上台后包括"国安会秘书长"邱义仁、前民进党秘书长张俊雄等人都在学习日语,而所有的课程都是由日本交流协会台北事务所安排的。

在历史上,日本军国主义一直坚持"远交近攻"的外交理念,日本发动的甲午战争和对华全面侵略战争都是在中国面临两次国内现代化(近代化)的历史时期而发动的,现在中国将要完成第三次现代化的进程,日本国内的不安和焦虑更是有迹可循的。当前,世界的基本潮流就是倡导和平与发展,中日之间爆发热战的可能性几乎不存在。但是,日本一直有意寻找遏制中国的各方面因素,干扰中国的现代化进程,在中国的发展一旦遇到诸多问题而陷入停滞时,日本就可以在东亚事务中居于主导地位。日本东京都知事石原慎太郎在 2000 年 4 月 12 日接受德国《明镜》周刊记者采访时,更直言不讳地鼓吹"中国分裂有利于日本",叫嚣:"中国最好分裂成几个小国,日本应尽力促进这一过程。"[1]

2012 年 4 月,东京都知事石原慎太郎在美国华盛顿发表狂言称,将要以东京都的名义"购买"钓鱼岛。随后,日本中央政府也宣布要将钓鱼岛"国有化"。东京都政府和中央政府上演一场"购岛"闹剧。2012 年 9 月 9 日,国家主席胡锦涛在出席亚太经合组织第二十次领导人非正式会议期间同日本首相野田佳彦进行了交谈。胡锦涛郑重指出,中日关系因钓鱼岛问题面临严峻局面。在钓鱼岛问题上,中方立场是一贯的、明确的。日方采取任何方式"购岛"都是非法的、无效的,中方坚决反对。中国政府在维护领土主权问题上立场坚定不移。

当前,具有特殊历史背景和现实利益纠葛的台湾问题又成为日本干扰中国的首选,这与美国的出发点既有相同之处,又有不同之处,因为美国插手台湾的意图在于要保持世界的"单极"地位,日本的目的在于争夺同中国有关东亚事务的主导权,尽管中国政府一贯坚决奉行不干涉他国内政的和平外交政策。

日本京都大学教授中西辉政在《台湾是日本的生命线》[2]的文章中认为台湾对日本的安全来说是最后的生命线。他指出,如果台湾与中国合为一体,那么"尖阁诸岛"(即钓鱼岛及附属岛屿)周边就将完全成为中国海;冲绳海

---

[1] 岳麓士:《不能容忍的狂言》,《人民日报》,2000 年 4 月 17 日,第 6 版。
[2] [日]中西辉政:《台湾是日本的生命线》,[日]《呼声》月刊 4 月号,转引自《参考信息》,2004 年 4 月 4 日,第 1 版。

域和东支那("支那"是对中国的蔑称)海就将成为中国军舰的演习之域;日本的船舶和飞机就将被赶出这一区域。如果台湾被中国吞并,那就意味着日本的出入口将被北京完全堵死,那么日本只能对北京唯命是从,日美安保条约也将有名无实。这是一篇带有浓厚右翼色彩的文章,但是台湾海峡对于日本的地缘安全的重要性是毋庸置疑的。

台湾综合研究院战略与国际研究所副所长杨志恒提出:"中日两国在东北亚的地缘战略中的另外一个冲突点是台海安全问题。就台湾的战略地位而言,它位于东南亚与东北亚的中间,是日本很重要的南方屏障,也是中国要出太平洋最重要的据点,因此,必然会是'海权'的日本与濒海大国的中国获取优势地缘战略据点的必争之地。台湾若向中国倾斜,则日本乃至于美国目前在东亚的兵力部署必然要被切割成两半。且中国若利用台湾为基地可北上包围日本,切断驻日美军与夏威夷、关岛之间的联系,美国可能因之要撤出太平洋第一岛链防线到第二岛链,日本就将被中国所包围,使其完全丧失地缘战略的优势地位。因此,台海一旦有事,其结果势必导致中、日地缘战略的'零和'游戏。换言之,对日本而言,台海安全和他的国家安全息息相关,决不能坐视不理,和中国之间的冲突也势必难免。"[①]

日本是美国东亚主要军事基地的所在地,包括在距离台湾很近的冲绳岛南部也照样部署着美军基地。2021年12月1日,日本前首相安倍晋三参加了岛内"国策研究院"智库举行的论坛,并且就所谓的"台日关系"发表视频演说,声称钓鱼岛、那国岛等所谓的"日本领土"距离台湾仅100公里左右,大陆若对台湾采取武力行动,将对日本构成严重威胁。安倍放话叫嚣:台湾的紧急情况就是日本的紧急情况,也就是日美同盟的紧急情况。北京方面要认识到这一点,不能误判。对此,中国外交部发言人汪文斌在例行记者会上回应称,日本前首相安倍晋三罔顾国际关系基本准则和中日四个政治文件原则,公然在台湾问题上胡言乱语,指手画脚,妄议中国内政。中方对此强烈不满,坚决反对,已通过外交渠道提出严正交涉。汪文斌指出,台湾是中国的神圣领土,绝不容外人肆意染指。日本曾对台湾殖民统治长达半个世纪,犯下了罄竹难书的罪行,对中国人民负有严重的历史罪责。他强调,任何人都不要低估中国人民捍卫国家主权和领土完整的坚强决心、坚定意志、

[①] 杨志恒:《中国及日本在东北亚的角色》,《亚太情势与两岸关系学术研讨会论文集》,(台湾)财团法人两岸交流远景基金会,2002年10月,第120页。

强大能力,任何人胆敢重走军国主义老路,挑战中国人民的底线,必将碰得头破血流。

五、制订好中国国家统一总体战略及应急预案

在战略上要完善中国国家统一的总体战略,同时要有应急意识,对于两岸突发情况做好应急处置方案。

（一）制定中国国家统一总体战略

第一,政治上,本着系统理念和协同原则,对台做好打持久战的准备。

台湾问题由来已久,既有国内因素,又掺杂国际因素;既有政党关系,又涉及民众情感;和平发展虽然成为发展趋势,但是两岸战争状态尚未解除。因此,对于台湾问题要做好打持久战的准备,不可以简单地设定两岸统一的时间表,否则会丧失在两岸关系上的主导权。

2019年1月2日上午,习近平同志在《告台湾同胞书》发表40周年纪念会讲话中提出探索"两制"台湾方案,强调"和平统一、一国两制"是实现国家统一的最佳方式,既充分考虑台湾现实情况,又有利于统一后台湾长治久安。[1]

"一国两制"的提出,本来就是为了照顾台湾现实情况,维护台湾同胞利益福祉。"一国两制"在台湾的具体实现形式会充分考虑台湾现实情况,会充分吸收两岸各界意见和建议,会充分照顾到台湾同胞利益和感情。在确保国家主权、安全、发展利益的前提下,和平统一后,台湾同胞的社会制度和生活方式等将得到充分尊重,台湾同胞的私人财产、宗教信仰、合法权益将得到充分保障。[2]

和平统一,是平等协商、共议统一。两岸长期存在的政治分歧问题是影响两岸关系行稳致远的总根子,总不能一代一代传下去。两岸双方应该本着对民族、对后世负责的态度,凝聚智慧,发挥创意,聚同化异,争取早日解决政治对立,实现台海持久和平,达成国家统一愿景,让我们的子孙后代在

---

[1] 习近平:《为实现民族伟大复兴 推进祖国和平统一而共同奋斗——在〈告台湾同胞书〉发表40周年纪念会上的讲话》(2019年1月2日),《人民日报》,2019年1月3日,第2版。

[2] 《中共中央关于坚持和完善中国特色社会主义制度 推进国家治理体系和治理能力现代化若干重大问题的决定》,《人民日报》2019年11月6日,第1版。

祥和、安宁、繁荣、尊严的共同家园中生活成长。

制度不同，不是统一的障碍，更不是分裂的借口。在一个中国原则基础上，台湾任何政党、团体同我们的交往都不存在障碍。以对话取代对抗、以合作取代争斗、以双赢取代零和，两岸关系才能行稳致远。我们愿意同台湾各党派、团体和人士就两岸政治问题和推进祖国和平统一进程的有关问题开展对话沟通，广泛交换意见，寻求社会共识，推进政治谈判。

首先，坚持一个中国的基本原则不动摇。就一个中国的领土指涉而言，包括中国大陆和中国台湾地区，这是发展两岸关系的底线和维持两岸和平的重要保障。当然，对于一个中国的政治含义可以进行探讨，要充分照顾到"中华民国"和"中华人民共和国"这两个敏感概念的法律地位、历史渊源和政治情感，未来统一后的中国概念将是在中西方政治学体系内对于国体和政体理论的扬弃，也是对"一国两制"理论的重大创新。

其次，团结"深蓝"，孤立"深绿"，争取岛内中间民众。大陆是长期战略目标指引，立足现实，放眼长远，多方动员，合力凸显；台湾是短期选举布局驱动，紧盯票源，自保第一，蓝绿冲突，矛盾重重；综合各方情况，整个台湾岛内民众对于统一的态度仍然呈现"橄榄型"，一小部分为"深蓝"（支持尽快实现国家统一），另一小部分为"深绿"（主张台湾尽快"独立"），绝大部分为中间民众（主张维持"不独、不统"现状或者没有明确态度），因此争取中间民众的工作十分艰巨。中国国民党是泛蓝阵营的代表和中坚，要继续巩固与国民党的"友党"关系，对国共两党之间将近一个世纪的恩怨应本着历史态度和现实精神予以化解，对于国民党在岛内"执政权"的争取要充分支持，这是维护台海两岸和平的重要前提。当前帮助和支持国民党是我们对台工作的重中之重，同时对其在统一问题上的期望值不宜过高。民进党目前还是"泛绿"阵营的骨干，深绿人士掌握主导权，同时基本盘在底层民众和草根群体，因此对其要全面分析。对民进党不能简单放弃争取，民进党在两度失去岛内执政权后曾一度反思和检讨其大陆政策，民进党内部一些青壮派开始提出与大陆进行接触。在政策和军事高压下，如果我们适当把握时机，有的放矢地对民进党内相对开明人士开展统战工作，争取民进党"台独"政策的转向或者促使民进党内部分党员放弃"台独"主张，这将是打破台湾岛内蓝绿平衡状态的重要着力点，也是"反独促统"工作的突破口，此外对持中间立场的选民也会有所触动。未来如果民进党放弃"台独"党纲，则国民党只能和他拼"蓝"，继续向两岸统一问题上靠拢，那么我们按照"一国两制"实现祖国统一将会取得重大进展。

同时,对于目前台海局势的认识必须理性、客观、全面,不能把当前"泛蓝"阵营在台湾岛内的政治弱势和两岸政策固态化,同时要充分重视坚持"台独"理念的"绿营"在政治上的整合趋势和舆论上的动员能力。

再次,坚持"由通而统",当前两岸的政党交流机制和两会协商机制(海协会和海基会)已经日趋成熟,但是两岸官方之间的高层级交流机制却恢复了梗阻状态,主要是台湾当局的对抗意识和怕"被统战"的心理阻碍公权力之间的交流。因此,可以考虑从低一级的公权力机构加强交流,如市县级,逐步扩展至官方的更高层次。"习马会"一度打开了两岸高层的僵持局面,今后还要有的放矢,根据情况发展因地区、因部门、因群体施策。

第二,经济上,建立稳固和长效的两岸经贸互利机制。今后两岸要继续深化经济合作,以经济融合为基础,加速扩大两岸的共同利益。习近平总书记强调,要积极推进两岸经济合作制度化,打造两岸共同市场,为发展增动力,为合作添活力,壮大中华民族经济。两岸要应通尽通,提升经贸合作畅通、基础设施联通、能源资源互通、行业标准共通,可以率先实现金门、马祖同福建沿海地区通水、通电、通气、通桥。要推动两岸文化教育、医疗卫生合作,社会保障和公共资源共享,支持两岸邻近或条件相当地区基本公共服务均等化、普惠化、便捷化。[①]

长期以来,两岸经济文化交流合作程度不断加深,海峡两岸的融合发展迈上一个新的台阶,国家统一实践不断得以丰富和发展。当前,台湾是大陆第五大贸易伙伴和第三大进口来源地。大陆是台湾最大的贸易伙伴和贸易顺差来源地。2018年,大陆与台湾贸易额为2262.4亿美元。其中,大陆对台出口486.47亿美元,自台进口1775.98亿美元,同比上升13.9%;大陆对台贸易逆差1289.51亿美元。台商投资稳步增长,截至2018年底,累计批准台资项目107190个,占实际使用外资项目总数的11.2%。截至2018年底,台湾居民来大陆累计超过1亿人次。

2018年2月28日,国务院台湾事务办公室、国家发展和改革委员会等部门对外发布《关于促进两岸经济文化交流合作的若干措施》(媒体称之为"31条惠台措施"),明确指出积极促进在投资和经济合作领域加快给予台资

---

① 习近平:《为实现民族伟大复兴 推进祖国和平统一而共同奋斗——在〈告台湾同胞书〉发表40周年纪念会上的讲话》(2019年1月2日),《人民日报》,2019年1月3日,第2版。

企业和大陆企业同等待遇，逐步为台湾同胞在大陆学习、创业、就业、生活提供与大陆同胞同等的待遇。这些措施出台，将给台资企业和台湾同胞带来巨大机遇和实实在在的获得感。2019年11月4日，国务院台办、国家发展改革委经商中央组织部等20个有关部门，出台《关于进一步促进两岸经济文化交流合作的若干措施》（以下简称"26条措施"）。"26条措施"深入贯彻落实习近平总书记在《告台湾同胞书》发表40周年纪念会上的重要讲话和党的十九届四中全会精神，完善促进两岸交流合作、深化两岸融合发展、保障台湾同胞福祉的制度安排和政策措施，继续率先同台湾同胞分享大陆发展机遇，为台湾同胞台湾企业提供更多同等待遇。"26条措施"宗旨与促进两岸经济文化交流合作的"31条措施"一脉相承，是在对台工作中贯彻以人民为中心的发展思想，对台湾同胞一视同仁，像为大陆百姓服务那样造福台湾同胞的又一具体体现。

当前，两岸的经贸交流十分顺畅，人员往来频繁，但是大陆单方让利和台湾方面尽收"红利"的局面是不会持久的，尤其是台湾当局对于"陆资入台"和"陆生赴台"疑虑重重。实际上两岸经贸交流又到了一个需要跃升的层面，一方面台商在大陆的投资黄金期已过，大陆包括内陆省份对于台商落地投资的期望值逐渐相对理性，在环保、财政收益、用工方面的准入要求十分明确，台商在大陆的投资被要求承载更多的社会责任，而诸如当年许文龙等绿色台商"大陆淘金，支持台独"的活动将不会得到宽容。另一方面，台湾必须把自身发展定位融入大陆的经济发展大潮中，就纯粹的经贸伙伴而言，韩国以及东南亚等国在技术、劳动力和产品出口结构方面对于台湾形成同质性竞争，大陆可以选择的经贸伙伴的余地很大，而在美欧债务危机、疫情的阴影下，台湾经济可以转圜的余地很小。因此，建立稳固和长效的两岸经贸互利机制十分关键，可以考虑将台湾的技术与大陆的市场结合，让台湾的企业透过与大陆企业的合作，加速进入大陆的内需市场。总之两岸经贸共同利益的扩充对于两岸逐步走通"先经后政"乃至"以经促统"的路径十分关键。

第三，文化上，培养两岸的"大中华情结"和"命运共同体意识"。就两岸关系而言，马英九曾经提出两岸同属中华民族，这是一个值得肯定的地方。而植根于中华民族悠久历史的中华文化是两岸走向统一的公约数。中华文化以博大精深、兼容并蓄、多元一体为基本特点，台湾文化则强调"独特具有台湾特色的中华文化"，正是中华文化中的一分子。当前，在两岸民众能够积极参与文化层面融合沟通的良好态势下，应搁置关于海峡两岸哪一方是中华文化的"正统"代表的争论,增强民族认同,重建两岸共同价值观念。要扩大文化交流,建立海峡两岸的文化共识,奠定统一的思想文化基础,增强中华文化的凝聚力。今后要以共同继承和发扬中华文化的优秀传统为主线,以加深两岸同胞感情和理解为出发点,采取多种形式,拓宽各种渠道,逐步建立两岸文化交流合作机制,探索两岸文化交流合作的新模式,比如积极引进台湾高校的优质学科专业资源,两岸共同创办大学等。

长期以来,"文化台独"都是民进党和其他"台独"势力主要的指针和政治路线之一。虽然在各个阶段表现得并不那么完全一致,但"文化台独"却始终是民进党欲图切断中国脐带和谋求"台独"的主线。2015年3月4日,习近平总书记参加政协民革、台盟、台联委员联组讨论,有委员发言建议构建闽南文化产业带,并讲起在境外用闽南话唱歌受到同胞厚待的故事。习近平说,台湾除了少数民族,大陆去台的以闽南地区为主,讲的就是闽南话。血缘相亲,文缘相承。闽南文化作为两岸文化交流的重要部分,大有文章可做。

在《告台湾同胞书》发表40周年纪念大会上,习近平同志指出:"国家的希望、民族的未来在青年。两岸青年要勇担重任、团结友爱、携手打拼。我们热忱欢迎台湾青年来祖国大陆追梦、筑梦、圆梦。"[①]

第四,军事上,适当降低对台军事斗争准备在国家军事战略中的权重。随着中国综合国力规模的继续扩大,对局部损失的承受力将越来越强。这必将为中国捍卫具体国家利益提供决心和能力,也会使外部力量损害中国利益时越来越有所顾忌。这是一个渐变的过程,但这种变化会很清晰,黄岩岛和钓鱼岛就是具有典型意义的变化点。

20世纪90年代末,对台军事斗争准备在国家军事战略和军队现代化任务中占据核心位置,遂行反"台独"作战任务成为新世纪初期军队建设的主要支点。当前,台湾海峡两岸进入了和平与发展的历史新时期,"台独"对国家安全的威胁程度在逐步降低,而我国面临的生存安全问题和发展安全问题、传统安全威胁和非传统安全威胁相互交织,要求新时期的国防和军队现代化建设要有一个大的发展。因此,十八大报告提出要提高以打赢信息化条件下局部战争能力为核心的完成多样化军事任务的能力,相应地对台军事斗争准

[①] 习近平:《为实现民族伟大复兴 推进祖国和平统一而共同奋斗——在〈告台湾同胞书〉发表40周年纪念会上的讲话》(2019年1月2日),《人民日报》,2019年1月3日,第2版。

备在国家军事战略中的权重要适当降低。一方面对台军事斗争"只做不说",配合做好争取岛内民心的工作。另一方面,以整体带动局部,主要假想敌发生置换后,军事战略定位相应提升,军事现代化建设的整体水平提高后,自然"水涨船高",加速形成台海两岸的军力不对称,对"台独"势力形成有力的威慑态势。

根据当前台湾岛内政治生态的演变和国际社会各地区政党轮替的规律来看,而民进党今后放弃其"台独党纲"的概率不大,所以2016年后两岸和平与发展的局面将存在严峻考验,宜做好相应的战略预案。中国社科院台湾史研究中心副研究员褚静涛认为,两岸政治心结不易化解,使两岸关系的缓和与改善仍面临着许多不确定性,政治上缺乏互信、军事上对峙是两岸关系和平发展的最大障碍。结束内战,达成和平协议是实现台海和平的最佳路径。

2013年9月1日,前国民党中央副秘书长张荣恭参加第七届两岸发展论坛第二组会议"亚太变局下两岸军事互信的途径及台港澳互动关系"议题讨论时发表讲话表示,两岸形势在变化,战略轨迹也在变化,所以两岸需要协商。张荣恭说,两岸的协商不能只局限在经济问题,也需要谈军事互信机制。相比其他疑难问题,军事互信相对比较好做,不可能不是带有"两岸特色"的安排,一定在吴伯雄荣誉主席和连战荣誉主席所讲的一个中国架构下,不可能比照"国与国"模式协商,也不涉及两岸的终极安排。张荣恭表示,台湾人民所担心的政治地位问题,也应该本着先易后难解决。比如,现在两岸的军事演习完全可以发布。即使不发布,以现在的技术而言,美国也会知道。因此,两岸完全可以互相通报。如果不能做到互相通报,哪方有自信,哪边可以首先向对方通报,这即先易后难。

中国人不打中国人。近年来,中国人民解放军东部战区出动多军种力量,在台岛西南、东南等周边海空域组织联合火力突击等实兵演练,主要是对近期美台频频勾连挑衅的有力回应。以和平方式实现统一,对两岸同胞和全民族最有利。

第五,区处涉台外来干涉,对美外交是重点。必须准确区处美日等外部涉台因素,重点处理好中美关系,促使台湾问题在中美关系中边缘化,使美日"以台制华"的图谋无法实现,在中美日三边良性互动的框架内弱化台湾问题的涉外因素。对美外交中,中国应继续以两手对两手,在外交上保持接触和对话的渠道,对其在台湾问题上对中国的遏制和打压,进行有理、有利、有节的斗争,适时把握斗争尺度和分寸,维持斗而不破,明确中国自身的核心利益。此外，要防止日本右翼势力与"台独"势力的合流化趋势。对于台湾的"国际生存空间"问题，在两岸政治谈判尚未启动的情况下，要在一个中国前提下妥善考虑台湾当局涉外活动的合理性及必要性，并充分考虑台湾岛内民众的合理感受。

总之，构建两岸和平发展的框架将会经历一个系统自我组织、自我演化、由无序到有序的正向的"巨涨落"，换言之，就是由和平发展逐步过渡到和平统一。

（二）做好对台应急和战略管控

在当前两岸关系的评估上要肯定两岸和平与发展一系列成绩的取得，同时对于岛内局势做出预判，对一些可能出现的逆流和危机做好应急处理与战略管控。

台海局势当前看是"外患"与"内忧"并存，"台独"势力行分裂之实主要依靠外部势力的支持，所以中国遏制"台独"的对外方略在于构建有利于实现国家统一的大国关系，特别是中美日大三角的走向直接决定台海地区的和平与稳定。在国内，中国必须在国家安全层面上对可能的台海战争做好准备，整体国家安全战略包括核战略要进行有针对性的调整，只有在对可能发生的一切情况做好充分准备的前提下，才有可能和平地实现国家的统一。

第一，要从国家安全的层面有针对性地进行区域经济布局规划。改革开放以来，中国东南沿海地区已经成为中国最重要的工业基地，在全国工业总产值中所占份额由1978年的31.7%上升到1996年的41.30%，上升了9.6个百分点；2003年，中国对外贸易达8500亿美元，吸引外资近6000亿美元，东南沿海地区占60%，沿海地区经济增长速度超过全国2个百分点；2015年广东、福建、江苏、上海、浙江五省市已经占全国GDP总量（63.6万亿元人民币）的35%。台海战争一旦发生，中国东南沿海地区要承受巨大的经济损失，基础设施将会遭到较为严重的破坏，对外贸易将大幅度倒退，中国的工业能力也将整体下降。所以，必须从国家安全战略的宏观层面看待西部大开发与东北老工业基地的振兴及促进中部地区崛起。中国东北和西部地区相对台海地区而言是重要的战略纵深，国家把开发重点转向这两个区域，将完全不同于计划经济年代的"大三线建设"，是国家经济布局和国家安全战略的有机结合。所以，加强中国东北和西部地区的开发建设，不仅仅是区域经济平衡的问题，更为关键的是为未来可能发生的台海战争提供坚实的物质基础和技术支撑。

第二，建立战时应急经济运行体制的预案，特别是石油储备的预案。未来的战争不仅是高科技层面上的斗争，更是国家间综合国力特别是经济力的对抗。美国每个月为伊拉克战争花费56亿美元，是美国过去60年来费用最高昂的战争。美国国会为伊拉克战争批准了4项拨款法案，开支总额达到2044亿美元。未来的台海战争对中国的经济增长机制，特别是过度依赖对外贸易的经济增长模式产生重要的影响，所以中国必须着手建立战时应急经济运行体制的预案，扩大内需，减少对外资和外贸的依赖程度。

另一方面，1993年，中国首次成为石油净进口国，2009年我国原油进口依存度首次突破国际公认的50%警戒线，2010年我国进口原油达2.39亿吨，同比增长17.5%，石油对外依存度同比上升3个百分点。到了2011年，中国超过美国成为第一大石油进口国和消费国，同年中国原油对外依存度达55.2%，也首次超越美国的53.5%。2015年国内石油表观消费量为5.43亿吨，石油净进口量3.28亿吨，中国石油消费的对外依存度首次突破了60%。当前，中国石油消费超过了GDP增速，2020年，全年石油消费总量达7.02亿吨。预测到2030年，中国石油消耗量的80%需要依靠进口。

中国已经成为超越美国的世界第一大石油消费国。随着中国石油对外依存度的迅速提高，石油安全问题成了非常紧迫的问题。中国要打赢高科技条件下的局部战争，现代化作战条件下所需要的能源安全至关重要，中国政府必须从国家安全层面制定应急的能源安全特别是石油储备预案，包括战略石油储备库的建设、石油通道的安全保障、协调与主要石油供应国的关系以及加紧进行相关替代能源的开发等等。

2007年12月，中国国务院新闻办公室发布的《中国的能源状况与政策》白皮书指出：按照统一规划、分步实施的原则，建设国家石油储备基地，扩大石油储备能力。中国的石油储备包括国家战略石油储备、地方石油储备、企业商业储备和中小型公司石油储备等四级石油储备体系，就中国面临的实际国情和国际安全环境而言，国家战略石油储备为主体，其他储备系统为补充。

2007年12月18日，中国国家石油储备中心正式成立。根据初步规划，我国建立了30天的石油储备数量，储备总量1640万立方米，约合1400万吨（按照BP统计资料的换算标准，1立方米原油相当于0.8581吨），相当于我国10余天原油进口量，加上国内21天进口量的商用石油储备能力，我国总的石油储备能力可达到 30 天原油进口量。石油储备基地一期项目主要集中于东部沿海城市，而在二期规划中，内陆地区将扮演重要角色[①]。至 2015 年年中，国家统计局宣布共建成 8 个国家石油储备基地，总储备库容为 2860 万立方米。根据计划，中国将开建 8 个二期战略石油储备基地，包括广东湛江和惠州、甘肃兰州、江苏金坛、辽宁锦州及天津等。据悉，中国战略石油储备三期工程正在规划中，重庆市万州区、海南省和河北省曹妃甸等都有希望被选为三期工程的储油基地。

2020 年整个项目完成后，中国的储备总规模将达到 100 天左右的石油净进口量，将国家石油储备能力提升到约 8500 万吨，相当于 90 天的石油净进口量，这也是国际能源署（IEA）规定的战略石油储备能力的"达标线"。

第三，中国要提高自身的核威慑能力以应对高技术条件下的局部战争。

"9·11"事件之前，美国与俄罗斯、英国、法国和中国这几个核武器大国一样，承诺不会首先向无核武器国家发动核打击。但"9·11"后，美国已改变了这一核战略政策，并明确宣布对于伊朗、伊拉克、朝鲜、利比亚和叙利亚这些无核武器国家也有可能会首先使用核武器。中国当前的核战略主要体现在"有限核威慑"理论上，中国现行的核战略是一种"无条件"的核战略，概括起来说由以下四个方面构成：（1）全面禁止和销毁核武器；（2）在任何时候不首先使用核武器；（3）在任何时候不对无核国家或无核武器区使用或威胁使用核武器；（4）不扩散包括核武器在内的大规模杀伤性武器。

中国所拟定的"打赢高技术条件下的局部战争"的设想与这种"有限核威慑"理论基本上是相匹配的，但是在未来可能进行的台海战争中面临两个问题：第一，由于奉行"有限核威慑"理论导致中国核威慑能力先天不足，事实上，中国在常规武器装备的研发领域与美国等西方发达国家相比一直存在较大的差距，如果台海形势突变遇到外来军事干涉时，中国是否能够把常规战争的规模控制在局部范围内？如果假想敌在局部战争的框架内无法其达到目的，将战争升级为全面常规战争，中国一旦处于劣势从而面临国家即将分裂的危险时如何有效自卫？第二，在高技术条件下，核大国正在加强核武

---

① 据了解，我国石油储备基地的选择需要具备三个基本条件：一是要靠近深水港、铁路线、高速公路网，有优越的交通物流条件；二是要靠近大型炼油厂，在关键时刻储备基地可以就地加工出成品油，以供需要；三是靠近消费市场，尤其是在我国一期建设中，4 个基地都分布在东南沿海石油消费量高的地区。当然，石油储备基地的选择还需要考虑与我国石油进口国的地理位置因素，二期工程在新疆的选址就是考虑了这一点。

器的研发以降低核打击的门槛。美国一心想要消除小型核武器和常规武器之间的差异，目前正在研制全新的第四代核武器——不存在核污染的纯热核武器。美国这种企图降低核门槛，将战略核武器战术化的做法，可能在全球引发研制新型核武器的竞赛，使本已笼罩在核阴云下的世界更加不安，国际社会当前也面临着如何界定新型核武器使用的临界点这一严峻课题。

2013年10月27日，中国向全世界揭开了核潜艇部队的神秘面纱，从而引起了全球的广泛关注，《人民日报》等中央级媒体进行了深入翔实的报道："中国海军第一支核潜艇部队——海军北海舰队某潜艇基地。多年来，基地官兵用忠诚和汗水创造出中国潜艇史上多个'首次'和'第一'：90昼夜长航，创造世界核潜艇一次长航时间新纪录；大深度极限深潜，检验了我国核潜艇深海作战性能；水下发射运载火箭，宣告中国海基战略威慑力量正式形成；作为我军战略铁拳，初步具备了核威慑和核反击能力；连续42年守护核安全，从未发生核事故。"[①] 各方评论指出，中国官方媒体最近大规模报道中国战略核潜艇部队的情况，被普遍评论为中国对外战略"撒手锏"的一次展示，对现代大国来说，核心军事力量投入实战的机会并不多，它们所承担的战略威慑角色就变得越来越突出。建设好军队除了要确保它的真实战斗力，还要让这种战斗力最大限度地释放出战略威慑力。由于中国崛起已经前进到非常敏感的位置，中国今后会对战略威慑力产生越来越大的需求。中国崛起能够最终成为"和平的"，将有赖于战略威慑力的强大和有效。

所以，中国必须立足现实，着眼长远，一方面主张在全球范围内全面、彻底地销毁核武器，另一方面在国家安全战略的调整中牢牢把握国家的核心利益——维护国家主权和领土完整这一原则，使中国的核力量在遇有外部势力军事干涉中国国家统一进程中发挥重要的威慑作用；此外，要追踪美国等发达国家研制新型特别是小型化、可控型核武器的动态，通过自身技术水平特别是研发能力的提升维持中国核力量的基本威慑能力和快速反应能力，以应对个别核大国的核讹诈，弥补中国在常规武器装备领域中与美日等国家的相对劣势。

（三）对台军事斗争的基本模式

中国为处理台海局势中的突发事态已经在几个重要的涉台的公开文件中界

[①]《深海大洋锻利剑》，《人民日报》，2013年10月28日，第1版。

定了以非和平方式（包括使用武力）解决台湾问题的条件、办法。2001年2月21日，国务院台湾事务办公室、国务院新闻办公室发表《一个中国的原则与台湾问题》白皮书指出："如果出现台湾被以任何名义从中国分割出去的重大事变，如果出现外国侵占台湾，如果台湾当局无限期地拒绝通过谈判和平解决两岸统一问题，中国政府只能被迫采取一切可能的断然措施、包括使用武力，来维护中国的主权和领土完整，完成中国的统一大业。"[①] 2004年12月27日，中国国务院新闻办公室发表《2004年中国的国防》白皮书指出"如果台湾当局铤而走险，胆敢制造重大'台独'事变，中国人民和武装力量将不惜一切代价，坚决彻底地粉碎'台独'分裂图谋。"[②] 2005年3月14日，中国全国人大通过的《反分裂国家法》第八条指出："'台独'分裂势力以任何名义、任何方式造成台湾从中国分裂出去的事实，或者发生将会导致台湾从中国分裂出去的重大事变，或者和平统一的可能性完全丧失，国家得采取非和平方式及其他必要措施，捍卫国家主权和领土完整。"[③] "台独"势力"法理建国"的时刻就是台海局势的"燃点"，中国的对台军事斗争准备越充分，对"台独"势力的冒险行径粉碎得越坚决、越彻底，美日等外部势力直接军事介入的可能性越小。

中国作为国际上有影响和负责任的大国，必然努力推行"和平外交战略"，为中国的经济建设营造良好的和平环境，同时为世界和平做出贡献。但是，能战方能言和，备战可以逼和。强大的针对"台独"势力的军事威慑、充分的对台军事斗争准备，不但可以遏制台湾当局走向"法理独立"，而且对于台湾的主流民意有相当的影响和制约作用，促使台湾民众对于"台独"的危害性及台海形势的未来走向保持相对理性的认识。2004年7月22日，台湾《商业周刊》公布的一份民意调查表明，有58%的台湾民众认为，如果宣布"台湾独立"将引起两岸战争。调查还发现，认为自己是台湾人也是中国人的达58%，他们认为"台独"是台海安全的红线。

2015年，台湾的"中央研究院"最新民调显示，台湾有50%的民众认为，终将和大陆统一，认为可长久维持现状的比例只占14%，因此两岸统一是未来趋势，其中军事斗争准备是基本保障，当前许多学者将对台军事斗争

---

① 国务院台湾事务办公室、国务院新闻办公室：《一个中国的原则与台湾问题》白皮书，《人民日报》，2001年2月22日，第1版。
② 《中国发表2004年国防白皮书》，《人民日报（海外版）》，2004年12月28日，第3版。
③ 《反分裂国家法》（2005年3月14日第十届全国人民代表大会第三次会议通过），《人民日报》，2005年3月15日，第1版。

列为"禁区"。这是非常不负责任的,因为基于中国国家统一的历史经验和对台工作的规律总结,在民族面临统一,结束分裂的历史关头,总有一小部分人蚍蜉撼树,逆历史潮流而动企图使国家分裂的局面固定化、长期化。在统一过程中,对这部分人从战略上要藐视他们,因为最终他们是螳臂当车;但是在战术上要重视他们,因为历史证明这些分裂势力具有顽固性、冒险性及勾结外部势力的整合能力,对国家的统一大业破坏性极大。

从各种资料的综合分析看,在"台独"势力制造重大"台独"事变的时刻,中国未来可能进行的对台作战的基本模式有三种:

第一,经济封锁。对台湾岛内的经济封锁可以达到"不战而屈人之兵"的作战效果,但是一旦实行,对于亚太地区的经济发展特别是中国的经济发展负面影响较大。台湾地区囿于地理环境没有任何陆上通道与外界相连,经济上主要依靠对外贸易,一旦被封锁,经济上将会遭受致命性打击,"台独"行径必然得不到岛内民众的支持而归于失败。但是,美、日将会进行有针对性的反封锁行动,并且伴随西方社会的对中国的经济制裁,整个东亚甚至全球的经济发展会陷入停滞。

第二,有限打击。中国军队通过发射导弹进行多个波次的攻击并且在海空军掌握台海的制海权和制空权后,可以有选择地对"台独"势力进行一定程度的有限打击,主要目的在于阻吓"台独"势力推行重大的"台独"事变,并且催生岛内政治力量的整合,最终使台湾当局能够回到一个中国的立场上来。但是,这种有限打击在何种程度上可以达到其政治上的战略意图,其临界点不好把握,而且一旦遇到外部干涉及美日对岛内的支援下则形成两岸在军事上的对峙局面,将会背离这种有限打击的战略初衷。

第三,登岛作战。通过中国人民解放军的登岛作战,可以彻底根除岛内分裂势力的社会基础和物质基础,但是代价最大,只能是不得已而为之的最后选择。解放军登岛作战将会远远超出战役作战的范畴,将牵涉中国东部沿海地区的战时动员甚至全国动员,在相当长的一个时期里,一切工作将会服从和服务于对台作战及对台工作这个全国性的中心工作。在面临美、日等国家的进行军事干涉和政治封锁的强大压力下,中国的和平发展和整个国家和民族的意志力、向心力都将经受极大的考验。

总体来看,"台独"势力的基本特征在于对外挟洋自重,对内挑动族群分裂,并没有在整个台湾岛内建构起全民彻底对抗大陆实现分裂的意志和精神,只要中国政府与国际社会进行广泛的沟通,取得多数国家在道义上的支持,

"台独"势力不顾一切进行"法理台独"的可能性不大；即使"台独"势力在美日等国暗中纵容下铤而走险，中国政府通过经济封锁和进行有选择、有目标的有限打击，可以挫败某些重大的"台独"事变。至于登岛作战，其政治、经济代价巨大，而且后续台湾岛的治理将会面临诸多问题，要进行全面的论证，在国家安全层面建立一整套预案，以备在国家安全面临最为严峻挑战的时刻启用。

党的十八大以来，党把握两岸关系时代变化，丰富和发展国家统一理论和对台方针政策，推动两岸关系朝着正确方向发展，牢牢把握两岸关系主导权和主动权。①

2016年7月1日，庆祝中国共产党成立95周年大会在北京人民大会堂隆重举行，中共中央总书记、国家主席、中央军委主席习近平同志指出，推进祖国和平统一进程、完成祖国统一大业，是实现中华民族伟大复兴的必然要求。"一国两制"在实践中已经取得举世公认的成功，具有强大生命力。无论遇到什么样的困难和挑战，我们对"一国两制"的信心和决心都绝不会动摇。两岸关系和平发展是维护两岸和平、促进共同发展、造福两岸同胞的正确道路，也是通向和平统一的光明大道。坚持"九二共识"、反对"台独"是两岸关系和平发展的政治基础。我们坚决反对"台独"分裂势力。对任何人、任何时候、以任何形式进行的分裂国家活动，13亿多中国人民、整个中华民族都决不会答应！两岸同胞是命运与共的骨肉兄弟，是血浓于水的一家人。民族强盛，是同胞共同之福；民族弱乱，是同胞共同之祸。两岸双方应该胸怀民族整体利益，携手为实现中华民族伟大复兴的中国梦共同打拼。

2021年7月1日，习近平同志在庆祝中国共产党成立100周年大会上的讲话中指出，解决台湾问题、实现祖国完全统一，是中国共产党矢志不渝的历史任务，是全体中华儿女的共同愿望，"任何人都不要低估中国人民捍卫国家主权和领土完整的坚强决心、坚定意志、强大能力"。②

总之，全体中华儿女携手努力，就一定能在同心实现中华民族伟大复兴进程中完成祖国统一大业！

---

① 《中共中央关于党的百年奋斗重大成就和历史经验的决议》，《人民日报》，2021年11月17日，第5版。

② 习近平：《在庆祝中国共产党成立100周年大会上的讲话》（2021年7月1日），《人民日报》，2021年7月2日，第2版。

参考文献

一、中文文献

1. 马克思、恩格斯著，中共中央马克思恩格斯列宁斯大林著作编译局译：《马克思恩格斯选集》，第4卷，北京：人民出版社，1972年版。

2. 马克思、恩格斯等著，中共中央马克思恩格斯列宁斯大林著作编译局译：《马克思恩格斯全集》，第21卷，北京：人民出版社，1965年版。

3. 列宁等著，中共中央马克思恩格斯列宁斯大林著作编译局编：《列宁选集》，第4卷，北京：人民出版社，1995年版。

4. 毛泽东著，中共中央文献研究室编：《毛泽东文集》，第7卷，北京：人民出版社，1999年版。

5. 中华人民共和国外交部、中共中央文献研究室编：《毛泽东外交文选》，北京：中央文献出版社、世界知识出版社，1994年版。

6. 周恩来著，中共中央文献编辑委员会编：《周恩来选集》，北京：人民出版社（上），1980年版。

7. 马芷荪主编，熊华源等撰，中共中央文献研究室编：《周恩来年谱》（一九四九——一九七六），（中卷），北京：中央文献出版社，1998年版。

8. 中华人民共和国外交部，中共中央文献研究室编：《周恩来外交文选》，北京：中央文献出版社，1990年版。

9. 中华人民共和国外交部外交史研究室编：《周恩来外交活动大事记》，北京：世界知识出版社，1993年版。

10. 周恩来著，崔奇主编：《周恩来政论选》（下册），北京：人民日报出版社，1993年版。

11. 邓小平：《邓小平文选》，第二卷，北京：人民出版社，1983年版。

12. 邓小平：《邓小平文选》，第三卷，北京：人民出版社，1993年版。

13. 中共中央文献研究室编：《邓小平思想年谱（一九七五——一九九七）》，

北京：中央文献出版社，1998年版。

14. 外交部档案馆编：《伟人的足迹——邓小平外交活动大事记》，北京：世界知识出版社，1998年版。

15. 中共中央文献编辑委员会编：《刘少奇选集》，下卷，北京：人民出版社，1985年版。

16. 中共中央台湾工作办公室、国务院台湾事务办公室编：《中国台湾问题》，北京：九洲图书出版社，1998年版。

17. 中共中央文献研究室编：《建国以来重要文献选编》（第1册），北京：中央文献出版社，1992年版。

18. 薛谋洪、裴坚章等编：《当代中国外交》，北京：中国社会科学出版社，1988年版。

19. 国务院台湾事务办公室研究局编：《台湾问题文献资料选编》，北京：人民出版社，1994年版。

20. 国务院新闻办公室编：《中国的和平发展》，北京：人民出版社，2011年版。

21. 江泽民：《在全国党校工作会议上的讲话（单行本）》，北京：人民出版社，2000年版。

22. 习近平：《决胜全面建成小康社会 夺取新时代中国特色社会主义伟大胜利——在中国共产党第十九次全国代表大会上的报告》，北京：人民出版社，2017年版。

23. 习近平：《为实现民族伟大复兴 推进祖国和平统一而共同奋斗——在〈告台湾同胞书〉发表40周年纪念会上的讲话》（2019年1月2日），《人民日报》，2019年1月3日，第2版。

24. 张仕荣：《21世纪初期中美日安全关系中的台湾问题》，北京：九州出版社，2010年版。

25. 张仕荣：《基于自组织理论构建台湾海峡两岸关系和平发展框架研究》，北京：九州出版社，2013年版。

26. 北京人民出版社编：《中美关系：文件和资料选编》，北京：北京人民出版社，1971年版。

27. （晋）陈寿撰，（宋）裴松之注：《三国志》，北京：中华书局，1982年版。

28. 《清实录·德宗实录》卷366，北京：中华书局，1987年版。

29.《清光绪朝中日交涉史料》,北京:故宫博物院文献馆编印,1932年版。

30. 陶文钊:《中美关系史(1910—1949)》,重庆:重庆出版社,1997年版。

31. 陶文钊主编:《中美关系史(1949—1972)》,上海:上海人民出版社,1999年版。

32. 陶文钊主编:《中美关系史(1972—2000)》,上海:上海人民出版社,2004年版。

33. 郭建平主编:《冷战后美日欧盟与台湾关系研究》,北京:九州出版社,2009年版。

34. 张清敏:《美国对台军售政策研究——决策的视角》,北京:世界知识出版社,2006年版。

35. 李保明:《两岸经济关系20年》,北京:人民出版社,2007年版。

36. 厦门大学台湾研究所、中国第一历史档案馆编:《康熙统一台湾档案史料选辑》,福州:福建人民出版社,1983年版。

37. 连横:《台湾通史》,上海:华东师范大学出版社,2006年版。

38. 复旦大学历史系中国近代史教研组编:《中国近代对外关系史资料选辑》,下卷,第2分册,上海:上海人民出版社,1977年版。

39. 苏格:《美国对华政策与台湾问题》,北京:世界知识出版社,1998年版。

40. 资中筠:《战后美国外交史》(上册),北京:世界知识出版社,1994年版。

41. 高贤治:《台湾三百年史》,台北:台湾众文图书公司印行,1978年版。

42. 王芸生:《台湾史话》,北京:中国青年出版社,1978年版。

43. 朱成虎:《中美关系的发展变化及其趋势》,南京:江苏人民出版社,1998年版。

44. 世界知识出版社编:《中美关系资料汇编》,第2辑(上),北京:世界知识出版社,1960年版。

45. 田桓主编,纪朝钦、蒋立峰副主编:《战后中日关系文献集》(1945—1970),北京:中国社会科学出版社,1996年版。

46. 萧劲光:《萧劲光回忆录(续集)》,北京:解放军出版社,1988年版。

47. 韩怀智、谭旌樵主编,王文显等撰稿:《当代中国军队的军事工作》,

北京：中国社会科学出版社，1989年版。

48. 张蓬舟主编：《中日关系五十年大事记》，第三卷，北京：文化艺术出版社，2006年版。

49. 韩念龙主编：《当代中国外交》，北京：中国社会科学出版社，1988年版。

50. 颜声毅：《当代中国外交》，上海：复旦大学出版社，2004年版。

51. 周宪文：《台湾文献史料丛刊》，北京：人民日报出版社，2009年版。

52. 梅孜主编：《美台关系重要资料选编》，北京：时事出版社，1997年版。

53. 冬梅编：《中美关系资料选编》，北京：时事出版社，1982年版。

54. 田增佩主编：《改革开放以来的中国外交》，北京：世界知识出版社，1993年版。

55. 刘连第、汪大为编著：《中美关系的轨迹——建交以来大事纵览》，北京：时事出版社，1995年版。

56. 时事出版社选编：《太平洋的挑战》，现代国际关系译丛，北京：时事出版社，1986年版。

57. 刘连第编著：《中美关系的轨迹——1993年—2000年大事纵览》，北京：时事出版社，2001年版。

58. 林满红：《四百年来的两岸分合》，台北：自立晚报社文化出版部，1994年版。

59. 姜殿铭主编：《台湾一九九五》，九洲图书出版社，1996年版。

60. 《中国战区台湾省警备总司令部备忘录台军字第三号》，中国第二历史档案馆馆藏档案。

61. 中国第二历史档案馆编：《台湾"二二八"事件档案史料》，北京：档案出版社，1991年版。

62. 姚夫等编：《解放战争纪事》，北京：解放军出版社，1987年版。

63. 国务院台湾事务办公室研究局编：《台湾问题文献资料选编》，北京：人民出版社，1994年版。

64. 贾亦斌编：《论"台独"》，北京：团结出版社，1993年版。

65. 沈骏：《中共三代领导集体与祖国和平统一》，武汉：华中师范大学出版社，2002年版。

66. 郝雨凡：《美国对华政策内幕》，北京：台海出版社，1998年版。

67. 朱成虎:《中美关系的发展变化及其趋势》,南京:江苏人民出版社,1998年版。

68. 王芸生编著:《六十年来中国与日本》,第2卷,北京:生活·读书·新知三联书店,1980年版。

69. 吴廷璆:《日本史》,天津:南开大学出版社,1994年版。

70. 戚其章主编:《中国近代史资料丛刊续编——中日战争》,第3册,北京:中华书局,1991年版。

71.《中国近代史资料丛刊》编委会:《中国近代史资料丛刊(中日战争)》(七册),上海:上海书店出版社,2000年版。

72. 中国史学会主编:《戊戌变法》,中国近代史资料丛刊,上海:上海书店出版社,2000年版。

73. 丘逢甲:《岭云海日楼诗钞》,上海:上海古籍出版社,1982年版。

74. 史丁:《日本关东军侵华罪恶史》,北京:社会科学文献出版社,2005年版。

75. 孙哲主编:《亚太战略变局与中美新型大国关系》,北京:时事出版社,2012年版。

76. 阿英编:《甲午中日战争文学集》,北京:中华书局,1958年版。

77. 张耀武:《中日关系中的台湾问题》,北京:新华出版社,2004年版。

78. 关捷主编:《日本对华侵略与殖民统治》(上),北京:社会科学文献出版社,2006年版。

79. 刘天纯等:《日本对华政策与中日关系》,北京:人民出版社,2004年版。

80. 林继文:《日本据台末期(1930—1945)战争动员体系之研究》,台北:稻乡出版社,1996年版。

81. 李小满等:《"四小龙"经济发展启示录》,上海:上海人民出版社,1993年版。

82. 文衍编著:《超越对抗——中美三次大冲突》(下),北京:金城出版社,1998年版。

83. 春山哲明:《台湾旧俗调查和立法构想》,《台湾近现代史研究》,第六号,1988年版。

84. 王晓波:《台湾史论集》,北京:中国友谊出版公司,1992年版。

85. 傅琪贻:《日本统治时期台湾原住民抗日历史研究——以北台湾泰雅

族抗日运动为例》，北京：团结出版社，2015年版。

86. 中国社会科学院台研所编：《台湾研究文集》，北京：时事出版社，1988年版。

87. 陈在正：《台湾海疆史研究》，厦门：厦门大学出版社，2001年版。

88. 连横：《台湾语典》，台北：台湾省文献委员会，1992年版。

89. 陈孔立主编：《台湾历史纲要》，北京：九洲图书出版社，1997年版。

90. 关捷、谭汝谦、李家巍主编：《中日关系全书》，沈阳：辽海出版社，1999年版。

91. 杨肇嘉：《杨肇嘉回忆录》，台北：三民书局，1977年版。

92. 崔之清主编：《台湾是中国领土不可分割的一部分》，北京：人民出版社，2001年版。

93. 秦孝仪主编，中国国民党中央委员会党史委员会编印：《先"总统"蒋公思想言论总集》，第26卷，台北："中央文物供应社"，1984年版。

94. 潘振球主编：《台湾省币制改革方案》，《中华民国史事纪要——中华民国三十八年（一九四九）一至六月份》，台北："国史馆"，1996年版。

95. 资中筠：《战后美国外交史》，北京：世界知识出版社，1994年版。

96. 辛向阳主编，北京泛亚太经济研究所编：《百年恩仇——两个东亚大国现代化比较的丙子报告》，北京：中国社会出版社，1996年版。

97. 杨洁勉等：《世界格局中的台湾问题：变化和挑战》，上海：上海人民出版社，2002年版。

98. 姜华宣主编：《山重水复：中国共产党第十次全国代表大会》，沈阳：万卷出版公司，2008年版。

99. 张静如主编：《新旧交织：中国共产党第十一次全国代表大会》，沈阳：万卷出版公司，2008年版。

100. 冬梅编：《中美关系资料选编》，北京：时事出版社，1982年版。

101. 田增佩主编：《改革开放以来的中国外交》，北京：世界知识出版社，1993年版。

102. 李非：《台湾经济发展通论》，北京：九州出版社，2004年版。

103. 梅孜编译：《美国国家安全战略报告汇编》，北京：时事出版社，1996年版。

104. 中国现代国际关系研究院编：《国际战略与安全形势评估》，北京：时事出版社，2004年版。

105. [美] 莫里斯·梅斯纳著, 张瑛等译:《毛泽东的中国及其发展——中华人民共和国史》, 北京: 社会科学文献出版社, 1989年版。

106. 王缉思主编:《高处不胜寒——冷战后美国的全球战略和世界地位》, 北京: 世界知识出版社, 1999年版。

107. [美] 林肯著, 黄雨石、辜正坤、邓蜀生译:《林肯集——演说 信件 杂文 公告 总统咨文和公告》(上), 北京: 生活·读书·新知三联书店, 1993年版。

108. 杨志恒:《中国及日本在东北亚的角色》,《亚太情势与两岸关系学术研讨会论文集》,(台湾)财团法人两岸交流远景基金会, 2002年版。

109. 李晓、张觉明:《揭李登辉底牌》, 台北: 光华出版事业有限公司, 1995年版。

110. [美] 哈里·杜鲁门著, 李石译:《杜鲁门回忆录》, 第2卷, 北京: 生活·读书·新知三联书店, 1974年版。

111. [美] 达莱克著, 伊伟等译:《罗斯福与美国对外政策》, 北京: 商务印书馆, 1984年版。

112. [美] 哈丁:《美国和中国1972年以来的脆弱关系》, 北京: 新华出版社, 1993年版。

113. [美] 比尔·克林顿著, 李公昭等译:《我的生活》, 南京: 译林出版社, 2004年版。

114. [美] 理查德·尼克松著, 王观声等译:《1999: 不战而胜》, 北京: 世界知识出版社, 1997年版。

115. [日] 矢内原忠雄著, 周宪文译:《日本帝国主义下之台湾》, 台北: 帕米尔书店, 1985年版。

116. [日] 古川万太郎:《近代日本的大陆政策》, 东京: 东京书籍, 1991年版。

117. [日] 马场公彦:《近代日本和殖民地》, 东京: 岩波书店, 1992年版。

118. [日] 伊藤洁:《台湾》, 东京: 中央公论社, 1993年版。

119. [日] 远山茂树:《日本近现代史》, 第1卷, 北京: 商务印书馆, 1983年版。

120. [日] 井上清著, 尚永清译:《日本军国主义》, 第二册, 北京: 商务印书馆, 1985年版。

121. ［日］刘进庆：《战后台湾经济分析》，厦门：厦门大学出版社，1990年版。

122. ［日］陆奥宗光著，伊舍石译：《蹇蹇录》，北京：商务印书馆，1963年版。

123. ［日］外务省编：《日本外交文书》，第28卷，第二册，日本：国际联合会，1981年版。

124. ［日］台湾总督府编：《台湾统治概要》（一），台北：成文出版社，1985年版。

125. 张立平，周琪等著：《意识形态与美国外交政策》，上海：上海人民出版社，2006年版。

126. 宋强等著：《中国可以说不——冷战后时代的政治与情感抉择》，北京：中华工商联合出版社，1996年版。

127. 金冲及：《中国近代革命与改革》，《新华文摘》，2004年第8期。

128. 张其昀：《他将蒋介石引向台湾》，《东西南北》，2015年第20期。

129. 李晓明：《蒋介石退保台湾的方针与政策措施简析》，《湖北师范学院学报》，1990年第1期。

130. 张文生：《眷村文化与台湾省籍矛盾》，重庆社会主义学院学报，2007年4期。

131. 吴兴镛：《1949年大陆黄金运台始末》，《晚霞》，2010年第16期。

132. 冯健伦：《国民政府运台黄金对台湾经济的影响》，《台湾历史研究》，2015年第三辑。

133. 徐焰：《抗美援朝影响了台湾问题的解决吗？》，《中国新闻周刊》，2013年第29期。

134. 李增田：《从鲍大可的著述看美国在台湾问题上的利益需求》，《国际论坛》，2004年7月第6卷，第4期。

135. 张红梅：《日据时期台湾的语言教育》，《长江大学学报（社会科学版）》，2011年第4期。

136. 邱敏捷：《论日治时期台湾语言政策》，《台湾风物》，1998年3期。

137. 蔡放波：《略论日据时期台湾的"皇民化运动"及其影响》，《台湾研究》，1997年第4期。

138. 郝时远：《当代台湾的"原住民"与民族问题》，《民族研究》，2003年第3期。

139. 冯玮:《日本在台湾推行殖民统治的本质特征》,《抗日战争研究》,2000 年第 3 期。

140. 秦兴洪:《日本的侵华战争与"台独"势力》,《广东工业大学学报(社会科学版)》,2006 年第 1 期。

141. 管建强:《论"开罗宣言"在当代国际法律秩序中的地位》,《国际观察》,2014 年第 1 期。

142. 朱崇开:《怎样对待日本,是个问题》,《世界知识》,2005 年第 2 期。

143. 李鹏军:《甲午战争利润与日本现代化》,《西南大学学报》(社会科学版),2010 年第 4 期。

144. 宋成有:《甲午中日战争:日本历史的拐点与东亚国际格局》,《日本学刊》,2014 年 5 期。

145. 杨惠萍:《李鸿章与甲午中日议和新探》,《中南民族学院学报(哲学社会科学版)》,1994 年第 3 期。

146. 崔运喜:《亦文亦武 亦政亦教——丘逢甲的多面人生及其内涵》,《龙岩师专学报》,2004 年第 2 期。

147. 季云飞:《1895 年台湾军民反割台军事斗争失败原因探析》,《江海学刊》,1998 年第 1 期。

148. 李家泉:《"台独"乃历史"悲情意识"之异化》,《统一论坛》,2003 年第 3 期。

149. 沈美华:《日本对台湾的殖民统治政策及其影响》,《广西社会科学》,2007 年第 8 期。

150. 周翔鹤:《日据时期台湾经济总体评价》,《台湾研究》,1994 年第 2 期。

151. 周翔鹤:《宗主国中小资本在殖民地——以日据时期台湾"米糖相克"问题为例的研究》,《台湾历史研究》,2015 年第三辑。

152. 赵铁锁:《日本对台湾的殖民统治简论》,《南开学报》,1998 年第 2 期。

153. 刘国深:《两岸关系和平发展新课题浅析》,《台湾研究集刊》,2008 年第 4 期。

154. 刘丽华:《从中美三个联合公报看美国对华政策》,《内蒙古师大学报》(哲学社会科学版),1996 年第 4 期。

155. 刘丽华:《论美国对华政策调整的利益需求》,《内蒙古师大学报》(哲学社会科学版），1998 年第 5 期。

156. 刘丽华：《论 70 年代以来美国对台湾政策的变动性与稳定性》，《内蒙古师大学报（哲学社会科学版）》，1999 年第 6 期。

157. 刘丽华：《论 40—50 年代美国对台湾政策的变动性与稳定性》，《内蒙古师大学报（哲学社会科学版）》，2000 年第 5 期。

158. 刘丽华：《美国对台政策的演变及中国的对策研究》，《内蒙古大学学报（人文社会科学版）》，2006 年第 4 期。

159. 沈美华：《日本对台湾的殖民统治政策及其影响》，《广西社会科学》，2007 年第 8 期。

160. 郗玲芝：《论光复前台湾多元文化的形成与发展》，《民族论坛》，2013 年第 5 期。

161. 吴小沛：《从"番社学"到"番学堂"——明清时期台湾少数民族教育与民族关系的发展》，《中国民族报》，2012 年 6 月 8 日，第 7 版。

162. 李鹏军：《甲午战争对日本工业近代化的影响》，《重庆教育学院学报》，2011 年第 1 期。

163. 武心波：《日本与东亚"朝贡体系"》，《国际观察》，2003 年第 6 期。

164. 夏灿：《明朝与日本的朝贡贸易》，《中国市场》，2011 年第 1 期。

165. 郭志超、吴春明：《台湾原住民"南来论"辨析——兼论"南岛语族"起源》，《厦门大学学报》（哲学社会科学版），2002 年第 2 期。

166. 郝时远：《清代台湾原住民赴大陆贺寿朝觐事迹考》，《明清史》，2008 年第 4 期。

167. 陶德宗：《论台湾文化的中华血统》，《社会科学战线》，2006 年第 4 期。

168. 陈孔立、吴志德：《台湾文化与中华文化关系的历史探讨》，《台湾研究集刊》，1992 年第 1 期。

169. 包恒新：《闽台古文化、两岸一脉连》，《福建省社会主义学院学报》，2002 年第 2 期。

170. 冯梁、王维、周亦民：《两岸南海政策：历史分析与合作基础》，《世界经济与政治论坛》，2010 年第 4 期。

171. 张清敏：《布什政府向台湾出售 F-16 战斗机的决定》，《美国研究》，2000 年第 4 期。

172. 王逸舟：《"911 综合症"与国际安全》，《世界知识》，2001 年 19 期。

173. 陶文钊：《布什当政以来的中美关系》，《同济大学学报》，2004 年第 2 期。

174. 李增田：《从鲍大可的著述看美国在台湾问题上的利益需求》，《国际论坛》，2004 年第 4 期。

175. 李晓岗：《美国对华政策调整与中美关系》，《中国社会科学院院报》，2006 年 4 月。

176. 孙力：《台海两岸分合历史之反思》，《史学集刊》，2003 年第 4 期。

177. 陈名实：《地名"台湾"的产生与确立》，《福建省社会主义学院学报》，2009 年第 2 期。

178. 汪曙申：《试论七世纪荷兰海权的崛起与对台湾的侵占》，《台湾研究》，2011 年第 5 期。

179. 徐晓望：《论 17 世纪荷兰殖民者与福建商人关于台湾海峡控制权的争夺》，《福建论坛（人文社会科学版）》，2003 年第 2 期。

180. 曾润梅：《日据时期台湾经济发展自议》，《台湾研究》，2000 年第 4 期。

181. 翁飞：《刘铭传一生最光彩的亮点在台湾》，《两岸关系》，2015 年第 11 期。

182. 胡文生：《台湾民众"国家认同"问题的由来、历史及现实》，《北京联合大学学报（人文社会科学版）》，2006 年第 4 卷第 2 期（总第 12 期）。

183. 李家泉：《改革开放与两岸关系和平发展》，《两岸关系》，2008 年 10 期。

184. 刘红：《两岸关系的机遇和挑战》，《北京联合大学学报（人文社会科学版）》，2008 年 12 月，第 6 卷第 4 期（总 22 期）。

185. 石勇：《陆生赴台问题初探》，《高教发展与评估》，2012 年第 3 期。

186. 杨丹伟：《两岸关系和平发展新思维的理论分析》，《台湾研究集刊》，2010 年第 4 期。

187. 张文生：《影响两岸关系的非传统安全因素分析》，《台湾研究》，2010 年第 2 期。

188. 魏章柱：《同根同源 台湾文化 中华情结》，《百年潮》，2002 年第 6 期。

189. 崔之清：《从"三不"到"三通"》，"纪念《告台湾同胞书》发表 30 周年征文活动"入选论文。

190.《中国共产党总书记胡锦涛与中国国民党主席连战会谈新闻公报》,《两岸关系》,2005 年 5 期。

191. 王逸舟:《"9·11 综合症"与国际安全》,《世界知识》,2001 年第 19 期。

192. 林凌:《东亚经济格局的变化与台湾经济的未来》,《社会科学研究》,2002 年第 2 期。

193.《"21 世纪初期的中美关系与我国应对战略"研讨会综述》,《理论前沿》,2000 年第 5 期。

194.《美国实力仍是第一》,《经济导刊》,2007 年第 8 期。

195. 邰言:《子承父业 蒋经国主政台湾 开放探亲 国民党艰难"转向"》,《黄埔》,2012 年第 6 期,第 80 页。

196. 石勇:《陆生赴台问题初探》,《高教发展与评估》,2012 年第 3 期。

197. 林红:《论两岸在南海争端中的战略合作问题》,《台湾研究集刊》,2010 年第 1 期。

198. 力军:《两岸"政经"之辩》,《广角镜》,2006 年 3 月。

199. 力军:《绿营对两岸认知的误区》,《广角镜》,2013 年 8 月。

200. 林毅夫、易秋霖:《海峡两岸经济发展与经贸合作趋势》,《国际贸易问题》,2006 年第 2 期。

201. 王英津:《关于遏止分离性公民投票的对策思考——以魁北克"公投"为个案》,《河南师范大学学报》(哲学社会科学版),2008 年第 3 期。

202. 王泽英:《王夫之"古今之通义"的深刻内涵与价值建构》,《船山学刊》,2015 年第 3 期。

203. 李治亭:《清代民族"大一统"观念的时代变革》,《社会科学辑刊》,2006 年 3 期 。

204. 孙力:《台海两岸分合历史之反思》,《史学集刊》,2003 年第 4 期。

205.《人民日报》,1950 年 1 月 8 日。

206.《人民日报》,1950 年 12 月 20 日。

207.《人民日报》,1954 年 7 月 23 日。

208.《人民日报》,1954 年 8 月 1 日。

209.《人民日报》,1954 年 8 月 14 日。

210.《人民日报》,1954 年 8 月 23 日。

211.《人民日报》,1958 年 9 月 5 日。

212.《人民日报》，1958 年 9 月 7 日。

213.《人民日报》，1958 年 10 月 6 日。

214.《人民日报》，1958 年 10 月 26 日。

215.《人民日报》，1960 年 6 月 18 日。

216.《人民日报》，1969 年 1 月 28 日。

217.《人民日报》，1971 年 7 月 16 日。

218.《人民日报》，1972 年 2 月 28 日。

219.《中美建交公报》，《人民日报》，1978 年 12 月 17 日，第 1 版。

220.《人民日报》，1979 年 1 月 6 日。

221.《新华月报》，1980 年 6 月号。

222.《人民日报》，1980 年 7 月 9 日；

223.《人民日报》，1981 年 1 月 20 日。

224.《八·一七公报》，《人民日报》，1982 年 8 月 18 日，第 1 版。

225.《人民日报》，1982 年 9 月 8 日。

226.《人民日报》，1993 年 5 月 7 日。

227.《人民日报》，1997 年 10 月 10 日。

228.《中美建交公报》，《人民日报》，1978 年 12 月 17 日，第 1 版。

229.《邓小平会见英国前首相希思》，《人民日报》，1982 年 7 月 24 日，第 1 版。

230. 叶飞：《毛主席指挥炮击金门》，《人民日报》，1993 年 12 月 24 日，第 1 版。

231.《江泽民在新春茶话会上发表重要讲话，提出八项看法主张推进祖国和平统一》，《人民日报》，1995 年 1 月 31 日，第 1 版。

232. 江泽民：《全面建设小康社会，开创中国特色社会主义事业新局面（一）——在中国共产党第十六次全国代表大会上的报告（2002 年 11 月 8 日）》，《人民日报》，2002 年 11 月 18 日，第 1 版。

233.《中国发表 2004 年国防白皮书》，《人民日报（海外版）》，2004 年 12 月 28 日，第 3 版。

234.《扁再提"宪改"遭痛批》，《人民日报（海外版）》，2005 年 6 月 28 日，第 3 版。

235. 詹得雄：《2005 年世界风云变换，美国的全球政策引发的国际大势，激发人们的思考》，

236.《美上将谈96台海危机内幕：大陆是否动武成焦点》，《环球时报》，2004年11月24日，第1版。

237.《胡锦涛主席与美国总统布什通电话》，《人民日报》，2004年11月9日，第1版。

238.《胡锦涛在看望参加政协会议的民革台盟台联委员时强调：包括台湾同胞在内的全体中华儿女团结起来，共同为推进祖国和平统一大业而努力奋斗》，《人民日报》，2005年3月5日，第1版。

239.胡锦涛：《携手推动两岸关系和平发展　同心实现中华民族伟大复兴——在纪念〈告台湾同胞书〉发表30周年座谈会上的讲话》，《人民日报》，2009年1月1日，第2版。

240.《胡锦涛主席会见美国国务卿赖斯》，《人民日报》，2005年3月21日，第1版。

241.胡锦涛：《高举中国特色社会主义伟大旗帜　为夺取全面建设小康社会新胜利而奋斗》，《人民日报》，2007年10月25日，第3版。

242.胡锦涛：《坚定不移沿着中国特色社会主义道路前进　为全面建成小康社会而奋斗——在中国共产党第十八次全国代表大会上的报告（2012年11月8日）》，《人民日报》，2012年11月18日，第4版。

243.《习近平同马英九会面》，《人民日报》，2015年11月8日，第1版。

244.郑娜：《权威部门详解平潭发展规划》，《人民日报（海外版）》，2012年2月17日，第3版。

245.《中美关系存在着"总体稳定框架"》，《参考消息》，2006年4月26日，第16版。

246.《中美发表联合声明》，《人民日报》，1997年10月31日。

247.国务院台湾事务办公室、国务院新闻办公室：《一个中国的原则与台湾问题》白皮书，《人民日报》，2001年2月22日，第1版。

248.《中国发表2004年国防白皮书》，《人民日报（海外版）》，2004年12月28日，第3版。

249.岳麓士：《不能容忍的狂言》，《人民日报》，2000年4月17日，第6版。

250.《参考消息》，1998年7月11、12、23日。

251.《参考消息》，2001年7月7日。

252.《参考消息》，2004年4月4日。

253.《反分裂国家法（2005年3月14日第十届全国人民代表大会第三次会议通过）》,《人民日报》,2005年3月15日,第1版。

254.《就当前两岸关系问题中台办、国台办受权发表声明》,《人民日报（海外版）》,2004年5月17日,第1版。

255.《中国共产党总书记胡锦涛与中国国民党主席连战会谈新闻公报》,《人民日报》,2005年4月30日,第1版。

256.《人民日报》,2005年3月15日。

257.《布什三次严词警告陈水扁 在矛盾中展望中美关系》,《环球时报》,2004年12月27日,第1版。

258.刘恩东：《新在何处：新版美国国家安全战略报告解析》,《学习时报》,2006年4月18日,第2版。

259.洪源：《美国插手台海战争的可能性有多大？》,《紫荆》,2004年2月18日。

260.郑娜：《权威部门详解平潭发展规划》,《人民日报（海外版）》,2012年2月17日,第3版。

261.台湾《联合报》,1994年4月18日。

262.《深海大洋锻利剑（时代先锋）》,《人民日报》,2013年10月28日,第1版。

263.孙亚夫：《服贸协议若受阻 两岸利益将受损》,《人民日报（海外版）》,2013年8月12日,第3版。

264.《两岸农业合作潜力无限》,《人民日报》,2015年5月6日,第20版。

二、外文文献

1. *FRUS*, 1958—1960, Vol. 19.

2. Michael S. Frost, *Taiwan's Security and United States Policy: Executive and Congressional Strategy in 1978-1979* (School of Law, University of Maryland, 1982).

3. A. Doak Barnett: *The FX Decision? Another Crucial Moment?in U.S.—China—Taiwan Relations* (The Brookings Institution, 1981).

4. Lasaster, M.L. *The changing of the guard, president clinton and the security of Taiwan*.Boulder: West-view Press, 1995.

5. Kurt M. Campbell speech,*Principles of U.S. Engagement in the Asia-Pacific*,before the Subcommittee on East Asian and Pacific Affairs Senate Foreign Relations Committee,January 21,2010.

6.Joint Chiefs of Staff,*The National Military Strategy of the United States of America 2011：Redefining America's Military Leadership*,February 2011,pp. 2-3.

7.Dankwart A. Rustow：*Transitions to Democracy：Toward a Dynamic Model*,in Lisa Anderson（ed）,Transitions to Democracy,Columbia University Press,NewYork,1999.

8.Richard Bush,*Implication of Taiwan's 2012 Election*,http：//chinausfocus.com/slider/the-implications-of-taiwan%E2%80%99s-2012-election/.

9.Thomas Donnelly,*The Underpinnings of Bush Doctrine*,http：//www.aei.org/publications/pubID.15845/pub_detail.asp.

10. UN doc. A/47/277,1992,para.17.

11. Kenneth Lieberthal,*U.S. Policy Toward China*,http：//www.brookings.edu/printme.wbs?page=/comm/policybriefs/pb72.htm,Copyright 2001,The Brookings Institution.

12.Edwards G. *Britannica Book of the Year 1996*[M].Chicago,ILL：Encyclopedia Britannica,Inc.,1996.

三、电子文献及相关网址

1. 中共中央台湾工作办公室、国务院台湾事务办公室，http：//www.gwytb.gov.cn/。

2. 国务院台湾事务办公室、国务院新闻办公室：《台湾问题与中国的统一》（1993年8月31日），http：//news.xinhuanet.com/ziliao/2003-01/23/content_704463.html。

3. 中国网：台湾百科，http：//www.china.com.cn/chinese/zta/439081.htm。

4. 中国军网—解放军报，2005年10月24日。

5.《习近平：两岸同胞要携手同心共圆中国梦》，http：//news.xinhuanet.com/politics/2014-02/18/c_119393683.htm。

6. 杨贵华：《万炮轰金门》，人民网，2002年7月15日。

7.《蒋介石斥新西兰提案鼓吹"台独"》（新华澳报），华夏经纬网，2003

年10月24日。

8. "与台湾关系法"：中美关系25年风波频现的根源，http：//news.sina.com.cn/c/2004-04-09/17183114351.shtml。

9. 里根时期的中国政策，凤凰卫视网，http：//news.phoenixtv.com/home/news/cankao/regantimes/200406/11/272502.htm。

10. 国务院新闻办公室：《中国的民主政治建设》，2005年10月，http：//gov.people.com.cn/GB/46733/46844/3783456.html。

11. 《陈水扁就职演说全文》，[新加坡]《联合早报》，http：//www.zaobao.com/special/newspapers/2004/05/others200504zb.html。

12. 国务院台湾事务办公室编：《台湾概况与台湾问题》，http：//www.gwytb.gov.cn/zlzx/twwt.htm。

13. 《于泽远：什么是九二共识？》[新加坡]《联合早报》，http：//www.zaobao.com/special/china/taiwan/pages8/taiwan050512h.html。

14. 《王建民：两岸三方的差异与互动模式变化》，华夏经纬网，http：//www.huaxia.com/la/hxjj/2006/00460304_2.html。

15. 《欧洲时报文章："反分裂国家法"和民心　顺侨意》，新浪网，http：//news.sina.com.cn/c/2005-03-15/18395367900s.shtml。

16. 《林中森：大陆单方让利时代结束了　台湾不能只拿不给》，凤凰网，http：//news.ifeng.com/taiwan/3/detail_2013_09/23/29804785_0.shtml。

17. 《中国时报：陈水扁是美国军政府的行政长官？》，中国新闻网，http：//www.chinanews.com.cn/hb/news/2009/10-12/1905008.shtml。

18. 《孙亚夫：两岸交往的法治保障应与时俱进》，国台办网站，http：//www.gwytb.gov.cn/newsb/201308/t20130814_4621109.htm。

19. 李述德：《台湾不会因为ECFA而不加入TPP》，中国评论新闻网，http：//gb.chinareview news.com/doc/1019/0/4/7/101904792.html?coluid=0&kindid=0&docid=101904792&mdate=1114105952。

20. 马英九：《10年创造条件参加TPP》，凤凰网，http：//tw.ifeng.com/rt-channel/detail_2011_11/15/10655054_0.shtml。

21. 《国台办：两岸经济合作继续保持良好发展态势》，国台办网站，http：//www.gwytb.gov.cn/wyly/201309/t20130913_4878328.htm，上网时间：2013年9月23日。

22. 《陆生赴台仍曲折》，人民网，http：//www.gwytb.gov.cn/zn/edu/201307/

t20130705_4411269.htm。

23.《大公报：团团圆圆是两岸关系最美好象征》，腾讯网，http：//news.qq.com/a/20081224/001232.htm。

24.《2013年中国的国防》白皮书，人民网，http：//military.people.com.cn/n/2013/0416/c1011-21154131-4.html。

25.《交通运输部：共同打造两岸双向直航升级版》，国台办网站，http：//www.gwytb.gov.cn/wyly/201306/t20130617_4327993.htm。

26.《民调：台湾年轻人愿意赴大陆就业比率逐年成长》，中新网9月24日电，http：//www.gwytb.gov.cn/zn/jy/201309/t20130930_4959339.htm。

27. 陈斌华：《裨益两岸关系的务实安排》，新华网，http：//www.gwytb.gov.cn/wyly/201310/t20131007_4979071.htm。

28. 李英明：《巴厘岛遥指马习会》，《联合报》，2013年10月7日，http：//money.163.com/13/1008/09/9ALDVQBV00253B0H.html。

29. 何仲山：《台湾光复的伟大意义》，《学习时报》，www.studytimes.com.cn。

30.《刘亚洲谈甲午战争：是民族之哀 同时还是民族之幸》，搜狐网，https://history.sohu.com/20140414/n398207990.shtml。

31. 肖裕声：《甲午战争的历史教训》，中国文明网，http：//www.wenming.cn/wmzh_pd/ws/shgc/201407/t20140723_2077131.shtml。

32. 罗援：《甲午战争惨败十大教训》，参考消息网，http：//china.cankaoxiaoxi.com/2014/0308/357367_2.shtml。

33.《日本在台湾的殖民统治》，中国国际广播电台网，http：//gb.cri.cn/3821/2005/08/29/1245@677477.htm。

34.《姜廷玉：台湾光复70周年的回顾和思考》，央广网，http：//military.cnr.cn/jsls/xwdd/20151027/t20151027_520299021.html。

35.《宝岛抗日记忆：台湾世居少数民族的苦难与反抗》，人民网，http：//dangshi.people.com.cn/n/2015/1026/c85037-27740766.html。

36.《日本殖民统治台湾真相》，搜狐网，http：//mil.sohu.com/20150704/n416174107.shtml。

37.《联合国宪章》，联合国网站，http：//www.un.org/chinese/aboutun/charter/contents.htm。

38.《国台办：两岸经济合作继续保持良好发展态势》，国务院台办网站，

http：//www.gwytb.gov.cn/wyly/201309/t20130913_4878328.htm。

39.《康熙统一台湾330周年系列报道之三：统一意志与战略是统一的必要条件》，海峡之声网，http：//www.vos.com.cn/news/2013-08/14/cms764353article.shtml。

40.《大公报：团团圆圆是两岸关系最美好象征》，腾讯网，http：//news.qq.com/a/20081224/001232.htm。

41.《陆生赴台仍曲折》，国台办网站，http：//www.gwytb.gov.cn/zn/edu/201307/t20130705_4411269.htm。

42.《回顾2015年两岸教育》，《人民政协报》，http：//cppcc.people.com.cn/n1/2015/1226/c34948-27978740.html。

43.《林中森：大陆单方让利时代结束了 台湾不能只拿不给》，凤凰网，http：//news.ifeng.com/taiwan/3/detail_2013_09/23/29804785_0.shtml。

44. 郭俊奎：《让两岸文化交流的大文章大放异彩》，人民网，http：//opinion.people.com.cn/n/2015/0305/c1003-26641590.html。

45.《开国将军张震忆建国初攻台战费：60亿斤粮加3亿美元》，《快乐老人报》，http：//news.ifeng.com/a/20150922/44706594_0.shtml。

46.《习近平：两岸关系走向关键在大陆发展》，新浪网，http：//news.sina.com.cn/o/2015-03-05/025931568752.shtml。

47.《蒋经国：从"汉贼不两立"到"统一中国"》，大公网，http：//news.takungpao.com/history/redu/2014-02/2281797_3.html。

48.《中国共产党80年大事记》，人民网，http：//www.people.com.cn/GB/shizheng/252/5580/5581/20010612/487255.html。

49. 孙升亮：《陈水扁当局04年"台独"活动升级六大表现》，《半月谈》，2005年第1期，http：//news3.xinhuanet.com/taiwan/2005-01-18/content_2477587.htm。

50.《中国时报：陈水扁是美国军政府的行政长官？》，中国新闻网，http：//www.chinanews.com.cn/hb/news/2009/10-12/1905008.shtml。

51.《中国共产党第九次全国代表大会上的报告》，人民网，http：//www.people.com.cn/GB/shizheng/252/5089/5101/index.html。

52. 海峡两岸关系协会研究部：《"九二共识"的历史真相》，新华网，http：//news.xinhuanet.com/tw/2006-04/05/content_4385932.htm。

53. 陆伊伊（音译）：《对台湾的新战略》，（香港）《亚洲时报》，2005年5

月14日，http：//www.asiatimes-chinese.com/simplify/indexSIMPLIFY.html。

54.《中国国民党主席连战北京大学演讲（全文）》，新浪网，http://news.sina.com.cn/c/2005-04-29/10275783906s.shtml。

55.《温家宝总理与美国总统布什会谈，布什：反对"台独"》，人民网，http：//www.people.com.cn/GB/shizheng/1024/2238565.html。

56.《布什称对两岸现况满意 首度承认有反"台独"底线》，凤凰网，http：//news.ifeng.com/world/2/200808/0802_2591_690466.shtml。

57.《布什：中美关系"正在变得密切"》，新华网，http：//news.xinhuanet.com/world/2008-07/07/content_8501554.htm。

58.《美2008版国防战略：伊朝"流氓国家"中国"潜在对手"》，新华网，http：//news.xinhuanet.com/world/2008-08/02/content_8904464.htm。

59.《交通运输部：共同打造两岸双向直航升级版》，国台办网站，http：//www.gwytb.gov.cn/wyly/201306/t20130617_4327993.htm。

60.《民调：台湾年轻人愿意赴大陆就业比率逐年成长》，国台办网站，http：//www.gwytb.gov.cn/zn/jy/201309/t20130930_4959339.htm。

61.王毅：《在海峡两岸婚姻家庭协会成立大会上的讲话》，中国政府网，http：//www.gov.cn/gzdt/2012-08/28/content_2212443.htm。

62.《习近平概括中美新型大国关系：不冲突、不对抗，相互尊重，合作共赢》，新华网，http：//news.xinhuanet.com/politics/2013-06/10/c_116107914.htm。

63.《冈比亚"断交"令台错愕 外交部否认同冈方接触》，凤凰网，http：//news.ifeng.com/taiwan/special/gangbiyaduanjiao/content-5/detail_2013_11/16/31307757_0.shtml。

64.纪焱：《保卫钓鱼岛 两岸共同责任》，华夏经纬网，http：//www.huaxia.com/thpl/sdfx/2967681.html。

65.王建民：《南海风云中台北角色：两岸能否合作保卫中国领海》，中国网，http：//www.china.com.cn/overseas/txt/2009-03/31/content_17526700.htm。

66.《学者谈两岸政治互信：厚植共同利益与共同认知》，网易，http：//news.163.com/10/0625/16/6A1O86HD000146BD.html，2010-06-25。

67.《2014经典演讲之卡梅伦深情挽回苏格兰》，新浪网，http：//edu.sina.com.cn/en/2015-01-22/121987240.shtml。

后 记

历经近三年的资料积累和构思，并进行了大半年的集中写作，本书即将交付出版，我内心十分激动。整个写作过程共分两个阶段，一是回溯台湾被日本殖民统治的50年，可以感受到当时两岸同胞们内心的苦涩与无奈，救国无门，统一无望，唯有漫漫长夜中等待黎明和曙光，自己沉浸其中，写得也相对比较迟滞、纠结；二是记叙台湾回归祖国后的国运上升阶段，特别是1949年后，台湾问题虽然几经波折，但是国家统一大势所趋，两岸和平发展人心所望，域内外分裂势力、反华势力的种种伎俩只是中华复兴大舞台上的几幕小丑戏而已，以蚍蜉撼树的比喻再贴切不过了，故写起来十分畅快淋漓。

多年来的写作夙愿已成。再次感谢九州出版社王守兵老师的鼓舞和指导，感谢编辑老师在本书写作过程中的大力支持和帮助。

感谢刘建飞老师为本书作序，刘建飞老师多年来对我本人在台湾领域的研究工作一直悉心指导！同时，感谢在课题研究过程中，中央党校国际战略研究院各位领导、老师们的鼎力帮助！

最后，作为课题重要参与者，我爱人刘丽君在繁忙工作之余，协助修改和校订了大部分报告文稿。感谢我的父母、兄长等家人在写作、研究期间给我的大力支持。

2021年，本书拟再版，7月母亲辞世，强忍悲痛修改完善本书也是对在天堂的妈妈最好的告慰！

张仕荣

2016年10月7日于北京大有北里第一版

2021年12月24日于北京大有北里第二版